“一带一路”国家知识产

U0500445

匈牙利
知识产权法

重庆知识产权保护协同创新中心
西南政法大学知识产权研究中心 ◎组织翻译

秦　洁　肖柏杨　刘天松　李宇航◎译

易健雄◎校

知识产权出版社
全国百佳图书出版单位
—北京—

图书在版编目（CIP）数据

匈牙利知识产权法/重庆知识产权保护协同创新中心，西南政法大学知识产权研究中心组织翻译；秦洁等译. —北京：知识产权出版社，2025.2. —（"一带一路"国家知识产权法译丛）. —ISBN 978-7-5130-9757-4

Ⅰ. D951.534

中国国家版本馆 CIP 数据核字第 2025HZ3814 号

内容提要

本书收录了匈牙利的著作权法、发明专利保护法、外观设计保护法、实用新型保护法、商标和地理标志保护法的中文译本，详细介绍了匈牙利在知识产权保护方面的法律框架和实施细节。本书不仅可以帮助学者、法律从业者和企业管理者理解和掌握匈牙利知识产权保护的具体措施和政策，而且有助于他们研究和处理在匈牙利的法律事务和商业运营。本书可作为知识产权领域从业人员、高校法学院师生的工具书。

责任编辑： 章鹿野　周　也　　　　**责任校对：** 王　岩

封面设计： 杨杨工作室·张　冀　　　**责任印制：** 刘译文

匈牙利知识产权法

重庆知识产权保护协同创新中心
　　　　　　　　　　　　　　　组织翻译
西南政法大学知识产权研究中心

秦　洁　肖柏杨　刘天松　李宇航　译

易健雄　校

出版发行：**知识产权出版社**有限责任公司　　网　址：http://www.ipph.cn

社　址：北京市海淀区气象路 50 号院　　　　邮　编：100081

责编电话：010-82000860 转 8338　　　　　责编邮箱：zhluye@163.com

发行电话：010-82000860 转 8101/8102　　发行传真：010-82000893/82005070/82000270

印　刷：三河市国英印务有限公司　　　　　经　销：新华书店、各大网上书店及相关专业书店

开　本：720mm×1000mm　1/16　　　　　印　张：26

版　次：2025 年 2 月第 1 版　　　　　　　　印　次：2025 年 2 月第 1 次印刷

字　数：450 千字　　　　　　　　　　　　　定　价：150.00 元

ISBN 978-7-5130-9757-4

序　言

　　自我国于 2013 年提出"一带一路"倡议以来，我国已与多个国家和国际组织签署了 200 多份合作文件。"一带一路"倡议的核心理念已被纳入联合国、二十国集团、亚太经济合作组织、上海合作组织等诸多重要国际机制的成果文件中，成为凝聚国际合作共识、持续共同发展的重要思想。国际社会业已形成共建"一带一路"的良好氛围，我国也在基础设施互联互通、经贸领域投资合作、金融服务、人文交流等各项"一带一路"建设方面取得显著成效。国家也号召社会各界对加入"一带一路"建设的各个国家和国际组织的基本状况、风土人情、法律制度等多加介绍，以便相关人士更好地了解这些国家和国际组织，为相关投资、合作等提供参考。

　　基于此背景，重庆知识产权保护协同创新中心与西南政法大学知识产权研究中心（以下简称"两个中心"）响应国家号召，结合自身的专业特长，于 2017 年 7 月启动了"一带一路"国家知识产权法律的翻译计划。该计划拟分期分批译介"一带一路"国家的专利法、商标法、著作权法等各项知识产权法律制度，且不做"锦上添花"之举，只行"雪中送炭"之事，即根据与中国的经贸往来、人文交流的密切程度，优先译介尚未被翻译成中文出版的"一带一路"国家的知识产权法律制度，以填补国内此类译作的空白。确定翻译方向后，两个中心即选取了马来西亚、斯里兰卡、巴基斯坦、哈萨克斯坦、以色列、希腊、匈牙利、罗马尼亚、捷克、澳大利亚等十国的专利法、商标法、著作权法作为翻译对象。第一期的专利法、第二期的商标法、第三期的著作权法翻译工作已经完成，并先后于 2018 年 10 月、2021 年 7 月、2023 年 7 月各出版两辑。六辑译作出版后，得到了良好的社会评价，《中国知识产权

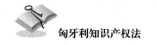

报》在 2022 年 1 月 14 日第 11 版和 2023 年 8 月 18 日第 11 版分别对该译作作了专题报道。

2018 年 10 月至今，十国知识产权法多有修订之处，同时为了方便读者集中查询一国专利、商标、著作权等知识产权法律规定，两个中心随即以前三期翻译工作为基础，启动了第四期以国别为单位的翻译工作，并确定由各国专利法、商标法、著作权法的原译者分别负责该国知识产权法律的译介工作，包括根据相关法律最新修订文本重新翻译、对该国的知识产权法律状况作一整体的勾勒与评价等。该项工作历经前期整理、初译、校对、审稿、最终统校等多道程序后，终于完成，以国别为单位分成十本图书出版，"国名 + 知识产权法"即为书名。

众所周知，法条翻译并非易事。尽管译校者沥尽心血，力求在准确把握原意基础之上，以符合汉语表达习惯的方式表述出来，但囿于能力、时间等各方面因素，最终的译文恐仍难完全令人满意，错漏之处在所难免。在此恳请读者、专家批评指正。无论如何，必须向参与此次译丛工作的师生表示衷心的感谢。按国别对译者记录如下：牟萍（马来西亚），王广震（斯里兰卡），马海生（巴基斯坦），田晓玲、陈岚、费悦华（哈萨克斯坦），康添雄（以色列），廖志刚、廖灵运（希腊），秦洁、肖柏杨、刘天松、李宇航（匈牙利），郑重、陈嘉良、黄安娜（罗马尼亚），张惠彬、刘诗蕾（捷克），曹伟（澳大利亚）。此外，易健雄老师承担了此次翻译的主要组织工作，并为译稿作了最后的审校。最后，感谢知识产权出版社的大力支持，使译稿得以出版。

2024 年是共建"一带一路"奔向下一个金色十年的开局之年。唯愿这四期"一带一路"国家知识产权法律翻译工作能为"一带一路"的建设稍尽绵薄之力，在中国式现代化建设中实现两个中心的专业价值。

重庆知识产权保护协同创新中心
西南政法大学知识产权研究中心
2024 年 11 月 26 日

前　言

　　2015 年，匈牙利成为欧洲首个与中国签署"一带一路"建设正式合作文件的国家，两国之间开展了良好的经济与科技合作，科技合作领域涉及电子、化工、通信等。

　　20 世纪末，匈牙利建立了市场经济体制。经济理念的转变，加上融入欧洲的愿景，推动其在 20 世纪末开始全面建立知识产权法律制度，以保护个人和企业不断增长的知识财产，支持充满活力和可持续的商业环境。与此同时，匈牙利加入世界贸易组织，标志着其致力于将其知识产权法律法规与国际标准相协调。匈牙利的知识产权保护涉及多项法律法规，主要包括著作权法、发明专利保护法、外观设计保护法、实用新型保护法、商标和地理标志保护法等。匈牙利知识产权局负责执行知识产权的管理与保护工作。在匈牙利就知识产权相关案件提出的撤销和异议可向匈牙利知识产权局进行申请，除此之外均需通过法律途径解决。匈牙利还设立了国家反假冒委员会。该委员会由政府机构和非政府组织成员组成，是国家打击侵权和假冒行为的核心平台。作为欧盟成员国，匈牙利必须确保其知识产权法律与欧盟的法律框架相一致，包括通过匈牙利国内立法对欧盟指令进行转化和应用具有直接效力的欧盟法规。这种双重途径保证了匈牙利在知识产权保护方面能与其他欧盟成员国保持同步。

　　匈牙利的知识产权法渊源还包括世界知识产权组织（WIPO）制定的国际公约和条约。匈牙利自 1985 年起即成为《保护文学和艺术作品伯尔尼公约》之签约国，并持续依循该公约 1971 年巴黎文本之规定执行。此后，匈牙利逐步更新并完善其知识产权法律体系。与我国不同的是，匈牙利对专利、实用新型及外观设计分别立法保护。匈牙利是《保护工业产权巴黎公约》《商标法条约》《保护奥林匹克会徽内罗毕条约》《建立世界知识产权组织公约》《与贸易有关的知识产权协定》等国际知识产权条约的缔约国。匈牙利既是《商标国际注册马德里协定》成员，也是《商标国际注册马德里协定有关议定书》成员国，同时还是欧盟成员国，故商标注册可通过"单一国注册"、"欧盟注册"或"马德里国际注册"方式申请。

在不断变化的全球商业环境中，知识产权的保护和实施对促进创新、创造力和经济增长方面发挥着关键作用。匈牙利是一个开放的经济体，注重鼓励外商直接投资。由于匈牙利具备高素质的劳动力、世界一流的高等院校、优越的地理位置、合格的供应商以及先进的商业基础设施，全球多家超大型跨国公司及中小型供应商企业已在匈牙利长期运营。在"一带一路"倡议推动下，中国与匈牙利之间不断加深合作，推动双方经济发展迈上新台阶。

本书收录了匈牙利主要知识产权法的中文译本，即著作权法、发明专利保护法、外观设计保护法、实用新型保护法、商标和地理标志保护法。然而，伴随科技领域的变革与国际市场环境的不断变化，匈牙利的知识产权法律一直在不断更新，而且更新的速度非常迅速。

本书著作权法的译者为秦洁、肖柏杨和刘天松；发明专利保护法、外观设计保护法和实用新型保护法的译者为秦洁和刘天松；商标和地理标志保护法的译者为秦洁、肖柏杨和李宇航。

关于本书，以下有两点说明：一是翻译依据来自世界知识产权组织官网发布的英语版本和匈牙利知识产权局官网上发布的匈牙利语版本的法律文件；二是对本书页下注中涉及罗马数字的法案，为方便读者阅读，统一约定将罗马数字改为阿拉伯数字。

本次翻译过程中得到了王杰煜、谢龙悦、臧星星、吴慧瑶等同学的大力帮助，知识产权出版社各位编辑也给予了持续的鼓励和支持。感谢所有对本书的翻译和出版给予关心、支持和帮助的人们。

秦　洁

2024 年 10 月于山城重庆

译者简介

秦洁，法学博士，西南政法大学副教授、硕士生导师，来华留学博士生导师。研究领域主要为知识产权法、国际知识产权法、跨境教育法律问题等。曾在美国蒙大拿大学、美国凯斯西储大学、美国贡萨加大学、泰国宋卡王子大学、比利时安特卫普大学、匈牙利塞格德大学等学校访学。此外还兼任仲裁员、知识产权调解员、政府和行业组织法律咨询专家等。

肖柏杨，匈牙利塞格德大学知识产权法博士研究生，德国马克斯·普朗克研究所访问学者，研究领域涵盖知识产权法、人工智能法与比较法，并专注于网络版权规制、平台治理和人工智能法律问题，已在《计算机法律与安全评论》（*Computer Law & Security Review*）和《国际法律与信息技术杂志》（*International Journal of Law and Information Technology*）等国际知名法学期刊发表多篇高水平论文。

刘天松，广东利君律师事务所执行主任，高级合伙人，具有西南政法大学（法学）和四川外国语大学（英语文学）双学士学位、西南政法大学（知识产权法）和美国加利福尼亚大学戴维斯分校（LLM）双硕士学位，主要执业领域包括涉外民商事诉讼与仲裁、涉外知识产权、涉外公司股权等。

李宇航，西南政法大学知识产权法学硕士，新疆维吾尔自治区高级人民法院生产建设兵团分院法官助理。

出版说明

重庆知识产权保护协同创新中心和西南政法大学知识产权研究中心于2017年组织开展了"一带一路"建设主要国家知识产权法律法规的翻译工作，形成了这套"'一带一路'国家知识产权法译丛"，凝聚了两个中心众多专家学者的智慧和心血。

本套丛书采用国家分类的编排方式，精选"一带一路"建设主要国家最新的知识产权法律法规进行翻译，包括著作权法、专利法、商标法等，旨在为中国企业、法律工作者、研究人员等提供权威、准确的法律参考，助力"一带一路"建设。然而，由于各国法律体系、文化背景、语言习惯上的差异，其知识产权法律法规的翻译工作也面临着诸多挑战，例如有些国家法律文件的序号不够连贯。有鉴于此，在本套丛书翻译和编辑出版过程中，对遇到的疑难问题、文化差异等，会进行必要的注释说明，帮助读者更好地理解原文。本套丛书翻译过程中始终坚持以下原则。

第一，以忠实原文为第一要义，力求准确传达原文含义，避免主观臆断和随意增减。在翻译过程中，各位译者参考了大量权威法律词典、专业文献和案例，确保术语准确、表述规范。

第二，充分尊重各国法律体系和文化背景的差异，在忠实原文的基础上，尽量保留原文的语言风格和表达方式。

第三，在保证准确性的前提下，力求译文通顺流畅、易于理解，方便读者阅读和使用。

真诚期待各位读者对本套丛书提出宝贵意见。

目 录[*]

著作权法

---

* 此目录由本书收录的法律文件正文提取，序号遵从原文，仅便于读者查阅。——编辑注

发明专利保护法

外观设计保护法

实用新型保护法

商标和地理标志保护法

著作权法

著作权法[*]

现代著作权法与技术同步发展，在鼓励智力创造、保护国家和世界文化遗产方面发挥着决定性作用。为满足教育、学术和科学研究以及获取免费信息的需要，著作权法在作者和其他著作权人以及用户与广大公众的利益之间建立并保持平衡。同时，著作权法确保著作权和邻接权得到广泛和有效的实施。有鉴于此，为了与匈牙利的国际承诺、欧洲共同体关于保护知识产权的立法保持一致，议会通过了下列法案。❶

第 1 部分　总　　则^{**}

第 1 章　导　　言

著作权客体

第 1 条

（1）本法保护文学、学术、科学和艺术作品。

（2）所有文学、学术、科学和艺术作品，不论是否在本法中列明，均受著作权保护，特别是下列作品：

a）文学作品（例如，文献、技术著作、学术和科学出版物）；

b）公开演说；

c）所有形式的计算机程序和相关文档（以下简称"软件"），无论是以源代码、目标代码还是任何其他形式被记录；包括用户程序和操作系统；

　　＊　本译文根据世界知识产权组织官网发布的匈牙利著作权法英语版本翻译，法律文本修订日期为 2021 年 6 月 1 日。——译者注

　　＊＊　本书各法律文本的层级的序号排列均遵从原文，未作修改。——译者注

　　❶　本法于 1999 年 7 月 6 日由匈牙利议会通过。序言根据 2003 年第 102 号法案第 51 条予以设立。根据第 2011 年第 173 号法案第 42 条予以修订。

d）戏剧、音乐剧、芭蕾舞和哑剧；

e）音乐作品，无论有无歌词；

f）广播和电视节目；

g）电影和其他视听作品（以下简称"电影作品"）；

h）通过线描、绘画、雕塑、雕刻、光刻或任何其他类似方式创作的作品及其设计；

i）摄影作品；

j）地图和其他制图创作；

k）建筑作品及其规划，以及建筑群和城市建筑规划；

l）技术结构设计；

m）实用艺术作品及其设计；

n）服装、布景及其设计；❶

o）工业设计；

p）任何被视为汇编作品的数据库。❷

（3）作品或创作因其源于作者智力活动的独特性和原创性而受到著作权保护。著作权保护不取决于数量、质量或美学特征，也不取决于对作品质量的任何判断。

（4）立法、国家行政管理的法律文件、司法与行政决议、行政与其他官方通讯和文件，以及其他类似法规，不属于本法规定的范畴。❸

（5）印刷媒体公告发布的事实和时事新闻不受著作权保护。❹

（6）思想、原则、理论、程序、操作方法和数学运算无法获得著作权保护。

（7）民间传说的表现形式不受著作权保护。但是作者受民间传说启发而创作的具备独特性和原创性作品的著作权保护不在本条规定之列。

（8）表演者、录音制品制作者、广播和电视组织、电影制作人和数据库制作者应受本法保护。❺

---

❶ 根据 2013 年第 16 号法案第 33 条予以设立，自 2013 年 1 月 4 日起生效。

❷ 根据 2001 年第 77 号法案第 1 条予以设立，自 2002 年 1 月 1 日起生效。可适用于随后订立的授权协议。

❸ 根据 2021 年第 37 号法案第 1 条予以设立，自 2021 年 6 月 1 日起生效。

❹ 根据 2003 年第 102 号法案第 52 条予以设立，应与颁布匈牙利加入欧盟条约的法案同时生效。

❺ 根据 2001 年第 77 号法案第 2 条予以设立，自 2002 年 1 月 1 日起生效。可适用于随后订立的授权协议。

市法的适用范围

第 2 条

只有作者是匈牙利公民，或作者根据国际条约或互惠原则有权获得保护时，本法规定的保护才延伸适用于首次在国外出版的作品。

第 3 条❶

（1）对于著作权和邻接权的转让、转移和抵押，以及与受保护作品和本法规定的其他客体相关的人身和财产问题，本法未作规定的，应适用民法典的规定。

（2）对于著作权和邻接权的集体管理，本法未作规定的，应适用著作权和邻接权集体管理法（以下简称"新著作权法"）。

著作权

第 4 条

（1）创作作品的人（作者）有权享有著作权。

（2）对他人作品进行再创作、改编或翻译如具有独特性和原创性，且不损害原作者利益的，受著作权保护。

合作作品

第 5 条

（1）多人创作的、各个部分不能单独使用的合作作品，合作作者有权共同享有著作权保护；如有争议，平等享有著作权保护。但是，任何合作作者均有权对著作权侵权行为进行单独起诉。

（2）各个部分可以单独使用的合作作品（关联作品），每个作者可就自己创作的部分独立行使著作权。将原始创作的合作作品（包括关联作品）的一部分同另一作品结合的，需获得原始合作作品全体作者的同意。

---

❶ 根据 2016 年第 93 号法案第 173 条予以设立，自 2016 年 7 月 28 日起生效。

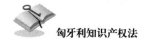
集体作品❶

第 6 条

（1）自然人或法人出版由其发起创作、指导创作并以其名义出版的作品的，作为作者的合法继受人有权享有合作作品的著作权（即国家标准）。❷

（2）合作作品，指合作者将各自的创作成果统一结合在一起的作品，其无法单独确定各个作者的权利。

汇编作品❸

第 7 条

（1）如果对汇编作品内容的收集、编排或编辑是具备独特性和原创性的作品集，则汇编作品受著作权保护。即使作品集的部分或组成部分不受或无法受著作权保护，该作品集仍受著作权保护。

（2）汇编者对整个作品集享有著作权。然而，这并不涉及已列入汇编的单个作品的作者和邻接权人的独立权利。❹

（3）对作品集的著作权保护不包括构成其内容的组成部分。

匿名或以笔名发表的作品

第 8 条

如果作品是匿名或以笔名发表的，首次发表该作品者有权行使著作权，直至作者提起诉讼。

著作权的起源与金融流通中的著作权

第 9 条

（1）自作品创作之日起，作者有权享有全部著作权，包括人身权和财产权。

---

❶ 根据 2013 年第 16 号法案第 34 条予以设立，自 2013 年 1 月 4 日起生效。

❷ 根据 2016 年第 93 号法案第 174 条予以设立，自 2016 年 7 月 28 日起生效。

❸ 根据 2001 年第 77 号法案第 3 条予以设立，自 2002 年 1 月 1 日起生效。可适用于随后订立的授权协议。

❹ 根据 2011 年第 173 号法案第 42 条予以修订，自 2012 年 1 月 1 日起生效。

（2）作者不得转让或放弃其人身权，或以其他任何方式将该等权利转让他人。

（3）除第（4）款至第（6）款规定的例外情况外，财产权不得转让或放弃；该等权利也不能被以任何其他方式转让给任何其他人。

（4）财产权可以继承，作者死亡时可就财产权作出指示。

（5）多人通过继承方式获得财产权的，有权为彼此的利益处置权利。

（6）财产权可在法律规定的情况和条件下转让或转移。获得财产权的人此后有权处置该等权利，但有关财产权转让的合同另有规定的除外。

第2章　人身权

作品出版

第10条

（1）作者决定其作品是否出版。

（2）作品出版前，只有经作者同意才能向公众提供作品的基本内容。

（3）除另有规定外，作者的同意必须被视为基于使用合同作出，以便使用人以适合于使用目的的方式向公众提供有关作品内容的信息。

（4）作者去世后发现的作品，应被视为作者有意出版的作品，但作者或其合法继承人作出相反声明或证实存在相反情况的除外。

第11条

作者有权撤销对其作品的出版许可；撤销必须以书面形式作出，且具备充分理由。作者亦有权禁止进一步使用已出版作品。但作者有义务对禁止使用声明作出前发生的任何损害予以赔偿。上述规定不影响雇主进一步使用作品的权利；在转让财产权时，亦不妨碍获得财产权的人基于转让的财产权而使用作品。

署名权

第12条

（1）作者有权在其作品或作品相关出版物上被注明为作者，这取决于出版的规模和性质。作品某一部分被采用、引用或展示时，必须注明作者。作者有权以适当方式且根据使用性质，行使注明其姓名的权利。

（2）原作作者的姓名必须在进行再创作、改编和翻译时注明。

（3）作者有权匿名或以笔名发表其作品。对已经以作者名义发表的作品进行新的、合法的使用时，作者有权要求在将来使用该作品时不注明作者姓名。

（4）作者有权要求其作者身份不受质疑。

保护作品完整性

第 13 条❶

以任何方式歪曲、诽谤或篡改作品，或以任何形式滥用作品，从而损害作者的人格或名誉的，视为对作者人身权的侵犯。

人身权的行使

第 14 条

（1）作者去世后，本法规定的人身权可在著作权保护期内（第 31 条）由作者委托保护（保管）其文学、科学、学术或艺术财产的任何人行使；没有委托人或委托人没有提起诉讼的，由基于继承获得作者财产权的人行使。

（2）著作权保护期结束后，受影响的权利集体管理组织或作者代表组织有权对在著作权保护期内，就侵犯作者在其作品或与作品相关的出版物上注明为作者的权利的行为提起诉讼。❷

第 15 条

作者在使用合同中明确同意的，使用人有权提起诉讼保护作者的特定人身权。

第 15A 条❸

具有公共服务职能的机构应被授权满足任何访问公共信息或公共利益信息的著作权作品的请求，在保护作者人身权的情形下，允许访问（在规定的

---

❶ 根据 2021 年第 37 号法案第 2 条予以修订，自 2021 年 6 月 1 日起生效。

❷ 根据 2011 年第 173 号法案第 43 条第（1）款予以修订，自 2012 年 1 月 1 日起生效。

❸ 根据 2015 年第 131 号法案第 23 条予以设立，自 2015 年 7 月 16 日起生效。

满足请求的时限内）审查作品中包含所请求的公共信息或公共利益信息的部分，而不是以请求方希望的形式和手段进行访问。

第3章　财产权
关于财产权的一般规定

第16条

（1）在著作权保护的基础上，作者均享有使用作品全部或可识别部分的专有权利，无论是经济性还是非经济性的使用。作者还享有对每次使用进行授权的专有权利。使用许可可通过使用合同获得，但本法另有规定的除外。❶

（2）使用作品的特定标题，也需经作者许可。

（3）作者有权对其作品中出现的典型和原创人物进行商业使用。此外，作者享有授权商业使用的专有权利。

（4）作者有权因许可使用其作品获得报酬，但本法另有规定的除外。除非合同另有规定，否则报酬必须与使用作品的相关收入成比例。有权获得报酬的人如放弃报酬，必须作出明确声明。如果法律要求使用合同需具备一定形式方能生效的，有关放弃报酬的声明也仅在具备特定形式后生效。

（5）法律有规定的情况下，即使作者并不享有可授权他人使用的专有权利，仍有权因作品的使用获得报酬。法律可以排除放弃此类报酬的权利。即使法律无此规定，作者只有在作出明确声明的情况下才有权放弃报酬。

（6）法律或权利人未在合同中授权使用作品，或使用人超出授权范围使用作品的，视为违法使用。

（7）使用人有义务就使用方式和范围通知作者或其继承人，或权利集体管理组织，但本法或新著作权法另有规定的除外。❷

（8）本法所称的文学和音乐作品著作权集体管理，应理解为新著作权法第33条第（2）款规定的代表性集体管理组织。该组织行使文学和音乐作品相关的许可权利，或代表作者、作曲家和作词家获得报酬，且有权在此方面扩大行使集体管理权利，设立特许权使用费并收取权利收入。本法涉及与美

---

❶ 根据2003年第102法案第53条予以修订，应与颁布匈牙利加入欧盟条约的法案同时生效。
❷ 根据2016年第93号法案第175条第（1）款予以设立，自2016年7月28日起生效。

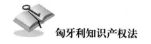

术和实用艺术作品有关的著作权集体管理组织的，同样适用本条。❶

第 17 条

下列行为被视为对作品的使用：

a）复制作品（第 18 条至第 19 条）；

b）发行作品（第 23 条）；

c）公开表演（第 24 条至第 25 条）；

d）以广播或其他方式向公众展示（第 26 条至第 27 条）；

e）通过原作者以外的组织向公众转播广播作品（第 28 条）；

f）改编（第 29 条）；

g）展览（第 69 条）。

复制权

第 18 条

（1）作者享有自行复制并授权他人复制作品的专有权利。复制包括下列内容：

a）以任何方式在任何媒介上永久或临时地记录作品（直接或间接）；及

b）制作一份或多份复制件。

（2）作品的复制包括机械（印刷）或磁记录、胶片记录或复印；录音或录像；通过广播或电缆公开传输录音；以数字方式在电子媒体上存储作品；制作以有形形式通过计算机网络传输的作品。对于建筑作品，复制包括实施规划中记录的作品及后续建造。

第 19 条

（1）作曲人和作词人只能通过权利集体管理组织行使复制或发行先前已出版的非戏剧作品或歌词复制件，或从戏剧作品中摘录的录音制品有关的权利，并有权在应付金额范围内放弃费用，且此等费用的放弃仅在费用分配日期后生效。❷

（2）第（1）款规定不适用于改编权或改编权的行使。

---

❶ 根据 2016 年第 93 号法案第 175 条第（2）款予以设立，自 2016 年 7 月 28 日起生效。

❷ 根据 2016 年第 93 号法案第 176 条予以设立，自 2016 年 7 月 28 日起生效。

第20条

（1）在广播和电视组织的节目中播放作品、艺术表演、电影或录音制品，或将其纳入通过电缆向公众传送的节目的，作者、表演者、录音制品制作者和电影制作人有权就私人目的复制其作品、艺术表演、电影或录音制品而获得报酬。❶

（2）第（1）款所述的报酬，应由文学或音乐作品相关著作权集体管理组织与其他权利人的集体管理组织协商一致后确定。报酬数额的确定应与为保护有关作品、艺术表演、电影或录音制品的著作权和相关权利而采取的有效技术措施的应用情况（第95条）相一致。空白视频和音频媒体的制作者必须在销售后的8日内，或在为发行目的而储存的日期（以较早的为准），向集体管理与文学或音乐作品有关的著作权的组织支付优先购买权费用。就外国制作者而言，法律要求缴纳关税的人，或在无关税缴纳义务的情况下进口视频、音频媒体（制品）的人和首次将其投入商业流通的人，必须在海关手续办理完毕后的8日内，或投入商业流通之日，或在支付关税后（如有关税缴纳义务），向文学或音乐作品相关著作权集体管理组织支付优先购买权费用。相关媒体的所有国内分销商应共同承担支付费用的责任。❷

（3）支付优先购买权费用的义务不适用于下列情况：

a）为出口目的而投放市场；

b）仅用于特定设备（如录音室设备、录音机）的视频和音频媒体。上述设备通常不用于因私人目的而制作作品、艺术表演或录音制品的复制件。

（4）就录音制品而言，作曲家和作家有权获得扣除成本后剩余使用费的45%，表演者有权获得30%，录音制品制作者有权获得25%，但相关权利集体管理组织在每年3月31日前另作约定的除外。❸

（5）就视频媒体而言，电影作品制片人有权获得扣除成本后剩余使用费的13%，电影制作人有权获得22%，美术家、实用艺术家和摄影师有权获得

---

❶ 根据2003年第102号法案第54条第（1）款予以设立，应与颁布匈牙利加入欧盟条约的法案同时生效。

❷ 根据2003年第102号法案第54条第（1）款予以设立，应与颁布匈牙利加入欧盟条约的法案同时生效；根据2005年第165号法案第18条予以修订，自2006年1月1日起生效。可适用于随后开始的诉讼程序。

❸ 根据2003年第102号法案第54条第（2）款予以设立，应与颁布匈牙利加入欧盟条约的法案同时生效。

4%，电影编剧有权获得 16%，作曲者和作词者有权获得 20%，表演者有权获得 25%，但相关著作权集体管理组织在每年 3 月 31 日前另作约定的除外。

（6）未被授权文学和音乐作品著作权集体管理组织代表的作者、著作权人、表演者和录音制品制作者的应得费用，应转付至该权利人的著作权集体管理组织。

（7）权利人只能通过著作权集体管理组织行使其主张费用的权利。他们仅能在应得份额的范围内放弃该费用，且仅在费用分配日期后生效。❶

第 21 条

（1）作品通过复印或以其他类似方式在纸张或其他相似媒介上复制时（以下简称"复制"），其作者有权就私人复制获得适当报酬。该费用必须由复制设备制造商支付；设备在国外生产的，由按照法律规定需缴纳关税的人缴纳；没有关税缴纳义务的，由进口设备的人和将其投放市场的人共同缴纳，在第 20 条第（2）款第三句所规定的期限内支付该费用。费用支付应由相关设备的所有国内经销商共同负责。复制设备的运营人也有义务支付额外费用。两项费用必须支付给权利集体管理组织。❷

（2）用于复制的设备清单应以政府法令的形式发布。

（3）第（1）款所述费用由权利集体管理组织确定。在确定费用时，有必要考虑设备使用的方式、其产量以及在有偿经营情况下的经营场所。

（4）第（1）款所述费用应不高于复制设备制造商价格的 2%；在国外制造的，应不高于合法完税价格的 2%。

（5）支付该费用的义务不适用于为出口目的而将设备投放市场的行为。

（6）所收取的费用，扣除支出和出版商根据新著作权法第 12 条第（3）款规定的合同所应得份额（如果有的话），按如下方式分配：学术和科学出版物的作者有权获得 42%，其他文学作品作者有权获得 42%，美术家和摄影师有权获得 16%。费用应按照所适用的百分比向权利人的权利集体管理组织支付。

（7）除非相关的权利集体管理组织或代表组织在每年 3 月 31 日前另有约定，否则应适用第（6）款规定的分配比例。

---

❶ 根据 2011 年第 173 号法案第 43 款第（1）款予以修订，自 2012 年 1 月 1 日起生效。
❷ 根据 2016 年第 93 号法案第 177 条予以设立，自 2016 年 7 月 28 日起生效。

（8）作者和根据新著作权法第 12 条第（3）款规定的合同有权获得份额的出版商，只能通过其权利集体管理组织行使获得报酬的权利。其仅能在应得份额范围内有权放弃费用，且这种放弃仅在费用分配日期后生效，但根据新著作权法第 12 条第（3）款达成协议的除外。

第 22 条

（1）从事第 20 条所述空白视频和音频媒体生产或第 21 条所述设备制造的人、免关税进口此类媒体的人，或者首次将此类媒体投入商业流通的人，以及根据法律规定支付此类视频和音频媒体进口关税的人，有义务在每个日历月的第十日前或最晚在第 20 条第（2）款规定的付款期限内，向权利集体管理组织告知其投入市场数量或进口数量以及视频和音频媒体或设备种类。著作权集体管理组织有权要求提供有关市场数据和购买来源的额外信息。此外，著作权集体管理组织有权要求复制设备的经营者提供必要信息，以确定适当比例的费用。❶

（2）未遵守或即使部分遵守第（1）款规定的提供信息和数据披露义务的，除应付费用外，还必须缴纳一笔定额费用以支付著作权集体管理组织的额外支出。定额费用的金额与应付费用相同。

发行权

第 23 条

（1）作者有自行发行并授权他人发行作品的专有权利。通过投入市场或要约投入市场，使公众能够获取作品的原件或复制件的，视为发行。

（2）发行行为包括转让著作权作品复制件的所有权、租赁作品复制件，以及为经营之目的进口作品复制件。占有人知道或在特定情况下已尽到合理注意义务且有合理理由知道作品是非法制作的，其为商业目的保留非法作品复制件的行为侵犯发行权。❷

（3）发行权亦适用于向公众出借作品的复制件。作品包含在录音制品中

---

❶ 根据 2003 年第 102 号法案第 56 条予以修订，应与颁布匈牙利加入欧盟条约的法案同时生效。根据 2005 年第 165 号法案第 19 条予以修订，自 2006 年 1 月 1 日起生效。可适用于随后开始的诉讼程序。

❷ 根据 2003 年第 102 号法案第 57 条第（1）款予以修订，应与颁布匈牙利加入欧盟条约的法案同时生效。

的作者应根据第78条第（2）款行使权利。此外，电影作品作者只能通过权利集体管理组织行使这些权利，他们有权在应得份额的范围内放弃费用，且此类放弃只能在费用分配日期后生效。❶

（4）在建筑、实用艺术和工业设计中，通过租赁进行分配的权利仅涉及规划和设计。

（5）如果权利人或其他正式获授权人通过出售或以其他任何方式转让作品所有权，从而将作品复制件投入欧洲经济区境内流通的，则不能再对上述投放市场的作品复制件行使发行权，但租赁、出借和进口权除外。❷

（6）如果作者将电影作品或录音制品中的作品的租赁权转让给录音制品或电影作品的制作者，或者作者以其他方式授权制作者行使该项权利的，作者仍有权要求录音制品制作者或电影作品制作人支付适当费用，作为通过租赁方式发行作品的回报。尽管作者无权放弃此费用，但作者只能通过著作权集体管理组织行使其费用主张权利。❸

（7）已废除。❹

第23A条❺

（1）文学作品和以乐谱印刷的音乐作品是通过图书馆以公共借阅的方式发行的，作者和作曲家应根据借阅情况获得合理报酬。

（2）上述费用应由有资质的权利集体管理组织确定，并在年度使用费报表中公布，不得超过有关主管文化事务部部长（以下简称"部长"）控制预算的特别立法章节中规定的金额。

（3）作者有权仅通过其权利集体管理组织行使其报酬主张权利，并有权在应得金额范围内放弃费用，且放弃仅在费用分配日期后生效。

（4）图书馆应在次年首个日历季度末，向相关权利集体管理组织和部长提供第（1）款所述作品复制件的识别数据，以确定费用金额和费用分配，以及当年借阅的数量。对计算和分配费用所需的数据类型以及需要遵守此规定

---

❶ 根据2008年第112号法案第3条予以设立，自2009年1月2日起生效。

❷ 根据2004年第69号法案第7条第（1）款予以设立，自2004年7月10日起生效。

❸ 根据2011年第173号法案第43条第（1）款予以修订，自2012年1月1日起生效。

❹ 根据2008年第112号法案第30条第（2）款予以废除，自2009年1月2日起不再生效。

❺ 根据2008年第112号法案第4条予以设立，自2009年1月2日起生效。应在2010年12月31日之后支付关于作品公共借阅的费用。计算和分配费用所需的数据类型自2011年1月1日起收集，2012年首次根据该数据进行分配费用。

的图书馆应在其他具体立法中规定。

（5）上述费用应根据借阅量进行分配，并应在下一日历年的 11 月 1 日支付。❶

公开表演权

第 24 条

（1）作者享有公开表演作品和授权他人公开表演作品的专有权利。表演指让在场的人感知到作品。

（2）表演具体包括下列内容：

a）以现场表演的方式向观众表演作品，如舞台表演、音乐会、朗诵和朗读（以下简称"现场表演"）；

b）通过任何技术手段或方法使作品可被感知，如放映电影作品，或放大向观众广播或传播（在特定复制件上）的作品的声音，并在屏幕上放映。

（3）在公众可进入地点或除作者的家人、朋友和熟人以外其他人聚集的任何地方进行表演的，均被视为公开表演。❷

第 25 条

（1）公开表演之前出版的音乐或文学作品的授权以及由此支付的费用，应在使用人和代表作者、作曲者和作词者的权利集体管理组织签订的协议中确定，但权利人根据新著作权法第 18 条第（1）款规定提出异议的除外。❸

（2）已废除。❹

（3）第（1）款规定不适用于供舞台表演的文学作品和戏剧音乐作品的场景或章节，也不适用于技术文献或参考书目，以及范围更广的不适用于舞台表演的作品（如小说）。❺

（4）在第（1）款规定的情形下，使用人必须事先报告计划用途和已经开

---

❶ 根据 2012 年第 196 号法案第 5 条予以设立，自 2013 年 1 月 1 日起生效。

❷ 根据 2005 年第 165 号法案第 20 条予以设立，自 2006 年 1 月 1 日起生效。可适用于随后开始的诉讼程序。

❸ 根据 2016 年第 93 号法案第 178 条予以设立，自 2016 年 7 月 28 日起生效。

❹ 根据 2003 年第 102 号法案第 89 条予以废除，应与颁布匈牙利加入欧盟条约的法案同时生效。

❺ 根据 2003 年第 102 号法案第 58 条第（2）款予以设立，应与颁布匈牙利加入欧盟条约的法案同时生效。

始的使用。第（1）款规定的著作权集体管理组织有权在现场检查使用情况。❶

（5）现场表演权的使用费（酒店行业音乐服务的使用费除外）必须在表演后3日内支付。在其他情况下，必须通过支付优先购买权费用，以提前获得至少一个季度的使用权，或在较短的季节性运营情况下，提前获得整个运营期间的使用权。

（6）如果使用人不履行第（4）款规定的报告义务，且著作权集体管理组织在检查过程中才了解到其使用情况的，除应付费用外，还必须支付一笔定额费用以支付著作权集体管理组织产生的检查费用。该定额费用数额应与应付费用相同。

向公众传播作品的权利

第26条

（1）作者享有通过广播向公众传播其作品并授权他人传播的专有权利。广播是指在不通过电缆或其他类似手段的情况下传播声音、图像和声音或实现其技术表现形式，使作品在一定距离内为公众所感知。

（2）如果广播节目能被公众直接接收，则卫星传播也被视为广播作品。如果节目信号在广播或电视组织负责并控制下被传输到卫星，然后不间断地传输回地球供公众接收的，则通过卫星传播的节目被视为公众可以直接接收的节目。通过卫星向公众进行的传播行为应仅在欧洲经济区成员国进行，在该区域，在广播组织的控制和负责下，承载节目的信号被引入通向卫星和通向地球的不间断传播链中。就上述规定而言，在非欧洲经济区协定缔约方的国家通过卫星向公众传播的，应适用欧盟理事会第93/83/EEC号指令第1条第（2）款 d）项关于协调适用于卫星传播和电缆转播的著作权和邻接权的相关规定。❷

（3）广播也包括编码广播，只有根据与原始广播或电视组织签订的协议，通过从其获得的设备（解码器），或经过组织同意从他处获得的设备（解码器）启用节目信号后，才可被公众直接接收。原始广播或电视组织及使用解码器向公众传播的组织对该等使用承担连带责任。❸

---

❶ 根据2003年第102号法案第89条予以修订，应与颁布匈牙利加入欧盟条约的法案同时生效。
❷ 根据2004年第69号法案第7条第（2）款予以设立，自2004年7月10日起生效。
❸ 根据2011年第173号法案第29条予以设立，自2012年1月1日起生效。

（4）广播作品还包括下列情况：广播节目信号由向公众传输的组织进行编码，公众成员根据与该组织的单独协议，仅能通过从组织或组织许可的其他地方获得的解码器感知作品。

（5）每当节目信号以任何方式被修改，而将访问限制在更小的公众范围内时，该广播就是被编码的。

（5a）广播还应包括由广播或电视广播组织以外的组织（以下简称"可公开访问的组织"）向公众提供使用载有原始广播或电视广播组织的节目信号，其方式为广播或广播电视广播组织仅向可公开访问的组织开放其节目信号（以下简称"直接传输"），而不同时将该等节目信号直接提供给公众。此类使用应被解释为向公众传播的单一行为。除原始广播或电视组织外，可公开访问的组织也应获得向公众传播的使用权，前提是其不仅仅提供使用的技术手段。可公开访问组织仅提供使用的技术手段的，广播或电视广播组织应获得使用权。❶

（6）能够重复播放的录音需要获得作者的特别许可。每次使用录音都必须支付费用。

（7）有关广播的规定必须适当地适用于通过电缆或其他类似手段，或其他类似方式，向公众传输自有节目的行为。

（8）作者还享有以广播或第（7）款规定以外的方式向公众传播作品的专有权利，且享有授权他人从事上述行为的专有权利。该权利尤其适用于通过电缆或以任何其他手段，或以任何其他方式向公众提供作品的情形，公众成员可以自行决定访问作品的时间和地点。

（8a）如果广播或电视广播组织在辅助在线服务的范围内向公众提供广播节目、关于日常事件和时事问题的电视新闻节目、完全利用其自身资源制作的电视节目，则这种按需提供的方式以及提供节目所必需的复制行为应被解释为只在该组织有主要营业地的欧洲经济区成员国内进行。除广播组织的节目外，本款不适用于体育赛事和包含作品的节目。❷

（8b）第（8a）款规定的辅助在线服务是指实现第（8）款规定用途的在线服务，包括由广播或电视广播组织对其控制和负责的电视或广播节目，在由广播组织进行广播的同时或一段规定时间内向公众提供，以及在点播服务

---

❶❷ 根据 2021 年第 37 号法案第 3 条第（1）款予以设立，自 2021 年 6 月 1 日起生效。

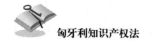

中向公众提供此类广播的辅助材料。❶

（9）在确定为第（8a）款所述用途授权许可的报酬时，应特别考虑额外的在线服务的所有特点，包括提供服务的时间、覆盖的受众和可用的语言版本。本规定不应排除根据广播组织的收入来计算报酬的方式。

第 27 条❷

（1）授权广播已出版的音乐或文学作品，但不包括使用供舞台表演的文学作品和戏剧音乐作品或其场景和片段、技术文献或参考书目和范围更广的不用于舞台表演的作品（如小说），以及为该等用途支付的费用金额，应在使用者和代表有关作者、作曲者和作词者的权利集体管理组织之间的协议中确定。❸

（2）如果通过卫星进行广播，则第（1）款应适用于下列情况：

a）通过同一广播或电视组织向公众同步播送地面广播；及

b）权利人未根据新著作权法第 18 条第（1）款提出异议。❹

（3）授权使用已出版的非戏剧音乐作品及其歌词，但不包括戏剧音乐作品或其中的场景和片段，以及此类戏剧音乐作品中的场景［此类使用受第 26 条的规制，第（1）款和第（2）款中规定的除外］，为上述使用支付的费用，应在使用人与代表相关作曲者和作词者的权利集体管理组织所签订的协议中确定，除非权利人根据新著作权法第 18 条第（1）款之规定提出异议。❺

第 28 条

（1）就已经通过广播向公众传播的作品，作者享有转播（通过广播）及授权他人转播的专有权利。

（2）作者有权授权通过电缆或其他方式同时不加修改和不加删节地转播（由原作者以外的组织参与的）最初通过有线或其他方式传播的供公众接收的电视或广播节目，但转播必须在受控制的环境下进行，而且最初向公众传播的行为是通过公开的互联网接入以外的方式进行的。❻

---

❶ 根据 2021 年第 37 号法案第 3 条第（1）款予以设立，自 2021 年 6 月 1 日起生效。
❷ 根据 2003 年第 102 号法案第 60 条予以设立，应与颁布匈牙利加入欧盟条约的法案同时生效。
❸ 根据 2016 年第 102 号法案第 179 条第（1）款予以设立，自 2016 年 7 月 28 日起生效。
❹ 根据 2016 年第 93 号法案第 179 条第（2）款予以设立，自 2016 年 7 月 28 日起生效。
❺ 根据 2016 年第 93 号法案第 179 条第（3）款予以设立，自 2016 年 7 月 28 日起生效。
❻ 根据 2021 年第 37 号法案第 4 条第（1）款予以设立，自 2021 年 6 月 1 日起生效。

（2a）在第（2）款中，受控制的环境，指转播服务运营商向授权用户提供安全转播的环境。❶

（3）权利人只能通过著作权集体管理来行使第（2）款所述之权利。其只有在应得份额范围内才有权放弃其费用，且放弃只能在费用分配之日后生效。费用由负责文学和音乐作品的著作权集体管理组织依照其他权利人所在的权利集体管理组织确定。传播组织应当向文学和音乐作品著作权集体管理组织支付费用。❷

（4）电影作品制片人有权获得扣除成本后剩余所收费用的13%，电影制作人有权获得19%，美术家、实用艺术家和摄影师有权获得3%，电影编剧有权获得14%，作曲者和作词者有权获得15.5%，表演者有权获得26.5%，录音制品制作者有权获得9%，除非相关著作权集体管理组织在每年3月31日前另有协议。❸

（5）文学或音乐作品著作权集体管理组织将向权利人的著作权集体管理组织转给应付给其不代表的作品类型的作者和著作权所有人的费用，以及应付给表演者和录音制品制作者的费用。❹

（6）转播匈牙利公共媒体服务提供商（广播或电视组织）的节目中播送的作品，以及转播通过电缆或其他方式传播的作品所需支付的费用必须由媒体服务支持和资产管理基金支付，且应由基金管理者提供。❺

（7）第（3）款不适用于广播或电视广播组织的自有节目〔第80条第（1）款〕。❻

改编权

第29条

作者享有改编其作品并授权他人改编的专有权利。改编包括对作品的翻译、舞台或音乐改编以及电影改编；以及对电影作品的改编和对作品进行的任何形式的修改，由此产生了与原作不同的作品。

---

❶ 根据2021年第37号法案第4条第（2）款予以设立，自2021年6月1日起生效。

❷❸❹ 根据2003年第102号法案第61条予以设立，应与颁布匈牙利加入欧盟条约的法案同时生效。

❺ 根据2010年第185号法案第185条第（11）款予以设立，自2011年1月1日起生效。

❻ 根据2021年第37号法案第4条第（3）款予以设立，自2021年6月1日起生效。

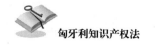

职务作品

第 30 条

（1）在无任何相反协议的情况下，如作品的准备工作是作者职务范围内的义务，则作为作者合法继受人的雇主在作品移交后即获得财产权。

（2）以雇主名义合法继受的，按照第（1）款规定获得的财产权将转让给雇主的合法继受人。

（3）如果雇主授权第三人使用作品或将与作品相关的财产权转让给第三人，则作者有权获得适当的报酬。

（4）即使是在雇主获得权利的情况下，作者也有权获得根据本法转让使用权后应得的报酬。

（5）如果作者根据雇佣合同创作作品，则交付作品应视为同意作品的出版。如果作者发表声明撤回作品（第 11 条），则雇主有义务将作者的姓名从作品中删除。同时，如果雇主利用其作为雇主的权利修改作品，而作者不同意这些修改，则必须删除作者的姓名。❶

（6）作者就在其职务范围内，因履行其义务创作的职务作品所作的法律声明，必须以书面形式作出。

（7）如果作品是由从事公共服务、政府服务或公务员职务关系、税务和海关当局职务关系或服务法律关系中的任何人员创作，或由在准雇佣关系范围内雇用的合作社成员创作的，则应参照适用关于因作者在其雇佣范围内履行其义务而创作的雇佣作品的规定。❷

著作权保护期

第 31 条

（1）作者的著作权在其有生之年和死亡后 70 年内受到保护。

（2）70 年的保护期从作者死亡后次年首日开始计算，如果是合作作品，则从最后一名作者死亡后次年首日开始计算。❸

---

❶ 根据 2003 年第 102 号法案第 89 条予以修订，应与颁布匈牙利加入欧盟条约的法案同时生效。

❷ 根据 2016 年第 64 号法案第 40 条予以设立；根据 2018 年第 115 号法案第 32 条、2018 年第 125 号法案第 311 条和 2020 年第 152 号法案第 23 条予以修订。

❸ 根据 2013 年第 16 号法案第 36 条第（1）款予以设立，自 2013 年 1 月 11 日起生效。

（3）如果作者身份无法确认，著作权保护期应为 70 年，从作品首次公开的次年首日开始计算。但是，如果作者在此期间内表明了自己身份，则应按照第（2）款计算著作权保护期。

（4）如果作品分多个部分发表，则必须分别考虑每部分首次发表的年份。

（5）合作作品的著作权保护期为 70 年，自该作品首次发表后次年首日开始计算。

（6）电影作品的保护期应从下列最后死亡的人员死亡后次年首日开始计算，无论这些人是否被指定为共同作者：导演、剧本作者、台词作者和专为电影作品创作音乐的作曲者。❶

（7）如作品保护期无须从作者或最后死亡的合作作者死亡后次年首日开始计算，且作品未在创作次年首日起的 70 年内发表，则该作品此后不能获得著作权保护。

第 32 条

任何人在著作权保护期或第 31 条第（7）款规定的期限届满后，合法发表以前未发表的作品，有权获得与作者的财产权相同的法律保护。该保护期为 25 年，自首次发表后次年首日开始计算。

第 4 章　免费使用和著作权限制
一般规定

第 33 条

（1）属于免费使用范围内的作品可以无偿使用，使用无须作者授权。只有已公开的作品才能根据本法的规定免费使用。

（2）即使根据有关免费使用的规定，仅在不影响作品的正常使用且未不合理地损害作者的合法权益的情况下，才允许无偿使用作品。此外，如果使用得体且使用目的与免费使用目的相一致，则允许免费使用。

（3）对关于免费使用的规定不能作宽泛性解释。

（4）除非法律另有规定，否则任何排除或限制免费使用的合同或单方行

---

❶ 根据 2013 年第 16 号法案第 16 条第（2）款予以设立，自 2013 年 1 月 11 日起生效。

为均为无效，包括就此种使用向作者提供了适当报酬的情况。❶

第33A 条❷

（1）就本法而言：

1. 出于学术教育目的使用，指根据幼儿园、小学、中学教育，职业培训机构的专业教育，基础艺术学校或高等教育法涵盖的高等教育机构的高等教育课程或教学要求实施的使用；

2. 文化遗产机构，指向公众开放的公共图书馆或博物馆、档案馆、图片和录音制品的公共收藏机构；

3. 教育机构，指出于学术教育目的使用作品的公共教育、职业培训和高等教育机构。

（2）就本章而言：

1. 安全电子网络，指一种技术解决方案，旨在阻止学校教育工作者和终端用户以外的其他人点播作品；

2. 研究组织，指研究机构、高等院校（包括其图书馆），以及能够开展研究的实体（如研究实验室和医院），或任何以进行科学研究或开展涉及科学研究的教育活动为主要目的的其他个人或组织（包括与研究组织签订合同的研究人员）：

a）以非营利为基础，或将其税后利润再投资于其科学研究；或

b）执行公共利益相关任务；

在此情况下，对该组织行使多数控制权的个人或组织不能优先获得此等科学研究产生的成果。

3. 文本和数据挖掘，指任何旨在以数字形式分析文本和数据以获取信息的自动分析技术。

免费使用的情形

第34 条

（1）任何人都有权在忠于原作的情况下，及接受作品的特点和目的所允许的范围内，引用作品的部分内容，但必须注明作品来源和作者。

---

❶ 根据2021 年第17 号法案第5 条予以设立，自2021 年6 月1 日起生效。
❷ 根据2021 年第17 号法案第6 条予以设立，自2021 年6 月1 日起生效。

（2）文学或音乐作品的某些部分、已公开发行的电影或此类性质的小型独立作品，美术作品、建筑作品、实用艺术和设计作品的图片，以及摄影作品，均可用于教育机构的教学中的插图和科学研究目的，但需注明来源和其中指定的作者且在合理范围内使用，所产生作品不得用于商业用途。任何作品在另一作品中的使用超过引用或引述的限度将构成借用。❶

（3）下列情况不需要作者授权❷：

a）用于复制和发表第（2）款所述的接受作品，如果接受作品根据相关法律被宣布为教科书或教师手册，且标题页上注明了学术目的；和/或❸

b）将第（2）款所述的接受作品用于学校教育［第33A条第（1）款第1点］，在教育场所以数字形式，通过电子手段或通过安全电子网络向公众提供。❹

（3a）第（3）款b）项下的使用应被解释为在接受教育机构所在成员国发生的［第33A条第（1）款第3点］。❺

（3b）第（3）款b）项不适用于乐谱的使用。❻

（4）作品可被改编为教学插图以供学校使用，包括通过安全电子网络使用。改编须经原始作品作者的授权，但在学校教育范围内的讲座和第（3）款b）项所述用途除外。❼

第34A条❽

（1）任何人都可以使用作品：

a）出于批评或评论等目的，但须注明来源，包括作者姓名；和/或

b）出于引用、讽刺、戏仿或刻意模仿等目的，以表达幽默或嘲讽。

（2）就第（1）款所述的使用而言，引用原始作品应在达到目的的合理范围内，并受例外情况或限制的制约。

---

❶ 根据2008年第102号法案第5条第（1）款予以设立，自2009年1月2日起生效。

❷ 根据2020年第58号法案第324条第（1）款予以设立，自2020年6月18日起生效。

❸ 根据2021年第37号法案第32条第1点予以修订。

❹ 根据2021年第37号法案第32条第2点予以修订。

❺ 根据2021年第37号法案第7条第（1）款予以设立，自2021年6月1日起生效。

❻ 根据2021年第37号法案第7条第（2）款予以设立，自2021年6月1日起生效。

❼ 根据2020年第58号法案第324条第（3）款予以设立。根据2021年第37号法案第32条第3点予以修订。

❽ 根据2021年第37号法案第8条予以设立，自2021年6月1日起生效。

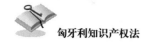

第35条

（1）任何自然人都有权为私人目的复制作品，如果此类活动既不直接也不间接产生更多的收入且只要相关作品是合法获取的。本条规定不适用于建筑作品、技术结构、软件、计算机操作的数据库以及在视频或音频媒体上录制作品的公开表演。即使在本条第（4）款b）项至d）项所述情况下，也不得出于私人目的通过复印［第21条第（1）款］的方式复制乐谱。❶

（2）已废除。❷

（3）已废除。❸

（4）如果文化遗产机构［第33A条第（1）款第2点］和教育机构［第33A条第（1）款第3点］不为营利活动或不以直接、间接产生更多收入为目的，则可复印作品，并且：❹

a）如果该复制件是科学研究或存档所必需的；

b）如果该复制件是为公共图书馆所用或为第38条第（5）款所指明用途而制作的；

c）如果该复制件是以内部使用为目的，根据已经发表的作品或报纸、期刊文章的较小部分制作的；或

d）如果该复制件需要用于学术教育目的。

（4a）文化遗产机构可以自由分发❺：

a）为第（4）款a）项所述之目的，为研究组织和其他文化遗产机构制作的复制件；

b）为第（4）款d）项所述之目的，为教育机构制作的复制件［第33A条第（1）款3项］；

此种方式不为营利活动或不以直接、间接产生更多收入为目的。

（5）已发表为书籍、报纸和期刊文章的部分，可出于教育目的进行复制，其复制数量需与同一组或一个班级的学生人数相当，并可用于公共教育、职业培训，和/或高等教育的考试，且可向学生及相关学者分发，也可出于解释

---

❶ 根据2021年第37号法案第9条第（1）款予以设立，自2021年6月1日起生效。

❷❸ 根据2021年第37号法案第33条第1点予以废除，自2021年6月1日起生效。

❹ 根据2021年第37号法案第9条第（2）款予以设立，自2021年6月1日起生效。

❺ 根据2021年第37号法案第9条第（3）款予以设立，自2021年6月1日起生效。

说明目的通过教育机构的安全电子网络向其提供。❶

（6）对作品的临时（辅助或暂时）复制被视为免费使用，前提是临时复制是为达到使用目的所需的技术过程中不可分割的一部分，且如果临时复制本身无经济意义，唯一目的是允许下列行为❷：

a）通过服务提供商的网络在其他人之间传输；或

b）经权利人同意或根据本法规定使用作品。

（7）免费使用包括广播或电视广播组织对作品进行的临时录制，以使作品可以合法用于播出自己的节目。除非广播权合同另有规定，否则该录制品必须在制作之日起 3 个月内被销毁或删除。但是，在这些录制品中，其他法律中规定的具有特殊文献价值的录音可在公共图片和录音档案机构中保存任意时长。❸

（8）第（1）款、第（4）款、第（5）款和第（7）款规定的免费使用情况不得影响第 20 条至第 22 条的适用。❹

第 35A 条❺

（1）免费使用应包括为对作品进行文本和数据挖掘而进行的复制，如果：

a）其有权合法使用作品；

b）权利人未明确反对以适当方式免费使用，例如在网上公开提供的内容中采取机读的方式使用；以及

c）文本和数据挖掘所需的复制件将根据挖掘的需要保存。

（2）免费使用应包括研究机构和文化遗产机构［第 33A 条第（1）款第 2 点］出于科学研究之目的，对作品进行文本和数据挖掘而制作复制件，前提是：

a）使用作品之人有权合法接触所使用的作品；

b）在免费使用的范围内，制作的作品复制件以适当安全级别存储；以及

c）可为科学研究目的而保存。

（3）经授权的用户可以提供对根据第（1）款和第（2）款复制的复制件的访问权：

---

❶　根据 2020 年第 58 号法案第 325 条予以设立，自 2020 年 6 月 18 日起生效。

❷　根据 2003 年第 102 号法案第 63 条第（3）款予以设立，应与颁布匈牙利加入欧盟条约的法案同时生效。

❸❹　根据 2003 年第 102 号法案第 63 条第（4）款予以设立，应与颁布匈牙利加入欧盟条约的法案同时生效。

❺　根据 2021 年第 37 号法案第 10 条予以设立，自 2021 年 6 月 1 日起生效。

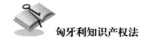

a）在相关研究合作的范围内；或

b）对科学工作进行专业评估，按照要求，向封闭用户群体提供服务，前提是不用于营利活动或不直接或间接产生更多收入。仅可在本条规定的目的和期限内向公众传播。

第 36 条

（1）公开讲座和其他类似作品及政治演讲的部分内容可在为此目的的合理范围内免费用于信息服务。在这种情况下，除非证明不可能，否则必须注明来源和作者姓名。发表此类作品集应获得作者的同意。❶

（2）日常事件和当前经济或政治问题的文章，以及关于这些主题的广播作品，可在报道里免费引用并向公众传播，包括向公众开放［第 26 条第（8）款］，但前提是作者未明确禁止此类使用。在此情况下，必须注明来源和作者姓名。❷

（3）任何类型的美术、摄影、建筑、实用艺术或工业设计作品都可以用作视听媒体服务中的布景或舞台设施。在此情况下，注明作者姓名是非强制性的。❸

（4）为在视听媒体服务中使用以布景或服装为目的创作的作品，则必须有作者授权，且注明作者姓名。❹

（5）在有艺术品经销商参与的公开展览或出售有价值的原创艺术品的情况下，如果此类活动不以任何方式或形式产生或增加收入为目的，可以为宣传艺术作品的公开展览或出售而免费复制和分发有关艺术品，但以宣传活动的所需程度为限。第 70 条第（2）款和第（3）款应适用于艺术品原件和艺术品经销商的定义。❺

第 37 条❻

只要注明来源，包括作者姓名，就可以获取信息为目的免费使用时事报

---

❶ 根据 2003 年第 102 号法案第 64 条第（1）款予以设立，应与颁布匈牙利加入欧盟条约的法案同时生效。

❷ 根据 2003 年第 102 号法案第 64 条第（2）款予以设立，应与颁布匈牙利加入欧盟条约的法案同时生效。

❸❹ 根据 2003 年第 102 号法案第 64 条第（2）款对编号予以修订，应与颁布匈牙利加入欧盟条约的法案同时生效。根据 2010 年第 185 号法案第 226 条第（5）款 2）项予以修订，自 2011 年 1 月 1 日起生效。

❺ 根据 2011 年第 173 号法案第 30 条予以设立，自 2012 年 1 月 1 日起生效。

❻ 根据 2003 年第 102 号法案第 65 条予以设立，应与颁布匈牙利加入欧盟条约的法案同时生效。

道，除非证明不可能注明来源及作者姓名。

第 38 条

（1）如果表演不以产生或增加收入为目的，即使是间接收入，且参与者未获得报酬，也可以在下列情况表演作品：

a）业余艺术团体根据已发表的剧本或合法使用的手稿表演戏剧作品，前提是不违反任何国际条约；

b）用于教育目的和用于学校庆祝活动；

c）属于社会关怀和照顾老人的范围内；

d）已废除；❶

e）在宗教团体的宗教仪式和教会庆典上；❷

f）供私人使用或偶尔在私人活动中使用。

（1a）如果表演不以产生或增加收入为目的，即使是间接收入，也可在国家法定假日举行的庆祝活动期间表演作品。❸

（2）对使用人（例如商店、娱乐机构）而言，作品的使用可增加经常光顾该场所的人数，或者可用于招待来访顾客以及其他顾客的，则使用旨在增加收入。特别要将入场费视为创收，即使它有不同的名称。超过与演出相关的实际和担保成本的补偿被视为报酬。

（3）已废除。❹

（4）经济组织或事实上的经济组织专门为其成员、官员和雇员举行的会议被视为私人会议。

（5）在没有相反使用协议的情况下，文化遗产机构［第 33A 条第（1）款第 2 点］收藏的作品和教育机构［第 33A 条第（1）款第 3 点］的作品可在此类机构内安装和操作的计算机终端屏幕上显示，供公众进行科学研究或学习，并可按照其他法律规定的方式和条件，为此目的向上述公众免费传播，包括向社会公众开放，条件是不得用于营利活动或直接或间接产生更多收入。❺

---

❶ 根据 2013 年第 159 号法案第 27 条 a）项予以废除，自 2013 年 10 月 25 日起不再生效。

❷ 根据 2013 年第 133 号法案第 85 条予以设立，自 2013 年 1 月 8 日起生效。

❸ 根据 2013 年第 159 号法案第 15 条予以设立，自 2013 年 10 月 25 日起生效。

❹ 根据 2011 年第 173 号法案第 43 条第（2）款予以废除，自 2012 年 1 月 1 日起不再生效。

❺ 根据 2021 年第 37 号法案第 11 条予以设立，自 2021 年 6 月 1 日起生效。

第 39 条❶

国家图书馆有权不受限制地出借作品。本规定不适用于软件和计算机操作的数据库。

第 40 条❷

在免费使用范围内复制的复制件［除馆际交换外，也不包括第 36 条第（5）款所规定的复制件］未经作者授权不得发行。

第 41 条

（1）免费使用的范围应当包括专门为残疾人的利益，与残疾人直接相关且非商业性质的使用，但应符合特定残疾人的要求。❸

（1a）第（1）款规定的免费使用特别包括下列情况❹：

a）作品的无障碍格式复制件专门为有阅读障碍的受益人使用而制作，无论是为受益人自己或代表受益人的个人或获授权的实体使用，前提是无障碍格式复制件的制作人合法获得作品；

b）获授权实体为有阅读障碍的受益人或其他获授权实体之利益，将无障碍格式复制件向公众发行、传播或提供，包括使公众可在个人选择的地点和时间获取这些复制件。

（1b）在匈牙利设立的获授权实体可以为有阅读障碍的受益人或在欧盟任何成员国设立的其他获授权实体免费实施第（1a）款 b）项提及的行为。❺

（1c）在匈牙利设立的获授权实体和有阅读障碍的受益人可从在欧盟任何成员国设立的其他获授权实体免费获得无障碍格式复制件。❻

（1d）第（1a）款至第（1c）款所述的免费使用应适用于以书面形式或其他形式的注释［第（1）款 a）项和第 18 条第（2）款］在任何媒体上（包括音频形式和数字形式）发表的任何作品，包括相关插图。❼

（1e）第（1）款至第（1d）款规定的排除或限制免费使用的合同条款应

---

❶ 根据 2008 年第 112 号法案第 7 条予以设立，自 2009 年 1 月 2 日起生效。

❷ 根据 2011 年第 173 号法案第 31 条予以设立，自 2012 年 1 月 1 日起生效。

❸ 根据 2018 年第 56 号法案第 1 条第（1）款予以设立，自 2018 年 10 月 10 日起生效。

❹❺❻❼ 根据 2018 年第 56 号法案第 1 条第（2）款予以设立，自 2018 年 10 月 10 日起生效。

视为无效。❶

（1f）制作无障碍格式复制件且使其实现无障碍所需的更改，不得超过预期目的的合理范围。❷

（1g）第（1a）款至第（1c）款所述获授权实体和有阅读障碍受益人的定义，以及关于无障碍格式作品免费使用的详细规定，以及维护授权实体、无障碍格式作品和受相关权利保护客体的登记册并向欧盟委员会提供信息的中间机构的指定和职责，应由政府颁布。❸

（2）作品可以适当的方式和程度，基于证据提供之目的在法院、行政和其他官方程序中使用。❹

（3）出于立法原因，议会和议员可以符合目的的方式和程度，在开展相关活动时使用作品，前提是此类使用不以营利活动为目的，不以任何方式或形式产生或增加收入。❺

第4A章❻　孤儿作品的使用❼
一般规定❽

第41A条❾

（1）如果不能确定作品或相关权利保护客体的权利人，或者即使确定了其中的一个或多个权利人，但进行勤勉检索也没有找到权利人，则该作品或相关权利保护客体（在本章中称为"客体"）应被视为孤儿作品。

（2）在进行勤勉检索权利人时，至少应根据作品类别或题材，酌情使用法令中关于孤儿作品使用细则规定的信息来源。如果进行的检索显然无法提供定位相关权利人可能需要的额外信息，则可以排除特定信息来源。❿

（3）勤勉检索应在作品或客体首次公开的国家进行。⓫

（4）作为对第（3）款的补充，对电影或视听作品进行的勤勉检索，应在制片人的总部所在地或经常居住地的国家进行。

---

❶❷❸　根据2018年第56号法案第1条第（2）款予以设立，自2018年10月10日起生效。

❹　根据2009年第56号法案第207条予以修订，自2009年1月10日起生效。此更改不影响英语版本。

❺　根据2014年第14号法案第83条予以设立，自2014年3月4日起生效。

❻❼❽❾　根据2013年第159号法案第16条予以设立，自2014年10月29日起生效。

❿　根据2021年第37号法案第12条第（1）款予以设立，自2021年6月1日起生效。

⓫　根据2018年第134号法案第11条予以修订。

（5）在第 41F 条第（3）款所述的情况下，对权利人勤勉检索的工作应在匈牙利进行。

（6）如果对权利人的勤勉检索显示，在另一个国家也可以找到关于权利人的基本信息，则检索也应参照该国可获得的信息来源进行。

（7）如果一件作品或客体中有多个权利人，但并非所有权利人均已识别，或即使已识别但未能找到，则该作品或客体可在得到这些权利人授权的情况下使用。

（8）作品或客体的权利人可随时终止孤儿作品状态，并有权就进一步使用行使其权利。

（9）本章规定不适用于与许可相关的权利属于权利集体管理范围的情况。❶

孤儿作品使用授权❷

第 41B 条❸

（1）匈牙利知识产权局（以下简称"知识产权局"）应为使用孤儿作品授权许可，并应根据使用方式和程度确定合理报酬。使用许可的最长期限为 5 年，适用于匈牙利全境是非排他性的，不可转让，且无权授予额外许可或改编相关作品（第 29 条）。

（1a）第（1）款所述请求由建筑物的所有者提交的构成建筑作品❹：

a）许可还可涵盖有关建筑作品的改编（第 29 条）；

b）在合理的情况下，许可可以延长一次，延长期限为原许可的期限，但不超过 5 年。

（1b）使用权授权申请应包含❺：

a）申请人及代表（如适用）的姓名、家庭住址或注册登记地；

b）以电子方式以外的方式保持通信的，由申请人或申请人代表签字；

c）用于识别作品或客体的信息，具体是❻：

ca）作品或客体的名称、作者姓名；

---

❶ 根据 2021 年第 37 号法案第 12 条第（2）款予以设立，自 2021 年 6 月 1 日起生效。

❷❸ 根据 2013 年第 159 号法案第 16 条予以设立，自 2014 年 10 月 29 日起生效。

❹ 根据 2018 年第 134 号法案第 8 条予以设立，自 2019 年 1 月 1 日起生效。

❺根据 2019 年第 34 号法案第 44 条第（1）款予以设立，自 2019 年 4 月 26 日起生效。

❻ 根据 2018 年第 37 号法案第 37 条第（1）款予以设立，自 2021 年 6 月 1 日起生效。

・30・

cb）作品或客体首次发表的年份；

cc）如果可能，作者的出生和死亡年份；和

cd）权利人或所有权利人（如果有多个权利人）的姓名和家庭住址或经常居住地；

d）申请人和代表（如适用）的电子邮件地址或电话号码。

（1c）如果申请人或其代表需要以电子方式与主管部门保持沟通或希望以电子方式保持沟通，则除第（1b）款规定的详情外，申请还应包含❶：

a）是自然人的，申请人和代表（如适用）的出生地址和出生日期以及母亲的姓名；

b）不是自然人的，申请人和代表的税号（如适用）。

（1d）主管部门有权获取和处理个人数据，这些数据包含在为识别或确定权利人而进行的勤勉检索所获得的证据中，并由申请人随申请附上，以及与已识别的权利人签订的使用合同。在其他方面，应当按照政府令关于孤儿作品使用的详细规定提交使用权授权申请。❷

（2）如果此类使用并非用于营利活动或没有以任何方式产生或增加收入，则第（1）款所述的费用应在识别或确定权利人后支付。如果此类使用用于营利活动，或以任何方式产生或增加收入，则费用应存放在主管部门。费用必须在开始使用之前存入。

（3）如果权利人在使用许可期限内已被识别或确定，则主管部门应根据权利人或使用人的要求撤销该许可，自权利人被识别或确定之日起生效，前提是在许可期限届满后的剩余期间内，使用可持续至识别或确定权利人之日，但不得超过识别或确定权利人之日起一年。

（3a）撤销使用权的申请应包含❸：

a）申请人和代表（如适用）的姓名、家庭住址或登记注册地；

b）以电子方式以外的方式保持通信的，由申请人或申请人代表签字；

c）主管部门在使用许可中规定并存入的许可费金额与撤回决定中指明的金额之间的差额的退还信息。

（3b）如果申请人或其代表需要以电子方式与主管部门保持沟通或希望以电子方式保持沟通的，则除第（3a）款规定的详情外，申请还应包含❹：

---

❶❷ 根据 2019 年第 34 号法案第 44 条第（1）款予以设立，自 2019 年 4 月 26 日起生效。
❸❹ 根据 2019 年第 34 号法案第 44 条第（2）款予以设立，自 2019 年 4 月 26 日起生效。

a）是自然人的，申请人和代表（如适用）的出生地址和出生日期以及母亲的姓名；

b）不是自然人的，申请人和代表的税号（如适用）。

（4）第（3）款所述规定也适用于在识别或确定权利人之日已经作出充足和有效准备的情况，但在这种情况下，使用可以在确认或找到权利人之日存在的准备范围内开始并继续进行。

（5）权利人有权在使用许可终止时或撤销使用许可决议生效之日起5年内向使用人要求支付报酬；如果报酬已存入主管部门，则有权要求主管部门支付报酬。5年期满后，主管部门应将费用转交给管理与孤儿作品相关的其他权利的权利集体管理组织，如果没有此类机构，则转交给国家文化部。如果与孤儿作品有关的其他权利由一个以上的权利集体管理组织管理，则它们应从费用中获得同等份额。国家文化部应分配其收到的使用费的份额，以改善文化财产的使用。

（6）权利人对第（3）款至第（5）款规定的使用费数额有异议的，按照著作权法通过司法程序强制执行。

（7）根据第（1）款的要求启动的诉讼程序，须缴纳行政服务费。❶

（8）有关孤儿作品使用许可的详细规定，应在政府法令中规定。❷

第41C 条❸

（1）根据本法所述的增减条款，第41B 条规定的主管部门的相关程序应遵守一般公共行政程序法和电子交易信托服务一般规则法。❹

（2）一般公共行政程序法应适用于下列增减条款❺：

a）主管部门应根据申请人的陈述和介绍，审查申请范围内的事实，但可两次要求申请人纠正缺陷或作出解释；❻

b）不得在一站式政府窗口提交申请；

c）一般公共行政程序法第26条不适用；

d）一般公共行政程序法中有关宣布决议、诉讼管理人、简易程序、费用

---

❶❷ 根据 2021 年第 37 号法案第 13 条第（2）款予以设立，自 2021 年 6 月 1 日起生效。

❸ 根据 2016 年第 121 号法案第 34 条第（1）款予以设立，自 2017 年 1 月 1 日起生效。

❹ 根据 2017 年第 50 号法案第 176 条 a）项予以修订。

❺ 根据 2017 年第 50 号法案第 175 条第（1）款予以设立，自 2018 年 1 月 1 日起生效。

❻ 根据 2018 年第 56 号法案第 2 条予以修订，自 2018 年 10 月 10 日起生效。

豁免和执行的规定不适用；

e）检察官不得根据检察机关法对主管部门的决定进行干预和采取行动；该主管部门的决定及其根据一般公共行政程序法独立上诉的裁决应由法院在第 41D 条规定的非诉讼程序中进行审查。

（3）除要求和提供信息、查阅文件外，在第 41B 条规定的诉讼程序中，所有通信均应以书面形式或通过电子方式进行，但须在身份验证前进行，条件是：从其他主管部门收到的客户资料变更通知不应视为书面要求，不得以短信方式索取或提供信息。在诉讼程序中，不允许通过短信进行通信。主管部门应提供查阅文件的机会，该等文件可根据请求进行检查，但须遵守实际在场的义务。

（4）主管检察官也可以援引审查主管部门的决定；布达佩斯首席检察官办公室对此类程序的启动享有专属管辖权。该主管部门也应将其决定送达布达佩斯首席检察官办公室。

第 41D 条❶

（1）根据第 41C 条第（2）款 e）项的要求启动非诉讼程序的申请书应在决定送达后 30 日内提交给主管部门，主管部门应在 15 日内连同案件的文件转交给法院，但第（2）款适用的情况除外。❷

（2）申请书涉及基本法律问题的，应当在 30 日内提交书面陈述，连同申请书和案件材料一并提交法院。

（3）下列情况应在第（1）款所述申请的导言部分中说明❸：

a）受理法院的名称；

b）第 41B 条第（1b）款中指定的申请人身份资料，以及对方当事人的已知身份数据资料（如有）；和❹

c）第 41B 条第（1b）款至第（1c）款中指定的申请人法律顾问的身份资料，以及其注册送达地址。❺

（3a）申请书的正文部分应该说明下列事项❻：

---

❶ 根据 2013 年第 159 号法案第 16 条予以设立，自 2014 年 10 月 29 日起生效。

❷ 根据 2017 年第 50 号法案第 176 条 b）项、2018 年第 56 号法案第 7 条 c）项予以修订。

❸ 根据 2017 年第 130 号法案第 42 条第（1）款予以设立，自 2018 年 1 月 1 日起生效。

❹❺ 根据 2019 年第 34 号法案第 44 条第（3）款予以设立，自 2019 年 4 月 26 日起生效。

❻ 根据 2017 年第 130 号法案第 42 条第（2）款予以设立，自 2018 年 1 月 1 日起生效。

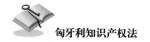

a）申请所涉及决定的编号，以及申请所涉及决定的条款或内容；

b）明确要求法院对有争议的决定进行司法审查；和

c）撤销决定的原因，并阐明证实该请求的证据以及指明法律依据。

（3b）下列情况应在申请的结尾部分说明❶：

a）法院的权限和管辖权所依据的事实和具体的法律规定；

b）已缴纳的税款和支付方式，或在未支付部分诉讼费用的情况下，申请费用补贴；此外，如果根据法律免除关税，应列明基本事实和具体的法律规定；

c）授权代表的代理权所依据的事实和具体的法律规定；和

d）支持结尾部分所含事实的证据。

（4）如果第（1）款所述申请超过规定的期限提交，则法院有权就任何延续申请作出决定。

（5）在第41C条第（2）款e）项规定的非诉讼程序中，作为对本法未作规定的程序性问题，适用2016年民事诉讼法（第130号法律）关于非诉讼性司法民事诉讼的规定。但须遵守源于非诉讼程序特殊性的例外规定，以及非诉讼民事诉讼适用规则法和非诉讼法庭诉讼法的一般规定。❷

（6）已废除。❸

（7）对主管部门的决定进行审查的程序应属于布达佩斯大都会法院专属管辖。❹

（8）除民事诉讼法所列案件外，下列各方不得参与案件和担任法官❺：

a）参与主管部门决定的人；

b）根据民法典的定义，是a）项所述人员的近亲属。❻

（9）第（8）款的规定也适用于会议记录保管人和专家的资格丧失。

（10）申请人应作为当事人参加法庭程序。

（11）如在主管部门之前进行的任何法律程序中涉及第三方当事人，则须针对该第三方提起诉讼。

---

❶ 根据2017年第130号法案第42条第（2）款予以设立，自2018年1月1日起生效。
❷ 根据2017年第130号法案第42条第（3）款予以设立，自2018年1月1日起生效。
❸ 根据2017年第50号法案第177条予以废除，自2018年1月1日起生效。
❹ 根据2017年第50号法案第42条第（4）款予以设立，自2018年1月1日起生效。
❺ 根据2017年第50号法案第44条a）项予以修订。
❻ 根据2017年第50号法案第44条b）项予以修订。

（12）　如诉讼程序涉及第三方当事人，诉讼费用的预付款或者诉讼费用的承担参照适用诉讼费用的规定。在单方面情况下，申请人应预付并承担费用。

（13）　如果该主管部门已根据第（2）款提交说明书，则主审法官须就该说明书以书面通知当事人。❶

（13a）　法院须按照民事诉讼法的规定取证，并须按照民事诉讼法关于案情的听证规定进行听证。此类诉讼程序不得中止。❷

（14）　依据文件可以裁定案件的，法院可以不经听证作出裁决，但当事人提出要求的，应当准许其陈述案情。

（15）　法院不经听证而作出裁决的，在诉讼过程中认为需要听证的，可以随时安排听证。

（15a）　如申请人未能出席听证，或双方均未出席听证，或任何一方未能在规定时限内接收法院传票，则法院应根据其所掌握的信息对申诉作出裁决。❸

（16）　不允许在法庭诉讼过程中达成和解协议。

（17）　法院应通过裁决的方式对案件的是非曲直和其他情况作出裁判。如果法院认定主管部门的决定不合法，则应撤销该决定，但违反程序规则而不影响案件实质的情况除外，并应在其认为必要时命令主管部门重新审理案件。

（18）　如果在申请递交后，主管部门撤回其任何决定，则法院应终止诉讼程序。如果主管部门修改了其决定，则法院只能针对未决问题继续进行诉讼程序。

（19）　在法院的诉讼程序中，法律代理是强制性的，包括补救程序。❹

第 41E 条❺

（1）　主管部门应保存一份公众可以通过电子方式访问的孤儿作品的使用授权登记册。

（2）　登记册应包括：

---

❶　根据 2016 年第 93 号法案第 182 条予以设立，自 2016 年 7 月 28 日起生效。
❷　根据 2017 年第 130 号法案第 42 条第（5）款予以设立，自 2018 年 1 月 1 日起生效。
❸　根据 2017 年第 130 号法案第 42 条第（6）款予以设立，自 2018 年 1 月 1 日起生效。
❹　根据 2017 年第 130 号法案第 42 条第（7）款予以设立，自 2018 年 1 月 1 日起生效。
❺　根据 2019 年第 34 号法案第 44 条第（4）款予以设立，自 2019 年 4 月 26 日起生效。

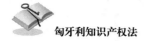

a) 孤儿作品的备案号；

b) 使用人和代表（如适用）的姓名、家庭住址或注册登记地；

c) 用于识别作品或客体的信息；

d) 权利人或所有权利人（如可能有多个权利人）的姓名；

e) 有关作品或客体的许可使用范围的详细信息；

f) 许可费的数额和存入日期；

g) 在适用的情况下，撤回使用权的授权，包括其生效日期；

h) 在适用的情况下，与作品或客体相关的任何未决诉讼程序，包括其目的。

（3）凡第（2）款所述孤儿作品数据发生任何改变的，主管部门应立即更新登记册，并注明改变日期。

受益组织对孤儿作品的使用❶

第 41F 条❷

（1）第 38 条第（5）款所指的机构和公共媒体广播或电视广播组织（以下简称"受益组织"）可以在下列情况下使用其馆藏或档案中的孤儿作品：

a) 向公众提供孤儿作品，公众可以从个人选定的地点和时间获得这些作品；

b) 以数字化为目的的复制行为，根据 a）项提供孤儿作品、编制索引、汇编、保存或修复。

（2）第（1）款适用于：

a) 文学作品；

b) 电影和其他视听作品；

c) 录音制品；和

d) 公共媒体广播或电视广播组织在 2002 年 12 月 31 日（含该日）之前制作并保存在档案中的录音制品、电影和其他视听作品；

在欧洲经济区内首次发表或在没有发表的情况下首次播出的作品。

（3）2014 年 10 月 29 日前经权利人同意交存于受益组织，且从未发表或传播过的孤儿作品，该受益机构可以按照第（1）款的规定使用，但须符合下

---

❶❷ 根据 2013 年第 159 号法案第 16 条予以设立，自 2014 年 10 月 29 日起生效。

列条件：可以合理地假设权利人不会反对这种使用。

（4）第（1）款亦应适用于嵌入或包含在第（2）款至第（3）款所述作品或录音制品中，或构成其组成部分的作品和其他受保护的客体。

第41G条[1]

（1）受益组织应当保存勤勉检索的记录，并应当以电子方式向主管部门提供下列信息：

a）勤勉检索的结果；

b）有关使用的信息；

c）孤儿作品状态的任何变化［第41A条第（8）款］；

d）有关组织的相关联系方式。

（2）主管部门应立即将第（1）款所述信息转发给欧盟知识产权局，以便将此类信息记录在由其设立和管理的单一可公开访问的在线数据库中。[2]

（3）在第（2）款所述的数据库中进行记录是开始使用的先决条件。

第41H条[3]

（1）根据欧洲议会和欧洲理事会2012年10月25日关于在欧洲经济区任何成员国中孤儿作品特定许可使用的第2012/28/EU号指令，被视为孤儿作品的作品或录音制品应在匈牙利也被视为孤儿作品。应允许受益组织根据第41F条使用记录在第41G条第（2）款所述数据库中的孤儿作品，而无须勤勉检索权利人，前提是该作品包含在其收藏或档案中。如果在第41G条第（2）款所述的数据库中记录的孤儿作品有多个权利人，则应适用第41A条第（7）款的规定。

（2）在根据第（1）款使用的情况下，受益组织应向主管部门提交第41G条第（1）款b）项至d）项规定的信息。

第41I条[4]

（1）如果孤儿作品的权利人按照第41A条第（8）款的规定确定，只有在获得上述权利人授权的情况下，受益组织才能继续使用受影响的孤儿作品。

---

[1][3][4] 根据2013年第159号法案第16条予以设立，自2014年10月29日起生效。

[2] 根据2016年第93号法案第192条予以修订。

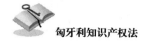

（2）根据第41F条，权利人有权要求对其作品或其他受保护客体的使用获得合理补偿。

第41J条❶

受益组织应将其在第41F条规定的使用过程中产生的收入，专门用于支付在实施此类使用过程中产生的费用。

第41K条❷

有关受益组织使用孤儿作品的详细规定以及根据第41I条第（2）款获得合理补偿的条件应在政府法令中规定。

第4B章❸　非商业作品❹

解释性条款❺

第41L条❻

（1）在本章中：

1. 第三国，指除欧洲经济区成员国以外的任何国家；

2. 非商业作品，指著作权和相关权利保护的作品或客体，在作出合理的努力以确定是否可供公众使用之后，可以善意推定该作品或客体无法通过惯常的商业渠道向公众提供。如果受著作权和相关权利保护的作品或客体有不同版本（不包括改编版本），则其不应被视为非商业作品。

（2）作品集合也可被视为非商业作品，除非在合理努力确定其可用性的基础上，且有证据表明构成此类作品集合的组成部分包括：

a）首次在第三国发表的作品；

b）电影或视听作品制作者的总部或经常居住地在第三国；或

c）第三国国民的作品，根据a）项和b）项无法确定成员国或第三国。

（3）在第（2）款的情况下，如果考虑这些作品集合的组成部分，集体管理组织在第41M条第（1）款的意义上足以代表相关第三国权利人，作品集合也可以被视为非商业作品。

---

❶❷　根据2013年第159号法案第16条予以设立，自2014年10月29日起生效。
❸❹❺❻　根据2021年第37号法案第14条予以设立，自2021年6月1日起生效。

（4）就本章而言，非商业作品应包括 1999 年 8 月 31 日或之前在匈牙利境内最后发表的文学作品。自最后一次发表之日起 8 年内发表的文学作品，不应被视为非商业作品。

非商业作品的使用❶

第 41M 条❷

（1）授权复制、发行、向公众传播和永久收藏在文化遗产机构的非商业作品的合同［第 33A 条第（1）款第 2 点］，包括应缴纳的费用数额，由集体管理组织代表作者和著作权及相关权利人与文化遗产机构协商确定，除非作者或著作权及相关权利人根据本条第（2）款的规定提出异议。

（2）对于第（1）款规定的使用，作者或著作权及相关权的权利人可以随时，包括在相关使用开始后，对在权利集体管理范围内的使用授权提出异议。对上述使用类型提出的异议应适用于新著作权法第 18 条第（1）款的规定，但权利人有权对其特定作品提出异议。

（3）第（1）款规定的使用权也可能适用于在欧洲经济区其他成员国的使用。

（4）非商业作品的复制和向公众传播，或软件的改编和发行，以便文化遗产机构提供永久收藏的非商业作品的，不需要作者或著作权及相关权利人的授权，条件是：

a）如有可能，注明作者或著作权及相关权利人的姓名；

b）在非商业网站上向公众传播；和

c）关于与所使用作品类型相关的专有权利，不存在被许可行使第（1）款规定的权利且具有资格的代表性集体管理组织。

（5）第（4）款规定的免费使用应解释为在文化遗产机构所在的成员国内适用。

（6）对于第（4）款规定的使用，作者或著作权及相关权利人可以随时，包括在相关使用开始后，对使用授权提出异议。在此情况下，任何正在进行的使用都应在异议提出后的合理期限内终止。在此之前，作者或著作权及相关权利人无权因第（4）款所述的使用而获得报酬。

---

❶❷ 根据 2021 年第 37 号法案第 14 条予以设立，自 2021 年 6 月 1 日起生效。

（7）作品通过惯常渠道的可用性由申请使用权的文化遗产机构进行评估（可用性检查）。在可用性检查中，文化遗产机构应尽合理的努力来确定作品可否供公众使用。

（8）就本条而言，文化遗产机构应将第（1）款和第（4）款规定的使用收入，专门用于支付为使用权支付的许可费用以及将许可所涵盖的非商业作品进行数字化和传播的费用。

第41N条❶

（1）文化遗产机构［第33A条第（1）款第2点］应根据第41M条第（1）款和第（4）款保存其使用记录，并应通过电子方式向主管部门报告：

a）能够识别非商业作品的信息；

b）有关使用合同当事人的相关信息；

c）有关使用权地域范围的信息；和

d）有关许可使用的信息。

（2）主管部门应将本条第（1）款中所述的信息，连同根据第41M条第（6）款所述的可能提出异议的信息，立即递交给欧盟知识产权局，以便将此类信息记录在由其设立和管理的单一可公开访问的在线数据库中。

（3）在欧盟知识产权局提供第（2）款所述信息之日起6个月后，可以进行使用。

（4）为提供信息，主管部门应将第（1）款规定的细节登记在册，并应在其网站上发布。主管部门对由此发布的信息不承担责任。

（5）主管部门、根据第41M条规定的使用的机构和获得许可的集体管理组织，应在其网站上以英文和匈牙利文发布根据第41M条许可的使用细节的一般信息。该信息应涵盖集体管理组织根据第41M条许可作品的资格、第41M条第（4）款规定的免费使用的详细信息，以及权利人根据第41M条第（2）款和第（6）款提出异议的可选选项。

（6）承担使用的机构应披露与本章规定的使用相关的信息，即任何特定使用都是根据适用于非商业作品的规定进行的。

---

❶ 根据2021年第37号法案第14条予以设立，自2021年6月1日起生效。

第5章　使用合同

使用合同一般规定

第42条

（1）作者在使用合同的基础上授予其作品的使用许可，使用人有义务支付报酬作为回报。

（2）各方当事人可以自行决定使用合同的内容。经双方同意，当事人可以不遵守有关使用合同的规定，但本法或其他法律禁止的除外。

（3）如果使用合同的内容不能被明确解释的，则必须采纳对作者最有利的解释。

第43条

（1）使用合同仅在明确说明的情况下才授予专有权利。只有被许可人有权根据独占使用许可使用作品。作者无权授予他人额外的使用权，甚至作者也只有在合同中有约定的情况下才有保留使用其作品的权利。

（2）除非作者与被许可人签订的合同中另有约定，否则在签订包含独占使用许可合同前已授予的非独占使用许可将继续有效。

（3）作品使用许可可以限于特定的区域、期限、使用方式和使用范围。

（4）没有相反的法律或合同规定的，使用作品的许可包括匈牙利领土，其期限将基于为使用与合同标的作品相似的作品而签订合同中的惯例期限。❶

（5）合同未标明许可涉及的使用方式或许可使用范围的，则许可将限于为实现合同目的所必要的使用方式和使用范围。

第44条

（1）作者授予未来不确定数量作品使用许可的使用合同无效。

（2）对订立合同时未知的使用方式，不能有效地授予许可。但是，在合同订立后产生的使用方法，如果只是为了使以前已知的使用方法能够更有效地、在更有利的条件下，或以更好的质量实施，则不应视为在订立合同时未知的使用方法。

---

❶ 根据2011年第173号法案第42条予以修订，自2012年1月1日起生效。

第 45 条

（1）除本法另有规定外，使用合同应采用书面形式。

（2）有下列情况的，使用合同无须以书面形式订立❶：

a）拟在新闻、报纸或期刊上发表而订立的；

b）为许可第 26 条第（8）款第二句所述非排他性免费使用权而订立的；

c）为许可作品集合的软件和数据库的非独占使用权而订立的；或

d）通过接受作者提议，为不特定或不确定数量的人授予非排他性免费使用权而订立的。

（3）如果集体管理组织和使用人事先作出法律声明规定使用电子方式订立，且使用合同通过该法律声明指定的电子方式订立的，则集体管理组织和使用人之间的使用合同可以通过电子方式订立。如此签署的使用合同应视为以书面形式订立的。❷

第 46 条

（1）使用人只有在获得作者明确授权的情况下，才能向第三方转让或授予进一步的许可以使用作品。

（2）作为使用人的经济组织终止或相关组织单位从公司分离的，作品的使用许可应无须作者授权转让给合法继受人。

（3）使用人未经作者授权转让其权利或授予二次许可，或未经作者授权转让作品使用许可的，使用人和被许可人共同承担履行使用合同的责任。

第 46A 条❸

（1）为了许可通过直接传输方式向公众传播，及行使相关获取报酬权利，权利人有权选择在与广播或电视广播组织订立的使用合同中设置一项条款，以涵盖可能参与向公众传播节目承载信号的公共组织的活动。

（2）在需要核实根据第（1）款定义的使用合同所支付的许可费是否符合规定时，参与使用的广播或电视广播组织以及除广播或电视广播组织以外的组织应同样有责任向权利人提供信息，以检查与相关使用有关的许可费的

---

❶❷ 根据 2021 年第 37 号法案第 15 条予以设立，自 2021 年 6 月 1 日起生效。

❸ 根据 2021 年第 37 号法案第 16 条予以设立，自 2021 年 6 月 1 日起生效。

支付情况。如果受信息披露影响的提供者提出要求，则权利人应尊重由此获得的信息的商业机密性，且不得将其用于履行行政或其他监管程序中产生的数据披露义务以外的目的。

第 47 条

（1）只有在明确规定的情况下，使用作品的许可才包括对作品的改编。

（2）只有在明确规定的情况下，复制作品的许可才允许使用人将作品固定在录像或录音制品中，或通过计算机或电子数据媒体进行复制。

（3）只有在明确规定的情况下，发行作品的许可才允许使用人进口作品的复制件，以进行发行或销售。

（4）在约定不明情况下，复制作品的许可应包括该作品复制件的发行。这不涉及将作品复制件进口到该国以进行发行或销售。

第 48 条❶

（1）若在订立合同后，由于使用作品的需求显著增加，双方的服务价值差异变得相当大，则根据民法的一般规则，法院有权修改使用合同，即使该行为侵犯了作者按比例分享使用收入的合法利益。

（2）第（1）款规定不适用于集体管理组织和独立管理实体与使用人根据新著作权法订立的合同，亦不适用于行使报酬权的集体管理组织与有义务支付该报酬的一方签订的协议。

第 49 条

（1）根据未来创作的作品的合同，使用人有义务在作品交付之日起 2 个月内对交付的作品作出是否接受的声明。使用人将作品返还给作者进行更正或修改的，期限自更正或修改后的作品交付之日起计算。如果使用人在此期限内未作出任何声明的，则作品被视为已接受。

（2）对未来创作的作品订立合同的，使用人在有正当理由的情况下，有权将完成的作品返还给作者（并规定适当的期限）进行修改或更正。

（3）如果作者无正当理由拒绝修改或更正，或者未在规定的期限内修改或更正的，则使用人可以解除合同且无须支付费用。

---

❶ 根据 2021 年第 37 号法案第 17 条予以设立，自 2021 年 6 月 1 日起生效。

（4）如果作品经修改后仍不适合使用的，则只能减少作者的报酬。

第 50 条

如果作者许可他人使用其作品，则其有义务对使用的该作品进行明显必要且不可或缺的非实质性修改。作者拒绝或无法履行此义务的，使用人有权在未经作者授权的情况下进行修改。

第 50A 条❶

（1）根据使用合同，使用人应至少每年一次向作者提供下列详细信息：

a）作品的使用情况；

b）使用方式和范围；

c）使用其作品所产生的收入，按使用类型分别列明；和

d）应付的报酬。

（2）根据第（1）款提供信息的义务不覆盖作者放弃报酬的使用合同。

（3）在电影和视听作品的使用合同中，当事人可以规定第（1）款项下的信息提供义务，可适用于作者以书面或电子方式向使用人提出信息要求的情形。

（4）如果原使用人并无相关信息的，在授予使用权［第 46 条第（1）款］或转让使用权［第 46 条第（2）款］时被确认为使用人本人或其继受人的，则应作者明确要求，应根据第（1）款规定提供信息。

（5）作者可通过其合同伙伴要求提供第（4）款所述信息。

（6）如果使用合同中未规定第（1）款所述提供信息的义务，且该义务会对使用人造成相对于使用所产生的收入而言不合理的开支和行政负担的，则应在合理范围内履行提供信息的义务。

（7）第（1）款至第（6）款适用于使用合同的终止，但有一点例外，即提供信息的义务应在合同终止之日起 30 日内履行。

（8）第（1）款规定的提供信息的义务不应适用于作者就整个作品而言的贡献并不重要的情况，除非作者证明其需要该等信息才可行使第 48 条第（1）款规定的权利，并为此目的要求提供信息。

（9）有关提供信息的规则可以在集体使用合同中规定，前提是这些规则符合第（1）款至第（8）款所规定的标准。集体使用合同，是指由作者和由

---

❶ 根据 2021 年第 37 号法案第 18 条予以设立，自 2021 年 6 月 1 日起生效。

组织章程授权订立使用合同的代表组织与受影响的用户之间签订的合同,旨在为涉及作者作品的使用设定一般条件。

(10)第(1)款至第(9)款不适用于:

a)在其他类似关系中订立的雇佣合同、劳动合同或表演合同(第30条);和

b)集体管理组织和独立管理实体与使用人订立的使用合同,以及集体管理组织与应支付报酬的当事人就行使报酬权所签订的协议。

第 50B 条❶

已纳入使用人与作者之间合同的任何违背第48条、第50A条或第102条的合同条款,均属无效。在选择外国法的情况下,应适用第48条、第50A条第(1)款至第(9)款和第102条的规定,以取代被废除的条款,而不是外国法的减损条款。仅可为有利于作者而援引无效性条款。

第 51 条

(1)在下列情况下,作者可以解除包含独占使用许可的合同:

a)如果使用人未在合同规定的期限内或在特定情况下可合理预期的期限内开始使用作品;或

b)如果使用人以明显不适合实现合同目标的方式或以不符合预期目的的方式行使通过合同获得的权利。

(2)如果使用合同是无限期或期限超过5年的,则作者自合同订立之日起2年内无权行使第(1)款所述的解除权。

(3)作者只有在为使用人设定了履行合同条款和条件的合理期限,且期限届满而没有结果后,才有权行使解除权。

(4)作者无权事先放弃第(1)款所述的解除权。该做法只能在合同订立或作品交付(如果交付发生在合同订立后)后不超过5年的期限内通过合同予以排除。

(5)若不解除合同,作者可以终止许可的排他性,并同时按比例减少向其支付的使用报酬。

---

❶ 根据 2021 年第 37 号法案第 18 条予以设立,自 2021 年 6 月 1 日起生效。

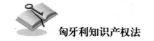

第 52 条

（1）如果对未来创作的作品订立的使用合同仅注明未来作品的体裁或类型的，则任何一方可在 5 年期满后及此后每 5 年提前 6 个月通知解除合同。

（2）作者不得事先放弃第（1）款所述的解除权。

第 53 条

（1）如果作者撤销向公众传播其作品的许可，或禁止进一步使用已经向公众传播的作品的，作者可基于充足理由解除使用合同。

（2）行使解除权的条件是，作者必须提供附带担保，以补偿在作出声明之前可能发生的任何损失。

（3）在以第（1）款规定的理由解除使用合同后，如果作者再次希望授权向公众传播或继续使用其作品的，原使用人享有优先权。

（4）有关优先购买权的规定，适用于上述优先购买权。

第 54 条

使用合同在合同约定的期限届满、合同规定的情形发生或著作权保护期限届满时失效。

第 55 条❶

（1）第 16 条第（4）款和第（6）款至第（7）款以及有关使用合同的规定，亦适用于作者财产权的转让合同，以及除第（2）款至第（3）款规定的例外情况外，适用于与表演者权利和表演者财产权转让相关的合同许可。❷

（2）录音制品合法发行 50 年后，或未合法发行的录音制品合法向公众传播 50 年后，录音制品制作者或经该录音制品制作者授权的其他人未提供足够数量的录音制品以供出售，或未通过有线或无线方式向公众提供录音制品以供公众可以在其个人选定的地点和时间获取的，表演者可以终止表演者将其表演的录制权转移或转让给录音制品制作者的合同。

（3）如果制作者在收到表演者通知其终止合同的意向后 1 年内未实施上

---

❶ 根据 2021 年第 16 号法案第 37 条予以设立，自 2013 年 11 月 1 日起生效。
❷ 根据 2021 年第 37 号法案第 32 条第 4 点予以修订。

述两项利用行为的，可以行使第（2）款所述终止合同的权利。

（4）表演者不得放弃第（2）款规定的终止合同的权利。

出版合同

第 56 条

（1）根据出版合同，作者有义务向出版商提供其作品，出版商有权出版和销售该作品，有义务向作者支付报酬。

（2）在有任何疑问的情况下，出版权涉及以匈牙利语出版作品。根据合同行使的出版权是排他性的，但为收藏品、报纸和期刊制作的作品除外。

第 57 条

（1）在出版的文学作品中使用图片的，应获得作者授权。

（2）如果作者已授权在其作品出版中使用图片（插图）的，他可出于正当理由拒绝授权使用特定图片。

适用于内容共享服务提供者的规定❶

第 57A 条❷

在本法中，内容共享服务提供者，指 2001 年电子商务和信息社会服务法案（第 108 号法律，ISSA）第 2 条 k）项规定的服务提供者，其主要目的或主要目的之一是：

a）存储；

b）向公众传播，包括使公众获取；和

c）以营利为目的，组织和推介其用户上传的大量受著作权保护的作品或其他客体。

第 57B 条❸

当内容共享服务提供者使公众访问由使用该服务的人上传的受著作权保护的作品或其他受保护的邻接权客体时，即该服务提供者就实施了向公众传播的行为或向公众提供的行为。

---

❶❷❸ 根据 2021 年第 37 号法案第 19 条予以设立，自 2021 年 6 月 1 日起生效。

第57C 条❶

如果内容共享服务提供者获得授权向公众传播受保护的作品或其他邻接权客体，则亦应涵盖使用服务的用户为提供内容共享服务而实施的非商业行为或者其未产生商业规模收入的行为。如果向公众传播的授权授予服务用户的，则亦应在给予用户使用权的范围内适用于内容共享服务提供者。

第57D 条❷

电子商务和信息社会服务法案第 10 条规定的责任限制，不适用于内容共享服务提供者根据第57B 条进行的使用。

第57E 条❸

（1）内容共享服务提供者应对用户未经授权向公众传播作品或邻接权保护的客体的行为负责。

（2）内容共享服务提供者能够证明存在下列情况的，可免于承担责任：

a）已根据情况在合理范围内尽最大努力获得使用授权；

b）已根据较高行业标准的专业注意义务，在合理范围内尽最大努力，确保权利人向服务提供者提供了相关和必要的识别信息的特定作品和其他邻接权客体无法获得；且

c）在收到权利人发出的有充分证据的关于未经授权使用的通知后，迅速采取行动，停止访问或从其网站中删除被通知的作品或其他邻接权客体，并在合理范围内尽最大努力阻止随后对通知中指明的作品或其他邻接权客体的获取。

（3）本条第（2）款 c）项规定的程序应适用于电子商务和信息社会服务法案第 13 条的程序规定，但条件是在电子商务和信息社会服务法案第 13 条中，服务提供者应被解释为内容共享服务提供者。

（4）内容共享服务提供者实施第（2）款规定的措施，不应阻碍合法使用。

（5）确定内容共享服务提供者是否符合第（2）款规定的条件时，按照比例原则，应当特别考虑下列因素：

a）内容共享服务提供者提供的服务的规模和类型，也包括其用户的规模和类型；

---

❶❷❸ 根据 2021 年第 37 号法案第 19 条予以设立，自 2021 年 6 月 1 日起生效。

b）在内容共享服务提供者的服务范围内使用服务的人访问的作品或邻接权客体的类型；和

c）内容共享服务提供者用于遵守第（2）款的适当和有效手段的可用性，以及服务提供者实施该等手段的成本。

（6）本条的适用不应导致任何一般审查义务。

第 57F 条❶

（1）符合下列条件的新的在线内容共享服务提供者：

a）在欧洲经济区成员国境内向公众提供服务的时间不足 3 年；且

b）根据第 2003/361/EC 号指令建议计算，年营业额低于 1000 万欧元；

为免除责任应遵守第 57E 条第（2）款 a）项中规定的责任免除条件，并应在收到有充分证据的通知后迅速采取行动，根据第 57E 条第（2）款 c）项的规定，停止对被通知的作品或其他邻接权客体的访问，或将该等作品或其他客体从其服务范围中移除。

（2）如果第（1）款规定的内容共享服务提供者按上一日历年计算的月平均独立访问量超过 500 万次的，内容共享服务提供者还应证明其已在合理情况下尽最大努力，阻止今后对通知中指明的作品和其他邻接权客体的访问。

第 57G 条❷

（1）内容共享服务提供者应建立有效且迅速地投诉和申诉机制，以便其服务的用户在因无法访问或移除作品或其他客体而发生争议时，行使相关权利。

（2）因禁止访问或移除特定作品或其他邻接权客体而提出的投诉，应充分说明理由。

（3）内容共享服务提供者应及时处理所服务的用户提交的有正当理由的投诉，不得无故拖延。与投诉有关的决定应接受人工审查。

（4）本条规定的投诉程序不应影响诉诸司法补救措施的权利或使用替代性争议解决机制的可能性。

（5）内容共享服务提供者对于服务的用户根据本条提出投诉而再次提供的内容，无须承担法律责任。

---

❶❷ 根据 2021 年第 37 号法案第 19 条予以设立，自 2021 年 6 月 1 日起生效。

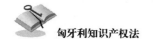

第 57H 条❶

（1）在线内容共享服务提供者应在其条款和条件中告知其用户可以自行使用作品和其他邻接权客体。

（2）应权利人的要求，内容共享服务提供者应提供其根据第 57E 条第（2）款进行的诉讼信息，以及在授权下实施的向公众传播行为的信息。

第 2 部分　具体类型相关规定

第 6 章　软件程序开发

第 58 条

（1）软件界面的设计思想、原理、概念、程序、操作方法或数学运算，适用第 1 条第（6）款的规定。

（2）将原始程序设计语言改写为另一种程序设计语言的，适用第 4 条第（2）款的规定。

（3）软件相关财产权，可以转让。

（4）作为职务作品开发的软件，不适用第 30 条第（3）款至第（4）款的规定。

第 59 条

（1）除另有约定外，作者的专有权利不包括对软件的复制、修改、改编、翻译或任何其他修改（包括对错误的纠正）以及对该等行为结果的复制，只要被授权获取软件的人按照软件的预期目的实施该等行为。

（2）使用合同不得禁止使用人在必要时制作软件的安全复制件。

（3）被授权使用软件复制件的人有权在未经作者授权的情况下，观察和研究软件的运行情况，并在其输入、在显示器上显示、运行、传输或存储过程中对其进行试用，以了解软件任何组成部分的设计思想或原理。

第 60 条

（1）复制或翻译对于获得独立开发的软件与另一软件联合运行所必需的

---

❶　根据 2021 年第 37 号法案第 19 条予以设立，自 2021 年 6 月 1 日起生效。

信息来说是不可或缺的代码，无须作者授权，但应符合下列条件：

a）该等使用行为由授权使用人或其他有权使用该软件复制件的人或由本项所述的人安排其负责履行该等行为的人进行；

b）本款 a）项所述人员尚不能随意获得联合运行的必要信息；

c）使用行为仅限于软件中为许可联合运行所必需的部分。

（2）通过适用本条第（1）款规定取得的信息，不得用于下列用途：

a）用于与独立开发的软件联合运行以外的用途；

b）向他人传播，但为了与独立开发的软件联合运行而必须传播给他人的除外；

c）开发、制作和发行表达形式基本相似的另一软件，或用于任何其他著作权侵权行为。

（3）本条第（1）款至第（2）款规定的行为，明确适用第 33 条第（2）款的规定。

（4）软件不适用第 16 条第（4）款、第 34 条第（2）款、第 38 条第（1）款、第 48 条、第 50A 条、第 51 条、第 55 条第（1）款，以及第 102 条规定。第 49 条第（1）款规定的期限，就软件而言为 4 个月。❶

（5）已废除。❷

第 7 章　数据库❸

第 60A 条❹

（1）在本法中，数据库，指按照特定顺序或方法排列、可以通过电子或其他方式单独访问的独立作品、数据或其他资料的集合。

（2）运行数据库或访问数据库内容所需的文件，适用数据库相关规定。

（3）创建或运行以电子方式访问的数据库所使用的软件，不适用数据库相关规定。

---

❶　根据 2021 年第 37 号法案第 20 条予以设立，自 2021 年 6 月 1 日起生效。
❷　根据 2021 年第 37 号法案第 33 条第 2 点予以废除，自 2021 年 6 月 1 日起生效。
❸　根据 2001 年第 77 号法案第 12 条予以修订，自 2002 年 1 月 1 日起生效。
❹　根据 2001 年第 77 号法案第 4 条予以设立，自 2002 年 1 月 1 日起生效。可适用于之后订立的授权协议。

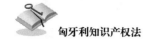

第 61 条

（1）数据库确认为作品集（第 7 条）的，受著作权保护。❶

（2）数据库相关财产权，可以转让。❷

（3）作者创建的数据库属于职务作品的，不适用第 30 条第（3）款至第（4）款的规定。❸

第 62 条

（1）经授权的数据库用户实施访问数据库内容及合理使用数据库内容所必要的行为，无须作者授权。❹

（2）仅获得数据库部分使用权的，该部分数据库适用本条第（1）款规定。

（3）本条第（1）款至第（2）款规定的行为，适用第 33 条第（2）款规定。

（4）授权协议的条款违反本条第（1）款和第（2）款规定的，均属无效。❺

（5）已废除。❻

第 8 章　用于广告的订购作品

第 63 条

（1）用于广告的订购作品的财产权，可以转让给使用人。

（2）订立财产权转让合同时的主要事项包括使用方法、范围、受影响地理区域、相关期间、广告媒体的确定以及作者报酬。

（3）此类作品不纳入权利集体管理中。

（4）将已有作品用于广告的，作者和使用人可约定，仅就适用本条第（1）款至第（3）款的规定和在广告中使用而言，将该作品视为用于广告的

---

　　❶　根据 2001 年第 77 号法案第 5 条予以设立，自 2002 年 1 月 1 日起生效。可适用于随后订立的授权协议。

　　❷❸❹　根据 2001 年第 77 号法案第 12 条予以修订，自 2002 年 1 月 1 日起生效。

　　❺　根据 2001 年第 77 号法案第 6 条予以设立，自 2002 年 1 月 1 日起生效。可适用于随后订立的授权协议。

　　❻　根据 2021 年第 37 号法案第 33 条第 3 点予以废除，自 2021 年 6 月 1 日起生效。

委托作品。前述协议仅在作者以书面形式通知权利集体管理组织后，方对该组织生效。❶

第9章 电影和其他视听作品
一般规定

第 64 条

（1）电影是由一系列按预定顺序排列的图片以及伴音（如有）表达的作品，无论作品是采用何种媒介录制的。为电影放映而制作的专题片、电视片、宣传片和纪录片，以及卡通片和教育片，均视为电影作品。

（2）电影作品的作者，指为电影创作的文学和音乐作品的作者、电影的导演以及所有对电影制作作出创造性贡献的其他人。本条规定不影响电影作品制作中所使用其他作品的作者的权利。

（3）电影制片人（以下简称"制片人"），指以自己名义发起和组织电影创作，并提供必要资金和其他条件的自然人或法人。❷

第 65 条

（1）如果电影作品的最终版本为作者和制片人所验收，则该电影作品即告完成。作品一旦完成，任何一方均无权对最终版本进行任何单方面的修改。

（2）通过增删、替换或其他方式对已完成影片进行修改，须经作者和制片人授权。

（3）除作者之间另有约定外，应由导演代表其他作者行使本条第（1）款至第（2）款规定的权利。

（4）除本条第（1）款至第（2）款规定的权利外，制片人可以采取措施保护作者的人身权。

（5）电影作品不受关于职务作品（第30条）一般规定的约束。

电影合同

第 66 条

（1）作者（有歌词或无歌词音乐作品的作曲家除外）根据电影作品制作

---

❶ 根据 2011 年第 173 号法案第 43 条第（1）款予以修订，自 2012 年 1 月 1 日起生效。
❷ 根据 2016 年第 93 号法案第 184 条予以设立，自 2016 年 7 月 28 日起生效。

合同（以下简称"电影合同"），将电影作品的使用权和使用许可权转让给制片人，但有相反规定的除外。

（2）使用许可权的转让不包括第 20 条、第 23 条第（3）款和第（6）款以及第 28 条规定的财产权。❶

（3）应按每种使用方式分别向作者支付报酬。制片人因制作电影而获得的援助被视为与使用有关的收入。制片人有义务支付报酬。

（4）制片人可以与本国或者外国的自然人或法人共同行使其根据合同应享有的权利。

（5）已废除。❷

（6）自接受作品之日起 4 年内制片人未开始拍摄的，或作品已开始拍摄但未在合理期限内完成的，作者有权解除合同，并要求支付合理报酬。在该情况下，作者有权保留已收到的预付款，并可自由处置其作品。

（7）如果签订了关于未来为电影而创作作品的合同，则制片人有义务在作品交付后 6 个月内书面通知作者接收作品或要求修改。作品退回给作者修改的，应规定适当的修改期限。制片人有义务在收到修改作品之日起 3 个月内告知作者是否接收修改后的作品。制片人未履行作品或修改作品接收告知义务的，视为接收该作品。

（8）未经制片人同意，作者不得在制作结束后 10 年内就同一作品签订新的电影合同。该限制同样适用于动画片或木偶片中的典型人物；如果双方同意，还应适用于作者创作的与电影制作所用作品主题相同的其他作品。

第 10 章　美术、摄影、建筑和实用艺术作品以及工业设计和技术结构设计
人身权

第 67 条

（1）未经作者授权，对建筑作品或者技术结构的设计进行任何修改，如影响作品外观、预期用途或者运作的，属于对作品未经授权的修改。

（2）设计者有权决定在建筑和技术结构上注明其姓名和设计日期的位置和方式。但该权利的行使不得对所有者、使用人和运行者的权利和合法利益

---

❶ 根据 2008 年第 107 号法案第 9 条予以设立，自 2009 年 2 月 1 日起生效。

❷ 根据 2021 年第 37 号法案第 33 条第 4 点予以废除，自 2021 年 6 月 1 日起生效。

造成不相称和不必要的损害。

（3）如果视觉呈现的目的是展示特定美术、建筑或实用艺术作品，或者工业设计或技术结构的，则必须注明作者姓名。此类作品用于科学和教育讲座和课堂教学展示的，也必须注明作者的姓名［第33A条第（1）款第1点］。❶

（4）对建筑和技术设计进行新的、不加改变的使用，以及重新使用标准设计的情况下，仅需注明原始设计的作者姓名。

（5）已废除。❷

（6）作品的使用人必须容许在不侵犯其合理利益的情况下展示和拍摄作品。

免费使用的情形

第68条

（1）在户外公共场所永久性矗立的美术、建筑和实用艺术作品，制作和使用其视觉呈现，可以不经作者同意，不向其支付报酬。

（2）美术、建筑和实用艺术作品的图片，以及工业设计的图片和摄影作品，用于科学讲座，可以不经作者同意，不向其支付报酬。❸

（3）为修复建筑物，复制建筑作品或相关设计、建筑图纸及相关作品，可以不经作者同意，不向其支付报酬，并可应公众要求提供。❹

（4）在本条中，修复应包括在保留建筑物、建筑分区的原始建筑设计理念的前提下进行的重建，以及为确保建筑作品的安全合理使用进行的改建。❺

展览权

第69条

（1）作者行使其权利时，美术、摄影或实用艺术作品的所有者有义务将作品暂时提供给作者，但作者不得侵犯所有者的公平利益。

（2）展出美术、摄影、建筑和实用艺术作品的，须经作者许可。在公共收藏品中展示作品的，可以不经作者同意，不向其支付报酬。

---

❶ 根据2021年第37号法案第32条第5点予以修订。
❷ 根据2021年第37号法案第33条第5点予以废除，自2021年6月1日起生效。
❸ 根据2020年第58号法案第326条予以设立，自2020年6月18日起生效。
❹❺ 根据2018年第134号法案第9条予以设立，自2019年1月1日起生效。

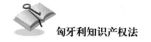

（3）作品展览应当注明作者姓名。

后续权利

第 70 条❶

（1）在艺术经销商参与的情况下，以有价对价转让艺术作品原件所有权的，必须支付使用费。本规定仅在作者首次转让艺术作品所有权后适用。此类报酬不得放弃。

（2）在本条中，艺术作品原件，指图形艺术作品（如图片、拼贴画、绘画、线描、雕刻、版画、平版印刷画、雕塑等）和造型艺术作品（如挂毯、陶瓷制品、玻璃器皿等）以及照片，但前提是作品由艺术家本人制作或者被认为是艺术作品原件的复制件。艺术家本人或者根据艺术家授权制作的数量有限的艺术作品的复制件，应视为艺术作品原件。该等复制件通常由艺术家编号、签名或以其他方式正式授权。

（3）在本条中，艺术经销商，指从事艺术作品交易的自然人或者法人。❷

（4）使用费应根据规定的艺术作品价值或者以货币表示的艺术作品价值（以下简称"销售价格"）按下列费率设定，不含税和其他公共费用❸：

a）销售价格不超过 50000 欧元或等值福林的，按 4% 支付使用费❹；

b）销售价格为 50000.01 欧元至 200000 欧元或等值福林的，按 3% 支付使用费；

c）销售价格为 200000.01 欧元至 350000 欧元或等值福林的，按 1% 支付使用费；

d）销售价格为 350000.01 欧元至 500000 欧元或等值福林的，按 0.5% 支付使用费；

e）销售价格超过 500000 欧元或等值福林的，按 0.25% 支付使用费。

（4a）在确定第（4）款所述销售价格时，除税款和其他未缴公共费用外，不得从作品应支付对价中扣除任何其他款项。❺

（5）使用费总额不得超过 12500 欧元或等值福林。

---

❶ 根据 2005 年第 108 号法案第 1 条予以设立，自 2006 年 1 月 1 日起生效。
❷ 根据 2016 年第 93 号法案第 185 条予以设立，自 2006 年 1 月 1 日起生效。
❸ 根据 2011 年第 173 号法案第 43 条第（3）款予以设立，自 2012 年 1 月 1 日起生效。
❹ 根据 2011 年第 173 号法案第 34 条予以设立，自 2012 年 1 月 1 日起生效。
❺ 根据 2021 年第 37 号法案第 21 条予以设立，自 2021 年 6 月 1 日起生效。

（6）不包括税款和其他公共费用（如文化捐助）的销售价格低于 5000 福林的，第（1）款所述转让应免除支付使用费的义务。

（7）销售价格应根据匈牙利国家银行在转让交易日历季度首日的官方汇率换算成福林。

（8）博物馆从艺术市场专业人士以外的自然人处获得艺术品原创作品所有权的，无须支付第（1）款所述使用费，前提是博物馆的活动不是为了直接或间接经济或商业利益而进行的。❶

（9）艺术品经销商应向提供图形和造型艺术品著作权集体管理组织支付使用费。多个艺术品经销商参与所有权转让交易的，经销商共同承担使用费的支付责任。在该情况下，义务由卖方承担，但所涉艺术品经销商之间另有协议的除外。参与交易的艺术品经销商均未作为卖方参与的，则义务由买方承担，但艺术品经销商之间另有约定的除外。

（10）艺术品经销商应在每季度后一个月的 20 日前，按季度向提供图形和造型艺术作品著作权集体管理的组织针对该季度完成的交易支付使用费。支付使用费时，应针对每项作品单独注明作者姓名（但证明无法注明的除外）、作品名称、售价和使用费金额。著作权集体管理组织应将其收取的使用费支付给著作权人或者权利继承人。

（11）著作权集体管理组织有权要求艺术品经销商在本条第（1）款所述买卖合同签订之日起 3 年内披露可能为收取使用费所必需的所有数据。

（12）第（1）款至第（11）款所含规定适用于：

a）属于欧洲经济区任何成员国国民的任何作者或其所有权继承人；和

b）未加入欧洲经济区协定缔约方的任何国家的国民，但作者或其继承人的国籍国的法律赋予作者或其权利继承人与欧洲经济区成员国相似的权利；或

c）非欧洲经济区任何成员国国民，但是在匈牙利境内有经常居住地的作者或其所有权继承人。❷

（13）对于第（12）款 b）项，应遵守主管司法系统的部长的意见。对于欧洲议会和欧洲理事会 2001 年 9 月 27 日关于原创艺术作品作者利益的转售权的指令（第 2001/84/EC 号指令）所规定的任何艺术作品，负责司法系统的部

---

❶ 根据 2021 年第 37 号法案第 32 条第 6 点予以修订。

❷ 根据 2011 年第 173 号法案第 42 条予以修订，自 2012 年 1 月 1 日起生效。

长应在适当参考欧盟委员会公布的清单后提出意见。❶

其他规定

第71条

对于用于工业生产的工业设计和室内设计作品而言：

a）尽管有本法规定，但是可以通过法律或合同规定署名的权利；

b）使用人在合同范围内拥有独占使用权和修改权，但在进行任何修改前必须咨询设计者；并且

c）合同必须约定使用人是否有使用创作的时间限制。

第72条

对于按要求制作的肖像而言，需要得到肖像权人同意方可行使著作权。

第3部分　邻接权❷

第11章　邻接权保护

表演者权

第73条

（1）除非法律另有规定，否则实施下列行为应获得表演者的授权：

a）固定其未固定的表演；

b）向公众播放其未固定的表演或以其他方式向公众传播，除非向公众播放或以其他方式传播的表演本身就是广播表演；

c）复制其固定的表演；

d）发行其固定的表演；

e）通过电缆或任何其他设备或以任何其他方式向公众提供其表演，使公众可以在其个人选定的地点和时间获得作品。

---

❶　根据2006年第109号法案第170条第（5）款i）项予以修订，自2007年1月1日起生效。

❷　根据2001年第77号法案第8条第（1）款予以设立，自2002年1月1日起生效。可适用于随后订立的授权协议。

（2）团体表演的，团体成员可以通过其代表行使第（1）款所述权利。

（3）授权在电影作品中录制表演的表演者，除非另有规定，否则可以通过授权将第（1）款［第64条第（3）款］所述财产权转让给该电影的制片人。本规定不影响表演者根据第20条和第28条要求获得报酬。第23条第（6）款必须适当地适用于表演者。

第74条

（1）除非本法另有规定，否则应针对第73条第（1）款所述使用向表演者支付报酬。

（2）第27条第（3）款关于行使第73条第（1）款e）项规定权利以及为向公众广播或传播而录制表演的费用［第26条第（6）款］的规定，适用于表演者及其权利集体管理组织。❶

（3）表演者的集体管理组织不得从为向公众广播或传播而录制表演广播节目的后续广播（首次广播之后）收取的使用费中扣除管理费，而应向权利人全额支付使用费，但法律、法院裁决或监管决定规定的支付义务除外。❷

第74A条❸

（1）与录音制品制作者签订的固定表演的合同赋予表演者主张非经常性报酬权利的，表演者有权在录音制品合法发表50年后的每一整年从录音制品制作者处获取年度补充报酬。或该录音制品未发表的，在录音制品合法向公众传播50年后的每一整年获取年度补充报酬。表演者不得放弃获得该年度补充报酬的权利。表演者只有通过权利集体管理组织，才能行使要求补充报酬的权利。

（2）第（1）款所述向权利集体管理组织支付的报酬，自相关录音制品合法发表之日起满50年，或者未发表的情况下，自其合法向公众传播之日起满50年，应相当于前述报酬支付年份的前一年相关录音制品的复制、发行和提供使用所获得收入的20%［第76条第（1）款c项］。录音制品制作者应

---

❶ 根据2003年第102号法案第69条予以设立，应与颁布匈牙利加入欧盟条约的法案同时生效。根据2011年第173号法案第43条第（1）款予以修订，自2012年1月1日起生效。

❷ 根据2019年第63号法案第1条予以设立，自2019年8月1日起生效。

❸ 根据2013年第16号法案第40条予以设立，自2013年1月11日起生效。

向有权获得补充报酬的表演者和权利集体管理组织提供获取该报酬所需的所有信息。

（3）表演者有权根据与录音制品制作者签订的固定其表演的合同获得与使用其表演所得收入相应的定期报酬的，表演者有权在录音制品向市场合法发表后的 50 年内，或者虽未如此但向公众传播后次年起的 50 年内，获得报酬。任何关于预付款扣减的规定或任何合同规定的扣减均属无效。

第 75 条

（1）对于第 73 条第（1）款所述使用而言，表演者拥有根据使用性质并以与其一致的方式注明其姓名的人身权。对于表演团体而言，此项权利适用于注明该团体的名称、该团体的负责人和主要表演者的姓名。

（2）对表演者的表演进行任何形式的歪曲和诽谤，或以任何方式进行修改，或以任何形式滥用，损害表演者的人格或声誉的，均应视为侵犯了表演者的人身权。❶

录音制品制作者的保护

第 76 条

（1）除非法律另有规定，否则针对录音制品实施下列行为的，应获得录音制品制作者的授权：

a）复制；

b）发行；或

c）通过电缆或任何其他手段或以任何其他方式向公众提供，使公众可以在个人选定的地点和时间获取。

（2）除非法律另有规定，否则录音制品制作者有权就第（1）款所述使用获得报酬。

第 77 条

（1）播放出于商业目的发行的录音制品或其复制件，或以任何其他方式

---

❶ 根据 2021 年第 37 号法案第 22 条予以设立，自 2021 年 6 月 1 日起生效。

向公众传播该录音制品或其复制件的，除针对使用受著作权保护的作品支付使用费外，使用人必须支付额外报酬，录音制品制作者和表演者应在平等基础上获得报酬，但权利人另有约定的除外。

（2）就第（1）款而言，以第73条第（1）款e）项和第76条第（1）款c）项规定的方式向公众提供录音制品的，该录音制品应被视为出于商业目的的发行。就本条第（1）款和第73条第（1）款b）项而言，受第28条第（2）款调整的使用亦应视为向公众传播。此外，在上述第（1）款适用范围内，向听众传送录音制品〔第24条第（2）款b）项〕亦应视为向公众传播。❶

（3）权利人只能通过其权利集体管理组织行使其报酬请求权，并且只能在报酬支付日期后并在应向其支付的金额范围内放弃其报酬。❷

第78条

（1）公开出借和出租已发行的录音制品，除获得录音制品所包含的作品的作者授权、表演者（如为表演的录音制品）的授权外，还应获得录音制品制作者的授权。

（2）第（1）款中确定的使用应支付报酬，该报酬应在权利人之间平等分配，但各方另有约定的除外。作者和表演者可以通过其权利集体管理组织行使其报酬请求权，并且只能在报酬支付日期后并在应向其支付的金额范围内放弃其报酬。❸

第78A条❹

表演者根据第55条第（2）款至第（3）款规定与录音制品制作者终止表演录制合同的，录音制品制作者对录音制品的所有权利即告终止。

第79条

录音制品制作者有权在录音制品的复制件上注明其姓名。

---

❶　由2003年第102号法案第69条予以修订，应与颁布匈牙利加入欧盟条约的法案同时生效。
❷❸　根据2011年第173号法案第43条第（1）款予以修订，自2012年1月1日起生效。
❹　根据2013年第16号法案第41条予以设立，自2013年1月11日起生效。

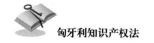

对广播和电视组织的保护

第80条

（1）除非法律另有规定，否则针对广播或电视组织的节目实施下列行为的，应获得广播和电视组织的授权：

a）由其他广播或电视组织或通过电缆向公众传播的运营商广播或传播给公众；

b）固定（广播或电视组织的节目）；

c）在未经授权的情况下进行固定后复制，或者根据第83条第（2）款进行固定后复制，但该复制的目的超出了第83条第（2）款所适用的范围。

d）通过有线或无线方式向公众提供，使公众可以从个人选定的地点和时间获取节目。❶

（2）除非法律另有规定，否则在公众支付入场费即可观看节目的场所向公众传播节目的，必须获得电视组织的授权。

（3）除非法律另有规定，否则对第（1）款至第（2）款所述使用必须支付报酬。

（4）第（1）款至第（3）款规定可适用于通过电缆向公众传播自制的节目［第26条第（7）款］的情形。

第81条

对于第80条所述使用而言，广播、电视组织和运营商通过电缆向公众传播其节目的载体的，有权注明其名称。

对电影制片人的保护

第82条

（1）对电影实施下列行为的，应获得电影制片人的授权［第64条第（3）款］：

a）复制；

b）发行，包括出租给公众；

---

❶ 根据2003年第102号法案第71条予以设立，应与颁布匈牙利加入欧盟条约的法案同时生效。

c）通过电缆或任何其他方式向公众提供，以便公众可以从个人选定的地点和时间获取电影作品。

（2）除非法规另有规定，否则必须为第（1）款所述的使用支付报酬。

（3）根据本法第2条提供的保护适用于电影制片人。

对新闻出版物出版者的保护❶

第82A条❷

（1）在本条中，"新闻出版物"，指主要由具有新闻性质的文学作品组成的集合，但也可以包括其他作品或其他邻接权客体，并且：

a）以单一标题构成期刊或定期更新出版物中的单个项目；

b）以向公众提供与新闻或其他主题相关的信息为目的；和

c）在服务提供者的选题、编辑责任和控制下在任何新闻产品中发布。

（2）为科学目的出版的期刊不是新闻出版物。

第82B条❸

（1）对新闻出版物实施下列行为的，必须经新闻出版物出版者授权：

a）通过电缆或任何其他方式向公众提供，以便公众可以从其个人选定的地点和时间获取新闻出版物；以及

b）为a）项规定的目的以电子方式复制；

如果使用是由2001年第108号法案第2条第（20）款所述的服务提供者实施的。

（2）除法律另有规定外，新闻出版物出版者应就第（1）款所述的使用获得报酬。

（3）新闻出版物出版者应将因第（1）款所述使用而获得的收入的适当份额提供给纳入新闻出版物的作品的作者。

第82C条❹

实施下列行为的，无须获得新闻出版物出版者的同意：

a）使用新闻出版物的超链接；

---

❶❷❸❹ 根据2021年第37号法案第23条予以设立，自2021年6月1日起生效。

b）使用新闻出版物的个别文字或简短摘录；或

c）个人用户将新闻出版物用于私人或非商业用途。

著作权与邻接权的关系

第 83 条

（1）本章规定的权利保护不影响文学、科学和艺术作品著作权的保护。

（2）在法律不要求著作权作品作者授权的情况下，不需要邻接权人的授权。依本法邻接权人应得报酬的，第 16 条第（4）款至第（5）款的第一句有关报酬比例的规定也适用于邻接权人。

著作权的保护期限

第 84 条❶

（1）除本条第（2）款规定的例外情况外，本章规定的权利保护期限如下：

a）对于未固定的表演而言，自该表演次年首日起计算，为期 50 年；

b）对于通过录音制品以外的方式固定表演的权利而言，自该录音制品首次发行次年首日起计算，为期 50 年；或该录音制品未发行的，自该录音制品制作次年首日起计算，为期 50 年；

c）对于录音制品和其中固定的表演的权利而言，自该录音制品首次发行次年首日起计算，为期 70 年；或该录音制品未发行的，自该录音制品制作次年首日起计算，为期 50 年；

d）对于录音制品的权利而言，自该录音制品首次发行次年首日起计算，为期 70 年；或该录音制品未发行的，自该录音制品制作次年首日起计算，为期 50 年；

e）对于广播节目或通过电缆向公众传输的自制节目的权利而言，自首次广播或传输发生次年首日起计算，为期 50 年；

f）对电影的权利而言，自电影发行次年首日起计算，为期 50 年；或电影在该期间未发行的，自电影制作完成次年首日起计算，为期 50 年;❷

---

❶ 根据 2013 年第 16 号法案第 42 条予以设立，自 2013 年 1 月 11 日起生效。
❷ 根据 2021 年第 37 号法案第 24 条第（1）款予以设立，自 2021 年 6 月 1 日起生效。

g）新闻出版物首次出版次年首日起计算，为期 2 年。❶

（2）第（1）款 b）项和 f）项规定的 50 年期限，以及第（1）款 c）项规定的 70 年期限，应自首次向公众传播作品次年首日起适用，如果其自完成之日起 50 年内未发行，但已向公众传播，或在发行之日前已向公众传播的话。就录音制品而言，第（1）款 d）项规定的 70 年期限应从首次向公众传播次年首日起适用，尽管录音制品在 50 年内未向公众发行，但已向公众传播。

第 11A 章❷　数据库作者的保护

第 84A 条❸

（1）除非法律另有规定，否则实施下列行为的，应获得数据库作者的同意（第 60A 条）：

a）进行任何复制［第 18 条第（1）款 b）项］（以下简称"摘录"）；

b）通过发行复制件或根据第 26 条第（8）款规定的向公众传播的方式，向公众提供其数据库的全部或大部分内容（以下简称"再利用"）。

（2）第（1）款 b）项所指的发行包括下列发行形式：通过销售或其他方式转让所有权进行营销，以营销和租赁为目的的进口。第 23 条第（5）款规定的条款也适用于数据库作者的权利。

（3）未经作者同意，不允许多次和系统地摘录和/或再利用数据库内容的非实质性部分，这是与该数据库的正常利用相冲突或不合理地损害数据库制作者的合法利益的行为。

（4）除非法律另有规定，否则对根据第（1）款至第（3）款进行的任何使用均须支付报酬。

（5）如果获取、核实或展示数据库的内容需要投入大量的资金和/或时间、努力和精力，则数据库的作者有权享有第（1）款至第（3）款规定的权利。

（6）第（1）款至第（3）款所规定的权利可供作为数据库作者的自然人或法人使用，该自然人或法人以自己的名义主动承担建立数据库的风险并提

---

❶　根据 2021 年第 37 号法案第 24 条第（2）款予以设立，自 2021 年 6 月 1 日起生效。

❷❸　根据 2001 年第 77 号法案第 8 条第（2）款予以设立，自 2002 年 1 月 1 日起生效。参见该法案第 13 条第（2）款至第（6）款。

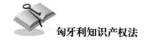

供必要的投资。❶

（7）数据库作者应受第（1）款至第（3）款所述权利的保护，无论该数据库是否受著作权或任何其他类型的法律保护。即使数据库的各个部分和组成内容不受著作权或任何其他类型的法律保护，数据库的作者也有权享有这些权利。

（8）数据库作者的权利不影响纳入数据库的、其他材料作者的权利以及与数据库某些部分内容相关的其他权利。

（9）除非国际协议另有规定，否则数据库作者有权根据本法获得保护❷：

a）如果作者是欧洲经济区成员国的公民，或者经常居住地在欧洲经济区内；

b）如果就法人而言，作者在欧洲经济区成员国注册，并且如果注册地址、总部或主要营业地点（如章程所示）位于欧洲经济区境内。❸

（10）在第（9）款 b）项所述的情况下，只有当法人的业务活动事实上与任何成员国的经济经常有联系时，才会根据本法向注册办事处位于欧洲经济区境内（如章程所示）的法人提供保护。❹

第 84B 条❺

（1）合法用户（多次或系统性地）摘录或者再利用数据库内容的非实质性部分，不需要获得向公众提供的数据库作者的同意。

（2）如果合法用户仅被授权使用数据库的一部分，则第（1）款的规定可适用于该部分。

（3）向公众提供的数据库的合法用户不得实施与数据库的正常利用相冲突的行为，不得不合理地损害数据库制作者的合法利益。

（4）第（1）款和第（2）款的规定应不影响纳入数据库其他材料的作者的权利和与数据库内容的某些部分有关的邻接权。

（5）授权协议中任何违反第（1）款至第（4）款规定的条款均属无效。

---

❶ 根据 2016 年第 93 号法案第 186 条第（1）款予以设立，自 2016 年 7 月 28 日起生效。
❷ 根据 2004 年第 69 号法案第 7 条第（3）款予以设立，自 2004 年 7 月 10 日起生效。
❸ 根据 2016 年第 93 号法案第 186 条第（2）款予以设立，自 2016 年 7 月 28 日起生效。
❹ 根据 2016 年第 93 号法案第 186 条第（3）款予以设立，自 2016 年 7 月 28 日起生效。
❺ 根据 2001 年第 77 号法案第 8 条第（2）款予以设立，自 2002 年 1 月 1 日起生效。参见该法案第 13 条第（2）款至第（6）款。

第 84C 条❶

（1）数据库的大部分内容可以为私人目的而被摘录，但不得以任何方式或形式用于营利或任何其他牟利的目的进行此类操作。本规定不适用于电子数据库。

（2）数据库的大部分内容可以为教学或科学研究的目的而被摘录，但要明确来源，并以必要的方式和程度进行，但此类操作不得以任何方式或形式用于营利或任何其他牟利目的。

（3）数据库的大部分内容为了司法、行政或其他监管程序的目的，可以以必要的方式和程度而被摘录和/或再利用。

（3a）根据第 41 条第（1a）款至第（1g）款，利用完全是为了其中定义的、与残疾直接相关的残疾人的利益，并且不超过特定残疾所要求的范围，则可以为非商业目的自由摘录或再利用。❷

（4）已废除。❸

第 84D 条❹

（1）根据第 84A 条第（1）款至第（3）款使用数据库，如果文化遗产机构 [第 33A 条第（1）款第 2 点] 根据第 26 条第（8）款对永久收藏的非商业作品的使用产生影响，则不需要数据库作者的许可，但条件是：

a）如果可能，应注明数据库制作者的姓名；

b）在非商业网站上使用；以及

c）在与要使用的数据库相关的专有权利方面，不存在具有代表性的集体管理组织。

（2）如按照第 35A 条第（1）款的规定进行，免费使用应包括为文本及数据挖掘目的而对数据库 [第 84A 条第（1）款 a 项] 进行的摘录。

（3）如果按照第 35A 条第（2）款的规定进行，免费使用应包括研究组织和文化遗产机构为科学研究而对数据库进行文本和数据挖掘而进行的摘录 [第 33A 条第（1）款第 2 点]。

---

❶ 根据 2001 年第 77 号法案第 8 条第（2）款予以设立，自 2002 年 1 月 1 日起生效。参见该法案第 13 条第（2）款至第（6）款。

❷ 根据 2018 年第 56 号法案第 3 条予以设立，自 2018 年 10 月 10 日起生效。

❸ 根据 2021 年第 37 号法案第 33 条第 6 点予以废除，自 2021 年 6 月 1 日起生效。

❹ 根据 2021 年第 37 号法案第 25 条予以设立，自 2021 年 6 月 1 日起生效。

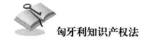

第 84E 条❶

第 33 条的规定也适用于第 84C 条和第 84D 条规定的免费获取的情况。

第 84F 条❷

（1）本章所述权利的保护期限如下：自该数据库首次向公众提供的次年首日起计 15 年，如果该数据库在此期间没有向公众提供，则自该数据库创建次年首日起计 15 年。

（2）根据第（1）款计算的数据库的保护期，在数据库的内容作出任何重大改变时，由此产生的数据本身被认为是一项重大的新投资，则该保护期须重新开始计算。数据库内容的重大变化可能来自连续添加、删除或修改的累积。

第 84G 条❸

（1）第 83 条第（1）款的规定适用于本章定义的权利。

（2）本法对数据库制作者规定报酬的，第 16 条第（4）款第一句关于报酬比例的规定，也适用于数据库作者。

（3）其他立法中所称的"邻接权"，也指数据库作者各自的权利，除非法律另有规定，以及颁布国际协议的法律除外。

第 4 部分　权利集体管理与侵害权利的后果

第 12 章❹　著作权和邻接权的集体管理❺

权利集体管理❻

第 85 条至第 92P 条❼

已废除。

---

❶　根据 2021 年第 37 号法案第 25 条予以设立，自 2021 年 6 月 1 日起生效。

❷❸　根据 2021 年第 37 号法案第 26 条予以设立，自 2021 年 6 月 1 日起生效。

❹❺❻　根据 2011 年第 173 号法案第 35 条予以设立，自 2012 年 1 月 1 日起生效。

❼　根据 2016 年第 93 号法案第 193 条 b）项予以废除，自 2016 年 7 月 28 日起生效。

第13章 侵犯著作权的后果

根据民法产生的后果

第 94 条❶

（1）作者的权利受到侵犯的，作者可以根据案情提出下列民事诉讼请求：

a）请求法院作出裁决，存在侵权行为；

b）请求停止侵权，并责令侵权人停止任何进一步的侵权行为；

c）请求侵权人对其行为进行赔偿（通过声明或其他适当的方式），且如有必要，该赔偿行为应适当公开并由侵权人承担费用；

d）请求侵权人提供参与与受侵权行为相关的商品制造和销售或提供服务的各方信息，以及关于为侵权人使用而确立的商业关系的信息；

e）可以要求返还因侵权而取得的经济收益；

f）请求停止侵权、恢复原状、没收专门或主要用于侵权的资产和材料，以及侵权的商品，或要求交付给指定的人，召回并最终从商业流通中撤回或销毁。

（2）在侵犯著作权的情况下，作者亦可根据民事责任的规定要求损害赔偿。如果本法规定的个人权利受到任何侵犯，权利人亦可根据民法总则要求赔偿。❷

（3）作者可以针对因侵害著作权而使用其服务的人寻求第（1）款 b）项所述补救措施。

（4）作者可针对下列人员寻求第（1）款 d）项所述补救措施：

a）被发现以商业规模占有侵权商品；

b）被发现以商业规模使用侵权服务；

c）被发现以商业规模提供用于侵权活动的服务；

d）由 a）项至 c）项所述的人表明参与商品的生产、制造、发行或服务的提供。

（5）在适用第（4）款 a）项至 c）项时，以商业规模实施的行为，指所涉商品或服务的性质和数量明确表明为直接或间接经济或商业利益而实施的

---

❶ 根据 2005 年第 165 号法案第 23 条予以设立，自 2006 年 4 月 15 日起生效。

❷ 根据 2013 年第 252 号法案第 102 条第（2）款予以设立，自 2014 年 3 月 15 日起生效。

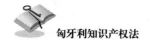

行为。在提出相反证据之前，以商业规模实施的行为的定义通常会不包括消费者出于善意而实施的行为。

（6）根据第（1）款d）项和第（4）款，侵权人或第（4）款所述的人可能被强制提供下列信息：

a）涉及侵害著作权的商品或服务的生产商、制造商、经销商、供应商和其他先前持有人，以及预期的批发商和零售商或实际涉及的人的名称和地址；

b）有关生产、制造、交付、接收或订购的数量以及为相关商品或服务支付或接收的价格的信息。

（7）经作者请求，法院可以责令扣押或者召回并撤回商业流通的资产、材料、商品和包装材料，无法移走的，予以销毁。法院在有正当理由的情况下，也可以按照司法强制执行的规定，责令变卖而不是销毁被扣押的资产和材料，在这种情况下，法院应决定变卖所得收益的处置。

（8）如果侵犯著作权所使用的资产、材料以及侵犯权利的商品、包装材料不为侵权人所有，但商品的所有人知道侵权或以适当的谨慎意识到可能有侵权行为，也可以予以扣押。

（9）法院须命令执行第（1）款f）项和第（7）款所述措施，费用由侵权人承担，除非援引特别理由无法实施。法院对侵权商品的召回、撤回商业渠道或者销毁侵权商品的裁定，应当考虑第三方的利益，并根据侵权的轻重程度按比例处理。

（10）法院可应作者的请求判令侵权人承担费用，命令采取适当措施公布有关裁决。公布方式由法院决定。公布应包括在全国性报纸上发表或在互联网上展示。

（11）根据第35条第（8）款规定，当权利人采取行动，强制执行第（1）款e）项或第（2）款下的任何索赔，在裁定不正当利润的范围或损害赔偿额时，应考虑与用于复制的空白视频和音频媒体有关的应付使用费。❶

第94A条❷

（1）在侵犯著作权的诉讼中，除非有其他证据证明，否则在民事诉讼法第103条第（1）款d）项规定的特殊情况下，申请人能够推定证明该作品是

---

❶ 根据2008年第112号法案第18条予以设立，自2009年2月1日起生效。

❷ 根据2005年第165号法案第24条予以设立，自2006年4月15日起生效。

受著作权保护的，并且其是作者、作者的法定继承人或该作品的许可使用人，或者一个著作权集体管理组织有权以其自己的名义因侵权而提起法院诉讼的，应认为有必要采取临时措施。❶

（2）侵害著作权的行为是在 6 个月前开始的，或自请求人知道该项侵犯著作权的行为及知道侵犯著作权人的身份起已经超过 60 日的，第（1）款不适用。

（3）即使在提交申请书之前没有民事诉讼法就临时措施规定的附加条件，也可以就侵犯著作权或紧急的侵犯著作权的情况提出临时措施请求。关于临时措施的非诉讼程序，除本法另有规定外，应适用民事诉讼法的规定，但因非诉讼程序的特殊性而有所减损，适用非诉讼民事诉讼法关于非诉讼民事诉讼的适用规则和关于非诉讼司法民事诉讼的非诉讼法院程序的一般规定。如果申请人已根据第（7）款就侵犯著作权提起诉讼，除为非诉讼程序支付的费用外，还应支付司法诉讼费用。❷

（4）作者除了与侵权有关的民事索赔，可以请求法院在适用于临时措施的条件下命令：

a）根据司法执行法规定采取保护措施，如果能够证实任何后续因侵犯著作权或支付损害赔偿而试图追回经济利益的行为处于危险之中，并且侵权是以商业规模实施的［第 94 条第（5）款］；

b）侵权人通知并出示银行、金融或商业信息和文件，以便命令采取 a）项所述的保护措施；

c）提供反担保，如果作为要求终止侵权行为的替代，作者同意侵权人继续诉称的侵权行为。❸

（5）在作者没有任何请求的情况下，法院可以命令提供第（4）款 c）项所述的反担保，前提是作者已经提出终止侵权行为的指控，并且被法院驳回。❹

（6）法院最迟应在提出要求采取临时措施的申请后 15 日内，就优先程序中的临时措施作出裁定。二审法院最迟在提出上诉之日起 15 日内，对不服优

---

❶ 根据 2017 年第 130 号法案第 43 条第（1）款予以设立，自 2018 年 1 月 1 日起生效。
❷ 根据 2017 年第 130 号法案第 43 条第（2）款予以设立，自 2018 年 1 月 1 日起生效。
❸ 根据 2017 年第 130 号法案第 44 条 c）项予以修订。
❹ 根据 2017 年第 130 号法案第 44 条 d）项予以修订。

先程序中临时措施裁定的上诉作出裁决。❶

（7）作者未在裁决送达后15日内就临时措施所保障的损害提起著作权侵权诉讼的，法院应根据对方当事人的请求，撤销其对提交损害赔偿申请书之前提交的临时措施［包括第（4）款和第（5）款规定的措施］申请所作的裁决。❷

（8）著作权侵权诉讼中的作者已在合理程度上证实其陈述的，法院可应提供证据的一方的要求，要求对方当事人❸：

a）出示并允许审查其所拥有的文件和其他物证；

b）如果侵权是以商业规模实施的，则通知并出示其涉及的银行、财务或商业信息和文件［第94条第（5）款］。

（9）如果作者已经在合理程度上证实了侵权行为或侵权行为的潜在威胁，则可在提起法院诉讼之前进行初步证据听证会。对不予初步取证的裁定，可以上诉；二审法院应在优先程序中对此类上诉作出裁定，最迟应在提出上诉之日起15日内作出裁定。在提起诉讼之前，可以通过申请人的居住所在地普通管辖法院或在最适当地进行取证的普通法院请求初步取证。❹

（10）如果作者未在作出的初步取证裁定送达之日起15日内提起著作权侵权诉讼的，法院应根据对方当事人的请求，撤销其初步取证的裁定。法院最迟应在提出申请之日起15日内作出关于撤销优先程序中的初步取证裁定的裁定。❺

（11）如因听取对方当事人关于下令采取临时措施［包括第（4）款和第（5）款规定的措施］的意见而造成任何延误，可能造成无法弥补的损害的，则可在不听取对方当事人意见的情况下下令采取临时措施。如因听取对方当事人关于命令初步取证的意见而造成任何延误，可能会造成不可挽回的损害的，或如证据有被销毁的明显危险的，则可根据民事诉讼法第337条第（1）款b）项的规定，在不听取对方当事人意见的情况下下令进行初步取证。如果法院决定不听取对方当事人的意见，裁定命令、采取临时措施或者初步取证的裁定执行后，应当及时送达对方当事人。对方当事人接到裁定通知后，可以要求听证，并可以要求变更或者撤销命令采取临时措施或者初步取证的裁定。临时措施申请或者初步取证申请被驳回的，法院应当将临时措施申请或

---

❶❷　根据2017年第130号法案第43条第（3）款予以设立，自2018年1月1日起生效。
❸　根据2017年第130号法案第44条e）项予以修订。
❹❺　根据2017年第130号法案第43条第（4）款予以设立，自2018年1月1日起生效。

者初步取证申请连同驳回裁定一并送交对方当事人。❶

（12）应对方当事人的请求，法院可要求提供与初步取证有关的担保，以及命令采取临时措施［第（4）款c）项和第（5）款除外］。❷

（13）关于第（4）款c）项、第（5）款和第（12）款所规定的担保或反担保的解除或返还，应适用民事诉讼法关于担保的规定，但条件是法院（除裁决外）可选择在关于废除或确定就初步取证和/或临时措施通过的裁定到期时规定解除或返还担保或反担保。❸

第94B 条❹

（1）在没有相反证据的情况下，作者的名字以通常方式出现在作品上就足以被视为作者。

（2）在第（1）款不适用的情况下，在有相反证据之前，匈牙利知识产权局以其名义在作品自愿登记簿上登记作品的人，如果能够以公共文件证实，则应被视为作者。注册登记需缴纳行政服务费。❺

（3）在第（2）款不适用的情况下，在向国家提供证明之前，应由权利集体管理组织根据包含作品、附属权利下的表演和权利集体管理下权利人数据库发布的，具有充分证明力的非公开文件证实作者的身份。这些非公开文件由权利集体管理组织在自愿的基础上，根据其成员的要求、章程发布给其成员。❻

（4）在第（3）款不适用的情况下，在有相反证据之前，首先发表作品的人应被视为作者。

（5）已废除。❼

第94C 条❽

（1）在进入作品自愿登记簿的程序中，主管部门应根据电子交易信托服务通则法和本法的规定保持电子通信。

---

❶❷❸　根据2017年第130号法案第43条第（4）款予以设立，自2018年1月1日起生效。

❹　根据2005年第165号法案第24条予以设立，自2006年4月15日起生效。

❺　根据2013年第159号法案第22条予以设立，自2013年10月25日起生效。

❻　根据2011年第173号法案第43条第（4）款予以修订，自2012年1月1日起生效。

❼　根据2020年第30号法案第14条予以废除，自2020年5月29日起生效。

❽　根据2016年第121号法案第34条第（2）款予以设立，自2017年1月1日起生效。

（2）在根据本条规定的法律程序中，除要求提供资料及查阅文件外，电子通信须以待识别身份的电子方式进行，但不得以短信方式要求或提供资料。主管部门应提供查阅文件的机会，可应要求查阅这些文件，但必须亲自到场。

（3）申请登记的作品不能以电子方式复制，或者该作品电子副本的大小超过有关部长命令规定限制的，不允许进行电子通信。

第94D条❶

（1）作品自愿登记申请、作品自愿登记证明撤销申请、作品原作者登记人从作品自愿登记簿中除名申请应包含：

a）申请人和代表（如适用）的姓名、家庭住址或注册登记地；

b）以电子方式以外的方式保持通信的，申请人或申请人代表的签字；

c）申请人和代表（如适用）的电子邮件地址或电话号码。

（2）申请人或其代表需要以电子方式与主管部门保持沟通或希望以电子方式保持沟通的，则除第（1）款规定的详情外，申请还应包括：

a）是自然人的，申请人和代表（如适用）的出生地址和日期以及母亲的姓名；

b）不是自然人的，申请人的税号和代表的税号（如适用）。

（3）在其他方面，应根据关于作品自愿登记详细规定的部长命令规定的要求，起草作品自愿登记申请、作品自愿登记证明撤销申请和作品原作者登记人从作品自愿登记簿中除名申请。

第95条 防止规避技术措施的保护措施❷

（1）侵犯著作权的后果应适用于所有促成或协助非法规避提供著作权保护的有效技术措施的行为，前提是实施上述行为的人知道或在特定情况下尽合理注意后，有合理理由知道该等行为的目的是规避技术措施。

（2）侵犯著作权的后果适用于所有行为，例如制造、进口、发行、销售、租赁、为销售或租赁做广告，或为商业目的占有设备、产品或组件，或提供服务，这些行为：

a）以规避任何有效技术保护为目的进行推广、广告或营销；

---

❶ 根据2019年第34号法案第44条第（5）款予以设立，自2019年4月26日起生效。

❷ 根据2003年第102号法案第78条予以设立，应与颁布匈牙利加入欧盟条约的法案同时生效。

b）除了规避有效的技术保护外，仅具有有限的商业目的或用途；或

c）主要是为了实现或协助有效技术保护的规避而设计、生产、改造或实施的。

（3）就第（1）款和第（2）款而言，技术措施，指在正常运行过程中旨在防止或限制行为且未经著作权人授权的任何技术、装置或组件。如果权利人通过应用访问控制或保护过程（例如对作品进行加密、加扰或作品的其他转换）或实现保护客体的复制控制机制来控制受保护作品的使用，则技术措施应被视为"有效"。

（4）第（1）款和第（2）款的规定应在不影响第 59 条和第 60 条第（1）款至第（3）款的情况下适用。对于软件，第（2）款仅适用于与设备、产品或组件的销售有关的情形，或为商业目的而占有设备、产品或组件，其唯一目的是允许或协助未经授权的移除或规避为保护软件而安装的技术手段。

第 95A 条❶

（1）关于通过复制［第 21 条第（1）款］为私人目的的复制［第 35 条第（1）款］，以及第 34 条第（2）款、第 35 条第（4）款和第（7）款、第 35A 条第（2）款、第 41 条、第 41M 条第（4）款、第 84D 条第（1）款和第 84D 条第（3）款所述的免费使用情形，被授予免费使用权的人可以要求权利人提供免费使用，允许对第 95 条规定的技术保护措施进行例外处理，前提是免费使用的受益人可以合法访问相关作品。当事人之间未就免费使用条件达成协议的，任何一方均可根据第 105A 条提出诉讼请求。❷

（2）除第 41 条第（1）款至第（1c）款规定的免费使用情况外，第（1）款不适用于根据合同向公众提供的任何作品，其方式是公众可以从个人选定的地点和时间获取作品，尤其是第 26 条第（8）款、第 73 条第（1）款 e）项、第 76 条第（1）款 c）项、第 80 条第（1）款 d）项和第 82 条第（1）款 c）项所述的情况。❸

---

❶ 根据 2003 年第 102 号法案第 79 条予以设立，应与颁布匈牙利加入欧盟条约的法案同时生效。

❷ 根据 2021 年第 37 号法案第 32 条第 7 点予以修订。

❸ 根据 2018 年第 56 号法案第 4 条予以设立，自 2018 年 10 月 10 日起生效。

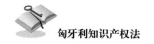

权利管理数据保护

第 96 条

（1）侵犯著作权的后果可适用于未经授权删除或更改权利管理数据，以及未经授权发行、为发行而进口、广播或以其他方式向公众传播权利管理数据或未经授权更改该等数据的作品，前提是上述行为所提及的任何行为人知道或在特定情况下尽合理注意后，有合理理由知道该行为非法促成或协助侵犯著作权或诱使他人实施该侵权。❶

（2）权利管理数据是由权利人提供附在作品的复制件上或在将作品传播给公众时可感知的用以识别作品、作品作者、作品中任何权利人或提供使用作品的条款和条件的所有细节，包括代表此类信息的任何数字或代码。

根据海关法侵犯著作权的后果

第 97 条❷

在侵犯著作权的情况下，作者可以参照特别制定法的规定，要求海关采取措施，阻止受侵权影响的应纳税货物进入流通领域。

许可使用的法律后果

第 98 条

（1）如果作者的财产权受到侵犯，根据第 43 条第（1）款的规定获得专有权利的著作权人可以建议作者采取必要措施阻止侵权。如果作者在收到该建议之日起 30 日内未提起诉讼的，上述权利人可以自行阻止侵权。❸

（2）在非独占使用许可的情况下，被许可人只有在使用合同中有明确约定的情况下，才能根据第（1）款提起诉讼。

---

❶ 根据 2003 年第 102 号法案第 80 条予以设立，应与颁布匈牙利加入欧盟条约的法案同时生效。
❷ 根据 2003 年第 102 号法案第 89 条予以修订，应与颁布匈牙利加入欧盟条约的法案同时生效。
❸ 根据 2005 年第 165 号法案第 25 条予以修订，自 2006 年 1 月 1 日起生效。可适用于随后开始的诉讼程序。

侵犯著作权相关权利的后果❶

第99条❷

在违反第11章和第11A章的规定以及保护这些章规定的技术措施和权利管理数据时，必须适当适用第94条至第98条的规定。就第11A章而言，第95A条第（1）款规定的免费使用情况应解释为指第84条第（1）款提及的通过复制［第21条第（1）款］的方式为私人目的复制，以及第84C条第（2）款和第（3）款所述的免费使用情况。

第5部分　杂项和结束规定

第14章　著作权保护期限届满后的缴费情况

第100条

（1）著作权保护期限届满后，在艺术品经销商的合作下转让艺术品原件所有权时，必须支付费用。❸

（2）费用金额为销售价格的4%，不包括税款和其他公共税费。第70条规定也适用于确定艺术品原创作品的范围和售价，以及应缴纳费用的人、费用金额、收缴和减免，但权利集体管理组织将使用收到的费用来支持创作活动并为创作艺术家的社会福利作出贡献除外。❹

（3）原创艺术作品的所有权由博物馆取得或从博物馆取得的，无须就转让该所有权支付任何费用。❺

（4）权利集体管理组织有义务在单独的项目下记录和管理作为费用收集的金额。❻

---

❶　根据2001年第77号法案第10条予以设立，自2002年1月1日起生效。可适用于随后订立的授权协议。

❷　根据2003年第102号法案第81条予以修订，应与颁布匈牙利加入欧盟条约的法案同时生效；根据2005年第165号法案第26条予以修订，自2006年1月1日起生效。可适用于随后开始的诉讼程序。

❸❺　根据2005年第108号法案第2条予以设立，自2006年1月1日起生效。

❹　根据2011年第173号法案第36条予以设立，自2012年1月1日起生效。

❻　根据2005年第108号法案第2条予以修订，自2006年1月1日起生效。

（5）权利集体管理组织应每年通过主管部门的官方公报向公众公示费用的数额和用途，并应在其所属年度的第二季度末之前将相关通知提交给主管部门。❶

第15章　合作解决著作权相关法律纠纷的组织

著作权委员会

第101条

（1）法院和其他政府部门就著作权相关的诉讼中出现的问题可咨询主管部门附属的著作权专家委员会。著作权专家委员会的成员由负责司法系统的部长与负责文化事务的部长协商任命，任期5年。❷

（2）已废除。❸

（3）著作权专家委员会还可应要求在庭外程序中就与行使使用权相关的问题提供咨询意见。❹

（4）法院或任何其他机构要求咨询著作权专家委员会意见的，应同时向著作权专家委员会提供一份判决书的副本。❺

（5）著作权专家委员会的具体组织和运作规则将由单独的法规另行规定。❻

（6）主管部门应将根据第（1）款和第（3）款准备的专家意见归入公众可通过电子方式自由访问的数据库。数据库中的专家意见不得载有当事人姓名或其他可供识别的案件事实。❼

（7）如果当事人在第（3）款规定的请求中，要求对案件和著作权专家委员会的意见保密的，则数据库应只包含案件编号和案件主题，以及与行使使用权有关的结论摘录。❽

（8）即使当事人要求根据第（7）款进行保密，著作权专家委员会代理

---

❶ 根据2016年第93号法案第187条予以设立，自2016年7月28日起生效。

❷ 根据2021年第37号法案第27条第（1）款予以设立，自2021年6月1日起生效。

❸ 根据2011年第173号法案43条第（5）款予以废除，自2012年1月1日起不再生效。

❹ 根据2021年第37号法案第32条第8点予以修订。

❺ 根据2003年第102号法案第82条予以设立。根据2017年第37号法案第32条第9点和第10点予以修订。

❻ 根据2003年第102号法案第82条予以修订。根据2021年第37号法案第32条第11点予以修订。

❼❽ 根据2021年第37号法案第27条第（2）款予以设立，自2021年6月1日起生效。

分委员会的成员仍可在必要的范围内获得载有第（6）款所述数据的专家意见。❶

仲裁委员会

第 102 条❷

如果使用人与权利人之间，或使用人或其代表组织与权利人的集体管理组织之间没有就使用费用和其他使用条件达成协议，以及集体管理组织、集体管理组织成员、权利人或使用人之间在权利集体管理方面有任何争议的，根据第 48 条和第 50A 条，任何一方均可将案件提交给根据第 103 条设立的调解机构。

第 103 条

（1）仲裁法关于仲裁小组组成的规定应适用于调解机构的设立，组成调解机构的成员应从著作权专家委员会的成员中任命。❸

（2）仲裁委员会在著作权专家委员会内运作。❹

第 104 条

（1）调解机构的程序旨在协助当事人在与关于使用费用和其他使用条件或权利集体管理的协议有关的争端中达成协议。调解机构应立即通知负责司法系统的部长、负责文化事务的部长和主管部门，其与有代表性的集体管理组织就确定的收费有关的争端进行的任何程序。❺

（2）当事人协商不成的，由仲裁委员会拟定有关协议内容的提案，并书面通知各方当事人。

（3）当事人可以明示或默示接受该协议。如果双方当事人对协议书自送达之日起 3 个月内未向仲裁委员会提出异议的，则视为接受。

（4）如果仲裁委员会违反第 105 条的规定进行仲裁程序的，遭受损害的一方可以在仲裁委员会裁决生效后 3 个月内针对仲裁委员会裁决确定的协议向法院提起诉讼。

---

❶ 根据 2021 年第 37 号法案第 27 条第（2）款予以设立，自 2021 年 6 月 1 日起生效。
❷ 根据 2021 年第 37 号法案第 28 条予以设立，自 2021 年 6 月 1 日起生效。
❸ 根据 2021 年第 37 号法案第 29 条予以设立，自 2021 年 6 月 1 日起生效。
❹ 根据 2021 年第 37 号法案第 32 条第 12 点予以修订。
❺ 根据 2021 年第 93 号法案第 189 条予以设立，自 2016 年 7 月 28 日起生效。

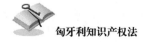

（5）第（4）款所述的诉讼应属于布达佩斯首都地区法院的权限和专属管辖权范围。❶

第105条

（1）仲裁委员会审理过程中必须对当事人一视同仁，当事人均有陈述观点的机会。除非当事人同意，否则仲裁委员会不得强迫双方当事人参与审理程序，不得强迫他们开始审理行为。至于其他事项，仲裁委员会自行制定程序规则［在第（2）款所述章程范围内］，并确定其收费标准。

（2）仲裁委员会章程由著作权专家委员会制定，并由主管司法系统的部长批准。批准前，应征求主管部门的负责人和主管文化事务的部长的意见。❷

第105A条❸

（1）免费使用的受益人与权利人未能就技术措施（第95条）提供保护的例外条件（第95A条）达成协议的，任何一方当事人均可将案件提交仲裁委员会。

（2）第（1）款所述程序也可由受益人代表组织发起。在该情况下，除非另有规定，否则根据仲裁委员会决定缔结的协议只适用于受益于该协议所涉及免费使用的代表组织成员。

（3）仲裁委员会应根据第103条的规定组成。如果各方当事人在审理开始之日起8日内未能就仲裁委员会成员的委派达成一致，则由著作权专家委员会主席指定仲裁委员会成员。❹

（4）第104条第（1）款和第（2）款及第105条第（2）款所述规定，适用于仲裁委员会的程序。

（5）当事人可以明示或默示接受拟议的协议。当事人对拟议协议自送达之日起30日内未向仲裁委员会提出异议的，视为接受。

（6）如果仲裁委员会违反第105条的规定进行仲裁，则遭受损害的一方

---

❶ 根据2003年第102号法案第84条第（2）款予以设立，应与颁布匈牙利加入欧盟条约的法案同时生效；根据2011年第201号法案第184条c）项予以修订，自2012年1月1日起生效。

❷ 根据2008年第112号法案第22条予以设立。根据2010年第148号法案第151条、第152条第（1）款、2013年第16号法案第54条b）项和2021年第37号法案第32条第13点予以修订。

❸ 根据2003年第102号法案第85条予以设立，应与颁布匈牙利加入欧盟条约的法案同时生效。

❹ 根据2021年第37号法案第32条第13点予以修订。

可以在根据仲裁委员会的建议缔结的协议被执行之日起 30 日内向法院提起诉讼。❶

（7）如果没有根据第（5）款达成协议的，则免费使用的受益人可以在第（5）款规定的期限起 15 日内向法院提起诉讼，请求法院作出裁决，命令权利人在诉讼主张规定的条件下允许免费使用。❷

（8）受益人代表组织也可以在同一期限内根据第（6）款和第（7）款提起诉讼，最终决定适用于该等组织的所有成员，即本法意义上的受益人。

（9）布达佩斯首都地区法院对审理根据本条提起的诉讼拥有专属管辖权。❸

（10）根据本条达成协议或通过的最终决定实施的技术措施应符合第 95 条规定，但该技术措施须符合第 95 条第（3）款规定的条件。

第 16 章　最后条款
其他著作权人

第 106 条

（1）凡在本法中提及"作者"之处，应解释为包括作者的法定继承人或继受人以及其他著作权人。

（2）如果死者的遗产包括著作权的，公证人应将遗嘱认证的启动事项通知与死者作品有关的权利集体管理组织。如果有关权利集体管理组织无法确定的，或者作品不属于权利集体管理范围的，则应根据著作权法第 20 条第（1）款规定的权利，向文学和音乐作品权利集体管理组织发出通知。❹

（3）在适当地适用第（2）款时，公证人将遗嘱认证的删节文本发送给相关权利集体管理组织，法院将最终判决删节文本发送给相关权利集体管理组织，通知该组织已将构成遗产一部分的著作权转让给继承人。

（4）有关遗嘱认证和最终判决的规则适用于节略的遗嘱认证和最终判决，但该等节略文本仅可包括有关将构成遗产一部分的著作权转让给继承人的信息。

---

❶ 根据 2021 年第 37 号法案第 32 条第 14 点予以修订。
❷ 根据 2021 年第 37 号法案第 32 条第 15 点予以修订。
❸ 根据 2011 年第 201 号法案第 184 条 c）项予以修订，自 2012 年 1 月 1 日起生效。
❹ 根据 2016 年第 93 号法案第 190 条予以设立，自 2016 年 7 月 28 日起生效。

（5）第（3）款所述节略遗嘱认证和节略版最终判决书的授予，除第（4）款规定的内容外，还包括"节略"的名称及其使用目的。

（6）即使遗嘱认证除第（4）款规定外并无其他规定，仍有必要根据第（5）款进行。

（7）有关权利集体管理组织有义务备存继承人的记录，并在法律规定的保护个人资料的范围内向用户披露其数据。

（8）第（1）款至第（7）款的规定应适当地适用于邻接权和邻接权人。❶

第106A条❷

本法关于保护被确认为汇编作品的数据库的制作者和数据库作者的著作权，以及根据第11A章对其进行保护的规定，不应妨碍关于保护个人数据和获取公共利益信息的立法。

本法和调整临时性规定的条例的生效

第107条

（1）本法自1999年7月1日生效。本法生效后订立的许可合同适用本法规定。

（2）本法第21条和第22条有关复制设备的规定自2000年9月1日起适用。

（3）已废除。❸

第108条

（1）除其他事项外，第31条的规定可适用于根据先前生效的规定计算的著作权保护期限，在关于修订若干著作权和工业权利保护立法的法案（1994年第7号法案）生效前已到期的作品。

（2）本法规定的权利属于表演者、录音制品制作者、广播和电视组织以及通过电缆向公众传输节目的运营者，即使从第84条所述年度年底起计算的

---

❶ 根据2005年第165号法案第27条予以设立，自2006年1月1日起生效。可适用于随后开始的诉讼程序。

❷ 根据2001年第77号法案第11条予以设立，自2002年1月1日起生效。可适用于随后订立的授权协议。

❸ 根据2021年第37号法案第33条第7点予以废除，自2021年6月1日起生效。

20 年期限在 1994 年第 7 号法案生效时已到期。

（3）如果与作者的财产权和与著作权相关的附属权利有关的著作权保护期限在 1994 年第 7 号法案生效时已到期，则在到期至本法生效时进行的使用视为免费使用，无论该等权利在本法生效后是否再次受到保护。

（4）第（3）款规定的使用可在本法生效后持续 1 年，但仅限于生效时存在的范围。在经济活动范围内进行使用的权利只能与获授权经济组织或其进行使用的内部单位共同转让。即使在本法生效后，权利人仍有权针对使用获得合理报酬。

（5）即使在本法颁布日期前已为使用作了大量准备，也必须适当适用第（4）款规定，条件是在该情况下，可以在本法颁布时存在的准备工作范围内开始和继续使用。

（6）在第（3）款所述期间内进行修改、改编和翻译的，视为已获得作者授权。

（7）在本法生效后使用第（6）款所述修改、改编和翻译的，应向相关行为所依据的作品的著作权人支付合理报酬。

（8）根据第（3）款和第（7）款规定视为到期应付报酬的任何争议，必须通过司法途径解决。

（9）通过在 1994 年第 7 号法案生效前签订合同获得的使用权，在本法生效后根据使用合同的条款和条件在著作权保护的整个期限内或无期限期间均归使用人所有，如果著作权或与著作权相关的从属权利再次根据本法受到保护的话。

第 108A 条❶

（1）除 2001 年第 67 号法案第 13 条第（7）款第一句所述例外情况外，第 31 条和第 84 条的规定应适用于截至 1995 年 7 月 1 日仍在欧洲经济区至少一个成员国受到保护的作品和其他客体。❷

（2）第 108 条第（3）款至第（9）款的规定参照适用于第（1）款所述作品，但例外的是，1994 年第 7 号法案和本法的生效和颁布，就第（1）款而言，应理解为颁布匈牙利加入欧盟条约的法案的生效和颁布。

---

❶ 根据 2003 年第 102 号法案第 86 条予以设立，应与颁布匈牙利加入欧盟条约的法案同时生效。
❷ 根据 2004 年第 69 号法案第 7 条第（4）款予以设立，自 2004 年 7 月 10 日起生效。

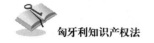

第 109 条❶

关于修订若干知识产权相关法律的法案（2013 年第 16 号法案）确立的本法第 31 条第（6）款，如不会导致根据本法生效前有效的规定计算的保护期缩短，则应予以适用。关于修订若干知识产权相关法律的法案（2013 年第 16 号法案）确立的本法第 31 条第（6）款，亦适用于在本法生效前其保护期限已到期的电影作品。第 108 条第（3）款至第（9）款亦应适用于该情况，但本法的生效必须解释为 1994 年第 7 号法案的生效。

第 109A 条❷

已废除。

第 110 条❸

已废除。

第 111 条❹

（1）关于修订著作权法 1999 年第 66 号法案的法案（2001 年第 67 号法案）规定，本法关于保护数据库制作者的规定也应适用于 1982 年 12 月 31 日至 2002 年 1 月 1 日建立的数据库，但该数据库在 2002 年 1 月 1 日满足 2001 年第 67 号法案所确立的第 11A 章规定的保护条件。2002 年 1 月 1 日至 2013 年 1 月 1 日，该等数据库制作者的权利应得到保护。

（2）关于第（1）款所述数据库的使用，根据 2002 年 1 月 1 日前与该等数据库制作者订立的合同所实施的行为，应受相关合同订立时生效的本法规定管辖，2002 年 1 月 1 日之后亦如此。

（3）2001 年第 67 号法案规定，本法第 84 条第（2）款不适用于根据先前有效的法规计算的保护期已到期的录音制品。该规定不影响第 108 条的效力。

---

❶ 根据 2013 年第 16 号法案第 50 条予以设立，自 2013 年 1 月 11 日起生效。
❷ 根据 2021 年第 37 号法案第 33 条第 8 点予以废除，自 2021 年 6 月 1 日起生效。
❸ 根据 2021 年第 37 号法案第 33 条第 9 点予以废除，自 2021 年 6 月 1 日起生效。
❹ 根据 2012 年第 76 号法案第 50 条予以设立，自 2012 年 6 月 27 日起生效。

第 111A 条❶

关于修订工业产权和著作权的法案（2003 年第 102 号法律）确立的本法规定，除 2004 年 5 月 1 日之前实施的行为和由此获得的权利外，适用于 2002 年 12 月 22 日根据欧盟成员国法律受保护的或符合欧洲议会和欧洲理事会 2001 年 5 月 22 日关于协调信息社会中著作权和邻接权的第 2001/29/EC 号指令第 1 条第（2）款规定保护标准的所有作品、邻接权客体和数据库。

第 111B 条❷

鉴于欧洲议会和欧洲理事会 2001 年 9 月 27 日第 2001/84/EC 号指令关于原创艺术作品作者享有转售权的规定，本法的规定，即 2005 年第 108 号法案关于 1999 年第 66 号著作权法修正案的规定，应适用于 2006 年 1 月 1 日之后签订的合同。

第 111C 条❸

（1）关于修订著作权法 1999 年第 66 号法案的法案（2008 年第 112 号法案）确立的本法第 19 条第（1）款，适用于 2009 年 2 月 1 日后授予的使用权。

（2）第 23A 条规定的作者报酬应针对 2010 年 12 月 31 日后行使的公众借阅权到期支付。第 23A 条规定的作者报酬应基于 2011 年 1 月 1 日后根据第 23A 条第（4）款披露的信息于 2012 年首次分配。

第 111D 条❹

（1）关于修订若干知识产权相关法律的法案（2013 年第 16 号法案）确立的本法第 55 条第（2）款和第（3）款、第 74A 条第（1）款至第（3）款、第 78A 条、第 84 条第（1）款 b）项至 d）项和第（2）款规定，亦适用于在 2013 年 11 月 1 日之前根据第 84 条计算的 50 年保护期尚未到期的录音制品和其中固定的表演，以及此后制作的录音制品和其中固定的表演。

（2）在没有明确相反合同说明的情况下，2013 年 11 月 1 日前与录音制品

---

❶❷❸　根据 2012 年第 76 号法案第 50 条予以设立，自 2012 年 6 月 27 日起生效。

❹　根据 2012 年第 16 号法案第 51 条予以设立，自 2013 年 11 月 1 日起生效。

制作者签订的表演固定合同应根据第（1）款规定的 50 年保护期限届满后继续生效。

（3）2013 年 11 月 1 日前与录音制品制作者签订、使表演者有权获得定期付款的表演固定合同［第 74A 条第（3）款］，可在录音制品合法发行后第 50 年后予以修改；未合法发行的，在录音制品合法向公众传播并使表演者受益的次年首日起的第 50 年予以修改，即使双方最初排除该可能性。录音制品制作者和表演者之间没有达成协议的，任何一方均可经双方同意将案件提交根据第 103 条设立的调解机构。

第 111E 条❶

关于修订若干知识产权相关法律的法案（2013 年第 16 号法案）确立的本法第 55 条第（2）款规定的终止权，仅可以书面形式针对本法生效前订立的合同行使。

第 111F 条❷

已废除。

第 111G 条❸

关于 2013 年修订相关知识产权法律的法案（第 159 号法案）确立的本法第 41F 条至第 41K 条，适用于在 2014 年 10 月 29 日或之后根据本法获得保护的作品和录音制品。

第 111H 条❹

匈牙利知识产权局在 2018 年 1 月 1 日前未同意根据 2015 年关于电子交易信托服务一般规则的法律（第 222 号法案）第 108 条第（2）款进行电子传播的，在 2017 年 12 月 31 日前，本法于 2016 年 12 月 31 日生效的规定适用电子传播。

---

❶ 根据 2012 年第 16 号法案第 52 条予以设立，自 2013 年 11 月 1 日起生效。
❷ 根据 2021 年第 37 号法案第 33 条第 10 点予以废除，自 2021 年 6 月 1 日起生效。
❸ 根据 2013 年第 159 号法案第 24 条予以颁布，自 2014 年 10 月 29 日起生效。
❹ 根据 2016 年第 121 号法案第 34 条第（3）款予以颁布，自 2017 年 1 月 1 日起生效。

第 111I 条❶

2017 年关于修订实施一般公共行政程序法和行政程序法的法案（第 50 号法案）（以下简称"行政修订法"）确立的本法规定，适用于行政修订法生效后提起的程序和重新提起的案件。

第 111J 条❷

（1）新闻出版物于 2019 年 6 月 6 日或之后出版的，第 82B 条规定的专有权利也应适用于新闻出版物的出版者，该条由 2021 年关于修订 1999 年著作权法（第 76 号法案）的法案（第 37 号法案）和 2016 年著作权和邻接权集体管理法（第 93 号法案）确立。新闻出版物的出版者仅可针对 2021 年 6 月 1 日或之后的使用行使上述专有权利。

（2）2021 年 7 月 1 日，匈牙利知识产权局应将第 26 条第（5a）款所述财产权记入有权基于知识产权局记录于 2021 年 6 月 1 日行使第 26 条第（3）款规定权利或根据第 77 条第（1）款要求报酬的集体管理组织的许可或登记，无须遵守特定程序，除非该组织在 2021 年 6 月 30 日之前要求知识产权局采取其他行动。知识产权局根据本款记入登记簿不应被视为根据新著作权法第 33 条第（2）款获得许可。

（3）任何具有代表性的集体管理组织，如果其授权涵盖第 26 条第（5a）款所指的财产权，则即使只有不到 6 个月的时间来申请费用标准，也可以请求启动新著作权法第 147 条第（1）款所规定的批准程序。

（4）新著作权法第 147 条第（2）款不适用于本条第（3）款规定的程序。2021 年 11 月 1 日可作为提议适用期的最早日期，费用标准适用期必须在 2022 年 12 月 31 日结束。

（5）根据本条第（3）款至第（4）款所述特别程序批准费用标准的代表性集体管理组织，在 2021 年无权就新著作权法第 26 条第（5a）款规定的财产权启动第 146 条规定的费用标准批准程序。

（6）对于 2021 年 6 月 1 日仍在进行关于孤儿作品使用许可的程序（第 41B 条），适用 2021 年第 37 号法案确定的本法第 41A 条第（2）款、第（9）

---

❶ 根据 2017 年第 50 号法案第 175 条第（2）款予以颁布，自 2018 年 1 月 1 日起生效。

❷ 根据 2021 年第 37 号法案第 30 条予以颁布，自 2021 年 6 月 1 日起生效。

款，第41B 条第（1b）款 c）项、第（7）款和第（8）款以及第（9）款。

（7）2021 年 6 月 1 日前签订并按合同约定履行的使用合同，如果符合2021 年第 37 号法案确定的本法第 45 条第（2）款和第（3）款的形式要求，则视为有效。

（8）对于 2022 年 1 月 1 日或之后的使用，使用者应遵守 2021 年第 37 号法案确定的本法第 50A 条规定的信息义务。

（9）第 57F 条第（1）款 a）项自 2023 年 1 月 1 日起适用。

授 权

第 112 条❶

（1）与受影响的代表组织协商后，政府有权决定复制设备的范围。

（2）特此授权政府颁布管理著作权专家小组的组成与运作的详细规则和条例。❷

（3）特此授权政府根据本法第 38 条第（5）款，颁布向公众免费使用作品的传播方式和条件，包括向公众提供这些作品的时间。

（4）特此授权政府颁布关于使用孤儿作品的详细规则、权利人有权获得合理补偿的条件、与使用孤儿作品有关诉讼所收取的行政服务费用的数额，包括支付和退还此类费用的条款和条件，以及备存孤儿作品使用许可记录的详细规定。

（5）特此授权主管司法系统的部长颁布法令：

a）在与主管部门主席协商并与文化事务部部长达成一致后，制定关于由主管部门备存作品自愿登记簿的详细条例；及

b）在与主管部门主席协商并与负责税务的部长、负责文化事务的部长和监督主管部门的部长达成一致后，针对自愿登记作品程序应付的行政服务费的数额，包括收取和退还的方式。

（6）主管司法系统的部长在与匈牙利知识产权局局长协商后，经税务部部长、文化事务部部长和监督匈牙利知识产权局的部长同意，特此授权其针对权利集体管理组织登记相关程序的行政服务费的数额颁布相关规定，包括此类费用的支付和退还费用的条款和条件。

---

❶ 根据 2018 年第 56 号法案第 5 条予以设立，自 2018 年 10 月 10 日起生效。

❷ 根据 2021 年第 37 号法案第 32 条第 16 点予以修订。

（7）授权文化事务部部长与负责司法系统的部长达成一致后，颁布计算本法第23A条第（4）款颁布法令，所述公共借阅应支付给作者的费用及分配该等费用所需的数据类型，并确定需遵守数据披露要求的图书馆。

（8）特此授权政府颁布与第41条第（1a）款至第（1f）款规定的免费使用有关的详细规定，第41条第（1a）款至第（1c）款所述无障碍格式复制件、授权实体和阅读障碍受益人的详细规定，有关无障碍格式作品和邻接权客体的免费使用的详细规定，以及维护授权实体、无障碍格式作品和邻接权客体登记簿的中间机构的指定与职责并向欧盟委员会提供信息。

需要遵守的欧盟法律❶

第113条❷

（1）本法旨在遵守欧盟的下列立法❸：

a）2009年4月23日欧洲议会和欧洲理事会关于计算机程序法律保护的第2009/24/EC号指令；

b）1993年9月27日欧洲理事会关于协调适用于卫星传播和电缆转播的著作权和与著作权有关的权利相关规则的第93/83/EEC号指令；

c）1996年3月11日欧洲议会和欧洲理事会关于数据库法律保护的第96/9/EC号指令；

d）2001年5月22日欧洲议会和欧洲理事会关于协调信息社会著作权和相关权利某些方面的第2001/29/EC号指令；

e）2001年9月27日欧洲议会和欧洲理事会关于使原创艺术作品作者获益的转售权的第2001/84/EC号指令；

f）2004年4月29日欧洲议会和欧洲理事会关于知识产权执行的第2004/48/EC号指令；

g）2006年12月12日欧洲议会和欧洲理事会关于租赁权和出借权以及知识产权领域与著作权有关的某些权利的第2006/115/EC号指令；

h）关于著作权和某些相关权利保护期限的第2006/116/EC号指令以及欧

---

❶ 根据2005年第165号法案第29条第（1）款予以设立，自2006年4月15日起生效。
❷ 根据2018年第56号法案第6条予以设立，自2018年10月10日起生效。
❸ 根据2020年第58号法案第327条予以设立，自2020年6月18日起生效。

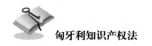

洲议会和欧洲理事会 2011 年 9 月 27 日修订的第 2011/77/EU 号指令；

i）2006 年 8 月 24 日委员会关于文化材料的数字化、在线获取以及数字化保护的第 2006/585/EC 号指令中的第 6 条第（a）点和第（c）点；

j）2012 年 10 月 25 日欧洲议会和欧洲理事会关于允许使用孤儿作品的第 2012/28/EU 号指令；

k）2017 年 9 月 13 日欧洲议会和欧洲理事会颁布的关于为盲人、视障者或其他印刷障碍者的利益，允许使用受著作权和相关权利保护的某些作品和其他客体的第 2017/1564/EU 号指令，并修订关于在信息社会中协调著作权和相关权利的某些方面的第 2001/29/EC 号指令；

l）2019 年 4 月 17 日欧洲议会和欧洲理事会关于数字单一市场中的著作权和相关权利的第 2019/790/EU 号指令以及修订第 96/9/EC 号指令和第 2001/29/EC 号指令；❶

m）欧洲议会和欧洲理事会 2019 年 4 月 17 日颁布的第 2019/789/EU 号指令，规定了适用于某些广播组织在线传输以及电视和广播节目转播的著作权及相关权利的行使规则，并修订了第 93/83/EEC 号指令。

（2）本法包括执行欧洲议会和欧洲理事会 2017 年 9 月 13 日颁布的第 2017/1563/EU 号指令的规定，该条例涉及欧盟和第三国之间基于盲人、视障者或印刷品阅读障碍者的利益而跨境交换受著作权和相关权利保护的某些作品和其他客体的无障碍格式副本。❷

---

❶ 根据 2021 年第 37 号法案第 31 条第（1）款予以设立，自 2021 年 6 月 1 日起生效。

❷ 根据 2021 年第 37 号法案第 31 条第（2）款予以颁布，自 2021 年 6 月 1 日起生效。

发明专利保护法

发明专利保护法[*]

为了促进匈牙利国民经济的技术进步，促进最新技术的应用，在精神和物质上鼓励发明家，根据匈牙利有关知识产权保护的国际义务，国会特制定本法。❶

第 1 部分　发明和专利

第 1 章　专利保护的客体

可授予专利的发明

第 1 条

（1）授予专利权的发明，应当在任何技术领域具备新颖性、创造性，以及适于工业应用。❷

（2）下列各项，不视为本条第（1）款所称发明：

a）发现、科学理论和数学方法；

b）美学创作；

c）智力活动及游戏或者商业经营的方案、规则和方法，以及计算机程序；

d）信息的呈现。

（3）本条第（2）款中所述不得视为发明的客体，其排除的范围仅限于

＊ 本译文根据匈牙利知识产权局发布的匈牙利发明专利保护法匈牙利语版本翻译，同时参照了该局发布的英语版本，法律文本修订日期为 2024 年 3 月 1 日。——译者注

❶ 本法于 1995 年 4 月 25 日由匈牙利议会通过，于 1995 年 5 月 5 日公布。序言根据 2012 年第 76 号法案第 31 条予以修订。

❷ 根据 2002 年第 39 号法案第 1 条予以设立。根据该法案第 35 条第（1）款的规定，可适用于 2003 年 1 月 1 日之后开始的诉讼程序。

与上述客体相关的专利申请或者授权。

新颖性

第2条

（1）发明不构成现有技术一部分的，视为具有新颖性。

（2）现有技术指优先权日之前，通过书面通信或者口头说明、使用或者其他方式来公之于众的所有事物。

（3）任何国家专利申请或者实用新型申请具有较早优先权日的内容应当视为现有技术的部分，前提是在专利授予程序中发表或者公布的日期应在优先权日之后。欧洲专利申请［参照本法第84B条第（2）款］和国际专利申请［参照本法第84P条第（1）款］的内容应当视为包含在本法所规定［参照本法第84D条第（2）款和第84T条第（2）款］的特殊条件下的现有技术。依照本法规定，摘要不视为申请的内容。❶

（4）本条第（2）款和第（3）款的规定不得排除用于通过手术或者治疗来医治人体或者动物体的方法和在人或者动物身上实施的诊断方法［参照本法第6条第（10）款］的任何物质（化合物）或者组合物的可专利性，但这些方法的使用不包括在现有技术中。❷

（5）将属于现有技术的物质（化合物）或者合成物用于通过外科手术或者治疗以医治人体或者动物身体的方法，以及施行于人体或者动物身体的任何诊断方法［参照本法第6条第（10）款］的，本条第（2）款和第（3）款的规定不得排除该物质（化合物）或者合成物的可专利性，但该物质或者材料在此类方法中的使用不得构成现有技术。❸

第3条

就本法第2条而言，有下列情形的，发明的公开发生在优先权日以前6个月以内不应当视为现有技术：

a）专利申请人或者前任权利人滥用权利的结果；

---

❶ 根据2002年第39号法案第2条予以设立。根据该法案第35条第（1）款，可适用于2003年1月1日之后开始的诉讼程序。

❷ 根据2007年第142号法案第7条第（1）款予以设立，自2007年12月13日起生效。根据法案第49条第（6）款，可适用于2007年12月13日之后开始的诉讼程序。

❸ 根据2007年第142号法案第7条第（2）款予以设立。参见该法案第49条第（6）款。

b）专利申请人或者前任权利人在展览会上展示的发明，且该展览会经匈牙利知识产权局局长于匈牙利官方公报上明确宣布。❶

创造性

第 4 条

（1）与现有技术相比，发明对于该领域熟练的技术人员而言并非显而易见，则发明具有创造性。

（2）在考虑是否具有创造性时，应当排除本法第 2 条第（3）款中所提到的现有技术部分。

工业应用

第 5 条

（1）发明如能够在包括农业在内的任何工业产业中制造或者使用，则视为适于工业应用。

（2）已废除。❷

可授予专利的生物技术发明

第 5A 条❸

（1）发明若满足本法第 1 条至第 5 条的要求，则应当授予专利权，即使发明是由生物材料构成或者含有生物材料物质的产品，或者通过生产、加工或者使用生物材料的过程。生物材料指在生物系统中任何含有能够自我复制或者复制出遗传信息的材料。

（2）生物材料是通过技术手段从自然环境中分离或者生产而来的，即使该生物材料在发明以前就已经存在于自然之中。

（3）处于形成和发展之各个阶段的人体，以及对包括基因序列或者部分基因序列在内的人体构成要素的简单发现，均不构成可专利性发明。

---

❶ 根据 2010 年第 148 号法案第 88 条第（1）款予以修订。
❷ 根据 2007 年第 142 号法案第 49 条第（3）款予以废除。
❸ 本条及其上面的小标题根据 2002 年第 39 号法案第 3 条予以设立。根据该法案第 35 条第（1）款，可适用于 2003 年 1 月 1 日之后开始的诉讼程序。

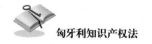

（4）从人体中分离出来或者通过技术手段产生的一个元素，包括一个基因的部分序列，可以构成一个专利发明，即使该技术要件与原来人体自然的技术要件的结构相同。

可专利性

第6条❶

（1）下列发明应当授予专利保护：

a）符合本法第1条至第5A条的要求，依照本条第（2）款至第（4）款和第（10）款的规定，不排除在专利保护的范围外；❷

b）相关的专利申请应符合本法规定的要求。

（2）对在经济活动框架内使用会违反公共政策和道德的发明不授予专利保护，该等发明不得仅因法律、法规的禁止而被视为违反公共政策。❸

（3）在本条第（2）款的基础上，下列特定的情形不应被授予专利保护：

a）克隆人的过程；

b）改变人类生殖细胞的遗传特性的过程；

c）将人类胚胎用于工业或者商业用途；

d）改变可能使动物遭受痛苦的遗传特性的过程，但对人类或者动物的医疗没有任何实质性益处；和

e）d）项所指的动物是由该过程产生而来的。

（4）下列情形不应当授予专利权：

a）植物品种〔参照本法第105条a）项〕和动物品种；❹

b）对于动植物生产的基本生物过程。

（5）关于动物或者植物的发明，该发明的技术可行性不局限于一个特定的动物或者植物品种，则可授予专利。

---

❶ 根据2002年第39号法案第3条予以设立。根据该法案第35条第（1）款，可适用于2003年1月1日之后开始的诉讼程序。

❷ 根据2007年第142号法案第8条第（1）款予以设立。根据该法案第49条第（1）款，可适用于2007年12月13日之后开始的诉讼程序。

❸ 根据2007年第142号法案第8条第（2）款予以设立。根据该法案第49条第（8）款，可适用于2007年12月13日之后开始的诉讼程序。

❹ 根据2002年第39号法案第37条第（4）款，对于动物品种，依据生效之前的规定授予的专利，在2003年1月1日之后仍应适用生效之前关于动物品种的特殊规定。

（6）植物品种可根据第 13 章的规定给予植物品种保护。

（7）植物或者动物完全由杂交、自然选择或者其他自然现象产生的，则其生产的过程本质上属于生物学过程。

（8）本条第（4）款 b）项不包括涉及微生物或者其他技术工艺或者产品通过此类方法而被授予专利权。

（9）微生物过程指涉及或者执行或者产生微生物材料的任何过程。

（10）通过手术或者治疗方法医治人体或者动物的方法和在人体或者动物体上实施的诊断方法不得获得专利保护。本条款不适用于产品，特别是用于此类方法的物质（化合物）和组合物。❶

第 2 章　发明和专利授予的权利和义务

发明人的人身权利及其关于公开发明的权利

第 7 条

（1）发明创造之人应当视为发明人。

（2）除非法院最终判决另有规定，否则在专利申请中最初标明为发明人或根据本法第 55 条第（2a）款对专利申请登记簿或专利登记簿的相关条目进行修改后被登记为发明人的人，应被视为发明人。❷

（3）两个以上的人共同参与发明，除在专利申请中另有约定的外，发明人对该设计享有的份额相等。❸

（4）除非法院最终判决另有规定，否则专利申请中最初标明为发明人的份额根据本条第（3）款确定的份额，或者根据本法第 55 条第（2a）款规定对专利申请登记簿或专利登记簿的相关条目进行修改后的份额为准。❹

（5）发明人有权在专利文献中写明自己是发明人。若发明人以书面形式提出请求，则公开的发明专利文件按其要求不得提及发明人。

（6）已废除。❺

---

❶　根据 2007 年第 142 号法案第 8 条第（3）款予以设立。根据该法案第 49 条第（1）款，可适用于 2007 年 12 月 13 日之后开始的诉讼程序。参见该法案第 49 条第（8）款。

❷　根据 2022 年第 55 号法案第 39 条第（1）款予以设立。

❸　根据 2011 年第 173 号法案第 5 条予以设立。

❹　根据 2022 年第 55 号法案第 39 条第（2）款予以设立。

❺　根据 2011 年第 173 号法案第 20 条予以废除。

（7）在发明专利申请公布之前，发明只能经发明人或者其权利继受人的同意才能对外公开。

专利权

第8条

（1）专利权属于发明人或者其权利继受人。

（2）除非是终审法院裁决或者其他官方决定与此相反，否则专利权属于最早申请优先权日的人。

（3）两个或者两个以上的人共同发明的，专利权由发明人或者其权利继受人共同享有。两个或者两个以上的人有权获得并平等享有权利，但另有规定的除外。

（4）两个或者两个以上的人分别独立创造发明的，专利权归最早申请优先权日的发明人或者其权利继受人，只要第一个申请被公布，或者它的客体被授予专利保护。❶

职务发明和雇员发明

第9条

（1）职务发明是指受他人委托而有义务在该发明领域里开发解决方案而创造出的发明。

（2）雇员发明是由发明人因劳务关系而无其他义务发明的，且其发明属于单位的业务领域。

第10条

（1）职务发明的专利权属于委托人或者其权利继受人。

（2）雇员发明的专利权属于发明人，但雇主有权使用该发明。雇主的实施权是非独占性的，雇主不得授予实施发明的许可。雇主不再存在或者其任何组织单位分立的，则其专利实施权转移至权利继受人。该权利不得以其他任何方式让与或者转让。

---

❶ 根据 2007 年第 142 号法案第 9 条予以设立。根据该法案第 49 条第（1）款，可适用于 2008 年 1 月 1 日之后开始的诉讼程序。

第 11 条

（1）发明者在发明创造之后应立即通知雇主或者委托人。

（2）在收到该通知后 90 日内，雇主应作出声明，声明他对该发明享有或者不享有所有权，或者陈述其关于实施雇员发明的意图。

（3）雇主只有在发明人有权公开其发明的情况下才能使用该雇员发明〔参照本法第 7 条第（7）款〕。

（4）雇主同意或者未按照本条第（2）款作出声明的，发明人可行使与雇员发明相关的权利。

（5）雇员发明专利的权利应属于发明人，雇主同意或者未能根据本条第（2）款作出陈述，则该权利的实施不受雇主约束。

第 12 条

（1）雇主应当在收到职务发明通知之日起的合理时间内提出专利申请；此外，雇主还应积极获取专利权。

（2）在收到通知之日起该发明专利已由雇主承认且发明是保密的并在同业间利用的，雇主可以放弃提交专利申请，或者可以撤回申请。雇主应通知发明人该决定。

（3）发生争议时，雇主负有证明发明在收到通知之日无法获得专利的举证责任。

（4）除本条第（2）款所述的情况外，在任何行为（包括移交临时专利保护）之前，或者任何故意的不作为可能妨碍获得专利的职务发明的，雇主应当提出转让向发明人免费提供专利权，无论是否具有适用于雇员发明的实施权。雇主放弃临时保护的，即使未经发明人同意，亦应有效。❶

（5）本条第（4）款的规定不适用于发明人在本法规定的情况下已经获得公平报酬的情况。

职务发明的报酬

---

❶ 根据 2007 年第 142 号法案第 10 条予以设立。根据该法案第 49 条第（5）款，可适用于 2008 年 1 月 1 日之后开始的诉讼程序。

第 13 条

（1）使用职务发明的，在下列情况下，发明人有权获得报酬：

a）发明受到专利保护，或者该发明的客体获得补充保护（参照本法第22A 条）的，则从实施开始到最后专利保护或者补充保护期满为止；❶

b）确定的专利保护，或者发明的客体被授予补充保护的（参照本法第22A 条），补充保护由于雇主放弃或者未缴纳维修费用失效的，从实施开始到专利期限届满或者补充保护因期限届满失效；❷

c）发明受到保护的，从使用开始到发明的公布之日，或者从雇主通知发明之日起至多 20 年，以较晚日期为准。

（2）下列情形应当视为使用职务发明：

a）对发明的实施（参照本法第 19 条），包括为了创造或者保持其有利的市场地位未能实施的；

b）向第三方授予实施许可证的；

c）专利权或者专利的全部或者部分转让的。

（3）发明人有权分别对实施、每个实施许可、每个转让收取报酬，即使授予许可或者转让行为没有对价。专利权利要求书的一个或者多个要素在产品或者过程中被发明者所提的改进要素所取代的，不应影响其享有报酬的权利。

（4）报酬由雇主缴纳，如果是共有专利，且共有专利权人没有相反的协议，则应由利用发明的专利权人支付。如果是开发许可或转让，权利获得者可承担支付报酬的义务。

（5）在利用外国专利或者其他具有相同效力的合法保护的客体的情况下，还应当缴纳报酬；但是，发明人有权依据国家专利获得报酬，则不应当享有报酬。

（6）发明人的报酬，应由与雇主、使用专利权人或者获得权利的人缔结的合同决定（职务发明的报酬合同）。

（7）实施发明的报酬应与雇主或者实施专利权人根据专利许可协议缴纳的实施费相当，同时考虑到发明客体的技术领域的许可条件。

（8）在实施许可或者专利转让的情况下，报酬应与实施许可或者转让的

---

❶❷　根据 2003 年第 102 号法案第 110 条 a）项予以设立。

价值相一致，或者与没有对价的开发学科或者转让产生的利益相称。

（9）在评估报酬时，应考虑雇主对有关发明的费用以及发明人因受雇而产生的职责，确定本条第（7）款和第（8）款所规定的相称性。凡是需要对发明进行保密的，还应当考虑对发明者未取得保护的不利因素。

实施雇员发明的报酬

第 14 条

（1）雇员发明实施权的报酬应由雇主缴纳，或者在有超过一名雇主且没有相反协议的情况下，由实施发明的雇主缴纳。

（2）发明人的报酬由与雇主缔结的合同决定。

（3）使用雇员发明权的报酬金额，应与雇主根据专利许可协议，考虑到该技术领域发明客体的许可条件须缴纳的费用相等。

职务发明和雇员发明的一般规定

第 15 条

（1）职务发明报酬的合同，以及本法规定的任何与职务发明和雇员发明有关的公开、陈述、通知或者信息，均应当在合同中写明。

（2）经双方当事人同意可以减损与职务发明报酬合同有关的规定，特别是本法第13条第（7）款至第（9）条规定。还可以订立报酬合同，规定在未来创造或者使用发明人的发明（针对风险分担的服务发明报酬合同）的固定金额的报酬。❶

（3）已废除。❷

第 16 条

（1）关于委托发明或者雇员发明发生争议的，以及因发明的保密问题或者由于发明人的职务或者雇员发明而产生的报酬问题，均由法院处理。

（2）匈牙利知识产权局的知识产权工业产权专家（参照本法第115T 条）

---

❶ 根据 2001 年第 48 号法案第 67 条 f）项予以设立。
❷ 根据 2001 年第 48 号法案第 67 条 f）项予以设立。根据 2011 年第 173 号法案第 20 条予以废除。

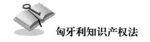

还应就保密和报酬的发明专利性事项向发明人提供专家意见。❶

（3）已废除。❷

第 17 条❸

对于由政府公务员、公共服务人员、公共雇员法律关系、医疗服务法律关系、公共教育雇员法律关系、税务和海关当局服务法律关系、执法行政服务法律关系、国防雇员法律关系或服务关系，以及合作社成员在雇佣关系性质的法律关系框架内所创造的发明，参照适用本法第 9 条至第 16 条的规定。

专利保护的确立

第 18 条

（1）专利保护应从专利申请的公布日开始起算。专利保护从申请之日起应具有追溯效力。

（2）公布保护是临时的。授予申请人发明专利的，保护具有确定性。

专利授予的权利

第 19 条

（1）专利保护应授予专利持有人（专利权人）实施专利的专有权。

（2）根据实施专有权，专利权人有权阻止任何未获得同意的人实施下列行为❹：

a）制造、使用、销售，或者❺许诺销售发明客体的产品，或者为此目的

---

❶ 根据 2002 年第 39 号法案第 5 条予以设立。根据 2005 年第 83 号法案第 338 条第 5 点、2007 年第 24 号法案第 30 条第（3）款 a）项、2009 年第 27 号法案第 37 条第（1）款和 2010 年第 148 号法案第 88 条第（1）款予以修订。

❷ 根据 2002 年第 39 号法案第 38 条第（1）款 a）项予以废除。

❸ 根据 2016 年第 64 号法案第 20 条予以设立。根据 2018 年第 115 号法案第 20 条、2018 年第 125 号法案第 304 条、2020 年第 152 号法案第 11 条、2023 年第 52 号法案第 180 条第（4）款予以修订。

❹ 根据 2002 年第 39 号法案第 6 条予以设立。根据该法案第 35 条第（1）款，可适用于 2003 年 1 月 1 日之后开始的诉讼程序。根据该法案第 36 条第（1）款，对于生效日之前开始的案件，可适用此前有效的条款。涉及专利保护的内容、限制以及专利侵权问题，以截至 2003 年 1 月 1 日存在的有效规定为准。

❺

存储或者进口产品；

b）使用发明客体方法，或者其他人知道或者在这种情况下显而易见知道，未经专利权人同意，不能使用该发明方法，也不提供他人使用该发明方法；

c）制造、使用、销售、许诺销售，或者❶为此目的存储或者进口依照专利方法直接获得的产品。

（3）根据实施专有权，发明之有权实施者以外的他人知道或者依相关情形显而易见，与该发明构成要素相关的工具（设备装置）适于且目的在于实施该发明的，则专利权人还有权制止任何人为实施该发明而擅自向该他人提供或许诺提供以上工具。❷

（4）本条第（3）款的规定不适用于所提供或者许诺提供的手段为主要商业产品时，除非供应商或者提供者故意诱使其客户履行本条第（2）款所述的行为。

（5）就本条第（3）款而言，实施不属于本条第（6）款所述实施专有权行为的人不得视为有权实施该发明的人。

（6）实施专有权不应扩大至❸：

a）出于非商业目的的私人行为；

b）为实验目的而作出的与发明客体相关的行为；

c）为了在欧洲经济区或第三国获得药品上市授权所需的测试、试验以及必要的后续行为，特别是生产、使用、销售或其他市场营销、销售提议、储存、进口或出口，无论这些行为是否由申请药品上市授权的人实施，还是由与申请人有商业关系的其他人为此目的的实施。

d）根据医生开具的处方，在药房为个别病例临时配制药品，或与该配制药品相关的进一步行为。

（7）在没有相反证据的情况下，如果产品是新的，且相同产品经由该专利方法制造具有实质可能性，并且专利权人通过合理努力仍无法判断该方法被实际使用过，则该产品应被视为通过专利方法获得。特别是当专利方法是唯一已知方法时，该产品由专利方法制造具有实质可能性。

---

❶ 根据匈牙利公报 2002 年第 166 期中发布的勘误，文本已作相应修订。

❷ 根据 2011 年第 173 号法案 19 条予以设立。

❸ 根据 2021 年第 122 号法案第 19 条予以设立。

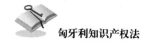

专利保护授予独占实施专有权的用尽

第20条❶

专利保护专有权不得扩至专利权人已经明示同意欧洲经济区域内投放市场的产品的行为，除非专利权人有正当利益反对进一步营销该产品。

关于专利保护生物技术发明所授权的权利和用尽该等权利的规定

第20A条❷

（1）在发明客体是具有具体特征的生物材料［参照本法第5A条第（1）款］作为发明的结果的条件下，实施专有权应延至来自具有相同特征并通过相同或者不同形式繁殖或者传播的生物技术材料的任何生物材料（参照本法第19条）。

（2）凡该发明的客体是能够产生具有发明结果的具体特征的生物材料［参照本法第5A条第（1）款］的方法的，排他性的专有权（参照本法第19条）应延至通过该方法直接获得的任何生物材料，以及通过相同或者发散形式的传播或者繁殖而从直接获得的生物技术材料衍生的并且具有相同特征的任何其他生物材料。

（3）发明的客体是含有或者由遗传信息组成的产品的，除本法第5A条第（3）款规定外，独占实施专有权（参照本法第19条）应适用于所有材料：

a）包含产品；和

b）包含遗传信息并执行其功能。

（4）本条第（1）款至第（3）款所述专利保护所授权的专有权利不得扩展或者明示由专利权人在欧洲经济区领土上投入市场的通过生物材料传播或者繁殖而获得的生物材料，其中传播或者繁殖必然是由生物材料销售的使用而产生的，条件是获得的材料不会随后用于其他传播或者繁殖。❸

（5）通过减损本条第（1）款至第（3）款的规定，专利权人对农民出售或者其他形式的植物传播材料的商业化表示同意，意味着授权农民将其收获

---

❶ 根据2004年第69号法案第9条第（1）款予以设立。

❷ 本条及其上面的小标题根据2002年第39号法案第8条予以设立。根据该法案第35条第（1）款，可适用于2003年1月1日之后开始的诉讼程序。

❸ 根据2004年第69号法案第9条第（2）款予以设立。

的产品用于繁殖，或者❶在其自己的农场繁殖。

（6）农民根据本条第（5）款有权减损的程度和条件应受欧洲理事会关于欧洲共同体植物多样性权利的第 2100/94EC 号条例第 14 条调整。❷

（7）通过减损本条第（1）款至第（3）款规定，专利权人对农民出售或者其他形式的植物传播材料的商业化表示同意，意味着授权农民将其收获的产品用于繁殖，或者❸在其自己的农场繁殖。这包括为从事其活动而使用牲畜或其他动物繁殖材料，但不得延至在商业繁殖活动框架内或为商业繁殖活动的目的而出售。农民有权享有的减损的程度和条件应受具体立法规定的调整。

专利保护的限制

第 21 条

（1）在优先权日之前，本国境内的任何人在其经济活动范围内，善意地开始制作或使用包含该外观设计的产品或为此目的做了充分准备的，享有在先使用权。

（2）在证明在先使用是基于获得专利产品的发明活动之前，在先使用者应被视为善意使用者。

（3）专利保护不得对抗对于使用者在优先权日之前已经存在的制造、使用或者准备的行为在先使用权只能与获授权的经济组织［参照民法典第 685 条 c）项］一起转让，或者与进行制造、使用或者准备的该部分经济组织一起转让。

（4）行为人在宣布专利保护终止和其恢复期间在本国境内和其经济活动范围内开始制作或使用发明客体或者为此进行认真准备的，享有继续使用的权利。有关继续使用的权利，参照适用本条第（3）款的规定。

（5）在互惠的情况下，专利保护对于在该国境内临时过境的通信和运输方式，或者对本国不打算投放市场的外国货物无效。匈牙利知识产权局局长有权就互惠事项作出裁决。❹

---

❶❸ 根据匈牙利公报 2002 年第 166 期中发布的勘误，文本已作相应修订。

❷ 根据 2002 年第 39 号法案第 35 条第（2）款，应与颁布匈牙利加入欧盟条约的法案同时生效。根据该法案第 36 条第（1）款的规定，对于生效日之前开始的案件，可适用此前有效的条款。涉及专利保护的内容、限制以及侵权问题，以生效日之前存在的有效规定为准。根据该法案 37 条第（1）款 a）项的规定，同样适用于植物品种保护。

❹ 根据 2010 年第 148 号法案第 88 条第（1）款予以修订。

专利保护期限

第 22 条❶

（1）从申请日起，专利保护期限为 20 年。

（2）保护期限的到期日与保护期限的起效日相对应，或者如果该日在到期月份中不存在，则在该月的最后一天到期。保护效力将在到期日的次日终止。

补充保护

第 22A 条❷

（1）在欧盟条例规定的情况、条件和期限，由于到期而使专利保护失效后，应给予该发明的客体以补充保护。❸

（2）有关执行本条第（1）款所述欧盟条例的细则，应由具体立法规定。❹

（3）本条第（1）款所述的欧盟条例或者本条第（2）款所述具体立法没有相反规定的，对于补充保护证书相关事项，参照适用本法规定。❺

（4）在补充保护证书的期限内应缴纳年费续期费。年费的缴纳期限为每年与基础专利申请日相对应之日历日的前一日。颁发证书之前的年费也可以在授予决定作出后 6 个月的宽限期内缴纳，而所有其他年费可以在到期付款之日起 6 个月的宽限期内缴纳。❻

专利保护的维持

第 23 条

（1）从第 4 年开始，在专利保护期间，应每年支付工业产权程序的行政服务收费法所规定的维持费。第 4 年的费用应在申请日期起 3 年期满后支付，

---

❶ 根据 2022 年第 55 号法案第 40 条予以设立。

❷ 本条及其上面的小标题根据 2002 年第 39 号法律第 9 条予以设立。根据该法案第 35 条第（2）款，应与颁布匈牙利加入欧盟条约的法案同时生效。根据该法案第 36 条第（2）款，其条款应根据国际条约中规定的条件适用。

❸ 根据 2022 年第 55 号法案第 66 条 a）项予以修订。

❹ 根据 2022 年第 55 号法案第 66 条 b）项予以修订。

❺ 根据 2022 年第 55 号法案第 66 条 c）项予以修订。

❻ 根据 2009 年第 27 号法案第 7 条予以设立。根据该法案第 36 条第（5）款，可适用于 2009 年 8 月 1 日之后提交的通知和申请所产生的费用。

后续年份的费用应在申请日期的对应周年日提前支付。❶

（2）在专利申请公布之前到期的年费也可以在公布之日起 6 个月的宽限期内缴纳，在根据作为分类数据处理的申请授予专利之前到期的年费也可以在授予决定终止之日起 6 个月的宽限期内缴纳，而所有其他年费也可能在到期日的 6 个月宽限期内缴纳。❷

专利保护范围

第 24 条

（1）专利授予的保护范围由权利要求书确定。权利要求书应基于说明书和附图进行解释。

（2）专利保护应涵盖权利要求产品或者制作过程中所体现的所有技术特征。

（3）权利要求书的条款不得仅限于严格的字面性措辞，权利要求书也不应被视为本领域技术人员确定所要求保护的发明的唯一准则。

（4）为了确定专利保护是否延至某一产品或者方法，应适当考虑产品或者方法的任何与权利要求中规定相同的特征。❸

所有权继受

第 25 条

（1）源自发明和专利保护的权利（人身权利除外）可以转让、让与和抵押。

（2）抵押合同必须以书面形式作出，在专利登记簿中登记后，抵押权成立。❹

专利和共同专利的共同权利

第 26 条

（1）同一专利有两个以上的专利权人的，每个共同专利权人可以行使自己的权利。一名共同专利权人希望处置其份额的，其他共同专利权人针对第

---

❶ 根据 2021 年第 130 号法案第 57 条予以设立。

❷ 根据 2011 年第 173 号法案第 6 条予以设立。

❸ 根据 2007 年第 142 号法案第 11 条予以设立。根据该法案第 49 条第（1）款，可适用于 2007 年 12 月 13 日之后开始的诉讼程序。参见该法案第 49 条第（8）款。

❹ 根据 1997 年第 11 号法案第 120 条 i）项予以设立，该款的原始文本被改为该条第（1）款。

三方享有优先权。

（2）发明可由任一共同专利权人单独实施；但是，其有义务按其份额向其他共同专利权人支付适当的报酬。

（3）专利实施许可只能由共同专利权人共同授予第三方。根据民法一般规定，法院裁决可以取代集体同意。

（4）如有疑问，所有共同专利权人的份额应视为相等。一名共同专利权人放弃专利保护的，其他共同专利权人的权利应根据其自身份额按比例扩大其份额。

（5）共同专利权人中的任何一方也可以单独维持和保护专利权。其法律行为，除和解、承认权利要求和放弃权利外，对于没有遵守期限或者履行必要行为的任何其他共同专利权人具有约束力，但条件是该其他共同专利权人随后未补救其不作为。

（6）共同专利权人的行为有分歧的，应在程序中考虑到所有其他相关事实后作出决定。

（7）与专利有关的费用由共同专利权人按其份额比例承担。共同专利权人在收到通知后仍不缴纳其应缴纳的费用的，已缴纳该等费用的共同专利权人可以主张向其转让属于未履行其义务的共同专利权人的份额。

（8）有关共同专利的规定，参照适用于共同专利申请。

第3章　专利实施合同

专利实施合同的订立

第 27 条

（1）根据专利实施合同（专利许可合同），专利权人向他人许可实施发明的权利，实施该发明的人（被许可人）应缴纳特许权使用费。

（2）至（3）已废除。❶

当事人的权利和义务

第 28 条

（1）专利权人在专利实施合同的整个期间内确保第三方不具有防止或者

---

❶　根据 2002 年第 39 号法案第 38 条第（1）款 a）项予以废除。

限制行使专利实施权的权利。针对该责任，应参照适用民法典中关于权利担保的规定，但被许可人可以立即终止合同，而非撤回。❶

（2）专利权人也应对该发明的技术可行性承担责任。针对该责任，应参照适用民法典中关于瑕疵责任的规定，但被许可人可以立即终止合同，而非撤回。被许可人还可以根据违约责任规则对技术不可行性提出损害赔偿。❷

（3）专利实施合同应涵盖所有专利权利要求和各种形式的实施，无论其程度为何，不受时间或区域限制。

（4）专利实施权仅在合同明确规定的情况下才具有独占性。在独占实施许可的情况下，除非经合同明确排除，否则除了获得独占实施权的被许可人之外，专利权人也可以实施该发明。若被许可人在规定条件下的合理期间内没有实施，则专利权人可以终止许可证的独占性，但应按比例减少特许权使用费。

（5）专利权人应当告知被许可人涉及专利的第三方权利和任何其他重要情况。但是，只有在明确同意的情况下，其才有义务转让经济、技术和组织的专有知识。

（6）被许可人只有在获得专利权人明示同意的情况下，才可向第三方转让许可或授予分许可。

（7）专利权人应当维持专利。

专利实施合同的终止

第 29 条

合同期限届满或者有特定情况发生或者专利到期时，专利实施合同自此终止。

与专利实施合同有关的规定的效力

第 30 条

（1）当事人可以通过双方的同意在法律未禁止的情况下减损与专利实施合同有关的规定。

---

❶❷　根据 2013 年第 252 号法案第 96 条予以设立。

（2）已废除。❶

第 4 章　强制许可

因未实施而施加强制许可

第 31 条❷

在专利申请提交之日起 4 年内或者专利授权 3 年内，以较晚发生者为准，专利权人未在本国境内实施发明以满足国内需求，或者其尚未进行认真的准备或者没有为此授予许可证的，应向申请人授予强制许可，但专利权人证明缺乏实施是正当的除外。

针对从属专利的强制许可

第 32 条

（1）一项专利发明的实施必然侵犯另一专利权的（以下简称"主专利权"），应当根据请求在实施主专利权所必需的范围内，向从属专利的持有人授予强制许可，条件是在从属专利中主张的发明针对主专利权所主张的发明涉及重大经济利益的显著技术进步。

（2）凡根据本条第（1）款针对主专利权授予强制许可的，该专利的持有人有权以合理的条件获得依照强制许可的一般规定实施从属专利所主张发明的许可。

（3）若实施第 13 章规定的植物品种保护的客体也必然侵犯另一专利的，参照适用本法第 33 条第（1）款和第（2）款的规定。❸

关于因未实施而授予强制许可和针对从属专利的一般规定❹

第 33 条

（1）强制许可申请人必须证明已满足授予强制许可的要求，而且：

---

❶　根据 2011 年第 173 号法案第 20 条予以废除。

❷　根据 2002 年第 39 号法案第 10 条予以设立。根据该法案第 35 条第（1）款，可适用于 2003 年 1 月 1 日之后开始的诉讼程序。

❸　根据 2002 年第 39 号法案第 11 条予以设立。根据该法案第 35 条第（1）款，可适用于 2003 年 1 月 1 日之后开始的诉讼程序。

❹　根据 2007 年第 24 号法案第 1 条第（1）款予以设立。

a）专利权人不愿意在适当的条件下和在合理期间内授予实施专利的自愿许可；

b）申请人能够在要求的范围内实施该发明。

（2）强制许可只能用于必要的实施以满足国内需求；强制许可不得享有独占实施权。强制许可的范围和期限应由法院确定，并应当考虑强制许可授权使用的目的；授予强制许可可以附加或不附加限制。除非放弃或者撤销，否则强制许可在法院规定的有效期届满或者直至专利保护失效之前有效。强制许可应登记在专利登记簿中。❶

（3）对强制许可，专利权人应当获得适当补偿，如果当事人未就该补偿金额达成一致的，则应当由法院确定。补偿应当充分考虑强制许可的经济价值。特别是，其应与强制许可持有人基于与专利权人订立的专利实施合同本应支付的特许权使用费相称，并考虑发明所在技术领域的许可条件。

（4）强制许可持有人在专利维护和行使保护权利方面享有与专利权人相同的权利。

（5）强制许可持有人不再存在或者其任何组织单位分立的，强制许可应转移至其权利继受人。针对主专利授予的强制许可只能与从属专利一起让与。但是，强制许可不得让与或者转让给任何其他人。强制许可的持有人不得授予实施许可。❷

（6）强制许可持有人可随时放弃其强制许可。持有人在强制许可的最终授权后1年内不开始实施的，专利权人可以主张修改或者撤销强制许可。

（7）强制许可所依据的情况不再存在且不太可能再发生的，专利权人可以要求修改或者撤销强制许可。修改或者撤销的形式不得损害强制许可持有人的合法权益。

第816/2006/EC号条例范围内的强制许可证❸

第33A条❹

（1）匈牙利知识产权局将根据欧洲议会和欧盟理事会2007年5月17日

---

❶ 根据2002年第39号法案第12条予以设立。根据该法案第35条第（1）款，可适用于2003年1月1日之后开始的诉讼程序。

❷ 根据2002年第39号法案第38条第（1）款a）项予以修订。

❸ 根据2020年第58号法案第295条第（1）款予以设立。

❹ 根据2007年第24号法案第1条第（2）款予以设立。根据该法案第30条第（1）款，可适用于2007年5月1日之后开始的诉讼程序。

第 816/2006/EC 号关于强制许可专利以制造药品供出口到面临公共健康问题的国家的条例（以下简称"第 816/2006/EC 号条例"）中规定的情况和条件，授予实施发明的强制许可。❶

（2）被许可人不得根据本条第（1）款下的强制许可授予专利实施许可。

（3）被许可人可随时放弃本条第（1）款下的强制许可。除非放弃或者取消，否则本条第（1）款项下的强制许可在匈牙利知识产权局确定的有效期届满或者直到专利保护终止前均具有效力。❷

公共卫生强制许可证❸

第 33B 条

（1）为了满足匈牙利因 1997 年关于医疗保健的第 154 号法案第 228 条第（2）款所定义的健康危机而产生的需求，和/或为了应对其他国家出现的公共卫生问题所引起的相关强制许可证的利用而进行出口（以下简称"外国强制许可证"），匈牙利知识产权局应授予公共卫生强制许可证（以下简称"公共卫生强制许可证"），用于下列产品的开发和利用：

a）受专利或补充条款保护的药品或活性成分，或受专利保护的医疗设备（以下简称"医疗产品"）；❹ 或

b）受专利保护的生产医疗产品所需的工艺过程、设备或工具。

（2）仅在下列情况下，才会授予用于出口的公共卫生强制许可证：

a）申请人在目的地国家持有用于开发利用的外国强制许可证，除非所涉及的医疗产品或生产医疗产品所需的工艺、设备或工具在目的地国家不受专利保护或补充保护；

b）根据药品国家行政机关颁发的证明，用于出口的开发利用不会危及健康安全的管理；以及

c）用于出口的开发利用不超过外国强制许可证中规定的范围。

（3）公共卫生强制许可证不应授予独占的开发利用权；公共卫生强制许可证持有人不得授予任何开发利用许可。

---

❶❷ 根据 2010 年第 148 号法案第 88 条第（1）款予以修订。
❸ 本小标题与第 33B 条至第 33C 条均根据 2020 年第 58 号法案第 295 条第（2）款予以设立。
❹ 根据 2022 年第 55 号法案第 41 条予以设立。

第 33C 条

（1）匈牙利知识产权局应确定公共卫生强制许可证的有效期。

a）在匈牙利进行开发利用的情况下，根据国家药品行政机关颁发的证书，并考虑管理健康安全的需要，至少应确定 6 个月的有效期限；

b）在用于出口的开发利用情况下，强制许可证的有效期应与外国强制许可证的时间相同。

（2）国家药品行政机关应根据第 33B 条第（2）款 b）项和第 33C 条第（1）款 a）项自行决定颁发关于供应需求的证书，该决定应基于对现有供应数量的信息分析和风险评估。为获取颁发证书所需的额外数据，国家药品行政机关也可以要求国家医疗储备的管理者或由负责医疗保健的部长所领导的部门来提供数据。

（3）对于公共卫生强制许可证，专利持有人有权获得适当的报酬。报酬由匈牙利知识产权局确定。报酬应反映公共卫生强制许可证的经济价值，特别是应根据公共卫生强制许可证持有人与专利权人所签订的许可协议本应支付的专利费相当，同时考虑发明主题技术领域常见的许可条件。

（4）在根据第（3）款确定报酬时，匈牙利知识产权局应特别考虑：

a）相关工业领域开发利用成本和净销售额的典型报酬率；

b）在公共卫生强制许可证下使用专利对医疗产品或生产医疗产品所需的受专利保护的工艺、设备或工具带来的经济优势的贡献程度（专利贡献率）。

（5）公共卫生强制许可证持有人可以随时通过向匈牙利知识产权局提交声明的方式放弃公共卫生强制许可证。如果公共卫生强制许可证涵盖了匈牙利本地的利用和出口利用，则公共卫生强制许可证持有人可以声明部分放弃。匈牙利知识产权局应将公共卫生强制许可证持有人弃权情况通知专利权人和国家药品行政机关。

（6）公共卫生强制许可证在下列情况下将终止：放弃、在第（1）款规定的固定期限届满以及专利或补充保护终止时。关于出口利用，公共卫生强制许可证在外国强制许可证终止时将不再有效。在外国强制许可证终止后的 8 天内，公共卫生强制许可证持有人应通知匈牙利知识产权局有关终止的事实。

（7）如果公共卫生强制许可证因放弃或第（1）款规定的固定期限届满而终止，国家药品行政机关应通过决定的方式，命令销毁公共卫生强制许可证持有人未依法投放市场的医疗产品，或医疗产品生产所需的设备或工具，

或停止利用医疗产品生产所需的工艺过程。

（8）如果公共卫生强制许可证持有人在第（1）款规定的固定期限届满之前，获得了与作为医疗产品生产基础的公共卫生强制许可证具有相同实质效力范围的新公共卫生强制许可证，则第（7）款不适用。

（9）根据法律，如果将公共卫生强制许可证下生产的医疗产品投放市场需要当局的授权，则授权机关在授权程序中审查申请时，应将公共卫生强制许可证的内容视为已被证明。

（10）在公共卫生强制许可证有效期内生产的医疗产品应通过独特的标识与专利权人生产的产品区分开来。包装和所有相关文件必须明确标示医疗产品是在匈牙利知识产权局授予的公共卫生强制许可证有效期内生产的，仅用于在匈牙利市场投放或出口到第83J条第（2）款b）项指定的国家。

（11）如果公共卫生强制许可证持有人未能履行第（10）款规定的义务，则国家药品行政机关应强制要求他们重新包装医疗产品，以符合第（10）款和/或第83J条第（2）款d）项的规定。

第5章 发明和专利的侵权

发明侵权

第34条

非法从他人专利中获取专利申请或者专利的客体的，受害方或者其权利继受人可以要求获得声明，表明其对专利享有全部或者部分权利，并可以根据民事责任的规定主张损害赔偿。

专利侵权

第35条❶

（1）非法实施专利发明的，是专利侵权行为。

（2）专利权人可以根据案件的情况，诉诸下列民事救济：

a）可以请求法院认定侵权事实；

b）可以要求发布禁止令，要求侵权人停止侵权或者其他直接威胁的行为；

---

❶ 根据2005年第165号法案第4条予以设立。根据该法案第33条第（1）款，可适用于2006年4月15日之后开始的诉讼程序。

c）可以要求侵权人提供涉嫌侵权产品生产和分销的人员的身份或者提供侵权服务及其分配渠道的资料；

d）可以要求侵权人通过声明或者其他适当方式来满足其需求；如有必要，侵权人应公开声明或由其承担费用；

e）可以要求放弃因专利侵权而获得的利益；

f）可以要求扣押、转让给他人、召回、最终从商业渠道移除或者销毁侵权产品以及专门或者主要用于侵权的手段和材料。

（3）专利侵权的，专利权人也可以根据民事责任规定要求赔偿。专利权人未根据本法第84H条提供超出权利要求部分的文本翻译，并且侵权人在匈牙利境内居住或者有住所的，在专利权人符合本法第84G条第（2）款的规定，或者匈牙利知识产权局根据本法第84H条第（10）款向公众提供关于根据本法第84H条第（10a）款提交翻译的信息前，侵权人不对侵权行为负责，但专利权人证明侵权人在没有译本的情况下可能已经了解欧洲专利说明书的情况除外。❶

（4）专利权人也可以针对在侵权活动中使用其服务的任何人提出本条第（2）款b）项所述主张。

（5）专利权人还可以向符合下列情况的任何人提出本条第（2）款c）项所述主张：

a）被发现在商业层面上拥有侵权商品；

b）被发现在商业层面上提供侵权服务；

c）被发现在商业层面上提供用于侵权活动的服务；

d）本款a）项至c）项所述人员表示其涉及生产或者分销侵权产品或者提供侵权服务。

（6）就本条第（5）款a）项至c）项而言，从侵权商品或者服务的性质和数量显而易见，且该等行为是为了直接或者间接的经济或者商业优势而实施的，属于在商业层面上实施该等行为。在没有相反证明的情况下，消费者善意实施的行为不应被视为在商业层面实施的行为。

（7）根据本条第（2）款c）项和第（5）款的规定，侵权人或者第（5）款所述人员可能被特别要求提供下列信息：

a）侵权产品或者服务的生产商、分销商、供应商和持有人的名称（姓

---

❶ 根据 2011 年第 173 号法案第 7 条予以设立。

名）和地址以及预期或者涉及的批发商和零售商；

b）生产、交付、接收或者订购侵权商品或者服务的数量，以及为有关商品或者服务获得或者给出的价格。

（8）应专利权人的请求，法院可裁定移除或（如无法移除）销毁被扣押、召回、确定从商业渠道移除的工具、材料和商品的侵权性质。在合理的情况下，法院可以命令，不予以销毁，而是按照司法执行程序拍卖扣押的工具和材料；在该等情况下，法院应决定如何使用所得金额。

（9）扣押侵权活动和侵权商品所用的工具和材料即使并非由侵权人持有，但持有人知道或者有合理理由知道其侵权性质的，应允许进行扣押。

（10）法院应命令本条第（2）款f）项和第（8）款所述措施由侵权人承担费用，但特定案件情况证明可不遵守该规定的除外。在命令召回和明确从商业渠道移除或销毁时，法院应考虑到第三方的利益，并确保措施与侵权行为的严重性相称。

（11）应专利权人的请求，法院可以命令将其决定公开，费用由侵权人承担。法院应当就公开的方式作出决定。公开特别指在国家日报或者互联网上公开。

针对专利侵权的海关诉讼

第35A条❶

发生专利侵权的，专利权人可以根据具体立法规定，请求海关当局采取行动，防止侵权商品投放市场。

专利侵权中申请人和被许可人的权利

第36条

（1）享有临时保护的申请人也可以提起专利侵权诉讼；但是，在诉讼过程中，该申请程序应暂停，直至授予专利的决定成为最终决定为止。

（2）在专利侵权的情况下，协议许可的持有人可以要求专利权人采取适当行动，以制止侵权行为。专利权人在要求后30日内未能采取行动的，在专利登记簿登记的被许可人可以自己的名义提起专利侵权诉讼。

---

❶ 本条及其上面的小标题根据2003年第102号法案第110条b）项予以设立。

针对无侵权行为的裁定

第 37 条

（1）认为他人会针对自己提起侵权诉讼的，可以先于该诉讼请求作出裁决，认定其已实施或者准备实施的产品或者方法不侵犯其指明的特定专利。

（2）针对不侵权作出最终裁决的，对同一产品或者方法不得基于具体专利提起侵权诉讼。

第 6 章　专利保护的终止

专利临时保护的终止

第 38 条❶

有下列任一情形的，专利临时保护期限届满：

a）专利申请被明确拒绝的；

b）在宽限期届满时仍未缴纳年费的；

c）申请人放弃了保护的。

绝对专利保护的终止

第 39 条

有下列任一情形的，绝对专利保护于下列时间终止：

a）保护期届满的，期限届满第 2 日；

b）宽限期结束时仍未缴纳年费的，到期日后的第 2 日；

c）专利权人放弃保护的，收到弃权之日的第 2 日或者放弃保护之人指定的较早日期；

d）专利权被撤销的，其效力追溯至申请的提交日期。

专利保护的恢复

第 40 条

（1）专利保护因未缴纳年费而终止的，专利保护应经申请人或者专利权

---

❶ 根据 2018 年第 67 号法案第 26 条第 2 点予以修订。

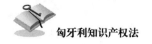

人申请恢复。

（2）专利保护的恢复可在宽限期届满后 3 个月内提出。应在该期间内缴纳具体立法规定的费用。❶

专利保护的放弃

第 41 条

（1）登记在专利登记簿上的申请人或者专利权人可以通过向匈牙利知识产权局提交书面声明放弃专利保护。❷

（2）弃权影响源自立法、权威性裁决、许可证合同或者在专利登记簿上记录的任何其他合同的第三方权利的，或者专利登记簿中记录的诉讼的，则只有经有关当事人同意，方可生效，但本法另有规定的除外。❸

（3）也可以放弃特定专利权利要求。

（4）对专利保护放弃的撤回行为，不具有法律效力。

专利权的撤销和限制

第 42 条

（1）有下列情形之一的，应撤销专利权❹：

a）专利的客体不符合本法第 6 条第（1）款 a）项规定的要求的；

b）说明书未按本法的要求明确、完整地披露该发明［参照本法第 60 条第（1）款］的；

c）专利的客体超出了在申请日提交的申请的内容，或者在分案申请的情况下超出分案申请的内容的；

d）专利授予根据本法没有资格获得授权的人的。❺

（2）撤销理由仅影响部分专利权的，撤销应当以对专利进行相应限制的形式予以公告。

---

❶❹ 根据 2018 年第 67 号法案第 26 条第 2 点予以修订。

❷ 根据 2010 年第 148 号法案第 62 条予以设立。

❸ 根据 2007 年第 142 号法案第 12 条予以设立。根据该法案第 49 条第（5）款，可适用于 2008 年 1 月 1 日之后的未决案件。

❺ 根据 2002 年第 39 号法案第 13 条予以设立。根据该法案第 35 条第（1）款，可适用于 2003 年 1 月 1 日之后开始的诉讼程序。

（3）最终决定驳回撤销请求的，任何人不得以同样理由再次启动撤销同一专利的新程序。

要求归还许可使用费

第43条❶

确定性专利保护自始无效的，仅可要求归还向专利权人或者发明人支付的其实施该发明所得利润未涵盖的部分许可使用费。

第6A章❷　民法典规定的适用❸

第43A条❹

（1）本法未涵盖的下列事项：

a）源自发明和专利保护的权利以及专利的共有权利和共有专利保护的权利的转让、让与、质押；

b）职务发明报酬合同；

c）实施合同（许可协议）；以及

d）其他有关专利的精神和经济问题，应受民法典的规定调整。

（2）发明人有权根据民法典对任何对其作者身份提出异议或者其他侵犯其发明精神权利的人提起法律程序。

第2部分　匈牙利知识产权局针对专利相关事项的程序❺

第7章　关于专利程序的一般规定
匈牙利知识产权局的权限❻

第44条❼

（1）已废除。❽

---

❶　根据2018年第67号法案第26条第2点予以修订。

❷❸❹　根据2011年第173号法案第8条予以修订。

❺　根据2010年第148号法案第88条第（3）款予以修订。

❻　根据2010年第148号法案第88条第（1）款予以修订。

❼　根据1999年第119号法案第3条予以设立。

❽　根据2007年第24号法案第30条第（5）款予以废除。

（2）匈牙利知识产权局对下列专利事项拥有权限❶：

a）专利的授予；

b）关于专利保护失效以及专利保护恢复的决定；

c）专利的撤销；除非根据第 104 条第（1a）款，在审理专利侵权案件的法院提起反诉，请求撤销专利；在这种情况下，不适用上述规定。❷

d）针对不侵权的决定；

e）专利说明的解释；

f）备存专利申请和专利登记簿，包括涉及其维持的事项；

g）有关专利事项的官方信息。

（3）匈牙利知识产权局对源自适用于欧洲专利申请和欧洲专利（参照本法第 10A 章）和国际专利申请（参照本法第 10B 章）相关规定的事项拥有权限。❸

（4）匈牙利知识产权局还应当处理具体立法规定的补充保护证明。❹

（5）匈牙利知识产权局应处理属于第 816/2006/EC 号条例第 33A 条第（1）款范围内的强制许可诉讼（第 83A 条至第 83H 条），以及公共卫生强制许可程序（第 83I 条至第 83K 条）。❺

公共行政程序一般规则的适用❻

第 45 条❼

（1）匈牙利知识产权局应根据 2016 年一般行政程序法（以下简称"一般行政程序法"）和 2015 年电子行政和信任服务一般规则法（以下简称"电子行政法"）的规定，处理其职权范围内的专利事务，但本法另有规定的除外。

（2）在专利事务中，一般行政程序法的第 3 条、第 5 条第（1）款、第

---

❶ 根据 2010 年第 148 号法案第 88 条第（3）款予以修订。

❷ 根据 2021 年第 122 号法案第 20 条予以设立。

❸❹ 根据 2002 年第 39 号法案第 14 条予以设立。根据第 2010 年第 148 号第 88 条第（1）款予以修订。

❺ 根据 2007 年第 24 号法案第 2 条和 2020 年第 58 号法案第 296 条予以设立。

❻ 根据 2005 年第 78 号法案第 187 条予以设立。根据 2016 年第 121 号法案第 16 条第（8）款 a）项予以修订。

❼ 根据 2018 年第 67 号法案第 10 条予以设立。

13 条第（8）款、第 14 条第（1）款、第 21 条、第 26 条、第 37 条第（2）款、第 46 条第（2）款、第 48 条第（1）款至第（4）款、第 62 条第（1）款、第 74 条第（1）款、第 75 条、第 76 条、第 87 条、第 94 条第（2）款、第 97 条、第 127 条第（2）款和第 130 条均不适用。

（2a）已废除。

（3）在专利事务中，不得进行简易程序，且不得向政府窗口提交申请。❶

（3a）在专利事务中，一般行政程序法关于对最终专利保护所依据的说明书、权利要求书和附图的决定进行更正的规定，只能在决定作出后的一年内适用，且只能适用一次。❷

（4）除非法律另有规定，否则匈牙利知识产权局应根据请求在其权限范围内处理专利事务。

（5）除非本法另有规定，否则在属于匈牙利知识产权局权限范围内的专利事务中，申请应当指明：

a）自然人申请人的姓名和地址，有代理人的，还应当写明代理人的姓名和地址；

b）非自然人申请人的姓名和地址，有代理人的，还应当写明代理人的名称及注册地址；且

c）通过非电子方式进行通信的，应当附上申请人或其代理人的签名。

（6）在属于匈牙利知识产权局权限范围内的专利事务中，如果申请人或其代理人应当通过电子方式与匈牙利知识产权局进行沟通，或者他希望这样做，则除了应指明第（5）款规定的数据外，还应指明❸：

a）自然人申请人或代理人的出生地和日期及其母亲的姓名；

b）非自然人申请人或代理人的税务编号，不包括在 c）项中提到的组织；

c）在有义务使用办公网关托管的组织的情况下，提供办公网关的简称和 KRID 标识符。

（7）在属于匈牙利知识产权局权限范围的专利事务内，请求人与其联系的，除了请求信息和批准这类请求、检查文件和口头听证外，应仅以书面形式进行，且通过需要识别身份的电子方式进行；但是，不应通过短信请求信

---

❶ 根据 2022 年第 55 号法案第 42 条第（1）款予以设立。
❷ 根据 2022 年第 55 号法案第 42 条第（2）款予以设立。
❸ 根据 2022 年第 55 号法案第 42 条第（3）款予以设立。

息，也不应通过这种方式批准这类请求。

（8）国际专利申请仅能通过世界知识产权组织运营的电子通信和管理系统（以下简称"e-PCT系统"）以电子方式向匈牙利知识产权局提交。作为受理机构的匈牙利知识产权局应根据 e-PCT 系统的规则，通过 e-PCT 系统与提交国际专利申请的申请人及其代理人保持联系。

知识产权局的决定❶

第 46 条❷

（1）已废除。❸

（2）在撤销程序、不侵权声明程序以及在没有本法相反规定的情况下，在属于第 816/2006/EC 号条例第 33A 条第（1）款范围内的强制许可程序（第 83A 条至第 83H 条）以及公共卫生强制许可程序（第 83I 条至第 83K 条）中，匈牙利知识产权局应由 3 名成员组成的委员会进行听证并作出决定。匈牙利知识产权局还将以 3 人委员会的形式就专利说明书的解释提出专家意见。委员会应以多数票作出决定。❹

（3）匈牙利知识产权局的决定于送达时生效，但要求复审的除外。❺

（4）有下列情形之一的，匈牙利知识产权局的决定应公告送达❻：

（a）当事人的地址或者营业地点（业务机构、分支机构）不明的；

（b）邮件被退回，注明当事人下落不明或者地址未知的。

（5）公告应当于同一天在官方公报和匈牙利知识产权局网站上公布。公告送达的决定应在通知发布后第 15 日视为送达。但在与公告送达决定有关的任何其他事项中，应适用公共行政程序法的规定，但邮寄应指公告的公布。❼

（6）适用本法第 51 条第（1）款规定的，所有决定均应送交代理人。

（7）公共行政程序法与公告决定有关的规定不适用于专利事务。❽

---

❶❺❻ 根据 2010 年第 148 号法案第 88 条第（1）款予以修订。

❷ 根据 2005 年第 78 号法案第 188 条予以设立。根据该法案第 332 条第（1）款，可适用于 2005 年 11 月 1 日之后启动的案件和重复起诉。

❸ 根据 2009 年第 56 号法案第 100 条予以废除，根据该法案第 428 条，可适用于 2009 年 10 月 1 日之后开始的案件和重复起诉。

❹ 根据 2020 年第 58 号法案第 297 条予以设立。

❼ 根据 2009 年第 56 号法案第 99 条和 2010 年第 148 号法案第 88 条第（1）款予以修订。

❽ 根据 2009 年第 56 号法案第 98 条第（2）款予以设立。根据 2017 年第 50 号法案第 78 条 b）项予以修订。

事实的成立

第 47 条❶

（1）匈牙利知识产权局在其席前进行的程序中，应自行审查事实，但本条第（2）款规定的情况除外，且其审查不限制当事人的指控。❷

（2）在撤销程序中，在认定不侵权的程序中以及在本法第 83E 条至第 83G 条规定的程序中，匈牙利知识产权局应在请求的范围内基于当事人的指控和声明以及其核实的数据对事实进行审查。❸

（3）匈牙利知识产权局的决定只能以有关各方有机会提出意见的事实或者证据为依据；但是，当事方未及时提交的事实或者证据可不予考虑。❹

（3a）在撤销程序中，在认定不侵权的程序中以及在第 83B 条至第 83D 条与第 83F 条和第 83G 条规定的程序中，当事人应向匈牙利知识产权局提交文件的份数，应比程序相对方的人数多一份。多名当事人委托一名共同代理人的，应考虑提交一份文件；在针对职务发明授予专利的情况下，在确定撤销请求的必要文件份数时，发明人应被视为对立方。请求的每份附件应随附每份请求文本。客户提交的请求或者其附件的份数少于法律规定的，且在本条第（4）款规定的违规行为没有得到纠正的情况下，应视为撤回撤销请求、认定不侵权的请求以及本法第 83B 条第（2）款、第 83F 条第（1）款和第 83G 条第（1）款下的请求，专利权人的声明应视为未提交。❺

（4）如果在专利事务中提交的申请或其附件存在可更正之处，将发出声明由当事人纠正提交的更正或提交声明，并同时告知不履行义务的法律后果。但是，如果进行了纠正或声明，申请仍未满足相关要求，且本法未规定其他法律后果的，则请求将被驳回。如果当事人在规定的期限内未对所发出的声明作出回应，且本法未规定其他法律后果的，则该请求将被视为撤回。匈牙利知识产权局可以依职权对摘要的错误之处进行纠正或根据

---

❶ 根据 2005 年第 78 号法案第 189 条予以设立。根据该法案第 332 条第 1 款，可适用于 2005 年 11 月 1 日之后启动的案件和重复起诉。

❷❹ 根据 2010 年第 148 号法案第 88 条第（1）款予以修订。

❸ 根据 2007 年第 24 号法案第 4 条予以设立。根据 2009 年第 56 号法案第 99 条和 2010 年第 148 号法案第 88 条第（1）款予以修订。

❺ 根据 2013 年第 16 号法案第 9 条和 2018 年第 67 号法案第 11 条第（1）款予以设立。

要求进行重写。❶

（5）已废除。❷

期　　限

第 48 条

（1）本法规定的期限不得延长。不遵守该等期限将引起的法律后果，无须另行通知。

（2）本法未规定纠正违规行为或者提交陈述的期限的，应确定期限为至少 2 个月但不超过 4 个月，可以在期限届满前根据要求延长至少 2 个月，但不得超过 4 个月。在特别合理的情况下，可以多次延长，且每次可延长超过 4 个月，但不得超过 6 个月。❸

（3）在未遵守本条第（2）款所述期限的情况下，可以在通知由于未遵守而作出的决定之日起 2 个月内要求继续程序。❹

（4）在提交继续程序的请求的同时，应同时完成没有作出的作为。❺

（5）匈牙利知识产权局允许继续程序的请求的，由违约方完成的行为应视为在未遵守的期限内实施，且由于未遵守而作出的决定应按需要全部或者部分撤销或者修改。❻

（6）在撤销程序、认定不侵权程序和本法第 83E 条至第 83G 条规定的程序中，不能请求继续程序。❼

（7）一般行政程序法所规定的行政期限不适用于专利事务，也不适用于

---

❶　根据 2018 年第 67 号法案第 11 条第（2）款予以设立。

❷　根据 2009 年第 56 号法案第 98 条第（3）款予以设立。根据 2017 年第 50 号法案第 79 条 b）项予以废除。

❸　根据 2007 年第 142 号法案第 13 条第（1）款予以设立。根据 2009 年第 56 号法案第 99 条予以修订。根据该法案第 428 条，可适用于 2009 年 10 月 1 日之后启动的案件和重复起诉。

❹❺　根据 2007 年第 142 号法案第 13 条第（2）款予以设立，同时将原始文本中的第（3）款的编号改为第（6）款。根据该法案第 49 条第（4）款，可适用于 2008 年 1 月 1 日之后到期的期限以及此后设定的期限。

❻　根据 2007 年第 142 号法案第 13 条第（2）款予以设立。根据 2010 年第 148 号法案第 88 条第（1）款予以修订。

❼　根据 2007 年第 142 号法案第 13 条第（2）款予以设立。根据该法案第 49 条第（4）款，可适用于 2008 年 1 月 1 日之后到期的期限以及此后设定的期限。

一般行政程序法针对诉讼程序其他措施的期限规定。❶

（8）在专利事务中，通过邮寄提交文件的提交日期是将文件交付匈牙利知识产权局的日期。在匈牙利知识产权局确定的期限之后交付文件的，如果该文件是在期限届满前以挂号邮件邮寄的，则应当视为在规定期限内提交，但文件是在该期限届满后 2 个月提交的除外。❷

恢复原状

第 49 条❸

（1）在专利事务中，除非根据本条第（6）款或第（7）款予以排除，否则如果未遵守期限非因当事人的过错造成，则可以在未遵守日期或未遵守期限最后一日后 2 个月内提交恢复原状的请求。请求必须提供未遵守期限的合理理由且未遵守期限是非因当事人的过错造成。

（2）逾期不履行的，或者事后被撤销的，应当从逾期不履行的日期或者被撤销之日起算。恢复原状的请求只在不遵守之日或不遵守期间最后一日后的 12 个月提出方可接受。

（3）未能遵守《保护工业产权巴黎公约》第 4 条针对提交为主张优先权所必要的申请而规定的或为主张国内优先权〔参照本法第 61 条第（1）款（c）项〕而规定的 12 个月内，在该期限的最后一日起的 2 个月内，可以提交恢复原状的请求。

（4）凡不符合时限的，没有作出的行为必须与提交恢复原状的请求同时进行。

（5）匈牙利知识产权局同意恢复原状的，由违约方进行的行为应视为在未遵守的期限内履行；在未遵守的日期举行的听证必要时应予以重复。由于未遵守时限而作出的决定，在必要时或者根据新听证的结果，应全部或者部分撤销、修改或者维持。❹

---

❶ 根据 2005 年第 83 号法案第 190 条予以设立。根据 2007 年第 142 号法案第 13 条第（2）款将原始文本中第（3）款的编号改为第（7）款。根据 2017 年第 50 号法案第 78 条 c）项予以修订。

❷ 根据 2009 年第 56 号法案第 98 条第（4）款予以设立。根据 2010 年第 148 号法案第 88 条第（1）款、第 88 条第（2）款予以修订。

❸ 根据 2007 年第 142 号法案第 14 条予以设立。根据该法案第 49 条第（4）款，可适用于 2008 年 1 月 1 日之后到期的期限以及此后设定的期限。

❹ 根据 2010 年第 148 号法案第 88 条第（1）款予以修订。

（6）不遵守下列时间限制的，应排除恢复原状：

a）针对提交恢复原状请求和继续程序的请求所规定的时限［参照本条第（1）款至第（3）款和本法第48条第（3）款］；

b）针对提交和纠正优先权声明的时限［参照本法第61条第（2）款和第（6）款］。

（7）未遵守时限的后果可通过继续程序的请求予以避免的，不得接受恢复原状［参照本法第48条第（3）款至第（6）款］。

中止程序

第50条❶

（1）针对专利申请权或者专利权提起法律诉讼的，专利程序将被中止，直至法院作出终局判决。裁定专利案件争议取决于另一机关权限范围内对该事项进行考虑的程序的，匈牙利知识产权局应中止专利程序。❷

（2）一方当事人死亡或者法人解散的，诉讼程序将被中止，直至权利继受人被通知，且主张被证明正当。权利继受人根据案件的情况在合理的时间内没有收到通知的，匈牙利知识产权局将中止程序，或者根据其所掌握的材料作出决定。❸

（3）在其职权范围内的另一紧密联系的程序未作判决前，案件无法基于确实理由进行判决的，匈牙利知识产权局应当事人的请求或者依职权应中止专利程序。❹

（3a）在有多个对立当事人的情况下，应当事人的共同请求，专利程序应中止。匈牙利知识产权局应通过命令宣布程序中止。程序只能中止一次。任何一方的请求都可以恢复程序。中止6个月后，未应请求恢复的，程序将被终止。❺

（4）专利授权程序不得应申请人的要求中止，除非适用本条第（1）款或第（3）款的规定。❻

---

❶ 本条及其上面的小标题根据2005年第83号法案第192条予以设立。根据该法案第332条第（1）款，可适用于2005年11月1日之后启动的案件和重复起诉。

❷❸❹ 根据2010年第148号法案第88条第（1）款予以修订。

❺ 根据2022年第55号法案第43条第（1）款予以设立。

❻ 根据2022年第55号法案第43条第（2）款予以设立。

（4a）专利授予程序不得暂停。❶

（5）程序中止将中断所有期限，期限自中止之日起重新开始。❷

（6）即使对于中止程序，匈牙利知识产权局可以决定中止不得影响正在进行的程序性行为以及针对其履行确定的时限。❸

代　理

第 51 条

（1）在国际条约没有相反规定的情况下，外国申请人应由获得授权的专利律师或者律师代理在匈牙利知识产权局职权范围内的所有专利事务。❹

（2）委托书应书面做成。对于向专利律师、律师、专利律师事务所、专利律师合伙或者律师事务所（无论国内还是国外）发出的委托书的有效性而言，委托人的签名足以使其有效。委托书也可以是一般授权，代理人可以据此处理匈牙利知识产权局职权范围内以委托人为一方当事人的所有专利案件。授予律师事务所、专利律师事务所或者专利律师合伙的委托书，应被视为授予任何证明其在该事务所或者合伙框架内工作的人的授权书。❺

（3）匈牙利知识产权局应从多名专利代理人和律师中指定一名受托人❻：

a）对于其继承人未知或者其本人下落不明的，应对方要求；或

b）对于外国当事人没有授权代理人的，应对方要求。❼

（4）该外国人是在欧洲经济区成员国境内拥有永久居住地或者住所的自然人或者法人的，本条第（1）款和第（3）款 b）项不适用。❽

（5）本条第（3）款 b）项和第（4）款的规定不适用，且外国人不符合本条第（1）款的规定的，匈牙利知识产权局应参照适用本法第 68 条第（2）

---

❶ 根据 2022 年第 55 号法案第 43 条第（3）款予以设立。

❷ 根据 2009 年第 56 号法案第 98 条第（5）款和 2010 年第 148 号法案第 64 条予以设立。

❸ 根据 2009 年第 56 号法案第 98 条第（5）款予以设立。根据 2010 年第 148 号法案第 88 条第（1）款予以修订。

❹ 根据 2002 年第 39 号法案第 16 条予以设立。根据 2003 年第 102 号法案第 111 条（1）款 d）项和 2010 年第 148 号法案第 88 条第（1）款予以修订。

❺ 根据 2005 年第 83 号法案第 193 条（1）款予以设立。根据 2009 年第 56 号法案第 99 条和 2010 年第 148 号法案第 88 条第（1）款予以修订。

❻ 根据 2010 年第 148 号法案第 88 条第（1）款予以修订。

❼ 根据 2003 年第 102 号法案第 110 条 d）项予以设立。

❽ 根据 2003 年第 51 号法案第 22 条第（4）款 d）项和 2004 年第 69 号法案第 9 条第（3）款予以设立。

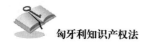

款至第（4）款的规定，除非作为对立方参加该程序的外国人不符合本条第（1）款的规定，否则应根据其所掌握的材料针对该要求进行裁定。❶

（6）要求委任的一方应被要求预付受托人的费用和报酬。❷

（7）就电子管理和信托服务一般规则法以及本法有关电子管理的条款而言，专利律师、专利律师事务所以及专利律师公司应具备代理专利法律事务的资格。❸

使用的语言

第 52 条

（1）专利程序的语言应为匈牙利语，带权利要求的专利说明，以及附图和摘要的任何文字，在没有本法另行规定的情况下，均应为匈牙利语。❹

（2）在专利事务中，也可以提交外文文件；但是，匈牙利知识产权局可能要求提交匈牙利语译文。只有对翻译的准确性或者外国文件所含事实的真实性有充分怀疑理由的，才可能要求经公证的翻译。❺

（3）只有优先权主张的有效性会影响发明可专利性决定的，才可以要求提交优先权文件〔参照本法第 61 条第（4）款〕的匈牙利语译文。申请人可以不提交优先权文件的译文，声明专利申请仅是对外国申请的翻译。本法第 61 条第（5）款的规定也适用于优先权文件的翻译。❻

档案查阅

第 53 条

（1）在专利申请公布前，只有申请人及其代理人、专家或者被要求发表

❶　根据 2003 年第 102 号法案第 110 条 e）项予以设立。根据 2010 年第 148 号法案第 88 条第（1）款予以修订。

❷　根据 2005 年第 83 号法案第 193 条第（2）款予以设立。根据该法案 332 条第（1）款，可适用于 2005 年 11 月 1 日之后启动的案件和重复起诉。

❸　根据 2016 年第 121 号法案第 16 条第（3）款予以设立。

❹　根据 2009 年第 23 号法案第 5 条予以设立。根据该法案第 12 条第（2）款。

❺　根据 2005 年第 83 号法案第 194 条予以设立。根据 2009 年第 56 号法案第 99 条、第 100 条，2010 年第 148 号法案第 88 条第（1）款和 2019 年第 34 号法案第 221 条予以修订（不适用 2019 年第 34 号法案将"提交认证翻译"替换为"提交认证翻译或重新认证的文件"的修订）。

❻　根据 2007 年第 142 号法案第 15 条予以设立。根据该法案第 49 条第（1）款，可适用于 2008 年 1 月 1 日之后开始的诉讼程序。

专家意见的机构以及（有必要执行本法规定其任务的）法院、检察机关或者调查机关可以查阅档案。发明人即使不是申请人也可以查阅档案。公布之后，除本条第（2）款规定外，任何人均可查阅专利申请的档案。❶

（1a）已废除。❷

（2）公布以后亦不得查阅下列内容❸：

a）用于作出决定和专利意见但未向当事人告知的文件；❹

b）显示发明人身份但发明人要求不公布其姓名的文件；

c）专利登记簿未显示且未在官方信息中告知的个人数据，除非有关人员明确批准查阅，或者第三人根据公共行政程序法的规定获允许查阅含有个人数据的文件。❺

（3）缴纳费用后，法院、检察机关或者调查机关未要求的，匈牙利知识产权局将发给可查阅文件副本。❻

（4）专利事项程序仅在有对立方参与的情况下才公开。

（5）国防或者国家安全有具体要求的，匈牙利知识产权局局长可以在具体立法规定的程序中及根据对具体立法有权限的部长的建议，对专利申请进行保密分类。❼

（6）根据国际条约产生的义务，匈牙利知识产权局局长应不遵守本条第（5）款所述程序对专利申请进行保密分类。❽

（7）专利申请进行保密分类的，申请人和发明人即使在未获得使用授权

---

❶ 根据 2016 年第 121 号法案第 16 条第（4）款和 2013 年第 16 号法案第 10 条第（1）款予以设立。根据 2017 年第 197 号法案第 51 条予以修订。

❷ 根据 2022 年第 55 号法案第 67 条 a）项予以废除。

❸ 根据 2009 年第 56 号法案第 98 条第（6）款予以设立。根据 2017 年第 50 号法案第 79 条 c）项予以修订。

❹ 根据 2010 年第 148 号法案第 89 条第（1）款予以修订。

❺ 根据 2010 年第 148 号法案第 65 条第（2）款予以设立。根据 2017 年第 50 号法案第 78 条 e）项予以修订。

❻ 根据 2013 年第 16 号法案第 10 条第（2）款予以设立。根据 2017 年第 197 号法案第 51 条予以修订。

❼ 根据 2009 年第 27 号法案第 9 条予以设立。根据 2009 年第 155 号法案第 41 条第（2）款 c）项和 2010 年第 148 号法案第 88 条第（1）款予以修订。

❽ 根据 2009 年第 27 号法案第 9 条予以设立。根据 2009 年第 140 号法案第 41 条第（2）款 c）项和 2010 年第 148 号法案第 88 条第（1）款予以修订。

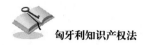

或了解其内容的情况下，仍有权查阅其专利申请。❶

（8）专利申请进行保密分类的，根据本法第56条和第10A章至第10B章的规定不得向公众提供任何信息。❷

（9）专利申请进行保密分类的，提出保密分级的部长，除本条第（10）款规定外，应在专利授予后合理期间内与申请人订立以其领导的部门或（在该部门没有部长的情况下）领导负责政府协调的部门的部长为受益人的确保独占实施权的实施合同。专利保护失效或者（较早发生的）专利权不再保密的，实施许可合同到期。被许可人应负责维持专利保护。许可使用应缴纳的费用应相当于该发明客体所属技术领域的许可条件项下普遍的许可使用费相当。合同应当规定，即使被许可人在特定情况下，在合理的期限内未开始实施的，也应缴纳相应的金额。专利权人还有权针对申请提交日和专利授予日期间获得费用。❸

（10）专利申请根据本条第（6）款进行保密分类的，本条第（9）款的规定不适用。❹

（11）国际协议明确允许的，在根据本条第（6）款对专利申请进行保密分类之前，匈牙利知识产权局局长应通知申请人以书面声明放弃针对申请进行保密分类而主张赔偿的权利。申请人不放弃其权利的，或者在规定的期限内不回复要求的，专利申请被视为撤回。❺

（12）匈牙利国家只有在匈牙利启动保密分类的情况下才对本条第（6）款项下的专利申请保密分类的申请人进行赔偿，包括其要求延长保密分类或其阻碍在欧洲原子能共同体以外提出申请的情况。❻

---

❶　根据2009年第27号法案第9条予以设立。根据2009年第140号法案第41条第（2）款c）项、2023年第109号法案第10条予以修订。

❷　根据2009年第27号法案第9条予以设立。根据该法案第36条第（1）款，可适用于2008年8月1日之后开始的诉讼程序。根据2009年第140号法案第41条第（2）款c）项予以修订。

❸　根据2009年第27号法案第9条予以设立。第一句根据2009年第140号法案第41条第（2）款c）项予以修订，第二句根据2009年第140号法案第42条第（12）款予以修订。根据2010年第148号法案第87条第（1）款、2018年第5号法案第7条和2022年第4号法案第13条予以修订。

❹　根据2009年第27号法案第9条予以设立。根据该法案第36条第（1）款，可适用于2008年8月1日之后开始的诉讼程序。根据2009年第140号法案第41条第（2）款c）项予以修订。

❺　根据2009年第27号法案第9条予以设立。根据2009年第155号法案第41条第（2）款c）项和2010年第148号法案第88条第（1）款修改予以修订。

❻　根据2009年第27号法案第9条予以设立。根据该法案第36条第（1）款，可适用于2009年8月1日之后开始的诉讼程序。根据2009年第155号法案第41条第（2）款c）项和第42条第（12）款予以修订。

（13）匈牙利知识产权局拒绝保密分类的专利申请的，匈牙利知识产权局局长应立即通知主管部长，同时要求主管部长针对撤销被拒绝申请中所述发明保密分类或者维持保密分类作出提议。匈牙利知识产权局局长应根据主管部长的提议，针对撤销或者维持保密分类作出决定。在维持保密分类的情况下，匈牙利国家应针对发明的保密分类向申请人进行赔偿。❶

法律救济

第 53A 条❷

（1）针对匈牙利知识产权局的决定，不得提出上诉、行政法院诉讼、监督程序或检察官通过匈牙利检察官办公室进行干预或其他行为。❸

（2）匈牙利知识产权局关于专利事项的决定应由法院根据第 11 章规定的非讼民事程序进行审查。❹

（3）在本法没有相反规定的情况下，只有在提出审查请求，且直至该请求移送至法院时，匈牙利知识产权局才可以撤销或变更其针对下列事项作出的决定，包括终止程序的决定❺：

a）专利的授予；

b）关于专利保护失效以及专利保护恢复的决定；

c）专利的撤销；

d）针对不侵权作出决定；

e）适用第 816/2006/EC 号条例［参照本法第 33A 条第（1）款］适用的强制许可的授予、变更和审查，以及查阅由被许可人保存的簿册和记录（参照本法第 83A 条至第 83G 条）；❻

f）授予公共卫生强制许可证；❼

---

❶ 根据 2009 年第 27 号法案第 9 条予以设立。根据 2010 年第 148 号法案第 88 条第（4）款予以修订。

❷ 本条及其上面的小标题根据 2005 年第 83 号法案第 196 条予以设立。根据该法案第 332 条第（1）款，可适用于 2005 年 11 月 1 日之后启动的案件和重复起诉。

❸ 根据 2017 年第 50 号法案第 77 条第（2）款予以设立。

❹ 根据 2010 年第 148 号法案第 88 条第（5）款予以修订。

❺ 根据 2007 年第 142 号法案第 17 条第（1）款予以设立。根据 2010 年第 148 号法案第 88 条第（1）款予以修订。

❻ 根据 2007 年第 24 号法案第 6 条第（1）款予以设立，同时将 e）项的编号改为 f）项。根据该法案第 30 条第（1）款，可适用于 2007 年 5 月 1 日之后开始的诉讼程序。

❼ 根据 2020 年第 58 号法案第 298 条第（1）款予以设立。

g）已发布欧洲专利申请的权利要求的翻译的公布、超出权利要求的欧洲专利文本的翻译的提交以及翻译的更正。❶

（4）在本法没有相反规定的情况下，只有当匈牙利知识产权局认定其决定违反法律，或各方当事人一致要求变更或撤销决定时，方可根据审查请求撤销或变更其针对本条第（3）款 c）项至 e）项所列事项作出的决定（终止程序）。❷

（5）在不涉及对方当事人的情况下，匈牙利知识产权局可以根据审查请求撤销或者变更本法第 85 条第（1）款 b）项至 e）项所界定的决定，如果该决定不违反法律；然而匈牙利知识产权局同意审查请求的内容。❸

（6）基于审查请求作出的决定，应通知请求人以及审查请求决定的相对人。❹

（7）针对正在变更和已变更的决定，应适用相同的法律救济。❺

司法执行

第 53B 条❻

（1）公共行政程序法有关执行的规定应适用于匈牙利知识产权局施加程序性罚款的命令。❼

（2）匈牙利知识产权局关于分摊费用的决定，应通过适用 1994 年关于司法执行的第 53 号法律的规定予以执行。❽

成本和费用❾

第 53C 条❿

（1）专利事项不得免除缴纳成本和费用。

---

❶　根据 2020 年第 58 号法案第 298 条第（2）款予以设立。

❷　根据 2007 年第 142 号法案第 17 条第（2）款予以设立。根据 2010 年第 148 号法案第 88 条第（1）款予以修订。

❸❹❺　根据 2013 年第 16 号法案第 11 条予以设立。

❻　本条及其上面的小标题根据 2005 年第 83 号法案第 197 条予以设立。可适用于 2005 年 11 月 1 日之后启动的案件和重复起诉。

❼　根据 2010 年第 148 号法案第 88 条第（5）款和 2017 年第 50 号法案第 78 条 f）项予以修订。

❽　根据 2010 年第 148 号法案第 88 条第（5）款予以修订。

❾　本小标题根据 2005 年第 83 号法案第 198 条予以设立。正文根据 2009 年第 27 号法案第 10 条予以设立。

❿　根据 2005 年第 83 号法案第 198 条和 2009 年第 27 号法案第 10 条予以设立。根据该法案第 36 条第（5）款，可适用于 2009 年 8 月 1 日之后提交的申请和申请所产生的费用。

（2）除了本法规定的缴纳费用的义务外，在专利事务中还应支付行政服务费用，其金额由工业产权程序中行政服务费用法规定，并应根据工业产权程序中行政服务费用法规定的详细规则支付，用于提交下列请求❶：

a）修改、延长期限和要求恢复原状或者继续执行程序的请求；

b）登记所有权继承和实施许可的请求，设立抵押权的请求。❷

（3）在合理的情况下，与实施的实际代理不相称，匈牙利知识产权局可以减少由败诉方承担的专业代理人的费用金额。在该情况下，匈牙利知识产权局应参照适用法院诉讼采用的律师和专利律师费用和支出的规定。❸

电子化管理和官方服务❹

第 53D 条❺

（1）针对专利事项，程序的一方当事人，除本条第（2）款至第（3）款所述情况外，无权与匈牙利知识产权局进行通信，且匈牙利知识产权局没有义务以电子书面方式与该方进行通信。

（2）在专利问题上，诉讼当事人及其法定代理人没有义务使用电子管理方式。❻

专利法条约的适用❼

第 53E 条❽

（1）专利法条约与本法第二部分冲突的情况下，除专利法条约另有规定外，适用对申请人和专利权人更有利的规定。

（2）在专利事项中提交的文件符合专利法条约规定的要求的，视为符合本法或根据本法针对同一主题规定的要求，但本法或根据本法制定的其他立

---

❶ 根据 2018 年第 67 号法案第 26 条第 4 点予以修订。

❷ 根据 2013 年第 159 号法案第 2 条予以设立。

❸ 根据 2009 年第 56 号法案第 98 条第（7）款予以设立。根据 2010 年第 148 号法案第 88 条第（1）款予以修订。

❹ 根据 2005 年第 83 号法案第 199 条予以设立。

❺ 根据 2005 年第 83 号法案第 199 条和 2016 年第 121 号法案第 16 条第（5）款予以设立。

❻ 根据 2022 年第 55 号法案第 44 条予以设立。

❼ 根据 2007 年第 142 号法案第 18 条予以设立。

❽ 根据 2007 年第 142 号法案第 18 条予以设立。根据该法案第 49 条第（1）款，可适用于 2008 年 1 月 1 日之后开始的诉讼程序。

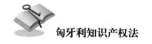

法根据专利法条约项下授权规定的要求除外。

第8章 专利登记簿和信息公开❶

专利申请登记簿、专利登记簿❷

第54条❸

（1）匈牙利知识产权局应在公布这些申请之前，保留一份专利申请登记册，并在公布后的专利申请和专利登记册中按照第55条的规定记录所有与专利权有关的事实和情况。欧洲专利（第10A章）应登记在专利登记册的一个单独部分。❹

（1a）专利申请登记册应特别指明下列条目❺：

a）参考（案件）编号；

b）申请的标题；

c）申请人的姓名（称谓）和地址（住所）；

d）代表的姓名和地址；

e）发明人的姓名和地址；

f）提交日期；

g）优先权。

（2）专利登记簿应特别包含下列条目❻：

a）专利注册号；

b）参考编号；

c）发明的名称；

d）专利权人的姓名（官方名称）和地址（营业地点）；

e）代理人的姓名和营业地；

f）发明人姓名和地址；

g）申请日期；

---

❶ 根据2022年第55号法案第45条予以设立。

❷ 本小标题及第54根据2022年第55号法案第46条予以设立。

❸ 根据2010年第148号法案67条第（2）款予以设立。

❹ 根据2022年第55号法案第47条第（1）款予以设立。

❺ 根据2022年第55号法案第47条第（2）款予以设立。

❻ 根据2022年第55号法案第47条第（3）款予以设立。

h）优先权日；

i）决定授予专利权的日期；

j）缴纳的年费金额和付款日期；

k）专利保护失效的法定依据和日期及专利的限制；

l）实施许可和强制许可；

m）专利权或者专利授予的权利属于信托管理资产的事实。

（3）专利登记簿真实地证明其中记载的权利和事实的存在。在没有相反证据的情况下，专利登记簿中登记的权利和事实应推定为存在。针对专利登记簿中所记录数据的举证责任，应由对其正确性或者真实性提出异议的人承担。

（4）与专利保护有关的任何权利，如记录在专利登记簿上，可针对善意并基于对价获得其权利的第三方提出。

（5）任何人均可查阅专利登记簿，匈牙利知识产权局应在其网站上提供电子访问权限。任何人均可在缴纳费用后要求获得专利登记簿中所记录数据的认证副本。

专利申请登记册和专利登记册中的条目❶

第55条❷

（1）匈牙利知识产权局应根据其自己的决定、其他机构的决定或法院的决定，在专利申请登记册和专利登记册中进行登记；它还应在专利登记册中记录在专利程序中发生的事实。对于根据第85条第（1）款所列决定进行的登记，专利申请登记册和专利登记册应指明这些决定何时成为最终和具有约束力的。如果对第85条第（1）款所列的任何决定提出了复审请求，也应记录这一事实以及该决定不是最终和具有约束力的事实。❸

（2）匈牙利知识产权局应基于书面提交的请求决定是否接受并记录与专利保护有关的权利和事实，但专利程序中产生的事实除外。该请求应随附提供充分证据的官方文件或者私人文件。针对相同案件提交相互排除的请求的，

---

❶ 根据 2022 年第 55 号法案第 48 条予以设立。

❷ 根据 2010 年第 148 号法案第 68 条予以设立。

❸ 根据 2022 年第 55 号法案第 49 条第（1）款予以设立。

应按收到该等请求的日期进行处理。❶

（2a）匈牙利知识产权局应根据请求，基于专利登记簿中记录的所有发明人和提出请求的所有人的一致声明，或者基于随附请求的法院最终判决，变更专利登记簿中与发明人或创作者份额有关的条目。❷

（2b）已废除。❸

（3）请求基于因形式上不合规或者缺少法律要求的官方认证而无效的文件，或者从文件内容明显看出其中所含法律声明无效的，不得受理该请求。

（3a）专利权或者专利授予的权利已根据信托管理合同转让，但未与信托管理公司签署该信托管理合同，且请求未随附法律针对信托管理公司及其活动规定的登记证书的，不得受理登记所有权继承的请求。❹

（4）已废除。❺

信息公开

第56条❻

匈牙利知识产权局的官方公报是"专利和商标公报"，其中应尤其含有与专利申请和专利相关的下列数据和事实：

a）已废除。❼

b）在专利申请公布时，申请人和代理人的姓名和地址、申请的参考编号、申报日期和优先权日期（如后者有所不同、国际申请的）国际出版物编号和发明名称、发明人的姓名、发明的国际分类代码、具有特征图的摘要，以及在编制检索报告后是否发布出版物的声明；❽

c）在专利授权后，登记编号，专利权人的姓名（正式名称）、地址（营业地点），代理人的姓名和营业地点，参考编号，申请日期，优先权日期，发明名称，专利的国际分类代码，发明人的姓名和地址，以及决定授予专利的

---

❶ 根据 2016 年第 121 号法案第 16 条第（8）款 c）项予以修订。
❷ 根据 2011 年第 173 号法案第 10 条和 2022 年第 55 号法案第 49 条第（2）款予以设立。
❸ 根据 2013 年第 16 号法案第 12 条予以设立。根据 2022 年第 55 号法案第 67 条 b）项予以废除。
❹ 根据 2014 年第 15 号法案第 54 条第（2）款予以设立。
❺ 根据 2018 年第 67 号法案第 93 条予以废除。
❻ 根据 2010 年第 148 号法案第 88 条第（1）款予以修订。
❼ 根据 2010 年第 148 号法案第 89 条第（2）款予以废除。
❽ 根据 2010 年第 148 号法案第 69 条予以设立。

日期；

　　d）专利保护失效的法律依据和日期、专利的限制和专利保护的恢复。

第 56A 条❶

关于欧洲专利申请和欧洲专利以及第 10A 章和第 10B 章规定的国际专利申请的官方信息也应在专利和商标公报中公布。

第9章　专利授予程序
专利申请的提交及其要求

第 57 条

（1）授予专利的程序应从向匈牙利知识产权局提交专利申请开始。❷

（2）专利申请书中应包含授权专利的请求、具有一项或者多项权利要求的发明的说明书、摘要，必要时还应有附图和其他相关文件。

（3）除了第45条第（5）款和第（6）款规定的数据外，授予专利的请求应指明发明人的姓名和地址，或者指明发明人请求不在专利文件中指明其姓名和地址，并且发明人在单独的页面上提供其姓名和地址。❸

（3a）在所有其他方面，专利申请应遵守有关专利申请详细形式要求的法律以及有关工业产权电子申请提交的法律所规定的详细要求。❹

（4）专利申请须缴纳工业产权程序中行政服务费用法规定的申请费和检索费，该费用应在提交之日起2个月内缴纳。❺

（5）如果专利申请的附件是用英语以外的外语撰写的，那么专利说明书（包括权利要求）、摘要和附图应在递交日的4个月内以匈牙利语提交。如果申请的附件是用英语编写的，那么专利说明书（包括权利要求）、摘要和附图应在以下期限内以匈牙利语版本提交。❻

　　a）自申请日起第12个月内；或

---

❶ 根据 2002 年第 39 号法案第 19 条予以设立。根据该法案第 35 条第（1）款，可适用于 2003 年 1 月 1 日之后开始的诉讼程序。

❷ 根据 2010 年第 148 号法案第 88 条第（2）款予以修订。

❸ 根据 2018 年第 67 号法案第 12 条第（1）款予以设立。

❹ 根据 2018 年第 67 号法案第 12 条第（2）款予以设立。

❺ 根据 2018 年第 67 号法案第 26 条第 1 点予以修订。

❻ 根据 2019 年第 34 号法案第 16 条予以设立。

b）自最早优先权日起 16 个月内；以较早到期的时间为准。

（6）申请人可以根据本法第 41 条的规定，在公开前撤回专利申请。❶

第 57A 条❷

已废除。

申请日

第 58 条❸

（1）专利申请日应为向匈牙利知识产权局提交的申请的日期，且至少包含下列内容❹：

a）寻求专利的表示；

b）申请人的姓名、地址或注册地或安全投递服务地址，如果有代理，则代理人的姓名、地址或注册地或安全投递服务地址，或任何其他能够联系到申请人的信息；以及❺

c）说明书或者可视为说明书的文件，即使其不符合其他要求，或者对较早申请的提述。

（2）本条第（1）款 a）项和 b）项所述表示亦应以匈牙利语提交，以确定申请日。

（3）为了确定申请日，对较早申请的提述亦应以匈牙利语说明，提供较早申请的编号，并确定其提交的工业产权机构。从提述中应可以看出，对确定申请日而言，其代替了提交说明书和附图。

（4）对确定申请日而言，代替说明书而提述较早申请的，应在收到含有该提述的申请后 2 个月内提交较早申请的副本，并且如果该较早申请是外语版本，则应同时提交其匈牙利语译文。

对于该副本和翻译，参照适用本法第 61 条第（5）款的规定。

---

❶ 根据 2005 年第 83 号法案第 338 条第 5 点和 2009 年第 56 号法案第 100 条予以修订。根据该法案第 428 条，可适用于 2009 年 10 月 1 日之后启动的案件和重复起诉。

❷ 根据 2007 年第 24 号法案第 8 条予以设立。根据 2010 年第 148 号法案第 90 条予以废除。

❸ 根据 2007 年第 142 号法案第 19 条予以设立。根据该法案第 49 条第（1）款，可适用于 2008 年 1 月 1 日之后开始的诉讼程序。

❹ 根据 2010 年第 148 号法案第 88 条第（2）款予以修订。

❺ 根据 2018 年第 67 号法案第 13 条予以设立。

发明的单一性

第 59 条❶

专利申请仅可以针对一项发明或者相互联系属于一个总的发明构思的一组发明寻求专利保护。

发明、权利要求和摘要的披露

第 60 条

（1）专利申请应以足够清楚和详细的方式披露发明，以使其由本领域技术人员根据说明书和附图得以实施。基因的序列或者部分序列的工业实用性应在专利申请中公开。❷

（2）发明涉及对公众无法使用或者涉及不属于本条第（1）款要求的公开的生物材料的，应以本法规定的具体的方式予以披露，条件是❸：

a）生物材料已按照本法第 63 条的规定交存；

b）提交的申请书中包含申请人可获得的关于交存生物材料特性的相关信息；

c）专利申请中记载了交存机构的名称和登录号。

（3）权利要求应根据说明书明确界定所寻求保护的范围。❹

（4）摘要仅用作技术资料，为了解释所要求保护的范围或者界定本法第 2 条第（3）款规定的现有技术的目的时，不得予以考虑。❺

---

❶ 根据 2007 年第 142 号法案第 20 条予以设立。根据该法案第 49 条第（1）款，可适用于 2008 年 1 月 1 日之后开始的诉讼程序。

❷ 本条第二句根据 2002 年第 39 号法案第 20 条第（1）款予以设立。根据该法案第 35 条第（1）款，可适用于 2003 年 1 月 1 日之后开始的诉讼程序。

❸ 根据 2002 年第 39 号法案第 20 条第（2）款予以设立，同时将原始文本中的第（2）款和第（3）款的编号分别修改为第（3）款和第（4）款。根据该法案第 35 条第（1）款，可适用于 2003 年 1 月 1 日之后开始的诉讼程序。

❹ 根据 2002 年第 39 号法案第 20 条第（2）款予以修订，同时将原始文本中的第（2）款的编号改为第（3）款。

❺ 根据 2002 年第 39 号法案第 20 条第（2）款予以修订，同时将原始文本中的第（2）款的编号改为第（4）款。

优先权

第 61 条❶

（1）确定优先权的日期应为：

a）一般来说，提交专利申请的日期（申请优先权）；

b）在《保护工业产权巴黎公约》所界定的情况下，提交外国申请的日期（公约优先权）；

c）提交同一主题事项的先前提交的待决且尚未公布的专利申请的日期，该日期不得早于本次提交前 12 个月，但条件是其并未作为主张优先权的基础（国内优先权）。❷

（2）应从最早优先权声明之日起 16 个月内，通过发表声明来声明公约优先权。在此期限内也可要求更正优先权声明。更正将影响所主张的最早优先权日的，则更正的 16 个月期限应从所主张的最早优先权的更正日期算起，条件是其首先届满。在任何情况下，可自提交申请之日起 4 个月内请求更正优先权声明。

（3）本条第（2）款不适用于申请人已在较早日期要求公布专利申请后［参照本法第 70 条第（2）款］，但随后撤回该请求但仍在为公布专利申请进行技术准备完成前的除外。

（4）确定公约优先权的文件（优先权文件）应自所主张的最早优先权日起 16 个月内提交。

（5）优先权文件（国外申请的副本）基于国际条约或匈牙利知识产权局局长针对国际合作作出并在匈牙利知识产权局官方公报上公布的决定，以任何其他方式提供给匈牙利知识产权局，且被视为专利申请附件的，视为已提交，无须单独提交。❸

（6）应在提交申请之日后 4 个月内主张国内优先权。主张国内优先权的，视为撤回先前的专利申请。

（7）在适当的情况下，在一份专利申请中，可以针对任何权利主张多项

---

❶ 根据 2007 年第 142 号法案第 21 条予以设立。根据该法案第 49 条第（1）款，可适用于 2008 年 1 月 1 日之后开始的诉讼程序。

❷ 根据 2011 年第 173 号法案第 11 条予以设立。

❸ 根据 2010 年第 148 号法案第 88 条第（7）款予以修订。

优先权。

（8）针对一份专利申请主张一项或者多项优先权的，其优先权应仅包括根据本法第60条第（1）款和第（2）款确定优先权的申请所披露的技术特征。

（9）已在世界贸易组织的一个非《巴黎公约》缔约国的成员或者根据互惠在任何其他国家提交外国申请的，也可以根据《巴黎公约》规定的条件主张公约优先权。就互惠而言，匈牙利知识产权局局长具有最终决定权。❶

实用新型申请的派生

第62条

（1）申请人在较早日期已提交实用新型申请的，可以在提交同一主题事项专利申请之日起2个月内提出优先权声明，主张实用新型申请的提交日期和与此类申请有关的优先权（派生）。

（2）专利申请的派生自实用新型保护授权最终决定之日起3个月内可以受理，但不迟于自实用新型申请之日起20年。❷

（3）实用新型申请来自欧洲专利申请或者欧洲专利的，派生不得受理。❸

存放和使用生物材料❹

第63条❺

（1）发明涉及使用公众无法获得的生物材料或者与公众无法获得的生物材料有关的发明，无法根据本法第60条第（1）款要求在专利申请中披露的，必须证明生物材料在不迟于根据《国际承认用于专利程序的微生物保存布达佩斯条约》提交专利申请之日起已被存放。❻

（2）已废除。❼

---

❶ 根据2010年第148号法案第88条第（1）款予以修订。

❷ 根据2005年第83号法案第338条第5点予以修订。

❸ 根据2007年第24号法案第9条予以设立。根据该法案第30条第（1）款，可适用于2007年5月1日之后开始的诉讼程序。

❹ 根据2003年第102号法案第110条f）点予以设立。

❺ 根据2002年第39号法案第22条予以设立。根据该法案第35条第（1）款，可适用于2003年1月1日之后开始的诉讼程序。

❻ 根据2005年第83号法案第202条第（1）款予以设立。根据该法案第332条第（1）款，可适用于2005年11月1日之后启动的案件和重复起诉。参见1981年第1号法案。

❼ 根据2005年第78号法案第339条第10点予以废除。

（3）本条第（1）款提及的证据应在最早优先权之日起 16 个月内提交。❶

（4）下列人员可以通过提供的样品获取存放的生物材料：

a）在专利申请公开前，根据本法第 53 条第（1）款获授权查阅文档的人员；

b）专利申请公开后专利权授予前，任何请求人；专利申请人为此请求的，则仅限于独立专家；

c）在专利授权之后，任何请求人；不论专利是否撤销或者废除。

（5）获提供样品的人在专利授权程序终止之前或者在专利授权保护期届满之前，不得将样品或者其衍生的任何材料提供给第三方，除被许可人的强制许可以及申请人或者专利权人明确放弃行使该义务外，他可以将样品或者其衍生的材料仅用于实验目的。材料具有保存的生物材料的特性，且该特性对实施专利是必需的，则该材料视为派生。

（6）根据申请人的要求，申请被拒绝、撤回或者推定撤回的，则自专利申请提交之日起，独立专家访问存放材料限于 20 年。在这种情况下，适用本条第（5）款的规定。

（7）申请人在本条第（4）款 b）项和第（6）款中提到的请求只能在发布专利申请的技术准备视为已经完成的日期之前提交。

（8）根据本条第（1）款至第（7）款规定存放的生物材料不再从承认的存托机构可获取的，应参照《布达佩斯条约》规定的条件批准新的材料存放。

（9）任何新的存放应附有存放人的声明，证明新存放的生物材料与原始存放的相同。

（10）生物材料可以由申请人以外的人存放，只要在专利申请中说明存放人的姓名和地址，并提交声明，指出存放人授权申请人在专利说明书中提及存放的生物材料，并对于根据本条第（1）款至第（9）款向公众提供的生物材料，作出无保留且不可撤销的同意。

展览声明和认证

第 64 条

（1）申请人可以根据本法第 3 条 b）项提出要求，当确定现有技术时，

---

❶ 根据 2005 年第 78 号法案第 202 条第（2）款予以设立。根据该法案第 332 条第（1）款，可适用于 2005 年 11 月 1 日之后启动的案件和重复起诉。

在下列情况下，不考虑其发明在展览上的展示：

　　a）在提交专利申请之日起2个月内提交此类声明；

　　b）在提交专利申请之日起4个月内提交文件，由负责展览的机构颁发的证书证明展出和展示日期。

　　（2）证书必须附有描述，如有必要，附有负责展览的机构认证的附图。

　　（3）证书只能在展览期间颁发，而发明或者其披露可以在展会上看到。

与原子能相关的申请信息❶

第64A条❷

根据《建立欧洲原子能共同体的罗马条约》的相关规定，匈牙利知识产权局应向欧洲委员会通报下列信息，包括申请人和发明人的姓名、地址或注册地：

　　a）明确涉及原子能的国家专利申请的内容；

　　b）欧洲委员会要求时，那些不明确属于原子能领域但直接关系到欧洲原子能共同体使用发展的国家专利申请的存在或内容，并且对此具有根本性重要意义。

申请的审查

第65条❸

提交专利申请后，匈牙利知识产权局应当审查：

　　a）该申请是否符合提交日期的要求（参照本法第58条）；

　　b）申请费和检索费是否已缴纳［参照本法第57条第（4）款］；

　　c）作为专利申请附件提交的说明书、权利要求书、摘要和附图（如果有的话），都应使用匈牙利语。

第66条❹

　　（1）不能授予提交日期的，应要求申请人在2个月内纠正违规行为。

---

❶ 根据2018年第67号法案第14条第（1）款予以设立。
❷ 根据2018年第67号法案第14条第（2）款予以设立。
❸ 根据2019年第34号法案第17条予以设立。
❹ 根据2007年第142号法案第22条予以设立。根据该法案第49条第（1）款，可适用于2008年1月1日开始的诉讼程序。

（2）申请人在规定的期限内符合该要求的，则应当将收到纠正的日期作为提交日期。不遵守上述要求的，收到的文件不得视为专利申请，专利申请程序终止。

（3）在没有迹象允许与申请人联系的情况下，不得发出纠正违规行为的通知，纠正违规行为的 2 个月期限，应自收到申请之日起算。

（4）说明书或者请求书中提及的说明书或者附图的部分内容在申请中存匈牙利发明专利保护法在遗漏时，应要求申请人在 2 个月内予以纠正。申请人不得援引该要求的遗漏部分。

（5）申请人在提交日期之后但在该日期后 2 个月内或者在根据本条第（4）款发出通知之日后 2 个月内提交说明书的缺失部分或者缺失附图的，则收到纠正的日期应视为提交日期，申请日应进行相应修改。

（6）申请人根据本条第（5）款纠正违规行为，并且申请声称包含缺少的描述部分或者缺失的附图的较早申请的优先权时，提交日期仍然是本法第 58 条第（1）款至第（3）款规定的要求达到的日期，前提是申请人在本条第（5）款的期限内提交：

a）在先申请的副本；

b）其匈牙利语译文（如其中较早的申请是以外语提交的）；

c）关于说明书的缺失部分或者缺失的附图包含在以前的申请中或者在其翻译中的说明。

（7）凡适用本法第 61 条第（5）款的规定的，本条第（6）款 a）项和 b）项规定的要求应视为已经履行。

（8）申请人在规定期限内未能符合本条第（6）款规定的要求的，补充提交说明书的缺失部分或者缺失附图的日期应视为提交日期，并且相应地修改提交日期。

（9）申请人未在本条第（4）款或第（5）款的限期内提交缺少的说明书部分或者缺失的附图的，或者根据本条第（11）款撤回根据本条第（5）款提交的说明书或者遗漏附图的任何遗漏部分的，对本部分或者附图的提述，均被视为已经从申请人的说明书或者权利要求中删除。以上情形应当通知申请人。

（10）应通知申请人所设定的提交日期或者修改日期。

（11）在根据本条第（5）款或第（8）款修改提交日期的通知后 1 个月内，申请人撤回对违规行为进行修改的说明书的缺失部分或者缺失的附图，视为未对申请日进行修改。以上情形应当通知申请人。

（12）申请费和专利检索费尚未缴纳，或者专利说明书、摘要和附图尚未以匈牙利语提交的，匈牙利知识产权局应通知申请人在本法第 57 条第（4）款和第（5）款规定的期限内纠正违规行为。未遵守上述要求的，申请应当视为撤回。❶

第 67 条 ❷

已废除。

关于形式要求的审查

第 68 条

（1）专利申请符合本法第 65 条规定的要求的，匈牙利知识产权局还应审查本法第 57 条第（2）款和第（3）款的形式要求是否得到满足。❸

（2）申请人不符合本条第（1）款规定的要求的，应当通知申请人纠正违规行为。

（3）纠正后仍然不符合检查要求的，驳回专利申请。该申请只能基于通知中确切和明确说明的理由予以驳回。

（4）申请人在规定时限内没有回复通知的，专利申请将被视为撤回。

新颖性检索

第 69 条

（1）如果专利申请满足第 65 条 a）项和 b）项规定的要求，并且申请人已经用匈牙利语或英语提交了包含权利要求的专利说明书、摘要以及必要时的附图，则匈牙利知识产权局将进行新颖性检索，并根据权利要求、说明书和附图来编制新颖性检索报告。❹

（1a）针对全部或特定权利要求的专利申请不适合进行相关新颖性检索

---

❶ 根据 2010 年第 148 号法案第 88 条第（1）款和 2019 年第 34 号法案第 22 条第 2 点予以修订。

❷ 根据 2010 年第 148 号法案第 89 条第（2）款予以废除。

❸ 根据 2010 年第 148 号法案第 88 条第（1）款和 2018 年第 67 号法案第 26 条第 5 点予以修订。

❹ 根据 2022 年第 55 号法案第 50 条予以设立。

的，检索报告只能包含一份声明及其理由。● 专利申请还包含适用于新颖性检索的权利要求的，匈牙利知识产权局将就此类权利要求准备部分检索报告。

（1b）专利申请不符合发明单一性要求（参照本法第 59 条）的，匈牙利知识产权局应就请求书中首先提到的部分发明或者涉及根据本法第 59 条规定的本发明构成联合体的发明准备检索报告。匈牙利知识产权局应在实质审查期间通知申请人对专利进行分案申请（参照本法第 76 条）。●

（2）检索报告应提及该等文件和数据，在决定专利申请所涉及的发明是否具有新颖性且涉及创造性活动时可以考虑该等因素。

（3）检索报告连同引用文件的副本一并送交申请人。

（4）应在匈牙利知识产权局的官方公报上与申请同时公布进行的检索，或者随后才能获取检索报告的，则另行发布。●

第 69A 条 ●

（1）应申请人要求，匈牙利知识产权局应起草一份附意见书的检索报告。

（2）书面意见也包含原因，初步确定考虑文件和检索报告中引用的信息，发明是否符合新颖性、创造性和工业应用的要求。

（3）获得附意见书的检索报告的要求应在自提交日期起 10 个月内提出。

（4）对于补充了书面意见的检索报告，应支付法律规定的工业产权程序行政服务费用法规定的费用。●

（5）不符合本条第（3）款要求的，附意见书的检索报告要求将被拒绝。

（6）匈牙利知识产权局应起草附意见书的检索报告除本条第（11）款和第（16）款规定的例外情况根据提出请求之后的第四个月的最后一天的说明书、权利要求和附图，并在提交检索报告请求后 6 个月内将其辅以书面意见发送给申请人。●

（7）在下列情况下，根据要求，匈牙利知识产权局应退还附意见书的检索报告费：

a）申请人在提交附意见书的检索报告请求后 4 个月内撤回专利申请的；

---

b）匈牙利知识产权局在本款 a）项规定的期限内拒绝专利申请的；

c）专利申请由于在本款 a）项规定的期限内发生的原因而被视为被撤回的；

d）附意见书的检索报告自请求的提交日期起第六个月的最后一日后寄出，并非因为匈牙利知识产权局承认有关未能遵守本条第（3）款规定。

（8）应申请人的要求，匈牙利知识产权局应按照第（1）段的规定加快审查报告，提出书面意见。加快程序的请求只能与附意见书的检索报告请求一起提交。在该情况下应双倍缴纳附意见书的检索报告请求费用。缴纳的费用少于上述费用，但是达到附意见书的检索报告请求费用的匈牙利知识产权局应适用本条第（6）款规定编制附意见书的检索报告。❶

（9）专利申请不符合本法第 65 条规定的审查要求，或者不适合对所有权利要求进行相关新颖性检索的，匈牙利知识产权局应当在加速程序中拒绝编制附意见书的检索报告的请求，并按照本条第（6）款进行。

（10）申请人在发送附意见书的检索报告后修改专利申请的，可以在本条第（3）款规定的期限内提出新的附意见书的检索报告请求。

（11）加速程序要求符合本条第（8）款要求的，匈牙利知识产权局应基于提交请求之日其所掌握的说明书、权利要求和附图编制附意见书的检索报告，并在提交请求之日起 2 个月内将其发送给申请人。

（12）在适用本条第（11）款规定的程序的情况下，本条第（7）款不适用，但匈牙利知识产权局：

a）根据本条第（6）款基于本条第（8）款编制附意见书的检索报告的，应当根据要求退还超出附意见书的检索报告费用的费用；

b）附意见书的检索报告在本条第（11）款规定的期限后邮寄，且不是因为匈牙利知识产权局在没有遵守本条第（3）款规定的期限的情况下接受恢复原状的请求的，则按照本条第（8）款的要求退还一半的费用；申请人在邮寄附意见书的检索报告前在其请求中表明其不主张该报告的，全部费用应退还申请人；

c）根据本条第（9）款驳回附意见书的检索报告的请求的，则应要求应退还基于本条第（8）款所缴纳费用的一半。

（13）如果申请人用英文提交了专利说明书、权利要求书、摘要和附图，

---

❶ 根据 2019 年第 34 号法案第 22 条第 4 点予以修订。

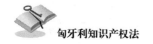

匈牙利知识产权局应根据申请，在英文附件的基础上编写一份补充书面意见的新颖性检索报告，但须支付补充书面意见的新颖性检索报告费用的 4 倍。❶

（14）匈牙利知识产权局在收到第（13）款规定的申请后，应驳回申请并退还申请费，如果❷：

a）支付的费用少于第（13）款规定的数额；或

b）专利申请不符合第 65 条 a）项和 b）项审查的条件；或

c）该专利申请不适合对所有权利要求进行适当的新颖性检索。

（15）第（2）款至第（5）款、第（7）款 d）项和第（10）款应适用于在英文附件基础上附有书面意见的新颖性报告程序。❸

（16）匈牙利知识产权局以英文附件为基础根据说明书、权利要求书和申请日可用的图纸，编写一份新颖性检索报告，并附上书面意见，在申请提交后 6 个月内寄给申请人。❹

国际检索❺

第 69B 条

应申请人的要求，主管机关应在专利申请的基础上，根据 1970 年 6 月 19 日在华盛顿签订的《专利合作条约》（以下简称《条约》）第 15 条第（5）款进行国际检索。

公　　布

第 70 条

（1）专利申请应自最早优先权日起 18 个月届满后公布。

（2）应申请人的要求，满足本法第 65 条要求的，可以在较早的日期公布申请。

（3）根据本法第 56 条 b）项规定，匈牙利知识产权局通过官方公报向公众发布信息。❻

（4）公告应当通知申请人。

---

❶❷❸❹　根据 2019 年第 34 号法案第 19 条予以设立。

❺　根据 2021 年第 122 号法案第 21 条予以设立。

❻　根据 2010 年第 148 号法案第 88 条第（1）款予以修订。

异议申请

第 71 条

（1）在专利授予程序期间，任何人均可以向匈牙利知识产权局提出异议，认为该发明或者申请不符合可授予专利的要求。❶

（2）在审查过程中应当考虑就异议提出的意见。

（3）提出异议的人不得是专利授权程序的一方。

异议结果将通知异议人。

修改和分案

第 72 条

（1）对专利申请的修改，不得使其主题范围比申请日提交的原始申请文件中披露的内容更广泛。❷

（2）如本条第（1）款所述，在确定授予专利决定前，申请人有权对说明书、权利要求和附图进行修改。❸

第 73 条

（1）申请人在一份申请中要求对一个以上发明主张专利保护的，其可以在确定授予专利决定前，进行分案申请，保留提交日期和任何较早的优先权。❹

（2）对于在工业产权程序中规定的行政服务费用法规定的费用，应在提交相关请求之日起 2 个月内支付分案费用。❺

（3）申请人在提交请求后没有缴纳分案费用的，匈牙利知识产权局应通知申请人在本条第（2）款的期限内纠正违规行为。不遵守上述规定的，视为申请人撤回该请求。❻

---

❶ 根据 2010 年第 148 号法案第 88 条第（2）款予以修订。
❷ 根据 2022 年第 55 号法案第 51 条予以设立。
❸ 根据 2010 年第 148 号法案第 71 条予以设立。
❹ 根据 2010 年第 148 号法案第 72 条予以设立。
❺ 根据 2018 年第 67 号法案第 26 条第 1 点予以修订。
❻ 根据 2010 年第 148 号法案第 88 条第（1）款予以修订。

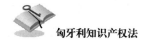

实质审查

第74条

（1）匈牙利知识产权局应申请人要求对已公开的专利申请进行实质审查。❶

（2）实质审查应确定下列事项：

a）本发明是否符合本法第1条至第5A条的规定，是否未被排除在本法第6条第（2）款至第（4）款和第（10）款下的专利保护之外；❷

b）该申请是否符合本法规定的要求。

第75条

（1）可以在提交专利申请的同时或者在关于新颖性检索的执行情况的官方信息公布之日后的6个月内［参照本法第69条第（4）款］要求实质审查，否则，专利临时保护应被视为失效。

（2）撤销实质审查请求不具法律效力。

（3）根据工业产权程序行政服务费用法规定的费用，应在提交申请之日起2个月内支付审查费。❸

（4）在提交请求后未缴纳审查费用的，匈牙利知识产权局应通知申请人在本条第（3）款规定的期限内纠正违规行为。不遵守上述通知的，申请将被视为撤回或者专利临时保护应被视为失效（视情况而定）。❹

（5）在官方信息正式公布之前，申请人撤回新颖性检索申请或者放弃专利的临时保护，根据要求应退还审查费用。

第76条

（1）专利申请不符合本法第74条第（2）款规定的要求的，根据异议的性质，申请人应被通知纠正违规行为，并说明理由或者进行分案申请。

（2）专利申请全部或者部分不符合审查要求的，即使在纠正违规行为或

---

❶ 根据2010年第148号法案第88条第（1）款予以修订。

❷ 根据2007年第142号法案第24条予以设立。根据该法案第49条第（1）款，可适用于2007年12月13日之后开始的诉讼程序。

❸ 根据2018年第67号法案第26条第3点予以修订。

❹ 根据2010年第148号法案第88条第（1）款予以修订。

者提交理由后也将被拒绝。❶

（3）申请只能基于通知中明确说明且适当分析的理由方可予以驳回。如有需要，应另行发出通知。

（4）申请人没有答复通知或者分案申请的，专利临时保护被视为失效。❷

专利的授予

第 77 条

（1）专利申请和其涉及的发明符合审查的所有要求的［参照本法第 74 条第（2）款］，匈牙利知识产权局将就申请的客体授予专利。❸

（2）在授予专利之前，形成授权基础的说明书、权利要求和附图的文本应传送给申请人，申请人可以在 3 个月内声明其同意该文本。

（3）申请人同意该文本或未提交意见的，则应根据发送的说明书、权利要求和附图授予专利。申请人提出修改或者提交新的说明书、权利要求和附图的，匈牙利知识产权局将决定是否在说明最终文本时考虑该等内容。❹

（4）专利权授予前，工业产权程序中行政服务费用法规定的申请费应在本条第（2）款所规定的 3 个月的声明期内缴纳。申请人未缴纳该费用的，其专利临时保护被视为失效。❺

第 78 条

（1）授予专利后，匈牙利知识产权局将出具专利证书，附件中应附有说明书、权利要求和附图。❻

（2）专利授权书应登记在专利登记簿（参照本法第 54 条）中，有关资料应在匈牙利知识产权局官方公报（参照本法第 56 条）中提供。❼

---

❶❷　根据 2022 年第 55 号法案第 52 条第（1）款予以设立。

❸❹❼　根据 2010 年第 148 号法案第 88 条第（1）款予以修订。

❺　根据 2007 年第 142 号法案第 49 条第（10）款和 2018 年第 67 号法案第 26 条第 1 点予以修订。

❻　根据 2007 年第 142 号法案第 49 条第（9）款和 2010 年第 148 号法案第 88 条第（1）款予以修订。

第 10 章　专利事项的其他程序

宣布专利保护的失效与恢复程序

第 79 条

（1）匈牙利知识产权局应根据本法第 38 条 b）项和 c）项宣布临时专利保护以及根据本法第 39 条 b）项和 c）项确定的专利保护失效；应当根据本法第 40 条恢复专利保护。❶

（2）专利保护失效和恢复声明的，应在专利注册登记簿（参照本法第 54 条）中登记，有关资料在匈牙利知识产权局官方公报（参照本法第 56 条）中提供。❷

撤销程序

第 80 条

（1）除本条第（2）款规定的例外情况外，任何人均可根据本法第 42 条针对专利权人启动撤销专利的程序。❸

（2）根据本法第 42 条第（1）款 d）项，有权要求的人可以请求撤销专利。❹

（3）除了第 45 条第（5）款至第（6）款规定的，撤销请求应说明属于第 42 条第（1）款规定范围内的撤销理由，并应附有支持证据。❺

（4）在提出撤销申请后的 2 个月内，应缴纳工业产权程序中行政服务费

---

❶ 根据 2010 年第 148 号法案第 88 条第（1）款予以修订。

❷ 根据 2010 年第 148 号法案第 88 条第（1）款和第 89 条第（1）款予以修订。

❸ 根据 2002 年第 39 号法案第 24 条第（1）款予以设立。根据该法案第 35 条第（1）款，可适用于 2003 年 1 月 1 日开始的诉讼程序。根据该法案第 36 条第（3）款，申请日在 2003 年 1 月 1 日之前的授权专利的无效条件应适用申请日的现行规定。

❹ 根据 2002 年第 39 号法案第 24 条第（2）款予以设立，同时将原始文本中的第（2）款至第（4）款的编号分别改为第（3）款至第（5）款。根据该法案第 35 条第（1）款，可适用于 2003 年 1 月 1 日之后开始的诉讼程序。根据该法案第 36 条第（3）款，申请日在 2003 年 1 月 1 日之前的授权专利的无效条件应适用申请日的现行规定。

❺ 根据 2002 年第 39 号法案第 24 条第（2）款将原始文本中的第（2）款的编号改为第（3）款。根据 2022 年第 55 号法案第 53 条予以设立。

用法规定的费用。❶

（5）撤销请求不符合本法规定的要求的，应当通知撤销申请人纠正违规行为；未缴纳请求费用的，撤销申请人应在本法规定的期限内缴纳。❷

未能纠正不当行为的，视为撤回撤销请求。

（6）如果根据第104条第（1a）款申请撤销专利，向匈牙利知识产权局提出反诉，匈牙利知识产权局应中止诉讼程序，等待与反诉有关的法律程序在相同或不同事实基础上的最终结果。❸

（7）如果法院已经根据第104条第（1a）款的规定，以相同的事实依据和专利无效的反诉为基础，对同一专利的无效宣告作出了终审判决，则匈牙利知识产权局应驳回无效宣告请求。❹

第80A条❺

在授予职务发明专利的情况下，匈牙利知识产权局应向发明人发出撤销程序通知，通知其在收到通知之日起30日内可以提交申请成为撤销程序的当事人一方。

第81条

（1）匈牙利知识产权局应通知专利权人和（在授予职务发明专利的情况下）发明人对撤销请求提出意见。在书面准备工作后，应在听证会上决定撤销或者限制专利或者拒绝撤销请求。终止程序的决定也可以在不经听证的情况下作出。在匈牙利知识产权局为要求撤销的人确定时限后，不得以任何在上述期限内未提出的理由作为撤销依据。当裁定终止程序时，该等理由不得予以考虑。❻

（1a）匈牙利知识产权局应根据各方不迟于预定到期日前3天提交的合理联合请求，推迟听证会。根据稍后提交的联合请求，听证会可因特殊重要原

---

❶ 根据2002年第39号法案第24条第（2）款将原始文本中的第（3）款的编号改为第（4）款。根据2018年第67号法案第26条第1点予以修订。

❷ 根据2002年第39号法案第24条第（2）款将原始文本中的第（2）款的编号改为第（5）款。

❸❹ 根据2021年第122号法案第22条予以设立。

❺ 根据2007年第24号法案第12条予以设立。根据2010年第148号法案第88条第（1）款予以修订。

❻ 根据2005年第83号法案第204条第（1）款予以设立。根据2007年第24号法案第13条和2010年第148号法案第88条第（8）款予以修订。

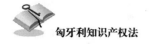

因延期。❶

（1b）匈牙利知识产权局可以在听证前或听证时依职权推迟预定的听证会，仅可出于重要原因或匈牙利知识产权局的利益而不举行听证会，并说明理由。❷

（1c）在延期审理的情况下，匈牙利知识产权局应同时确定听证日期。❸

（2）同一专利有不止一个撤销请求的，应尽可能采用同一程序处理。❹

（3）撤回撤销请求的，可以依职权继续执行。在该情况下，匈牙利知识产权局也应在请求的框架内进行，同时考虑到各方所提出的陈述和指控。❺

（4）听证过程中作出的命令和裁决应在听证当天宣布。裁决的宣布可以推迟，但不得超过8天，且只有案件的复杂性程度达到绝对必要推迟时才允许。在这种情况下，应立即确定宣布的期限，并在宣布之日前作出书面决定。书面决定应在宣布时立即送达在场的当事人，并在宣布后的3天内送达不在场的当事人。❻

（5）公布的决定应由执行部分和理由解释组成。❼

（6）决定书应当自作出决定之日起15日内出具，匈牙利知识产权局延期宣布的除外，应在书面制成后15日内交付。❽

（7）败诉方应当承担撤销程序的费用。专利权人没有为撤销程序提供任何辩解，并放弃专利保护，至少针对相关部分的权利要求，在根据本条第（1）款提交异议的期限届满之前追溯到提交之日，程序费用由撤销申请人承担。❾

（8）该专利的撤销或者限制应登记在专利登记簿（参照本法第54条）

---

❶❷❸ 根据2022年第55号法案第54条第（1）款予以设立。

❹ 根据2002年第39号法案第25条予以设立。根据该法案第36条第（3）款，可适用于2003年1月1日之后开始的诉讼程序。根据该法案第36条第（3）款，申请日在2003年1月1日之前的授权专利的无效条件应适用申请日的现行规定。

❺ 根据2005年第83号法案第204条第（2）款予以设立。根据2010年第148号法案第88条第（1）款予以修订。

❻ 根据2005年第83号法案第204条第（3）款将原始文本中的第（4）款的编号改为第（7）款。根据2022年第55号法案第54条第（2）款予以设立。

❼ 根据2005年第83号法案第204条第（3）款予以设立，同时将原始文本中的第（5）款的编号改为第（6）款。根据该法案第332条第（1）款，可适用于2005年11月1日之后的案件和重复起诉。

❽ 根据2005年第83号法案第204条第（3）款予以设立。根据2009年第56号法案第100条和2010年第148号法案第88条第（1）款予以修订。

❾ 根据2005年第83号法案第204条第（3）款将原始文本中的第（4）款的编号改为第（7）款。根据2013年第159号法案第4条予以设立。

中，相关信息应在匈牙利知识产权局官方公报（参照本法第 56 条）中提供。❶

第 81A 条❷

（1）应任何一方的要求，针对专利侵权发起诉讼或者在提起诉讼之前提出了临时措施的请求，且这一事实得到证实的，则应加快撤销程序。❸

（2）申请加速程序的，应自提交有关要求后 1 个月内缴纳工业产权程序中行政服务费用法规定的费用。❹

（3）加速程序的请求不符合本条第（1）款规定的，匈牙利知识产权局有权要求申请加速程序的当事人一方纠正违规行为或者提交意见书。纠正违规行为或者提交修改理由后仍不符合本法规定要求的，不予以加速处理。未遵守上述规定的，匈牙利知识产权局可以撤销加速程序的请求。

（4）未缴纳请求费的，加速程序请求人应在本法规定的期限内缴纳。不遵守上述通知将导致加速程序的要求被撤回。

（5）匈牙利知识产权局应当通过命令设定加速程序。❺

（6）通过减损本法第 48 条和第 81 条的规定，在加速程序的情况下❻：

a）也可以针对纠正违规行为或者提交意见设定 15 日的时限；

b）只有在特别合理的情况下，才可以延长时限，延长期限至少为 15 天，但不超过 2 个月，并且

c）澄清事实需要双方当事人共同参加听证，或者一方当事人及时提出请求的，知识产权局应当举行口头听证。

针对无侵权行为作出决定的程序

第 82 条

（1）除了第 45 条第（5）款至第（6）款规定的，关于无侵权行为决定

---

❶ 根据 2005 年第 83 号法案第 204 条第（3）款将原始文本中的第（5）款的编号改为第（8）款。根据 2010 年第 148 号法案第 88 条第（1）款予以修订。

❷ 根据 2005 年第 165 号法案第 6 条予以设立。根据该法案第 33 条第（1）款，可适用于 2006 年 1 月 1 日之后开始的诉讼程序。

❸ 根据 2011 年第 173 号法案第 12 条予以设立。

❹ 根据 2018 年第 67 号法案第 26 条第 1 点予以修订。

❺ 根据 2010 年第 148 号法案第 88 条第（1）款予以修订。

❻ 根据 2022 年第 55 号法案第 55 条予以设立。

的请求（参照本法第 37 条）应指明专利的申请号和发明的名称，并应附有被使用或打算使用的产品或方法的说明和图纸。如果尚未提交欧洲专利文本的匈牙利文翻译以在匈牙利生效，或者专利权人未向请求方提供此译本的，则匈牙利知识产权局应根据请求无侵权行为的人的请求，要求专利权人提交翻译。❶

（2）只能针对一项专利以及已实施或者意图实施一种产品或者方法提出针对无侵权行为作出决定的请求。❷

（3）在提出请求后的 2 个月内，应当缴纳工业产权程序中行政服务费用法规定的针对无侵权行为作出决定的请求费。❸

（4）针对无侵权行为作出决定的请求不符合本法规定的要求的，应通知请求方纠正违规行为；未缴纳请求费的，应当通知该方在本法规定的期限内缴纳。未纠正违规行为的，应视为撤回针对无侵权行为作出决定的请求。

（5）专利权人未遵守本条第（1）款提交译本的通知的，申请方可以委托翻译，费用由专利权人承担，专利权人在答复通知中声明被请求方以实施或者将实施的产品或者方法不侵犯所涉及的专利的情况除外。❹

第 83 条

（1）匈牙利知识产权局应通知专利权人针对无侵权行为作出决定的请求说明理由。在书面准备工作后，匈牙利知识产权局应当在听证会上决定是否受理或者驳回该请求。终止程序的决定也可以在不经听证的情况下作出。❺

（2）制备欧洲专利文本的匈牙利语译文的费用由专利权人承担。请求方应承担针对无侵权行为作出决定的程序的费用。❻

（3）本法第 81 条第（1a）款至第（1c）款和第 81 条第（4）款至第

---

❶ 根据 2022 年第 55 号法案第 56 条予以设立。

❷ 根据 2002 年第 39 号法案第 26 条予以设立。根据该法案第 35 条第（1）款，可适用于 2003 年 1 月 1 日之后开始的诉讼程序。

❸ 根据 2018 年第 67 号法案第 26 条第 1 点予以修订。

❹ 根据 2009 年第 23 号法案第 7 条第（2）款予以设立。根据该法案第 12 条第（2）款，可适用 2011 年 1 月 1 日之后在欧洲专利公报上公布授权通知的欧洲专利。

❺ 最后一句根据 2005 年第 83 号法案第 205 条第（1）款予以设立。根据 2010 年第 148 号法案第 88 条第（1）款予以修订。

❻ 根据 2009 年第 23 号法案第 8 条予以设立。根据 2010 年第 148 号法案第 88 条第（1）款予以修订。根据该法案第 12 条第（2）款，可适用于 2011 年 1 月 1 日之后在欧洲专利公报上公布授权通知的欧洲专利。

（6）款的规定也适用于针对无侵权行为作出决定的程序。❶

（4）本法第81A条的规定也适用于针对无侵权行为作出决定的程序。

与第816/2006/EC号条例［第33A条第（1）款］
适用的强制许可有关的程序❷

第83A条❸

（1）尽管有本法第48条的规定，但在本法第83B条至第83G条规定的程序中，也可以在少于30日但至少15日的期限内修改，以纠正违规行为或者说明理由，并只能在特别合理的情况下才能延长时间限制。

（2）在本法第83B条至第83H条规定的程序中，匈牙利知识产权局应不按顺序进行。❹

（3）本法第81条第（1a）款至第（1c）款和第81条第（4）款至第（6）款的规定也适用于本法第83B条至第83G条规定的程序。❺

第83B条❻

（1）已废除。❼

（2）根据第816/2006/EC号条例第6条规定的强制许可申请，在提交申请时同时应缴纳工业产权程序行政服务费用法规定的费用。❽

（3）强制许可的申请，除了第45条第（5）款至第（6）款以及第816/2006/EC号条例规定的声明和详情外，还应包括下列内容❾：

a）根据强制许可授予发明专利的专利注册号；

b）根据第816/2006/EC号条例第10条第（5）款，区分根据强制许可

---

❶ 根据2005年第83号法案第205条第（2）款和根据2022年第55号法案第57条予以设立。

❷ 根据2005年第165号法案第7条予以设立。根据该法案第33条第（1）款，可适用于2006年1月1日之后开始的诉讼程序

❸ 根据2007年第24号法案第14条予以设立。根据该法案第33条第（1）款，可适用于2007年5月1日之后开始的诉讼程序。

❹ 根据2010年第148号法案第88条第（1）款予以修订。

❺ 根据2022年第55号法案第58条予以设立。

❻ 根据2007年第24号法案第14条予以设立。根据该法案第30条第（1）款，可适用于2007年5月1日之后开始的诉讼程序。

❼ 根据2013年第16号法案第19条第（1）款b）项予以废除。

❽ 根据2013年第16号法案第18条c）项、2018年第67号法案第26条第1点予以修订。

❾ 根据2018年第67号法案第26条第7点予以修订。

生产的药品与专利权人或者其他人授权生产的药品的详情（例如特殊包装、着色或者成型）；

c）第816/2006/EC号条例第10条第（6）款提及的网址。

（4）匈牙利知识产权局应审查❶：

a）该申请书是否载有本条第（3）款和第816/2006/EC号条例第6条第（3）款规定的详情；

b）第816/2006/EC号条例第8条规定的条件是否满足；

c）申请人是否已提供证据表明，其已根据第816/2006/EC号条例第9条第（1）款与专利权人进行了事先磋商；

d）根据强制许可制造的产品数量是否符合第816/2006/EC号条例第10条第（2）款规定的条件。

（5）强制许可申请不符合第816/2006/EC号条例和本法规定的条件，或者请求的费用未按照本条第（2）款缴纳的，应通知申请人纠正违规行为或者说明理由。纠正或者说明理由仍然不符合审查条件的，应拒绝申请。申请人在固定期限内不回复通知的，应当视为撤回申请。

第83C条❷

（1）匈牙利知识产权局应通知专利权人就强制许可申请说明理由。在书面准备工作后，应当在听证会上决定授予强制许可或者拒绝该申请。终止程序的决定也可以在不经听证的情况下作出。❸

（2）授予强制许可的决定应包括：

a）强制许可的期限；

b）根据第816/2006/EC号条例第10条第（5）款，区分根据强制许可生产的药品与专利权人或者其他人授权生产的药品的详情（例如特殊包装、着色或者成型）；

c）关于第816/2006/EC号条例第10条第（4）款、第（5）款和第（7）款规定的通知；

d）关于第816/2006/EC号条例第10条第（6）款条规定的通知和被许

---

❶ 根据2010年第148号法案第88条第（1）款予以修订。

❷ 根据2007年第24号法案第14条予以设立。根据该法案第30条第（1）款，可适用于2007年5月1日之后开始的诉讼程序。

❸ 根据2010年第148号法案第88条第（1）款予以修订。

可人告知的网址；

e）大意为被许可人的簿册和记录必须含有第 816/2006/EC 号条例第 10 条第（8）款第二句所指详情和文件的通知；

f）向专利权人缴纳的报酬。

（3）授予强制许可的，应当登记在专利登记簿中，匈牙利知识产权局官方刊物应公布相关信息。❶

第 83D 条❷

（1）匈牙利知识产权局应通过表明第 816/2006/EC 号条例第 12 条提及的详情将授予强制许可告知欧盟委员会，并将该决定的副本送交海关当局和药品管理部门。❸

（2）授予强制许可后，经专利权人或者其他人同意，匈牙利知识产权局应在其网站上公布第 816/2006/EC 号条例第 12 条所述详情，以及区分根据强制许可生产的药品和由专利权人或他人经其同意生产的药品的详情。❹

（3）匈牙利知识产权局应定期向海关当局和药品管理部门通报欧盟其他成员国颁发的强制许可的详情及其变更情况，并在世界贸易组织网站上公布。❺

第 83E 条❻

（1）根据第 816/2006/EC 号条例第 10 条第（8）款的规定，要求查阅许可证持有人的账簿和记录的请求应以电子通信方式提交给匈牙利知识产权局，提交一份副本；如果不使用电子通信方式，则需提交两份副本。除了第 45 条第（5）款至第（6）款规定的外，请求还应指明授予强制许可的决定编号以及需要披露的详细信息。❼

（2）在提出请求的同时，应针对查阅请求缴纳工业产权程序行政服务费

---

❶ 根据 2010 年第 148 号法案第 88 条第（1）款予以修订。

❷❻ 根据 2007 年第 24 号法案第 14 条予以设立。根据该法案第 30 条第（1）款，可适用于 2007 年 5 月 1 日之后开始的诉讼程序。

❸❹❺ 根据 2010 年第 148 号法案第 88 条第（1）款予以修订。

❼ 根据 2018 年第 67 号法案第 17 条予以设立。

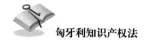

用法规定的费用。❶

（3）查阅请求不符合第816/2006/EC号条例和本法规定的条件，或者未按照第（2）款缴纳请求费用的，应通知申请人纠正违规行为或者说明理由。纠正行为或者说明理由仍然不符合查阅条件的，应拒绝该请求。请求方在规定时限内没有回复通知的，该请求应被视为撤回。

（4）匈牙利知识产权局应通知被许可人就查阅请求说明理由。在书面工作准备之后，应当作出对申请的同意或者拒绝的决定。书面工作准备完成后，澄清事实需要双方共同参加听证，或者一方及时提出请求的，匈牙利知识产权局应举行听证会。❷

（5）匈牙利知识产权局应在根据本条第（1）款提出的请求范围内通知专利权人查阅被许可人簿册和记录的结果。查阅结果的通知可用作强制许可审查程序的证据（参照本法第83F条）。❸

第83F条❹

（1）根据第816/2006/EC号条例第16条第1款的规定，对强制许可进行复审的请求，除了第45条第5款至第6款规定的外，还应指明授予强制许可的决定编号、复审的理由，并且应附上文件证据。请求中也可以附上进口国进行的评估报告。❺

（2）在提出要求的同时，应当缴纳工业产权程序行政服务费用法针对强制许可审查请求规定的费用。❻

（3）强制许可的审查请求不符合第816/2006/EC号条例和本法规定的条件的，或者根据本条第（2）款尚未缴纳请求费用的，请求方应纠正违规行为或者说明理由。纠正行为或者说明理由仍然不符合查阅条件的，应拒绝该请求。请求方在规定时限内没有回复通知的，该请求应被视为撤回。

（4）匈牙利知识产权局应通知被许可人或者专利权人（视提出请求的人而定）对强制许可审查请求提出意见。在书面工作准备完成后，应当在听证

---

❶❻ 根据2018年第67号法案第26条第1点予以修订。

❷ 根据2010年第148号法案第88条第（9）款予以修订。

❸ 根据2010年第148号法案第88条第（1）款予以修订。

❹ 根据2007年第24号法案第14条予以设立。根据该法案第30条第（1）款，可适用于2007年5月1日之后开始的诉讼程序。

❺ 根据2013年第16号法案第19条第（2）款b）项和2018年第67号法案第26条第8点予以修订。

会上决定终止或者修改强制许可或者拒绝请求。终止程序的决定也可以在不经听证的情况下作出。❶

（5）匈牙利知识产权局未根据第 816/2006/EC 号条例第 16 条第（3）款命令由被许可人承担费用销毁由被许可人控制的并根据强制许可生产的药品的，关于终止强制许可的决定应指明在特定时间内被许可人可将该药品重新寄至第 816/2006/EC 号条例第 4 条所述的有需要的国家。❷

（6）强制许可的终止应登记在专利登记簿中，匈牙利知识产权局官方公报应公布相关信息。❸

（7）终止强制许可后，匈牙利知识产权局应❹：

a）通知欧盟委员会；

b）通过向其发送决定通知海关当局和药品管理部门；

c）在其网站上公布信息。

第 83G 条❺

（1）根据第 816/2006/EC 号条例第 16 条第（4）款的规定，对强制许可进行修改的请求应指明❻：

a）第 45 条第（5）款至第（6）款规定的信息，但申请人及其代表的姓名和地址除外，前提是持有强制许可的人援引了原始的强制许可；以及

b）强制许可的编号、修改的理由，以及证明许可持有人已根据第 816/2006/EC 号条例第 9 条第（1）款与专利持有人进行了事先谈判的证据，前提是所请求增加的金额超过原始许可下授予金额的 25%。

（2）本条第（1）款项下的请求，应随附文件证据。❼

（3）对于本条第（1）款和第（2）款未调整的问题，根据本条第（1）款修改强制许可的，应参照适用本法第 83F 条的规定，但下列情况例外：

（a）匈牙利知识产权局应决定同意修改强制许可或者拒绝请求；❽

（b）在书面准备工作之后，澄清事实需要各方共同参加听证的，或者一

---

❶❷❸❹　根据 2010 年第 148 号法案第 88 条第（1）款予以修订。

❺　根据 2007 年第 24 号法案第 14 条予以设立。根据该法案第 30 条第（1）款，可适用于 2007 年 5 月 1 日之后开始的诉讼程序。

❻　根据 2018 年第 67 号法案第 18 条予以设立。

❼　根据 2013 年第 16 号法案第 18 条 d）项予以修订。

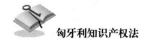

方及时提出请求的，匈牙利知识产权局应举行听证会。❶

第 83H 条❷

（1）药品管理部门证实药品进口违反第 816/2006/EC 号条例第 13 条第（1）款规定的，禁止在国内分销药品。

（2）药品管理部门应将其根据本条第（1）款作出的最终决定送交匈牙利知识产权局。❸

（3）已废除。❹

（4）经药品管理部门禁止在全国分销药品的决定生效后，海关当局应安排扣押和销毁药品，费用由进口商承担，并据此通知匈牙利知识产权局。❺

（5）匈牙利知识产权局应将根据本条第（1）款作出的决定和本条第（4）款所述的安排通知欧盟委员会。❻

与公共卫生强制许可相关的程序❼

第 83I 条

（1）本法的规定适用于与公共卫生强制许可相关的程序，但有下列情况除外：

a）为了补救缺陷或发表声明，应设定不少于 15 天但不超过 30 天的时间限制，并且只有在特别有理由的情况下才能延长时间限制；

b）匈牙利知识产权局应优先处理。

（2）除了第 45 条第 5 款和第 6 款规定的要求，公共卫生强制许可的申请还应指明下列内容：

a）详细说明申请是否涉及在匈牙利境内的利用、出口利用，或在匈牙利境内和出口利用；

b）在出口利用的情况下，申请利用的国家名称；

---

❶❻　根据 2010 年第 148 号法案第 88 条第（1）款予以修订。

❷　根据 2007 年第 24 号法案第 14 条予以设立。根据该法案第 30 条第（1）款，可适用于 2007 年 5 月 1 日之后开始的诉讼程序。

❸　根据 2010 年第 148 号法案第 88 条第（5）款予以修订。

❹　根据 2017 年第 50 号法案第 79 条 d）项予以废除。

❺　根据 2010 年第 148 号法案第 88 条第（10）款和 2017 年第 50 号法案第 78 条 g）项予以修订。

❼　本小标题及第 83I 条至第 83J 条根据 2020 年第 58 号法案第 299 条予以设立。

c）将在公共卫生强制许可下被利用的发明所授予的专利或补充保护证书的注册编号；

d）申请人希望在强制许可下生产的医疗产品的名称，或药品的非专有名称；

e）根据第33C条第（10）款的规定，区分在公共卫生强制许可下生产的医疗产品与专利持有人产品区分开来的标志；

f）药品管理机构出具的证明，证明申请人申请公共卫生强制许可的医疗产品适合满足匈牙利因健康危机而产生的需要，并且是证明书中指定的必要数量；

g）证明申请人具有在公共卫生强制许可下，根据本条f）项生产证明书指定数量所需的能力，或者如果外国强制许可要求在出口利用的情况下，生产外国强制许可下指定数量所需的能力；

h）如果未满足本条g）项规定的要求，证明申请人已作出实质性准备，根据本条f）项以确保证明书所指定的数量所需的生产能力，或者如果外国强制许可要求在出口利用的情况下，生产外国强制许可下指定数量所需的生产能力；

i）在出口利用的情况下，外国强制许可及其经认证的英文或匈牙利文译本。

（3）提交公共卫生强制许可的申请需缴纳费用，该费用应在提交申请时一并支付，具体金额由工业产权程序中的行政服务费法律规定。若未缴纳，申请将被视为撤回。

（4）收到申请后，匈牙利知识产权局应审查：

a）申请是否符合第（2）款和第（3）款规定的条件；

b）是否符合第33B条所规定的条件。

（5）从收到申请之日起8天内，匈牙利知识产权局应通知有关专利持有人，已提交有关其发明的强制许可申请。

（6）针对公共卫生强制许可申请中指定的专利或补充保护证书的任何侵权程序，或与之相关的任何临时措施，应在匈牙利知识产权局作出决定之前暂停。

（7）如果公共卫生强制许可的申请不符合第（4）款规定的条件，应要求申请人补救缺陷或作出声明。如果尽管采取了补救措施或作出声明，但申请仍未满足审查要求，则应予以驳回。如果申请人未在规定的时限内回应补

救缺陷的通知，则视为撤回申请。

第 83J 条

（1）匈牙利知识产权局应在不举行听证会的情况下，决定授予公共卫生强制许可或驳回申请。决定应以书面形式作出，并通知申请人。匈牙利知识产权局应在作出决定之日起 8 天内通知专利持有人决定结果。

（2）授予公共卫生强制许可的决定应包括下列内容：

a）信息说明申请是否涉及在匈牙利境内的利用、出口利用，或在匈牙利境内和出口利用；

b）在出口利用的情况下，公共卫生强制许可所涵盖的国家；

c）公共卫生强制许可的期限；

d）区分在公共卫生强制许可下生产的医疗产品与专利持有人产品的标志；

e）应支付给专利权人的报酬；

f）专利或补充保护证书的注册编号；以及

g）医疗产品的名称或药品的非专有名称。

（3）公共卫生强制许可应在专利或补充保护证书登记簿中登记，并在匈牙利知识产权局的官方公报上发布官方通知。

（4）匈牙利知识产权局应在授予公共卫生强制许可后立即通知药品管理机构。

第 83K 条

在公共卫生强制许可的有效期内，针对药品管理机构关于在公共卫生强制许可下生产的药品的决定提起的诉讼中，不允许采取临时救济措施。

专利说明书的解释

第 84 条❶

对专利说明进行解释时发生争议的，匈牙利知识产权局应根据主管法院或者其他机关的请求提出专家意见。

---

❶ 根据 2010 年第 148 号法案第 88 条第（1）款予以修订。

第3部分　关于欧洲专利制度和国际专利合作的规定❶

第10A章　关于欧洲专利申请和欧洲专利的规定❷
一般规定

第84A条

在本法中：

a）欧洲专利：指根据1973年10月5日《慕尼黑欧洲专利公约》❸（以下简称"公约"）授予的专利；

b）欧洲专利申请：指为获授予欧洲专利而根据公约提交的专利申请。

第84B条

（1）提交欧洲专利申请及获得欧洲专利的效力及于匈牙利境内。❹

（2）第84D条至第84O条的规定适用于以匈牙利为指定局的欧洲专利申请和在匈牙利境内有效的欧洲专利。❺

（3）公约和本法不一致的，欧洲专利申请和欧洲专利应适用公约的规定。

欧洲专利申请的提交

第84C条

（1）欧洲专利申请可向匈牙利知识产权局提交，但欧洲分案申请除外。❻

（2）申请人是匈牙利公民或者其居所地、住所在匈牙利境内的，欧洲专利申请应向匈牙利知识产权局提交，除非该欧洲专利申请针对未经匈牙利知识产权局局长分类且至少在2个月前向匈牙利知识产权局提交的专利申请主

---

❶　本部分根据2002年第39号法案第27条予以设立，同时将第3部分至第5部分分别改为第4部分至第6部分。根据该法案第35条第（1）款，可适用于2003年1月1日之后开始的诉讼程序。

❷　根据2002年第39号法案第27条予以设立。

❸　根据匈牙利公报2002年第166期中发布的勘误，文本已作相应修订。

❹❺　根据2011年第173号法案第19条予以修订。

❻　根据2010年第148号法案第88条第（11）款予以修订。

张优先权。❶

（3）欧洲专利申请可以以公约规定的任何语言向匈牙利知识产权局提交，在以匈牙利语或者欧洲专利局的任何官方语言提交的专利申请中，应至少含有下列内容❷：

a）寻求欧洲专利保护的指示；

b）可识别申请人或者可与申请人联系的信息。

欧洲专利申请的效力

第 84D 条

（1）已向欧洲专利局提交的欧洲专利申请，若保留欧洲专利申请优先权的，与同一日期向匈牙利知识产权局提交的国家专利申请具有相同效力。❸

（2）就本法第 2 条第（3）款而言，由欧洲专利局依照程序公布的欧洲专利申请，或者欧洲专利局根据公约在特定出版物公布的欧洲专利申请，与匈牙利知识产权局依照程序公布具有相同效力（参照本法第 70 条）。❹

（3）匈牙利知识产权局应在欧洲专利申请公布后，对其内容进行审查，并确保其与欧洲专利登记簿所载欧洲专利申请内容相同。欧洲专利申请公布后，即获得临时保护。❺

欧洲专利申请公布后授予的临时保护

第 84E 条

（1）在匈牙利知识产权局在匈牙利官方公报（参照本法第 56 条和第 56A 条）上公布有关提交权利要求匈牙利语译文的官方信息时，公布欧洲专利申请所赋予的临时专利保护在匈牙利生效。❻

（2）申请人提出相关请求的，匈牙利知识产权局应公布本条第（1）款所述官方信息。该请求还应包含已发布的请求书的匈牙利语译文。❼

---

❶ 根据 2009 年第 27 号法案第 12 条予以设立。根据 2009 年第 155 号法案第 41 条第（2）款 c）项和 2010 年第 148 号法案第 88 条第（1）款、第（2）款、第（11）款予以修订。

❷ 根据 2010 年第 148 号法案第 88 条第（11）款予以修订。

❸ 根据 2010 年第 148 号法案第 88 条第（2）款予以修订。

❹❺❼ 根据 2010 年第 148 号法案第 88 条第（1）款予以修订。

❻ 根据 2010 年第 148 号法案第 88 条第（1）款和 2011 年第 173 号法案第 19 条予以修订。

（3）除了第 45 条第 5 款和第 6 款规定的信息，申请还应指明发明人的姓名和地址，或者指明发明人要求不在专利文件中登记其姓名和地址；在这种情况下，发明人的姓名和地址必须另页注明。发明人的姓名和地址也可以通过引用包含相同信息的欧洲专利申请来提供。在其他方面，申请和权利要求的翻译应按照有关专利申请详细形式要求的法律和工业产权申请电子提交法律中规定的详细要求提交。❶

（4）自申请提出后 2 个月内，应缴纳由工业产权程序行政服务费法规定的费用。❷

（5）匈牙利知识产权局应审查该请求是否符合本条第（2）款和第（3）款规定的要求。在此过程中，应参照适用本法第 68 条第（2）款至第（4）款的规定。❸

（6）提交请求时未缴纳公布权利要求的费用的，匈牙利知识产权局应要求申请人在本条第（4）款规定的期限内纠正违规行为。不遵守本规定的，该请求应视为撤回。❹

（7）在提交本条第（1）款规定的官方资料后，匈牙利知识产权局应提供可供查阅的权利要求的匈牙利语译文。❺

（8）匈牙利知识产权局应在单独清单中说明，通过根据本条第（1）款的规定公布欧洲专利申请已授予临时保护。该清单可供任何人查阅。❻

将欧洲专利申请转化为国内专利申请

第 84F 条

（1）欧洲专利申请依据公约第 14 条第（2）款、第 77 条第（3）款或者第 78 条第（2）款被撤回的，经申请人请求，并基于本条第（2）款至第（5）款规定的条件，匈牙利知识产权局可根据本法第 9 章启动授予国内专利的程序。❼

（2）申请费和检索费［参照本法第 57 条第（4）款］应当自提交本条第（1）款所述请求后 2 个月内缴纳；未向匈牙利知识产权局提交请求的，自收

---

❶　根据 2018 年第 67 号法案第 19 条予以设立。

❷　根据 2018 年第 67 号法案第 26 条第 1 点予以修订。

❸❹❺❻　根据 2010 年第 148 号法案第 88 条第（1）款予以修订。

❼　根据 2007 年第 142 号法案第 25 条予以设立。根据 2010 年第 148 号法案第 88 条第（1）款予以修订。

到后 2 个月内缴纳。❶

（3）欧洲专利申请以外文起草的，该申请的匈牙利语译文应在提交本条第（1）款所述请求后 4 个月内向匈牙利知识产权局提交；未向匈牙利知识产权局提交请求的，自收到请求后 4 个月内提交。就第 9 章而言，该译文应被视为根据本法第 57 条第（5）款提交的译文。❷

（4）申请人要求将本条第（1）款适用于欧洲专利局席前程序中经更正的欧洲专利申请文本的，则本条第（3）款的规定应适用于更正文本的译文。

（5）未依照本条第（1）款所述要求向匈牙利知识产权局提交请求的，则申请人应在本法第 66 条第（12）款规定的通知的同时被告知收到该请求。❸

（6）在其他任何事项上，第 9 章的规定适用于按照本条第（1）款规定启动的程序。

欧洲专利的效力

第 84G 条❹

（1）欧洲专利的效力与匈牙利知识产权局授予的专利效力相同。在欧洲专利公报中公布时，应被视为授予欧洲专利。

（2）专利权人未提交本法第 84H 条规定的欧洲专利匈牙利语译文的，如针对欧洲专利产生法律纠纷，应被控侵权人的要求，或者经必要通知，在法院或匈牙利知识产权局的程序当中，专利权人应自行提供译文。

关于欧洲专利的翻译要求❺

第 84H 条❻

（1）专利权人向匈牙利知识产权局提供欧洲专利匈牙利语译文，并且（如欧洲专利局的程序语言是法语或者德语）在欧洲专利公报公布提及专利授予之日起 3 个月内提交除欧洲专利权利要求外文本的英语和匈牙利语译文的，

---

❶ 根据 2010 年第 148 号法案第 88 条第（2）款予以修订。

❷ 根据 2010 年第 148 号法案第 88 条第（12）款予以修订。

❸ 根据 2007 年第 142 号法案第 49 条第（9）款和 2010 年第 148 号法案第 88 条第（2）款予以修订。

❹ 根据 2010 年第 148 号法案第 75 条予以设立，自 2011 年 1 月 1 日起生效。

❺❻ 根据 2010 年第 148 号法案第 76 条第（1）款予以设立。

欧洲专利在匈牙利生效。❶

（1a）欧洲专利局的程序语言是英语的，可在提交权利要求的匈牙利语译文时，一并提交除欧洲专利权利要求外文本的匈牙利语译文。❷

（2）还将提交除欧洲专利权利要求外文本的英语或匈牙利语译文的，视为在专利权人已提交本条第（1）款规定的两份译文之日或者已提交后者之日提交该译文。

（3）本条第（1）款规定的行为可在自该款规定期限最后一日起的3个月内履行，但应在后一期间内缴纳由工业产权程序行政服务费法规定的额外费用。❸

（4）除第45条第（5）款至第（6）款规定的信息外，第（1）款或第（1a）款 规定的数据根据第（1）款为确认欧洲专利而提交一份或多份译文（以下简称"译文"）的请求，应包含发明人的姓名和地址，或说明发明人要求不在专利文件中注明其姓名和地址，在这种情况下，发明人的姓名和地址应另页注明。发明人的姓名和地址也可参照载有这些信息的欧洲专利文件。在其他情况下，译文必须按照立法中关于专利申请和工业产权电子申请详细手续规定的详细要求提交。❹

（5）工业产权程序行政服务费法所规定的译文公告费用应在提交译文后的2个月内缴纳。❺

（6）匈牙利知识产权局应对译文是否满足本条第（4）款之要求进行审查。在此过程中，参照适用本法第68条第（2）款至第（4）款的规定，但在本法第68条第（3）款和第（4）款提及的情况下，译文应视为未提交。

（7）本条第（5）款规定的费用在译文提交后未缴纳的，匈牙利知识产权局应通知申请人在本条第（5）款规定的期限内纠正违规行为。不遵守本规定的，译文应视为未提交。

（8）本条第（1）款规定的行为未在规定期限内履行的，且亦未在本条第（3）款规定的期限内缴纳额外费用的，依据本法，该欧洲专利应被视为在匈牙利自始未生效。❻

---

❶　根据 2011 年第 173 号法案第 19 条予以修订。

❷　根据 2011 年第 173 号法案第 13 条第（1）款予以设立。

❸❺　根据 2018 年第 67 号法案第 26 条第 1 点予以修订。

❹　根据 2018 年第 67 号法案第 20 条予以设立。

❻　根据 2011 年第 173 号法案第 19 条和 2022 年第 55 号法案第 66 条 d）项予以修订。

（9）本条第（1）款规定的译文已视为妥为提交的，应将欧洲专利登记入专利登记簿的独立部分（参照本法第54条）。❶

（10）匈牙利知识产权局应在其官方公报上向公众提供提交翻译的信息（参照本法第56条和第56A条），并向公众提供该译文。

（10a）除了本条第（1）款和第（1a）款规定情形外，专利权人可随时将欧洲专利权利要求外文本的匈牙利语译文提交给匈牙利知识产权局。该翻译的提交的公布，参照适用本条第（4）款至第（7）款和第（10）款的规定。❷

第84I条❸

在公约规定的驳回程序以及限制程序中，经修改得以维持的欧洲专利，参照适用于本法第84H条的规定。

欧洲专利申请或者欧洲专利的真实文本

第84J条

（1）欧洲专利申请或者欧洲专利的权利要求或者说明书的译文（参照本法第84E条、第84H条和第84I条）所赋予的保护范围，较欧洲专利局在欧洲专利局提出的诉讼语言中的权利要求或说明书所规定范围更窄的，其保护范围应由译文译本确定。❹

（1a）专利权人依照本法第84H条第（1a）款或第（10a）款亦提交欧洲专利权利要求外文本的匈牙利语译文的，针对提交翻译公布官方信息后，该翻译适用本条第（1）款的规定。❺

（1b）向欧洲专利局提交的程序语言是法语或者德语，且专利权人亦根据本法第84H条第（10a）款提交欧洲专利权利要求外文本的匈牙利语译文的，参照适用本法第84K条第（6）款的规定，但在针对提交翻译公布官方信息前

---

❶　根据2011年第173号法案第13条第（3）款予以设立。
❷　根据2011年第173号法案第13条第（4）款予以设立。
❸　根据2007年第142号法案第26条予以设立。根据该法案第49条第（1）款，可适用于2007年12月13日之后开始的诉讼程序。
❹　根据2009年第23号法案第13条第（3）款予以修订。根据该法案第12条第（2）款，可适用于2011年1月1日之后在欧洲专利公报上公布授予通知的欧洲专利。
❺　根据2011年第173号法案第14条第（1）款予以设立。

已开始使用的，可继续使用。❶

（2）本条第（1）款至第（1a）款设定的规定不适用于与撤销欧洲专利有关的事项。❷

第 84K 条

（1）申请人或者专利权人可随时请求对权利要求或者专利说明的译文进行修正（参照本法第 84E 条、第 84H 条和第 84I 条）。匈牙利知识产权局关于修正译文公布官方信息后，该修正译文所赋予的保护即生效。❸

（2）第 84/E 条第（2）款和第（3）款以及第 84H 条第（4）款的规定应相应地适用于更正请求及其附件，但前提是即使在发明人未要求省略其姓名的情况下，请求也不应包含发明人的姓名和地址。❹

（3）在提交权利要求或说明书翻译更正请求之日起 2 个月内，应支付法律规定的工业产权程序行政服务费用，用于更正翻译的公布。❺

（4）匈牙利知识产权局应审查上述请求是否符合本条第（2）款的要求。在此过程中，参照适用本法第 68 条第（2）款至第（4）款的规定。❻

（5）提交请求后未缴纳修正译文公布费用的，匈牙利知识产权局应在本条第（3）款规定期限内，要求申请人纠正违规行为。不遵守本条款的，该请求应视为被撤回。❼

（6）欧洲专利赋予的保护，在本条第（1）款规定的官方信息公布之日存在的使用或者准备的范围内，对在该日期之前在本国范围内善意及在其经济活动范围内已开始对发明进行根据原翻译不构成专利侵权的使用或已为此做认真准备的人，不具有效力。该权利仅可随合法经济组织［参照民法典第685 条 c）项］的转让而转让，或者随使用或者准备使用该发明的分支机构的转让而转让。

---

❶ 根据 2011 年第 173 号法案第 14 条第（1）款予以设立。

❷ 根据 2011 年第 173 号法案第 14 条第（2）款予以设立，自 2012 年 1 月 1 日起生效。

❸ 根据 2009 年第 23 号法案第 13 条第（3）款和 2010 年第 148 号法案第 88 条第（1）款予以修订。根据 2009 年第 23 号法案第 12 条第（2）款，可适用于 2011 年 1 月 1 日之后在欧洲专利公报上公布授予通知的欧洲专利。

❹ 根据 2018 年第 67 号法案第 21 条予以设立。

❺ 根据 2009 年第 23 号法案第 13 条第（3）款和 2018 年第 67 号法案第 26 条第 1 点予以修订。

❻❼ 根据 2010 年第 148 号法案第 88 条第（1）款予以修订。

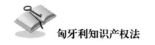

欧洲专利的维持

第 84L 条

（1）自欧洲专利公报公布欧洲专利授权后一定年限内，应依照本法第 23 条的规定缴纳欧洲专利续展费用。

（2）自欧洲专利公报公布欧洲专利授权后 3 个月内，若在此期间内缴纳专利续展费用的，可不加额外费用。

（3）因未履行法律责任或者经上诉委员会扩大会议审查决定撤销欧洲专利的，上述维持费用在撤销后将到期截止，也可在上诉委员会作出重新设立权利或者重新启动诉讼的决定之后 6 个月的宽限期间内缴纳。❶

经异议程序撤销的欧洲专利

第 84M 条❷

（1）欧洲专利在异议、限制或撤销程序中被撤销或者维持的，参照适用公约第 81 条第（8）款的规定。

（2）对同一个欧洲专利已提出异议的，或者依据公约要求限制或撤销相同欧洲专利的，撤销欧洲专利的程序应在合理的情况下暂停，直到依据公约最终终止异议、限制或撤销程序。❸

（3）依据公约的规定，异议程序或撤销程序不会导致欧洲专利撤销的，或者限制程序终止后，任何一方当事人请求继续的，暂停的撤销程序应继续进行。

欧洲专利的撤销

第 84N 条❶

（1）依据公约第 138 条第（1）款规定的理由撤销欧洲专利，并应在公约

---

❶ 根据 2007 年第 142 号法案第 27 条予以设立。根据该法案第 49 条第（1）款，可适用于 2007 年 12 月 13 日之后开始的诉讼程序。

❷❶ 根据 2007 年第 142 号法案第 28 条予以设立。根据该法案第 49 条第（1）款，可适用于 2007 年 12 月 13 日之后开始的诉讼程序。参见该法案第 49 条第（7）款。

❸ 根据 2021 年第 122 号法案第 23 条予以设立。

同一条第（2）款所述情况下予以限制。❶ 在撤销欧洲专利的程序中，亦应适用公约第 138（3）条的规定。

（2）关于撤销欧洲专利的任何其他事项，参照适用本法规定。

第 84O 条❷

已废除。

第 10B 章　关于国际专利申请的规定❸

一般规定

第 84P 条

（1）就本法而言，国际专利申请是指根据《条约》提交的专利申请。❹

（2）本法涉及条约适用的，亦应被解释为条约条例的适用。

（3）除非条约另有规定，否则本法规定适用于国际专利申请。

匈牙利知识产权局作为受理局❺

第 84R 条

（1）申请人具有匈牙利国籍或在该国拥有居住地或者主要营业地点的，匈牙利知识产权局应作为国际专利申请的受理局。❻

（2）国际专利申请应按照形式要求和条约规定的方式，以匈牙利知识产权局作为受理局，以申请人选择的国际检索单位接受的语言之一提交。❼

（3）国际专利申请，除请求外，亦可在匈牙利提交。在该情况下，应将申请翻译为本条第（2）款规定的语言，并在收到申请之日起 1 个月内提交。

（4）国际专利申请的译文未在规定日期内提交的，匈牙利知识产权局应

---

❶　根据 2007 年第 142 号法案第 28 条予以设立。根据该法案第 49 条第（1）款，可适用于 2007 年 12 月 13 日之后开始的诉讼程序。参见该法案第 49 条第（7）款。

❷　根据 2005 年第 83 号法案 339 条第 10 点予以废除。

❸　根据匈牙利公报 2002 年第 166 期中发布的勘误，文本已作相应修订。

❹　根据 2021 年第 122 号法案第 24 条予以设立。

❺❻　根据 2010 年第 148 号法案第 88 条第（1）款予以修订。

❼　根据 2010 年第 148 号法案第 88 条第（11）款予以修订。

通知申请人在本条第（3）款规定的期限内或者在通知后 1 个月内或者在收到国际申请后 2 个月内（以较迟者为准）纠正违规行为。未遵守该通知的，国际申请将被视为撤回。❶

（5）国际专利申请的转交应缴纳由工业产权程序行政服务费用法规定的转交费，并在条约规定的期限内针对国际申请缴纳条约规定的国际费用和检索费。❷

（6）匈牙利知识产权局局长应在匈牙利知识产权局官方公报上公布有关国际费用和检索费用的金额以及与付款有关的时效。❸

匈牙利知识产权局作为指定局或选定局的程序❹

第 84S 条

（1）匈牙利知识产权局应针对根据公约指定匈牙利的国际专利申请担任指定局，但为获得匈牙利欧洲专利而提交国际申请的除外〔参照本法第 84A 条 a）项〕。❺

（2）匈牙利知识产权局应为本条第（1）款提及的国际专利申请的选定局，即申请人已提出国际初步审查要求，并选择匈牙利作为其意图使用初步审查结果的缔约国。❻

（3）匈牙利知识产权局作为指定局或者选定局的，申请人应自国际专利申请的优先权日起 31 个月内提交国际申请的匈牙利语译文以及发明人的姓名和地址的说明，并缴纳由工业产权程序行政服务费用法规定的国家费用。❼

（4）本条第（3）款规定的行为也可以在自该款规定期限最后一日起 3 个

---

❶ 根据 2010 年第 148 号法案第 88 条第（1）款予以修订。

❷ 根据 2018 年第 67 号法案第 26 条第 1 点予以修订。

❸ 根据 2010 年第 148 号法案第 88 条第（13）款予以修订。

❹ 根据 2002 年第 39 号法案第 27 条予以设立。根据 2010 年第 148 号法案第 88 条第（1）款予以修订。

❺ 根据 2010 年第 148 号法案第 88 条第（1）款和 2011 年第 173 号法案第 19 条予以修订（根据 2011 年第 173 号法案第 19 条，将"第 84A 条"的部分内容改为"第 84A 条"，不得延续）。

❻ 根据 2010 年第 148 号法案第 88 条第（1）款和 2011 年第 173 号法案第 19 条予以修订（根据 2011 年第 173 号法案第 19 条，将"第 84A 条"的部分内容改为"第 84A 条"，将"匈牙利共和国"的内容改为"匈牙利"，不得延续）。

❼ 根据 2018 年第 67 号法案第 22 条予以设立（根据该法案第 26 条第 1 点，将"单独的法律法规"改为"关于工业产权保护程序的行政服务费用的法律法规"，不得延续）。

月内履行，但应在后一期限内缴纳由工业产权程序行政服务费用法规定的额外费用。❶

（5）本条第（3）款规定的翻译应包含说明书、权利要求、附图文字和摘要。根据条约或在履行本条第（3）款规定行为期间修正权利要求的，应提交匈牙利语的原始文本和修正文本。

（6）未在本条第（3）款规定期限内或在缴纳额外费用的同时在本条第（4）款规定期限内履行本条第（3）款规定行为的，该国际专利申请之效力应在匈牙利停止，并与撤回向匈牙利知识产权局提交的专利申请具有同等效力。❷

（7）依据条约第17条第（3）款（a）项之规定，国际专利申请中未经国际检索单位检索的部分，应视为撤回，除非申请人在向匈牙利知识产权局提交国际申请的译文后3个月内缴纳由工业产权程序行政服务费用法规定的额外检索费用。❸

（8）提交国际专利申请的翻译未缴纳额外检索费的，匈牙利知识产权局应在本条第（7）款规定的期限内通知申请人纠正违规行为。❹

（9）本条第（7）款确定的国际专利申请中部分被视为撤回的，匈牙利知识产权局应通过命令予以确定。❺

第84T条

（1）按照条约第29（1）条的规定，自国际申请的匈牙利语译文公布之日起，应对公布后的国际专利申请设立临时专利保护。对于译文的公布，参照适用本法第70条的规定。❻

（2）就条约第2条第（3）款而言，国际专利申请公布的效力应与在匈牙利知识产权局（参照本法第70条）的程序中进行公布具有同等效力，但应针对国际申请妥为履行本法第84S条第（3）款规定的行为。❼

---

❶ 根据2018年第67号法案第26条第3点予以修订。
❷ 根据2010年第148号法案第88条第（2）款和2011年第173号法案第19条予以修订。
❸ 根据2010年第148号法案第88条第（2）款和2018年第67号法案第26条第3点予以修订。
❹❼ 根据2010年第148号法案第88条第（1）款予以修订。
❺ 根据2005年第83号法案第338条第5点和2010年第148号法案第88条第（1）款予以修订。
❻ 根据2011年第173号法案第19条予以修订。

第 84U 条

（1）匈牙利知识产权局作为指定局或者选定局，经申请人特别请求，应对国际专利申请进行实质审查。该请求可与本法第 84S 条第（3）款规定的行为同时提交，或者至迟在关于新颖性检索的执行情况的官方信息公布之日起 6 个月内提交。❶

（2）具体工业产权程序行政服务费用法的检索费用自提出要求起 2 个月内缴纳。❷

（3）对于涉及实质审查的任何其他事项，参照适用本法第 74 条至第 76 条的规定。

第 84V 条

关于任何优先权的权利要求的条件和效力，在条约第 8 条第（2）款 b）项规定的情况下，参照适用《保护工业产权巴黎公约》斯德哥尔摩文本第 4 条的规定。

第 84Z 条

（1）基于条约第 7 条第（2）款 ii）项的规定，即使对发明的理解不具有必要性，但是附图可对本发明的性质进行说明的，匈牙利知识产权局可通知申请人提供说明该发明的附图。❸

（2）基于条约第 27 条第（2）款 i）项的规定，匈牙利知识产权局可通知申请人提供构成证明国际专利申请中指称或者陈述的文件。但是，在条约规定的情况下，只有在对申请中提出的任何指称的真实性有合理怀疑的，才能要求申请人提供该等证据。❹

（3）应申请人请求，匈牙利知识产权局作为指定局，应准用本法规定，进行条约第 25 条以及本法第 84P 条第（3）款所规定的审查。❺

---

❶❸❹❺　根据 2010 年第 148 号法案第 88 条第（1）款予以修订。

❷　根据 2018 年第 67 号法案第 26 条第 1 点予以修订。

第4部分❶ 专利的法庭程序

第11章 对匈牙利知识产权局决定的审查❷

请求审查

第85条❸

（1）应要求，法院可审查匈牙利知识产权局的下列决定和命令❹：

a）本法第53A条提及的决定；

b）暂停程序的决定或为专利申请登记簿和专利登记簿中条目的录入提供依据的决定；❺

c）排除或限制文件检查的命令，根据一般行政程序法典的规定，对此可以提出独立的法律救济；❻

d）除请求启动程序的人以外，驳回当事人作为程序一方的法律地位的命令；❼

e）施加程序性罚款或裁定程序性费用金额和分配及其缴纳的决定。❽

（2）对施加程序性罚款或者裁定程序性费用金额和分配的决定提出审查请求的，对审查请求中未提出异议的任何其他规定不具有延迟效力，也不得阻止上述规定具有终局性。❾

（2a）针对授予公共卫生强制许可的决定提起的复审请求，对于已授予的公共卫生强制许可不具有中止效力。❿

---

❶ 根据2002年第39号法案第27条予以修订，同时将原始文本中的第3部分改为第4部分。

❷ 根据2005年第83号法案第338条第5点和2010年第148号法案第88条第（1）款予以修订。

❸ 根据2005年第83号法案第207条予以设立。根据该法案第332条第（1）款，可适用于2005年11月1日之后启动的案件和重复起诉。

❹ 根据2010年第148号法案第88条第（5）款予以修订。

❺ 根据2022年第55号法案第59条予以设立。

❻ 根据2009年第56号法案第99条和2017年第50号法案第78条e）项予以修订。

❼ 根据2009年第56号法案第98条第（10）款予以设立。根据该法案第428条，可适用于2009年10月1日之后启动的案件和重复起诉。

❽ 根据2009年第56号法案第98条第（10）款予以设立。根据2010年第148号法案第87条第（3）款予以修订。

❾ 根据2009年第56号法案第99条和2010年第148号法案第87条第（4）款予以修订。

❿ 根据2020年第58号法案第300条予以设立。

（3）本条第（1）款未提及的匈牙利知识产权局的命令，只能在针对本条第（1）款提及决定的审查请求中提出异议。❶

（4）下列当事人可以提出审查请求：

a）参与匈牙利知识产权局行政程序的任何当事人；❷

b）被排除或限制进行文件查阅的任何人；

c）其作为程序当事人的法律地位被拒绝的任何人。❸

（5）对专利授予或撤销的裁定可由检察官根据条约第6条第（2）款提出审查请求。匈牙利知识产权局程序的任何其他参与者，均有权单独请求审查该决定或其中与其有关的规定。❹

（6）审查请求必须自向相关当事人或程序的任何其他参与人通知决定之日起30日内提交或通过挂号邮件邮寄，但本条第（7）款和第（8）款规定的例外情况除外。❺

（7）在下列情况下，提交审查请求的30日期限应自通知驳回命令，或从视为未提交继续程序的请求或者恢复请求之日起算❻：

a）该日期迟于根据本条第（6）款通知决定的日期；且

b）继续程序或恢复原状的请求是为了避免疏忽带来的影响，而该疏忽是作出本条第（6）款下决定的直接依据。

（8）已废除。❼

（9）审查请求应向匈牙利知识产权局提交，由匈牙利知识产权局在15日内连同专利文件的材料一并转交法院，但本条第（10）款另有规定的除外。对方当事人参加诉讼的，匈牙利知识产权局应当同时通知该方当事人请求已移交法院。❽

（10）审查请求提出具有根本重要性的法律问题的，匈牙利知识产权局可就该问题作出书面陈述，并在30日内将该书面陈述，连同审查请求和专利文

---

❶ 根据2010年第148号法案第88条第（5）款予以修订。

❷❹ 根据2010年第148号法案第88条第（1）款予以修订。

❸ 根据2009年第56号法案第98条第（11）款予以设立。根据该法案第428条，可适用于2009年10月1日之后启动的案件和重复起诉。

❺ 根据2009年第27号法案第15条予以设立。根据该法案第36条第（4）款，可适用于2009年8月1日之后启动的案件或重复诉讼。

❻ 根据2007年第142号法案第30条予以设立。根据该法案第49条第（4）款，可适用于2008年1月1日之后到期的期限以及此后设定的期限。

❼ 根据2017年第50号法案第79条e）项予以废除。

❽ 根据2010年第148号法案第88条第（1）款和第（11）款予以修订。

件的材料一并转交法院。❶

（11）在复审请求的引言部分应指明下列数据❷：

a）受理法院的名称；

b）第 45 条第 5 款至第 6 款规定的请求方的身份信息，以及如果有利益相对方，则该方已知的身份信息；❸

c）第 45 条第 5 款至第 6 款规定的请求方的法定代表人的身份信及其安全送达服务地址。❹

（11a）在复审请求的实质部分应指明下列数据❺：

a）请求复审的决定的编号，以及必要时和可用时的注册编号，以及请求复审的决定的条款或部分；

b）明确请求法院复审该决定；

c）证明复审该决定的必要性的理由，连同支持证据和法律依据的引用。

（11b）在复审请求的结尾部分应指明下列数据❻：

a）确立法院对案件享有管辖权的事实和法律条款的引用；

b）作为程序费用支付的金额和支付方式，或者如果支付了部分程序费用，请求法律援助，或者如果法律规定免于支付程序费用，作为免于支付程序费用的法律依据的事实和法律条款的引用；

c）确立代理人代表权的事实和法律条款的引用；

d）支持结尾部分提到的事实的证据。

（12）对于延迟提交的审查请求，法院应对恢复原状的请求作出决定。

管辖权和权限

第 86 条

（1）对审查匈牙利知识产权局作出的决定进行诉讼的，布达佩斯首都地区法院具有管辖权和专属权限。❼

（2）已废除。❽

---

❶ 根据 2010 年第 148 号法案第 88 条第（1）款予以修订。

❷ 根据 2017 年第 130 号法案第 24 条第（1）款予以设立。

❸❹ 根据 2018 年第 67 号法案第 23 条予以设立。

❺❻ 根据 2017 年第 130 号法案第 24 条第（2）款予以设立。

❼ 根据 2017 年第 130 号法案第 24 条第（3）款予以设立。

❽ 根据 1997 年第 72 号法案第 38 条 b）项予以废除，自 1999 年 1 月 1 日起生效。

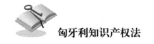

法院的组成

第 87 条❶

布达佩斯首都地区法院应由 3 名专业法官组成，其中 2 名具有专业高等院校学历或者同等学力。

关于审查请求程序的规则

第 88 条❷

法院应根据非诉讼程序的规则，按照本法规定的例外情况，审理对匈牙利知识产权局所作决定的复审请求。对于本法未另行规定的程序事项，应适用 2016 年第 130 号法案民事诉讼法典（以下简称"民事诉讼法典"）的规定，这些规定因非诉讼程序的特定特征而有所例外，同时适用有关非诉讼民事法院程序规则和某些非诉讼法院程序的一般规定的法案。

公开听证

第 89 条❸

当事人提出请求的，法院可不对公众开放听证会，即使不符合民事诉讼法典总则规定的要求。

回　避

第 90 条

（1）除民事诉讼法典一般规定确定的情况外，下列人员不得参加诉讼或者担任法官❹：

a）参与匈牙利知识产权局决定的人；❺

---

❶ 根据 2011 年第 201 号法案第 97 条 a）项予以修订。

❷ 根据 2017 年第 130 号法案第 24 条第（4）款予以设立。

❸ 根据 1999 年第 110 号法案第 174 条第（2）款 i）项和 2017 年第 130 号法案第 26 条 a）项予以修订。

❹ 根据 2017 年第 130 号法案第 26 条 a）项予以修订。

❺ 根据 2005 年第 83 号法案第 338 条第 5 点和 2010 年第 148 号法案第 88 条第（1）款予以修订。

b）民事诉讼法典一般规定中定义的本款 a）项所述的人员的亲属。❶

（2）本条第（1）款的规定也适用于起草会议记录的人员和专家。

诉讼各方和其他参与人员

第 91 条

（1）提出请求的人应为诉讼当事人。

提起诉讼的检察机关享有当事人的权利，但不得同意和解、承认权利要求或者放弃任何权利。

（2）对方当事人参与匈牙利知识产权局诉讼的，应对另一方当事人提起诉讼。❷

第 92 条

共同专利权人独立行使维持和保护专利权，或者仅对一名共同专利权人提起诉讼的，法院应当通知其他共同专利权人，其可以加入诉讼。

第 93 条

（1）对于匈牙利知识产权局作出的决定审查程序的结果具有合法利益的任何人，可以介入诉讼支持与其利益相关的主体，直到法庭判决终止为止。❸

（2）除了和解、接受权利要求和放弃权利外，介入人可以采取他所支持一方有权采取的任何行动，其行为只有在与有相关方的行为不冲突的情况下才具有效力。

（3）在诉讼过程中，介入人与相关当事人之间的任何法律争议均不得进行裁定。

代　　理

第 94 条

（1）在诉讼过程中，专利律师也可以作为授权代表行事，包括根据第

---

❶　根据 2017 年第 130 号法案第 26 条 b）项予以修订。

❷　根据 2010 年第 148 号法案第 88 条第（1）款予以修订。

❸　根据 2005 年第 83 号法案第 338 条第 5 点和 2010 年第 148 号法案第 88 条第（1）款予以修订。

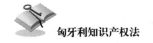

94A 条进行法律代表。❶

（2）委托人签字授权的，其在国内或者国外向专利律师或律师提供的授权书即为有效。❷

第 94A 条❸

在法院的诉讼中，包括上诉程序，必须有法律代表。

诉讼费用

第 95 条

（1）对方当事人也参加法院诉讼的，诉讼费用的预付和缴纳，参照适用有关诉讼费用的规定。

（2）在不存在对方当事人的情况下，申请人应当提前缴纳诉讼费用。

（3）代理一方的专利代理人的收费和费用应纳入诉讼费用。

简易程序

第 96 条

凡申请人或任何当事人在听证阶段未出现或双方当事人在规定期限内无法回复法院通知的，法院应根据其所掌握的材料，直接对该请求作出决定。

恢复原状

第 97 条

对于在非诉讼程序中提交恢复原状的请求，参照适用本法第 49 条的规定。

基于请求的措施

第 97A 条❹

匈牙利知识产权局就审查请求作出书面声明的〔参照本法第 85 条第

---

❶ 根据 2018 年第 67 号法案第 26 条第 9 款予以修订。

❷ 根据 2005 年第 83 号法案第 209 条予以设立。根据该法案第 332 条第（1）款，可适用于 2005 年 1 月 1 日之后启动的案件和重复起诉。

❸ 根据 2017 年第 130 号法案第 24 条第（5）款予以设立。

❹ 根据 2005 年第 83 号法案第 338 条第 5 点、2010 年第 148 号法案第 88 条第（1）款予以修订。

（10）款］，审议庭主席应书面通知当事人该声明。

听证及取证

第98条

（1）初审法院应根据民事诉讼法典的规定取证并举行听证会，并且应根据民事诉讼法典关于主要听证阶段的规定举行听证会。❶

（1a）法院程序不得暂停。❷

（2）无对立方参加程序，且案件适用于书面裁决的，法院可径直裁决而不举行听证，经当事人请求，可听取其意见。

（3）法院在审理过程中未举行听证，嗣后发现有举行听证必要的，可以随时下令举行听证但是，法庭已举行听证审理案件，或者已下令举行听证的，不得撤销该命令，且不得在未举行听证的情况下审理案件。

（4）在匈牙利知识产权局的程序无法达成和解的，在法庭程序中不应达成和解。❸

（5）中止法庭程序，参照适用本法第84M条的规定。❹

裁　　决

第99条

法院应根据案件事实及其他事项作出裁决。

第100条

（1）法院在专利诉讼中更改了决定内容的，该裁决将取代匈牙利知识产权局对该专利的决定。❺

（2）下列情形中，法院应撤销决定，并命令匈牙利知识产权局重新启动程序❻：

---

❶　根据2017年第130号法案第24条第（6）款予以设立。
❷　根据2017年第130号法案第24条第（7）款予以设立。
❸　根据2010年第148号法案第88条第（1）款予以修订。
❹　根据2007年第142号法案第31条予以设立。根据该法案第49条第（1）款，可适用于2007年12月13日之后开始的诉讼程序。
❺　根据2005年第83号法案第338条第5点、2010年第148号法案第88条第（1）款予以修订。
❻　根据2005年第83号法案第338条第5点、2010年第148号法案第88条第（10）款予以修订。

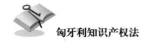
（a）作出该决定时，未回避相关人员；❶

（b）匈牙利知识产权局在程序中侵犯了实体性程序规则，且法院无法予以救济的。❷

（c）已废除。❸

（3）当事人向匈牙利知识产权局提出的请求不属于由法院审理的事项的，法院应将该请求转交给匈牙利知识产权局，除非在撤销程序中，匈牙利知识产权局依照本法第81条第（1）款陈明撤销理由，或者在提交法院审查后再提出新的撤销理由的；撤销的理由不由法院审理。在上述情况中，如有必要的，法院应撤销匈牙利知识产权局的决定。❹

（4）法院不得在未考虑任何事实、指控或证据提交的情况下，在请求审查或者在提出请求后，按照本法第47条第（3）款撤销匈牙利知识产权局程序中的决定。❺

（5）匈牙利知识产权局在提交审查请求后，根据本法第85条第（1）款b）项至d）项撤回决定的，法院应当终止诉讼。匈牙利知识产权局变更决定的，法院诉讼程序只能继续处理未决事项。❻

第 101 条

（1）法院关于案件是非曲直的命令应通过送达告知，宣布不得视为公布。法院在听证会上针对审查请求作出决定的，案件的裁定也将在听证会当天公布。公开宣判可推迟，但不得超过 8 天，且仅在案件具有复杂性而不得不推迟的情况之下。在这种情况下，公告的期限应立即确定，判决书应以书面通

---

❶ 根据 2005 年第 83 号法案第 338 条第 5 点予以修订。

❷ 根据 2010 年第 148 号法案第 88 条第（1）款予以修订。

❸ 根据 2003 年第 102 号法案第 111 条第（1）款 d）项予以废除。根据该法案第 111 条第（2）款，可适用于在该日期之前提交的修改申请。

❹ 根据 2005 年第 83 号法案第 210 条第（1）款予以设立。根据 2010 年第 148 号法案第 88 条第（2）款和第（14）款予以修订。

❺ 根据 2005 年第 83 号法案第 210 条第（1）款予以设立。根据 2010 年第 148 号法案第 88 条第（1）款予以修订。

❻ 根据 2005 年第 83 号法案第 210 条第（2）款予以设立。根据 2010 年第 148 号法案第 88 条第（14）款予以修订。

知，直至宣告当日为止。❶

（2）在审理对布达佩斯首都地区法院命令提出的上诉时，应相应地适用民事诉讼法典第 389 条至第 391 条的规定，但前提是在提出请求的情况下，第二审法院也应口头听取当事人的意见，除非上诉是针对根据第 85 条第 1 款（c）项和（d）项对匈牙利知识产权局决定提出的复审请求的命令提出的。❷

第 102 条❸

已废除。

第 103 条❹

已废除。

第 12 章　专利诉讼
调整专利诉讼的规则

第 104 条❺

（1）布达佩斯首都地区法院有专属管辖权，并依据本法第 87 条在下列法院程序中组成合议庭❻：

a）关于授权、修改或者撤销强制许可的诉讼，但依据第 816/2006/EC 号条例［参照本法第 33A 条第（1）款］适用的强制许可事项除外（参照本法第 83A 条至第 83H 条）；

---

❶　第一句根据 2005 年第 165 号法案第 8 条第（1）款予以设立。根据 1997 年 72 法案第 37 条第（6）款将原始文本改为第（1）款。后三句根据 2005 年第 83 号法案第 211 条第（1）款予以设立。根据该法案第 332 条第（1）款，可适用于 2005 年 11 月 1 日之后启动的案件和重复起诉。根据该第 33 条第（1）款规定，可适用于随后开始的诉讼程序。

❷　根据 1997 年第 72 号法案第 37 条第（6）款将原始文本改为第（1）款。根据 2005 年第 165 号法案第 8 条第（2）款予以设立。根据 2010 年第 148 号法案第 88 条第（5）款、2011 年第 201 号法案第 97 条 a）项和 2017 年第 130 号法案第 26 条 c）项予以修订。

❸　根据 1997 年第 72 号法案第 38 条 b）项，予以废除，自 1999 年 1 月 1 日起生效。

❹　本条及其上面的小标题根据 2001 年第 105 号法案第 21 条予以废除。

❺　根据 2005 年第 165 号法案第 9 条予以设立。根据该法案第 33 条第（1）款，可适用于 2006 年 4 月 15 日之后开始的诉讼程序。

❻　根据 2007 年第 142 号法案第 32 条予以设立。根据该法案第 49 条第（1）款的规定，可适用于 2007 年 12 月 13 日之后开始的诉讼程序。根据 2011 年第 201 号法案第 97 条 b）项予以修订。

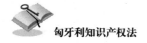

b）关于存在先前或者继续使用权以及本法第 84K 条第（6）款以及公约第 112a 条第（6）款和第 122 条第（5）款规定的权利的诉讼［参照本法第 84A 条 a）项］；

c）关于侵犯发明或者专利的诉讼。

（1a）在审理专利侵权诉讼的法院中，被告可以针对撤销专利的请求（以下简称"撤销反诉"）提出反诉，如果❶：

a）他认为根据第 42 条第（1）款或第 84N 条第（1）款，存在撤销专利的理由；

b）在匈牙利知识产权局没有基于相同事实针对同一专利的撤销程序正在进行的，也没有就撤销问题作出最终且具有约束力的决定。

（1b）如果在专利持有人不是诉讼当事人的诉讼中提出撤销反诉，提出撤销反诉的被告应将专利权人作为被告纳入诉讼。❷

（1c）如果撤销反诉的声明不满足第（1a）款（b）项规定的条件，审理撤销专利案件的法院应驳回撤销反诉的声明。❸

（1d）如果专利侵权诉讼的被告证明在侵权诉讼之前，他已在匈牙利知识产权局提起了针对同一专利的撤销诉讼，专利侵权诉讼的程序应中止，直到撤销程序中作出最终且具有约束力的决定。如果诉讼是针对在匈牙利生效的欧洲专利的侵权行为提起的，在欧洲专利的异议情况下，特别是在有充分理由的情况下，法院可以酌情中止专利侵权诉讼的程序。❹

（1e）如果撤销反诉有利于诉讼或由于法院采取的措施而变得有利于诉讼，则法院应立即通知匈牙利知识产权局撤销反诉的内容和提交日期。匈牙利知识产权局应在专利登记簿中记录撤销反诉的提交情况，并在法院作出决定后将其删除。❺

（1f）如果初审法院在复审程序启动后，在复审程序结束和可能需要在此基础上进行的程序完成后，或者如果没有启动复审程序，在启动期限届满后，则应立即将最终且具有约束力的决定发送给匈牙利知识产权局。根据最终且具有约束力的决定，如果决定规定撤销，则匈牙利知识产权局应在专利登记簿中记录专利的部分或全部无效。❻

（1g）如果被告提出撤销反诉，则法院应优先审理专利侵权案件。❼

（1h）被指定就撤销反诉提供专家意见的专家应从接到任命命令之日起

---

❶❷❸❹❺❻❼　根据 2021 年第 122 号法案第 25 条第（1）款予以设立。

30 天内起草专家意见。如果首选任命的专家之前没有指出错误，则法院应将其费用每天减少一个百分点，或者如果首选任命的专家在规定的时限内不履行提供专家意见的义务，则法院应撤销首选任命的专家就撤销反诉的资格，并可以任命任何具有相关专业专长的专家为临时专家。❶

（1i）如果被告提出撤销反诉，不允许私人专家提供证据。❷

（2）在专利侵权诉讼中，根据民事诉讼法典第 103 条第 1 款 d 项的规定，如果原告提供证据证明该发明已获得专利，并且他是专利权人或有权以自己的名义提起侵权诉讼的被许可人，则在相反情况可能出现前，应认为有必要采取临时措施，这是基于特别值得赞赏的理由。在评估相反情况的可能性时，应考虑案件的所有情况，包括被告在撤销反诉或针对临时措施请求的反诉中提交的证据，此外，还包括专利已被匈牙利知识产权局或初审法院撤销，或者在匈牙利也有效的欧洲专利已被欧洲专利局的异议部门或欧洲专利组织另一成员国撤销。如果在专利侵权开始之日起已超过 6 个月，或者从原告得知侵权行为和侵权者身份之日起已超过 60 天，则不适用推定存在特别值得赞赏的理由的规定。❸

（2a）对于如果在专利侵权诉讼过程中或在这些诉讼开始之前所采取的临时措施，被告可以请求撤销这些措施，如果在诉讼所依据的专利方面❹：

a）专利保护已经终止；

b）在匈牙利生效的欧洲专利被撤销；或

c）专利在匈牙利知识产权局的决定或初审法院的判决中被全部撤销或部分撤销到排除侵权行为的程度。

（3）在评估通过临时措施造成的损害或者可获得的利益时，还应考虑到临时保护措施是否明显且在很大程度上损害公共利益或第三方的合法权益。

（4）在专利侵权或侵权已迫在眉睫的危险情况下，即使在提交起诉状之前尚未满足民事诉讼法典关于临时措施规定的附加条件，也可以在提交起诉状之前提出临时措施的请求。在提交起诉状之前提交的临时措施请求应由布达佩斯首都地区法院决定。对于适用于临时措施请求的非诉讼程序，如果没有本法规定的其他规定，应适用民事诉讼法典的规则，以及非诉讼程序的性质所衍生的例外情况，以及非诉讼民事程序法中关于非诉讼民事程序规则和

---

❶❷ 根据 2021 年第 122 号法案第 25 条第（1）款予以设立。
❸❹ 根据 2021 年第 122 号法案第 25 条第（2）款予以设立。

某些非诉讼法院程序的一般规定。如果原告已根据第（8）款提起专利侵权诉讼，则超出非诉讼程序中支付的费用的部分应作为诉讼费用支付。❶

（5）除了适用于侵权案件的民事救济措施外，专利权人可依据与临时措施相关要件向法院提出请求：

a）能够证明侵权人的行为有可能危及随后实现其赔偿请求或者获得侵权收益的，可依据《司法执行法》的规定采取预防措施；

b）强制要求侵权人协商或者提交其银行、金融或商业文件，以便按照a）项命令采取预防措施；

c）命令提供担保，如果代替要求中止专利侵权，则专利权人同意侵权人继续实施诉称侵权行为。❷

（6）在专利权人提出中止专利侵权诉讼，且法院不允许的情况下，即使专利权人未提出要求的，法院也可依据本条第（5）款c）项要求提出担保。❸

（7）法院应不按次序针对临时措施作出决定，但不得迟于为此提交请求之日起15日内。二审法院应当不按次序就针对临时措施的决定提交的上诉进行裁决，但不得迟于上诉提交之日起15日内。❹

（8）专利权人在临时措施决定通知后15天内未就专利侵权提起诉讼的，应被告之要求，法院应当在临时措施执行前终止该决定〔包括本条第（5）款和第（6）款〕。❺

法院应不按次序针对宣布采取临时措施无效的请求进行裁决，但不得迟于提出请求后15日内。

（9）在专利侵权诉讼过程中，一方当事人已出示合理可获得的证据，法院可依据出示证据一方的请求，要求被告人❻：

a）出示他所拥有的文件和其他物品，并可供他人查阅；

b）告知或者出示其银行、金融或商业文件。

（10）如果专利权人已合理地认为存在专利侵权或专利侵权的危险，那么在提起专利侵权诉讼之前，也可以允许预先取证。法院应通过命令并优先决定是否预先取证，但不得晚于提交此类请求之日起15天内。可以对拒绝预先

---

❶　根据2017年第130号法案第25条第（2）款予以设立。
❷　根据2017年第130号法案第26条d）项予以修订。
❸　根据2017年第130号法案第26条e）项予以修订。
❹❺　根据2017年第130号法案第25条第（3）款予以设立。
❻　根据2017年第130号法案第26条f）项予以修订。

取证的命令提出上诉；第二审法院应通过命令并优先决定对拒绝预先取证命令的上诉，但不得晚于提交上诉之日起15天内。如果诉讼尚未开始，则应向布达佩斯首都地区法院请求预先取证。预先取证应由布达佩斯首都地区法院进行。❶

（11）专利权人未在命令初始出示证据宣告之日起15日内提起专利侵权诉讼的，应被告的请求，法院应撤销其裁定初始出示证据的决定。法院应当不按次序针对撤销初始出示证据的请求作出裁定，但不得迟于提交请求后15日内。❷

（12）在命令采取临时措施时，包括根据第（5）款和第（6）款可以命令的措施，如果由此造成的延迟会导致无法弥补的损害，法院可以不听取对方的意见。在命令预先取证时，如果由此造成的延迟会导致不可挽回的损害，或者有证据被销毁的重大风险，则法院可以根据民事诉讼法典第337条第1款b项不听取对方的意见。法院在未听取对方意见的情况下作出的关于临时措施或预先取证的命令，在执行后应立即通知对方。命令传达后，对方可以请求听取意见、审查或撤销命令以及该命令所采取的临时措施或预先取证。❸

（12a）如果在诉讼过程中，法院随后确定基于该请求而命令采取的临时措施是没有根据的，法院应命令启动临时措施的一方赔偿对方因临时措施而遭受的损害。在诉讼过程中，可以特别在下列情况下确定请求临时措施是没有根据的❹：

a）专利随后被撤销，或者在匈牙利生效的欧洲专利被撤销；

b）由于原告的行为或疏忽，临时措施变得无效；或

c）法院认定没有专利侵权行为，并且根据现有证据，也没有迫在眉睫的专利侵权危险。

（13）应对方请求，法院可以在提交保证金的前提下命令预先取证和［除第（5）款c）项和第（6）款外的］采取临时措施。❺

（14）关于第（5）款c）项、第（6）款和第（13）款中提到的保证金或反担保的解除或偿还，民事诉讼法典中关于保证金的规定应适用，但前提是要考虑到下列情况❻：

a）法院不仅可以在判决中，还可以在撤销关于预先取证或临时措施命令

---

❶❷❸❹❺ 根据2017年第130号法案第25条第（4）款予以设立。

❻ 根据2017年第130号法案第25条第（5）款予以设立。

的命令中，或者在临时措施命令变得无效的情况下，规定保证金或反担保的解除或偿还，和

b）如果根据第（12a）款命令赔偿，根据第（13）款提交的保证金也应当解除。

（15）专利权人未依照本法第84H条提交欧洲专利文本匈牙利语译文的，且未依照本法第84G（2）条之规定向被指控的侵权人提供上述要求的译文的，则应认为被告未提供任何诉讼理由。❶

（16）涉及欧洲专利的，该专利文本的匈牙利语译文应随附诉讼请求。如果不符合本要求，则应发出通知书告知。翻译费用由专利权人承担。❷

（17）在其他方面，在根据第（1）款进行的法院诉讼以及任何其他与专利相关的法院诉讼中，应适用民事诉讼法典的规定，但第89条、第94条和第95条第（3）款中规定的例外情况除外。❸

（18）已废除。❹

第5部分❺　植物新品种保护❻

第13章　植物新品种以及植物新品种的保护❼

一般规定

第105条

在本法中：

---

❶　根据2009年第23号法案第11条予以设立，同时将原始文本中第（15）款的编号改为第（17）款。可适用于此后在欧洲专利公报上公布授予通知的欧洲专利。根据该法案第12条第（2）款，可适用于在2011年1月1日之后在欧洲专利公报上公布授权通知的欧洲专利。

❷　根据2009年第23号法案第11条予以设立。

❸　根据2017年第130号法案第25条第（5）款予以设立。根据2009年第23号法案第11条将原始文本的第（15）款改为第（17）款。

❹　根据2017年第130号法案第27条予以废除。

❺　根据2002年第39号法案第27条将原始文本的第4部分改为第5部分，第5部分（第105条至第114V条）的内容由该法案第31条予以设立。根据该法案第35条第（1）款，可适用于2003年1月1日之后开始的诉讼程序。

❻　对于依据先前有效规定授予的植物品种专利，参见2002年第39号法案第37条（1）款的相关规定。

❼　根据匈牙利公报2002年第166期中发布的勘误，文本已作相应修订。

a）植物品种：指在最低已知级别的单个植物分类群内的植物分类，其分类不论是否完全满足保护条件，可以：

1. 根据给定基因型或者基因型组合产生的特征的表达予以界定；

2. 通过表达所述特征中的至少一个来区分任何其他植物分类；以及

3. 针对其无变化繁殖的适应性被视为一个单位；

b）繁殖材料：指整个植物、种子或植物的其他适合种植整个植物的部分或者以任何其他方式进行生产的。

植物品种保护的对象

第 106 条

（1）对于具有独特性、一致性、稳定性和新颖性的品种，应给予植物品种保护。

（2）所有植物品属和种，包括一般物种或者不同物种之间的杂种，都可以成为植物品种保护的对象。

（3）通过由给定的基因型或者基因型的组合稳定表达产生的特征，若与优先权日前任何现存的公知物种都不相同的，该品种应视为具有独特性。具有下列情形的，应视为在申请日前便为公众所知的物种

a）已经是植物品种保护的对象，或者进入植物品种的官方登记簿；

b）已提交给予植物品种保护或者进行国家登记的申请，条件是该申请能使植物品种保护得到授予或该品种进入植物品种的官方登记簿。

（4）授予品种权的植物新品种应当具备一致性，即该品种在特异性审查或其他对该物种的说明中，除可以预见的变异外，其相关的特征或者特性表达应在个体中具有充分一致性。

（5）授予品种权的植物新品种应当具备稳定性，即该品种在特异性审查或其他对该物种的说明中，该品种经过反复繁殖后或者在特定繁殖周期结束时，其相关的特征或者特性保持不变。

（6）授予品种权的植物新品种应当具备新颖性，即该品种在申请日前该品种繁殖材料未被销售，或者❶经育种者［参照本法第 108 条第（1）款］或权利继受人许可，以使用该品种为目的：

---

❶ 根据匈牙利公报 2002 年第 166 期中发布的勘误，文本已作相应修订。

a）在匈牙利境内销售该品种繁殖材料未超过 1 年；

b）在匈牙利境外销售木本或者藤本植物未超过 6 年，销售其他植物品种繁殖材料未超过 4 年。

植物品种获得保护的资格

第 107 条

（1）对下列品种的植物应授予新植物品种保护：

a）符合本法第 106 条要求的；

b）植物品种符合本条第（2）款赋予植物品种保护要求的；

c）其申请符合本法规定要求的。

（2）植物品种必须被赋予适于识别的品种名称。在下列情况下，品种名称尤其不适于识别：

a）该品种指向与之相同或者密切相关的现有品种，或者可与之产生相混淆的品种的；

b）其使用可能侵犯他人在先权利的；

c）该品种的特征、价值或者品种特性或者育种特性容易产生误导或引起混淆的；

d）仅由数字组成命名的，除非这是指定品种的既定做法；

e）违反公共政策或者公共道德的。

植物品种育种者与植物品种保护权

第 108 条

（1）育种者是种植或者发现及培育新品种的人。❶

（2）植物品种保护权属于育种者或者其权利继受人。

（3）根据本法，在下列情况下，申请人可以获得植物品种保护：

a）申请人是匈牙利国民或者其居住地或住所在本国；

b）申请人属于《国际植物新品种保护公约》（简称"UPOV 公约"）成员国的国民，或者其居住地或住所位于上述地区。

（4）除本条第（3）款规定的情形外，植物品种保护也可依据其他国际

---

❶ 根据匈牙利公报 2002 年第 166 期中发布的勘误，文本已作相应修订。

条约或者互惠原则获得。在互惠的问题上，匈牙利知识产权局局长具有最终决定权。❶

（5）在育种者的道德权益、种植保护权、服务品种和职工种植品种以及育种者报酬等方面，参照适用本法第7条第（2）款至第（7）款、第8条第（2）款至第（4）款和第9条至第17条的规定。

植物品种保护授予的权利

第109条

（1）植物品种保护应赋予植物品种所有者（以下简称"所有者"）开发品种的独占权。

（2）依据其独占实施的专有权，所有者有权禁止未经其同意的任何人对受保护品种的繁殖材料采取下列行为：

a）生产或者再生产（繁殖）；

b）为繁殖目的而进行的改造；

c）许诺销售；

d）销售或者其他营销；

e）出口；

f）进口；

g）为本款a）项至f）项中提到的任何目的进行存储的。

（3）本条第（2）款的规定也适用于未经授权使用受保护品种的繁殖材料而获得的收获材料，或者未经许可将上述收获材料直接制成产品的，除非使用者对上述繁殖和收获材料有合理利用的权利。

（4）本条第（2）款和第（3）款的规定也适用于下列品种：

a）其主要衍生自受保护的品种，其中受保护的品种本身不是其他品种衍生而来；

b）无法根据本法第106条第（3）款与受保护品种进行明显区分；

c）其生产需要重复使用受保护的品种。

（5）就本条第（4）款a）项而言，在下列情况下，一种品种应被视为基本来自另一种品种（以下简称"初始品种"）：

---

❶ 根据2010年第148号法案第88条第（1）款予以修订。

a）其主要来源于初始品种，或者来自本身主要来源于初始品种的品种，同时保留由初始品种的基因型或基因型组合产生的基本特征表达；

b）根据本法第 106 条第（3）款可以与初始品种进行明显区分；以及

c）除派生过程产生的差异外，其符合初始品种的基因型或者基因型组合产生的特征表达。

（6）独占使用权不得扩至：

a）个体使用或者不参与经济活动的行为；

b）为实验目的实施与植物品种相关的行为；

c）为培训其他品种的目的而实施的行为，以及除适用本条第（4）款规定的情形外，本条第（2）款和第（3）款所述的针对该其他品种的行为。

（7）至（8）已废除❶。

因植物品种保护而产生报酬主张❷

第 109A 条❸

（1）除混合品种和合成植物品种外，农民可未经所有者许可，实施为了繁殖的目的自身持有的收获材料；该收获材料应通过播种获品种保护的植物品种的种子或者块茎（以下简称"种子"）获得，且属于本条第（2）款规定的植物物种。除本条第（4）款规定的例外情况外，对上述实施而言，所有者有权获得合理报酬。

（2）本条第（1）款适用于下列农作物种：

a）草料植物：

1. 鹰嘴紫云英——豆科植物鹰嘴豆；

2. 黄色羽扇豆——羽扇豆属；

3. 苜蓿——紫花苜蓿；

4. 紫花豌豆——豌豆属；

5. 埃及车轴草——三叶草属；

6. 波斯三叶草——三叶草属；

---

❶ 根据 2009 年第 27 号法案第 37 条第（5）款予以废除。

❷ 根据 2009 年第 27 号法案第 16 条予以设立。

❸ 根据 2009 年第 27 号法案第 16 条予以设立。根据该法案第 36 条第（2）款，可适用于 2009 年 8 月 1 日之后产生的付款义务。

7. 蚕豆——蚕豆属；

8. 野豌豆——豌豆属。

b）谷类植物；

1. 燕麦——燕麦属；

2. 大麦——大麦属；

3. 米——稻属；

4. 加那利藕草——金丝雀草属；

5. 黑麦——黑麦属；

6. 黑小麦——黑小麦属；

7. 小麦——小麦属；

8. 硬粒小麦——硬粒小麦属；

9. 斯佩尔特小麦——斯佩尔特小麦属。

c）土豆植物：

1. 土豆——马铃薯属。

d）油脂纤维植物：

1. 瑞典甘蓝——油菜甘蓝属；

2. 球茎甘蓝——芸薹属；

3. 无籽亚麻——亚麻属。

（3）在本法中：

a）自身持有：指持有农民实际用于种植植物的任何地产或其部分，而无论该财产是农民所有还是依其他法律依据使用；

b）农民：指从事作物种植的自然人、法人或者其他非法人组织。

（4）本条第（1）款规定的支付报酬的义务不得适用于种植不足 200000 平方米可耕作物或不足 10000 平方米土豆的农民。

（5）本条和本法第 109B 条规定的权利可以由所有者个人或者通过其组织行使。所有者的组织可以代表已向组织书面授权的成员或者其他所有者行使该权利。所有者向组织出具书面授权的，不得自行主张报酬。在强制执行本法第 109C 条和第 114C 条规定的主张时，民事诉讼法典第 5 章的规则适用于所有者组织进行的法律代表。

（6）本条第（1）款规定的支付报酬的义务，应自农民为在田间繁殖而实际实施收割产品之日起有效。

（7）报酬的比例和缴纳，受所有者与农民之间的协议约束。所有者可与

农民组织签订关于农民组织成员的协议。

（8）未根据本条第（7）款达成协议的：

a）报酬的基础是所有者为繁殖各类植物品种而推荐的种子数量，乘以农民依据本法第109B条第（3）款 c）项说明的土地大小所有者；报酬率为各种植物品种繁殖程度最低的封装种子价格所包含的许可费用的50%，适用于上述数量；

b）根据相关情况合理的付款期限和付款方式，由所有者直接或者由代表收件人的农民组织向农民发出书面通知予以确定；在所有者的通知中，应当告知农民关于本款 a）项所确定的报酬率。

（9）对于每个植物品种，根据本条第（8）款 a）项所推荐的播种数量和应用于数量单位的许可费率，根据所有者的倡议，由负责农业政策的部长所领导的部门，在每年各自的播种期前公布于官方公报上。除本条第（7）款规定的情况外，官方公报未公布的，不得通过公共机构主张该报酬。

第109B条❶

（1）为了主张本法第109A条第（1）款下的报酬，若下列数据记录入档的，在应要求、支付相关费用及证明法定权利的情况下，农业主管机关可向本法第109A条第（2）款规定的受保护的植物品种的所有者提供下列数据：

a）属于本法第109A条第（2）款所指的植物种类，在［不属于本法第109A条第（4）款所指范围内的］农民的控制场所管理的用于种子生产的持有人的受保护植物品种的名称、繁殖度和繁殖量，以及每个农民的姓名和其保有地的地址；

b）所有者的受保护植物品种的名称，以及加工过的生的种子的数量，该植物品种是种子处理者处理的属于本法第109A条第（2）款所述植物种类。

（2）为了主张第109A条第（1）款下的报酬，若下列数据记录入档的，在应要求、支付相关费用及证明法定权利的情况下，负责农业和农村发展的机构可向本法第109A条第（2）款规定植物品种的植物种类所有者提供下列数据：

---

❶ 根据2009年第27号法案第16条予以设立。根据该法案第36条第（2）款，可适用于2009年8月1日之后产生的缴费流程。

a）告知种植本法第 109A（2）条规定的植物品种但不属于本法第 109A 条第（4）款规定范围内的农民的姓名，以及其保有地的地址；

b）本款 a）项定义的农民所使用的土地总体尺寸，表明每个植物品种利用的土地大小。

（3）为了主张本法第 109A 条第（1）款下的报酬，依据本法第 109A 条第（1）款或者其他记录，可被视为使用植物品种的任何农民，在所有者要求下、有义务在合理期限内向其提供下列数据：

a）属于本法第 109A 条第（2）款规定的植物品种，所有者作为受益者进行保护，且其收获物是由农民在其自己的保有地中为了繁殖的目的而利用的植物品种的名称；

b）对于本款 a）项规定的植物品种而言，数量、在特定经济年份中购入和利用的封印种子的封印编号，以及播种土地的大小；

c）标明本款 a）项植物品种的收获物已播种的土地大小；

（d）为了根据本法第 109A 条第（1）款进行利用而处理本款（a）项规定的植物品种收获物的人的名称和地址。

（4）为了主张本法第 109A 条第（1）款规定的报酬，种子处理者根据所有者的书面要求有义务提供关于为了播种所有者的属于本法第 109A 条第（2）款规定的植物种类的受保护植物品种的收获物的目的而处理的量的信息，以及代为实施该处理行为的人的名称和地址（营业地）。

（5）可针对特定的经济年份和前三年中农民未向所有者提供数据的 1 年或多年要求提供本条第（3）款和第（4）款规定的数据。任何有义务根据本条第（3）款提供数据的农民，应通过经认证的文件证明本条第（3）款 b）项规定的与封印种子购入和利用量有关的数据。

（6）在根据本条第（3）款和第（4）款提出的要求中，所有者有义务提供其姓名和地址，以及属于其的受保护植物品种的名称。根据本条第（3）款提出的要求的，所有者应讲明其认为农民根据本法第 109A 条第（1）款进行使用所基于的事实。应农民或者处理者要求的，所有者必须证明其法定权利。

（7）达成一致协议的，所有者还可通过其组织向农民或者种子处理者提交本条第（3）款和第（4）款项下的请求。

第 109C 条❶

（1）在已重复通知后，仍未全部或部分提供本法第 109B 条第（3）款和第（4）款规定的数据的，或者提供虚假数据的，所有者可以主张提供或更正本法第 109B 条第（3）款和第（4）款规定的数据。

（2）对所提供数据的真实性有争议的，由农民承担举证责任。

植物品种保护所授予的独占实施权的用尽

第 110 条

（1）植物品种保护所授予的独占实施权不得延至与受保护品种或者本法第 109 条第（4）款规定品种的任何材料有关的行为（该材料已经由所有者或者经其同意而在欧洲经济区范围内售出或者以其他方式出售），或者与产生于上述材料的任何材料有关的行为。❷

（2）本条第（1）款所指行为涉及有关品种的进一步繁殖的，或者涉及使品种得以繁殖的材料的出口，而该材料出口至一个对本条第（1）款所指品种所属的植物属或种的品种不予保护的国家的，独占实施权应当延伸至该行为，除非该出口材料用于最终消费目的。

（3）在本条第（1）款和第（2）款中，材料指繁殖材料、收获材料以及由该收获材料直接制成的任何产品。

植物品种的保护期

第 111 条❸

（1）确定性植物品种的保护期为 25 年，就藤本植物和树木而言，保护期为自授予该保护之日起 30 年。

（2）保护期限将在与起始日数相对应的那一天到期，如果该月没有这一天，则在该月的最后一天到期。保护将在到期日结束时终止。

---

❶ 根据 2009 年第 27 号法案第 16 条予以设立。根据该法案第 36 条第（2）款，可适用于 2009 年 8 月 1 日之后产生的缴费流程。

❷ 根据 2004 年第 69 号法案第 9 条第（4）款予以设立。

❸ 根据 2022 年第 55 号法案第 60 条予以设立。

植物品种保护的维持❶

第 111A 条❷

（1）由工业产权程序行政服务费用法确定的维持费应当在植物品种保护期内按年缴纳。❸

（2）关于植物品种保护的维持和维持费，参照适用与专利保护的维持和维持费有关的规定。

植物品种育种人的报酬

第 112 条❹

植物品种的育种人有权根据有关发明报酬的规定（参照本法第 13 条）获得报酬（育种人的报酬）。

植物品种的维持以及品种名称的使用

第 113 条

（1）在植物品种保护期间，所有者必须维持植物品种。

（2）许诺销售或者销售品种的，应当允许将商标、地理标志或者其他类似标志与已经登记的品种名称相关联。标志具有关联性的，该名称仍然必须易于识别。

（3）许诺销售或者销售品种的，即使在植物品种保护终止后，也必须使用已经登记的品种名称，除非这种使用会侵犯其他人的在先权利。

产生于植物品种和植物品种保护的其他权利和义务

第 114 条

（1）产生于植物品种和植物品种保护的权利不得转让给任何根据本法第

---

❶ 根据 2009 年第 27 号法案第 17 条予以设立。

❷ 根据 2009 年第 27 号法案第 17 条予以设立。根据该法案 36 条第（5）款，可适用于 2009 年 8 月 1 日之后提交的申请和申请所产生的费用。

❸ 根据 2018 年第 67 号法案第 26 条第 1 点予以修订。

❹ 根据 2003 年第 52 号法案第 29 条第（5）款予以设立。该法案第 29 条第（1）款，应与颁布匈牙利加入欧盟条约的法案同时生效。

108 条第（3）款和第（4）款规定不能被授予植物品种保护的人。有关权利继承的其他任何事项，参照适用本法第 25 条的规定。

（2）授予植物品种保护后，植物品种保护所有者就同一品种获得欧盟植物品种权［参照本法第 115 条第（b）项］的，在欧盟植物品种权终止前免于缴纳年费。欧盟植物品种权在植物品种保护期届满之前终止的，所有者可以按照本法第 115B 条的规定请求恢复植物品种保护。❶

（3）关于植物品种保护的确立、保护的限制、共同植物品种保护和共同植物品种保护权，参照适用本法第 18 条、第 21 条和第 26 条的规定。❷

（4）与植物品种保护的道德和经济问题有关但本法未作规定的事项，应当适用民法典的规定。❸

实施合同

第 114A 条 ❹

关于植物品种实施合同（植物品种许可合同），参照适用本法第 27 条至第 30 条的规定；本法未作规定的事项，参照适用民法典的规定。

强制许可

第 114B 条

（1）专利发明的实施必然侵犯植物品种保护（以下简称"主植物品种保护"）的，应当根据请求在实施主植物品种保护的品种所必需的范围内，向从属专利的所有者授予强制许可，条件是从属专利中所主张的发明与主植物品种保护中所主张的品种相比，涉及具有重大经济利益的显著技术进步。

（2）有关授权实施受保护的植物品种的强制许可的其他任何事项，参照适用本法第 31 条、第 32 条第（2）款和第 33 条的规定。

---

❶ 根据 2005 年第 83 号法案第 212 条予以设立。
❷ 根据 2005 年第 83 号法案第 212 条将原始文本中的第（2）款的编号改为第（3）款。根据 2009 年第 27 号法案第 37 条第（6）款予以修订。根据该法案第 36 条第（1）款，可适用 2009 年 8 月 1 日之后开始的诉讼程序。
❸ 根据 2011 年第 173 号法案第 15 条予以设立。
❹ 根据 2011 年第 173 号法案第 16 条予以设立。

植物品种和植物品种保护的侵权

第 114C 条 ❶

（1）植物品种保护的侵权，指下列行为：

a）非法实施处于保护期的植物品种；

b）不履行本法第 109A 条第（1）款规定的支付报酬义务。

（2）关于植物品种和植物品种保护的侵权，参照适用本法第 34 条至第 36 条的规定。

植物品种保护的撤销

第 114D 条

（1）下列情形中，植物品种保护应当有溯及力地予以撤销 ❷：

a）植物品种保护的客体不符合本法第 106 条第（3）款和第（6）款规定的要求；

b）植物品种保护的授予基本上是以育种人或者其权利继受人所提供的信息和文件为依据，且在授予植物品种保护时不符合本法第 106 条第（4）款和第（5）款规定的条件；

c）植物品种保护已被授予根据本法规定无权获得该授予的人，除非该植物品种保护被转让给有权获得该授予的人。

（2）最终决定驳回撤销请求的，任何人不得对同一植物品种保护以同一理由提起新的撤销程序

植物品种保护与品种名称的宣告无效

第 114E 条

（1）在授予保护后，植物品种保护不再满足本法第 106 条第（4）款和第（5）款规定的条件的，应当宣告植物品种保护无效，并产生溯及力，溯及至提起宣告无效程序之日或者宣告无效的条件已经存在之日（以较早的日期为准）。

---

❶ 根据 2009 年第 27 号法案第 18 条予以设立。根据该法案第 36 条（2）款，可适用 2009 年 8 月 1 日之后产生的缴费程序。

❷ 根据 2022 年第 55 号法案第 66 条 e）项予以修订。

（2）除本条第（1）款所指情形外，所有者经要求并在规定的期间内未履行下列行为的，应当宣告植物品种保护无效，并产生溯及力，溯及至提起宣告无效程序之日：

a）未向主管机关提供证实品种维护所必需的文件或者其他方法；

b）在授予植物品种保护后，在先名称被宣告无效的，未请求登记另一符合本法第 107 条第（2）款规定条件的品种名称。

（3）所有者经要求并在规定期间内没有核实已登记的品种名称符合本法第 107 条第（2）款规定条件的，该品种名称应当被宣告无效。品种名称被宣告无效之后，所有者提出包含符合本法第 107 条第（2）款规定条件的品种名称的请求的，该新的品种名称应当进行登记。

（4）最终决定驳回植物品种保护或者品种名称的宣告无效请求的，任何人不得就同一植物品种保护或者同一品种名称以同一理由提起新的宣告无效程序。

有关植物品种保护终止的其他规定

第 114F 条

有关植物品种保护终止的其他任何事项，参照适用本法第 38 条至第 41 条、第 43 条的规定；但是，除本法第 39 条规定的情形之外，确定性植物品种保护被宣告无效的，该植物品种保护也应当终止，并产生溯及力，溯及至提起宣告无效程序之日或者宣告无效的条件已经存在之日。

第 14 章　匈牙利知识产权局关于植物品种保护的程序❶

调整植物品种保护程序的一般规定

第 114G 条

（1）匈牙利知识产权局对植物品种保护的下列事项拥有权限❷：

a）植物品种保护的授予；

---

❶ 根据 2010 年第 148 号法案第 88 条第（1）款和匈牙利公报 2002 年第 166 期中发布的勘误，文本已作相应修订。

❷ 根据 2010 年第 148 号法案第 88 条第（1）款予以修订。

b）关于植物品种保护的终止和恢复的决定；

c）植物品种保护的撤销；

d）植物品种保护和品种名称的宣告无效；

e）保存植物品种保护申请和受保护的植物品种的登记簿，包括有关其维持的任何细节；

f）植物品种保护事项的官方信息。

（2）与第106条第（3）款至第（5）款规定的条件相关的实验测试，应由国家植物品种认可法律指定的机构（审查机构）在该国领土内进行。❶

（3）在听证会上，匈牙利知识产权局应当通过由3名成员组成的委员会的形式进行撤销和宣告无效程序并作出裁决。委员会应当以多数票作出裁决。❷

（4）关于恢复原状，参照适用本法第49条的规定，但有下列情形之一的，恢复原状应予以排除：

a）未遵守提出优先权声明所规定的期限〔参照本法第114L条第（2）款〕或者主张优先权所规定的12个月期限；

b）未遵守提出恢复原状请求和继续执行程序请求所规定的期限〔参照本法第48条第（3）款、第49条第（1）款和第（2）款〕；❸

c）未遵守提出重新确立植物品种保护的请求所规定的3个月期限〔参照本法第115B条第（1）款〕。❹

（5）有关植物品种保护的程序的语言应当为匈牙利语，品种新颖性的声明以及对该品种的临时性说明书应当使用匈牙利语，并提供该物种的匈牙利文通用名称。有关语言使用的其他任何事项，参照适用本法第52条第（2）款的规定。

（6）在植物品种保护的申请公布之前，审查主管机关也可以查阅文件。在公布之后授予保护之前，只有申请人、代理人、专家、要求提供专家意见的人以及审查主管机关才可以查阅该品种的临时性说明书。有关文件查阅的其他任何事项，参照适用本法第53条的规定。

（7）本法没有相反规定的，只有复审的请求已经向法院提出的情况下匈

---

❶ 根据2018年第67号法案第26条第10点予以修订。

❷ 根据2005年第83号法案第213条第（1）款予以设立。根据2010年第148号法案第88条第（1）款予以修订。

❸❹ 根据2007年第142号法案第33条第（1）款予以设立。

牙利知识产权局才可以撤回或者修改其对下列事项作出的终局决定❶：

　　a）植物品种保护的授予；

　　b）关于植物品种保护的终止和恢复的决定；

　　c）植物品种保护的撤销；

　　d）植物品种保护的宣告无效；

　　e）品种名称的宣告无效；

　　f）植物品种保护的重新确立。

　　（8）本法没有相反规定的，只有在确定该决定违背立法或者当事人一致要求修改或者撤回该决定的情况下，匈牙利知识产权局才可以撤回或者修改其基于复审请求而对本条第（7）款 c）项至 e）项所指事项作出的终局决定。❷

　　（9）本条第（1）款至第（8）款未规定的事项，参照适用第七章中有关植物品种保护管理程序的一般规定；但是，在植物品种保护方面，在本条第（10）款和第（11）款规定的例外情形中，程序中的一方当事人无权通知匈牙利知识产权局，且匈牙利知识产权局没有通过电子方式以书面形式通知当事人的义务。❸

　　（10）至（12）已废除。❹

受保护植物品种登记簿与信息公开❺

第 114H 条

　　（1）匈牙利知识产权局应在植物品种保护申请公布之前保存植物品种申请登记册，并保存已公布的植物品种保护申请和已受保护植物品种的登记册，其中应注明所有与植物品种保护相关的事实和情况。关于植物品种申请登记

---

　　❶ 根据 2005 年第 83 号法案第 213 条第（2）款予以设立。根据 2007 年第 142 号法案第 34 条第（1）款和 2010 年第 148 号法案第 88 条第（1）款予以修订。该法案第 49 条第（4）款，可适用于 2008 年 1 月 1 日之后到期的期限以及此后设定的期限。

　　❷ 根据 2005 年第 83 号法案第 213 条第 2 款予以设立。根据 2007 年第 142 号法案第 34 条第（2）款和 2010 年第 148 号法案第 34 条第（2）款予以修订。

　　❸ 根据 2005 年第 83 号法案第 213 条第（3）款予以设立根据 2016 年第 121 号法案第 16 条第（6）款予以修订。

　　❹ 根据 2010 年第 148 号法案第 77 条第（2）款予以设立。根据 2016 年第 121 号法案第 16 条第（9）款予以废除。

　　❺ 根据 2022 年第 55 号法案第 61 条予以设立。

册和受保护植物品种登记册以及其中条目的规定，第 54 条第（2）款至第（5）款和第 55 条的规定应适用，但本法中对发明标题的任何提及应意味着品种名称、通用名称和物种的拉丁名。❶

（2）关于与植物品种保护申请和植物品种保护有关的向公众提供的信息，参照适用本法第 56 条的规定；但是，本法提及的发明名称指品种名称、该物种的通用名称和拉丁文名称。

（3）根据《国际植物新品种保护公约》的有关规定，匈牙利知识产权局应当通知《国际植物新品种保护公约》各成员国和政府间组织品种名称的提交、注册和宣告无效以及宣告无效后注册的任何新的品种名称。❷

植物品种保护的授予程序；植物品种保护申请的提出及其要求

第 114I 条

（1）植物品种保护的授予程序应当从向匈牙利知识产权局提交申请开始。❸

（2）植物品种保护申请应当包含一份植物品种保护的授予请求书、一份品种新颖性的声明、含有与本法第 106 条第（3）款至第（5）款规定条件有关的实验测试结果的确定性说明书、品种名称、该物种的通用名称和拉丁文名称；如有必要，还应包含其他相关文件。

（3）除了第 45 条第（5）款和第（6）款规定的数据外，植物品种保护申请应写明育种者的姓名和地址，或者指明育种者要求不在植物品种保护文件中写明其姓名和地址，并且育种者在单独的纸张上提供其姓名和地址。❹

（3a）在其他方面，植物品种保护申请应按照有关专利申请详细形式要求的法律和有关工业产权申请电子提交的法律所规定的详细要求提交。❺

（4）植物品种保护申请应当缴纳由工业产权程序行政服务费用法确定的申请费；费用应当在自申请日起的 2 个月内缴纳。❻

---

❶ 根据 2022 年第 55 号法案第 62 条予以设立。
❷ 根据 2010 年第 148 号法案第 88 条第（1）款予以修订。
❸ 根据 2010 年第 148 号法案第 88 条第（2）款予以修订。
❹ 根据 2018 年第 67 号法案第 24 条第（1）款予以设立。
❺ 根据 2018 年第 67 号法案第 24 条第（2）款予以设立。
❻ 根据 2018 年第 67 号法案第 26 条第 1 点予以修订。

（5）构成申请的文件是用外文编写的，应当在自申请日起的 4 个月内提交匈牙利语的临时性说明书和物种的匈牙利文名称。

（6）在公布之前，申请人可以按照本法第 41 条的规定撤回对植物品种保护的申请。匈牙利知识产权局应当按顺序记录撤回事项。❶

申请日

第 114J 条

（1）植物品种保护的申请日是向匈牙利知识产权局提交至少包含下列内容之申请的日期❷：

a）寻求植物品种保护的说明

b）申请人的姓名、地址或注册地或安全投递服务地址，如果有代表的，则代表的姓名、地址或注册地或安全投递服务地址，或任何其他能够联系到申请人的信息。❸

c）品种的临时性说明书，即使该说明书不符合其他要求；

d）临时性的品种名称；

e）该物种的通用名称和拉丁文名称。

（2）引用一份优先权文件以替代品种的临时性说明书的，该引用应当足以确定该申请的申请日。

植物品种保护申请的单一性和分案

第 114K 条

（1）一件植物品种保护申请仅能针对一种植物品种寻求保护。

（2）申请人在一件申请中要求保护一种以上植物品种的，可以对申请进行分案，并保留申请日和任何在先优先权（如有），直到实验测试开始。

有关分案的其他任何事项，适用本法第 73 条第（2）款和第（3）款的规定。

---

❶ 根据 2005 年第 83 号法案第 38 条第 5 点和 2010 年第 148 号法案第 88 条第（1）款予以修订。

❷ 根据 2010 年第 148 号法案第 88 条第（2）款予以修订。

❸ 根据 2018 年第 67 号法案第 25 条予以设立。

优先权

第114L条

（1）确定优先权的日期应当：

a）通常而言，为植物品种保护申请的申请日；

b）在《国际植物新品种保护公约》规定的情况下，为国外申请的申请日。

（2）本条第（1）款b）项规定的优先权应当在植物品种保护申请的申请日提出。确定优先权的文件应当在自申请日起的4个月内提交。

（3）基于其他国际条约或者以互惠为前提，在《国际植物新品种保护公约》和本条第（2）款所规定的条件下，已经向非《国际植物新品种保护公约》成员国的国家或者政府间组织提出申请的，也可以要求享有优先权。就互惠而言，匈牙利知识产权局局长具有最终决定权。❶

申请的审查

第114M条

（1）提出植物品种保护申请后，匈牙利知识产权局应当审查：

a）该申请是否符合确定申请日的要求（参照本法第114条）；

b）是否已经缴纳申请费［参照本法第114I条第（4）款］；

c）是否已经提交匈牙利文的临时性说明书和该物种的匈牙利文名称［参照本法第114I条第（5）款］。

（2）提出申请之后的审查过程中，匈牙利知识产权局应当参照适用本法第66条第（1）款至第（3）款和第（10）款的规定。❷

（3）没有缴纳申请费或者没有提交该品种的匈牙利文临时性说明书和该物种的匈牙利文名称的，匈牙利知识产权局应当要求申请人在本法规定的期间内纠正不当之处［参照本法第114I条第（4）款和第（5）款］。未遵守上述要求的，申请应当视为撤回。❸

---

❶❸ 根据2010年第148号法案第88条第（1）款予以修订。

❷ 根据2007年第142号法案第36条予以设立。根据2010年第148号法案第88条第（1）款予以修订。

特定信息的通知

第114N 条❶

植物品种保护申请符合本法第114M条第（1）款项下审查要求的，匈牙利知识产权局应当在专利和商标公报上公布官方信息，包含申请人及其代理人的姓名和地址、申请的参考编号、申请日和优先权日、申请中所述的品种名称、物种的通用名称和拉丁文名称。

关于形式要求的审查

第114O 条❷

植物品种保护申请符合本法第114M条第（1）款下审查要求的，匈牙利知识产权局应当审查该申请是否符合本法第114I条第（2）款和第（3）款的形式要求。在此过程中，参照适用本法第68条第（2）款至第（4）款的规定。

公布和查阅

第114P 条

（1）关于植物品种保护申请的公布，参照适用本法第70条的规定；但是，申请符合本法第114M条第（1）款下审查要求的，经申请人要求，可以提前予以公布。

（2）公布后，任何人都可以在植物品种保护的授予程序中向匈牙利知识产权局提交异议，大意是该植物品种或者其申请不符合本法规定的任一保护要求。有关异议的其他任何事项，参照适用本法第71条第（2）款和第（3）款的规定。❸

---

❶ 根据2010年第148号法案第79条予以设立，自2011年1月1日起生效。

❷ 根据2002年第39号法案第31条予以设立。根据2010年第148号法案第88条第（1）款和2018年第67号法案第26条第11点予以修订。

❸ 根据2010年第148号法案第88条第（2）款予以修订。

植物品种保护申请的实质审查

第 114R 条

（1）匈牙利知识产权局对申请进行实质审查时，应当确定❶：

a）该植物品种是否符合本法第 106 条第（3）款至第（6）款的要求；

b）该植物品种是否已经获得一个符合本法第 107 条第（2）款要求的品种名称：

c）植物品种保护申请是否符合本法规定的要求。

（2）本法第 106 条第（3）款至第（5）款规定的条件应当在国家注册程序中进行评估或者以在有关植物品种保护的程序中作出的实验测试结果为依据。

（3）外国主管机关进行的实验测试的结果，经其同意，可以予以考虑。申请人提交外国主管机关进行的实验测试的结果的，匈牙利知识产权局应当将测试结果连同外国主管机关的同意书转交给审查主管机关［参照本法第 114 条第（2）款］。审查主管机关使用实验测试结果的，应当根据国家植物品种认可的法律规定进行。❷

（4）实验测试的费用应由申请人承担。

（5）申请人可以在自优先权日起的 4 年内或者在收到实验测试结果通知之日起的 3 个月内向匈牙利知识产权局提交实验测试结果，以后届满的期限为准。❸

（6）实验测试的结果在自优先权日起 4 年期满前的 3 个月内未提交的，匈牙利知识产权局应当要求申请人在本条第（5）款规定的期限内纠正不当之处，或者核实尚未通知实验测试的结果。申请人不遵守上述要求的，应当视为放弃植物品种临时保护。❹

（7）植物品种保护申请不符合本条第（1）款项下审查要求的，应当根据异议的类型要求申请人纠正不当之处、提交意见或者对申请进行分案。在此过程中，匈牙利知识产权局应当参照适用本法第 76 条第（2）款至第（4）

---

❶❹ 根据 2010 年第 148 号法案第 88 条第（1）款予以修订。

❷ 根据 2010 年第 148 号法案第 88 条第（1）款和 2018 年第 67 号法案第 26 条第 10 点予以修订。

❸ 根据 2010 年第 148 号法案第 88 条第（2）款予以修订。

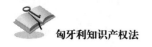

款的规定。❶

<h2 style="text-align:center">通知审查主管机关</h2>

第114S条

（1）在通知植物品种保护申请的特定信息的同时（参照本法第114N条），匈牙利知识产权局应当将本法第114J条第（1）款所述文件的副本转交审查主管机关。有关植物品种保护事项以及执行审查主管机关的职务所必需的文件副本，也应当随之发送。❷

（2）植物品种保护的授予程序在未授予保护的情况下终结的，匈牙利知识产权局应当通知审查主管机关，向其发送终结程序的决定副本。❸

<h2 style="text-align:center">植物品种保护的授予</h2>

第114T条

（1）植物品种及其申请符合全部审查要求的［参照本法第114R条第（1）款］，匈牙利知识产权局应当就该申请的客体授予植物品种保护。❹

（2）植物品种保护的授予和品种名称应当登记在受保护植物品种登记簿［参照本法第114H条第（1）款］中，且官方信息应当在匈牙利知识产权局的官方报纸上公布（参照本法第56条）。植物品种保护的授予日期为决定授予之日。匈牙利知识产权局应当向审查主管机关发送授权决定书，通知其植物品种保护的授予和品种名称的登记。❺

（3）授予植物品种保护之后，匈牙利知识产权局应当颁发证明书，并附上该品种的确定性说明书。❻

<h2 style="text-align:center">有关植物品种保护的其他程序</h2>

第114U条

（1）任何人可以针对植物品种保护的所有者提起撤销或宣告植物品种保

---

❶❷❹❻ 根据2010年第148号法案第88条第（1）款予以修订。

❸ 根据2005年第83号法案第338条第5点和2010年第148号法案第88条第（1）款予以修订。

❺ 根据2005年第83号法案第214条予以设立。根据2010年第148号法案第88条第（15）款予以修订。

护无效或者宣告品种名称无效的程序。在本法第114D条第（1）款c）项中，只有根据本法规定有权享有植物品种保护的人，才可以请求撤销该植物品种保护。

（2）有关植物品种保护的其他程序的其他任何事项，参照适用本法第79条至第81条的规定。

第14A章　植物品种保护案件的诉讼程序❶
关于植物品种保护诉讼程序的规定

第114V条❷

关于植物品种保护的诉讼程序，参照适用第11章和第12章的规定，但本法第53A条第（3）款所指的判决应当视为本法第114C条第（7）款所指的判决。

第14B章❸　关于欧盟植物品种权制度的规定
一般规定

第115条

在本法中：

a）《欧盟植物品种条例》，指欧洲理事会关于欧盟植物品种权的第2100/94/EC号条例；

b）欧盟植物品种权，指《欧盟植物品种条例》第1条所指的植物品种权；

c）欧盟植物品种权申请，指根据《欧盟植物品种条例》提出的授予欧盟植物品种权的申请。

---

❶　根据匈牙利官方公报2002年第166期中发布的勘误，文本已作相应修订。

❷　根据2005年第83号法案第215条予以设立。根据该法案第332条第（1）款，可以适用于随后启动的案件和重复诉讼。

❸　根据2005年第83号法案第216条予以设立，同时将原始文本中的第114Z条至第115条的编号分别改为第115C条至第115D条。根据该法案第332条第（1）款，可以适用于2005年第11月1日之后开启的案件和重复诉讼。

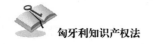

欧盟植物品种权申请的转交

第 115A 条

（1）根据《欧盟植物品种条例》第 49 条第（2）款的规定，向匈牙利知识产权局提出的欧盟植物品种权申请的转交，应当缴纳由工业产权程序行政服务费用法规定的转交费。❶

（2）未缴纳欧盟植物品种权申请的转交费的，匈牙利知识产权局应当要求申请人纠正不当之处。匈牙利知识产权局应当在缴纳转交费的前提下转交植物品种申请。❷

植物品种保护的重新确立

第 115B 条

（1）在欧盟植物品种权终止的情况下，根据《欧盟植物品种条例》第 92 条第（2）款的规定，植物品种保护的所有者可以在自欧盟植物品种权终止之日起的 3 个月内向匈牙利知识产权局请求重新确立植物品种保护。❸

（2）所有者应当在植物品种保护的重新确立请求中证明欧盟植物品种权利终止的事实和日期，并且在自提交请求之日起的 2 个月内，缴纳欧盟植物品种权终止当年年费的比例部分和次年年费。

（3）重新确立植物品种保护的请求不符合本法规定的要求的，应当要求所有者纠正不当之处；未缴纳本条第（2）款规定的年费的，应当要求所有者在本条第（2）款规定的期限内缴纳。未遵守上述要求的，该请求应当视为撤回。

（4）匈牙利知识产权局准许重新确立植物品种保护的请求的，植物品种保护应当自欧盟植物品种权终止后的次日起重新确立。❹

（5）所有者在自欧盟植物品种权终止之日起的 3 个月内没有请求重新确

---

❶ 根据 2010 年第 148 号法案第 88 条第（11）款和 2018 年第 67 号法律第 26 条第 1 点予以修订。

❷ 根据 2010 年第 148 号法案第 88 条第（16）款予以修订。

❸ 根据 2005 年第 83 号法案第 332 条第（3）款予以设立。根据 2010 年第 148 号法案第 88 条第（17）款予以修订。如果社区植物品种专利保护期限在 2004 年 5 月 1 日至 2005 年 11 月 1 日终止，则第 115B 条第（1）款中提到的 3 个月期限应从 2005 年 11 月 1 日开始计算。

❹ 根据 2010 年第 148 号法案第 88 条第（1）款予以修订。

立植物品种保护的，植物品种保护应当在欧盟植物品种权终止后的次日根据本法终止。

侵犯欧盟植物品种权的法律制裁

第 115C 条❶

根据《欧盟植物品种条例》第 6 部分的规定，侵犯欧盟植物品种权的，与侵犯匈牙利知识产权局根据本法授予的植物品种保护适用同样的制裁和救济措施。

第 6 部分❷ 关于匈牙利知识产权局的规定❸

第 14C 章 匈牙利知识产权局❹

匈牙利知识产权局的法律地位❺

第 115D 条

（1）匈牙利知识产权局是知识产权保护的政府部门。❻

（2）匈牙利知识产权局局长由总理任命和撤职；两位副局长由行使监督权的部长（以下简称"部长"）根据局长的提议任命和撤职。❼

（3）除任命和撤职之外，对副局长的领导权由匈牙利知识产权局局长行使。

（4）匈牙利知识产权局位于布达佩斯。

---

❶ 根据 2005 年第 165 号法案第 10 条予以设立，同时将原始文本中的第 115C 条至第 115D 条的编号分别改为第 115D 条至第 115E 条。根据 2010 年第 148 号法案第 88 条第（1）款予以修订。

❷ 根据 2007 年第 24 号法案第 16 条予以设立，同时将原始文本中的第 6 部分的编号改为第 7 部分，将第 115D 条至第 115E 条的编号分别改为第 115M 条至第 115N 条。根据该法案第 30 条第（1）款，可适用于 2007 年 5 月 1 日之后开始的诉讼程序。

❸ 根据 2010 年第 148 号法案第 80 条第（1）款予以设立。

❹ 根据 2010 年第 148 号法案第 80 条第（2）款予以设立。根据 2010 年第 148 号法案第 265 条第（1）款，匈牙利专利局的名称改为匈牙利知识产权局，并以该名称继续运行。

❺ 根据 2010 年第 148 号法案第 80 条第（3）款予以设立。

❻ 根据 2010 年第 148 号法案第 80 条第（4）款予以设立。根据 2019 年第 109 号法案第 87 条予以修订。

❼ 根据 2017 年第 72 号法案第 17 条予以设立。

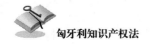

匈牙利知识产权局的管理

第 115E 条

（1）匈牙利知识产权局应当以其收入承担运行成本。

（2）在办公室进行的工业产权程序中，应支付由工业产权程序中行政服务费用法律规定的行政服务费用。这些费用应为办公室准备的认证或非认证副本、摘要、翻译以及办公室执行的认证支付。在本法或单行法案定义的情况和条件下，应支付由工业产权程序中行政服务费用法规定的费用，用于工业产权保护的维护和续期。这些费用的金额应定期审查。在审查期间，除了第（3）款的规定，还应考虑工业产权系统的操作成本、每种工业产权保护形式的特点以及通过工业产权保护手段促进创新的方面。❶

（3）匈牙利知识产权局的收入包括行政管理服务费、本条第（2）款规定的维持费和续期费、匈牙利知识产权局依据世界知识产权组织管理的国际条约而从事的行政管理活动的费用和份额、具有延及匈牙利境内的统一效力的欧盟或者其他区域工业产权保护所缴纳的费用份额、匈牙利知识产权局所提供的服务收入以及其他收入。该等收入应当确保匈牙利知识产权局的持续和平稳运作。❷

（4）匈牙利知识产权局有权独立管理其收入，并用其支付运作成本。❸

（5）匈牙利知识产权局有权从其收入中设立不超过给定年度实际收入5%的财务储备金。设立的储备金应当在其成立后的第二年年底之前完全用以承担匈牙利知识产权局的运作成本，不得用于其他任何目的。❹

（6）匈牙利知识产权局应当每年公布一份有关其收入及其使用的报告。❺

（7）匈牙利知识产权局应当使其作为所有者而进行控制的政府法令所确定的公司参与到本法第 115I 条和第 115K 条所指的任务执行中；此外，匈牙利知识产权局可以利用该等公司的服务来执行其任务和支持其运营和管理。❻

---

❶ 根据 2009 年第 27 号法案第 19 条第（1）款予以设立。根据 2018 年第 67 号法案第 26 条第 4 点予以修订。

❷ 根据 2013 年第 16 号法案第 14 条第（1）款予以设立。

❸❹ 根据 2012 年第 211 号法案第 21 条予以设立。

❺ 根据 2013 年第 16 号法案第 19 条第（2）款 c）项予以修订。

❻ 根据 2013 年第 16 号法案第 14 条第（2）款予以设立。

国家知识产权理事会❶

第 115F 条❷

（1）在执行本法第 115J 条至第 115L 条所指任务时，国家知识产权理事会（以下简称"理事会"）应当作为专业咨询和意见提供的机构协助匈牙利知识产权局局长。应匈牙利知识产权局局长的要求，理事会应当就保护知识产权的综合措施草案（方案、战略计划、国家和欧盟法案、国际协定）发表意见。理事会参与制定知识产权保护的国家战略，并监督和促进其实施。

（2）理事会是一个由不超过 12 名具有工业产权和著作权专业知识或者知识产权相关学科专业知识的成员所组成的机构。

（3）匈牙利知识产权局局长应当通知部长其提议作为理事会成员的人员，部长可以在自收到通知之日起的 15 日内就该等人员提出异议。针对其提出异议的人不得任命为理事会成员。理事会成员随后应当由匈牙利知识产权局局长任命。

（4）理事会成员任期 3 年。该任命只适用于本人，并且不得进行更换。任期可以延长 3 年。

（5）下列情况下，应当终止成员资格：

a）规定期间届满；

b）辞职；

c）撤职；

d）该成员死亡。

（6）理事会应当按照匈牙利知识产权局局长确定的程序规则运作。

匈牙利知识产权局的职责与权限

第 115G 条

匈牙利知识产权局的职责与权限包括：

a）工业产权领域的官方审查和程序；

---

❶ 根据 2010 年第 148 号法案第 81 条予以设立。根据该法案第 265 条第（2）款，匈牙利知识产权保护委员会及其成员的资格于 2011 年 1 月 1 日依法终止。匈牙利知识产权委员会应在 2011 年 1 月 1 日之后的 3 个月内成立。

❷ 根据 2010 年第 148 号法案第 81 条予以设立。

b）有关著作权以及相关权利的特定任务的执行；

c）中央政府在知识产权领域的通知和记录活动；

d）参与制定知识产权立法；

e）制定和实施保护知识产权的政府战略，启动和执行该目的所必要的政府措施；

f）执行知识产权保护领域内的国际合作和欧洲合作的专业任务；

g）已废除。❶

h）执行与企业可能申请的减税基数优惠相关的注册任务。❷

第 115H 条

（1）匈牙利知识产权局应当执行本法和具体立法规定的工业产权主管机关的下列工作：

a）审查专利、植物品种、实用新型、拓扑、外观设计、商标和地理标志等申请和补充保护证明的申请，产生于该等申请的保护的授予和登记，以及与授予权利有关的程序；

b）审查和转交专利、外观设计、商标和原产地名称的国际申请，以及进行检索、审查、转交、登记和产生于以国际协议、其他国际条约和欧盟法律为依据的区域工业产权合作并委托给国家工业产权主管机关的其他程序性行为。❸

（2）应海关的要求，在因知识产权侵权而提起的海关程序中，匈牙利知识产权局应当提供有关工业产权所有者的信息资料。❹

（2a）已废除。❺

（2b）根据立法，支持初创企业的企业有权享受减税基数优惠的证明，匈牙利知识产权局应登记入册并从册中删除相关的任务。❻

（3）依据具体立法，匈牙利知识产权局应当为工业产权专家委员会的运作做好准备。

---

❶ 根据 2011 年第 173 号法案第 17 条予以设立。根据 2023 年第 41 号法案第 8 条予以废除。

❷ 根据 2017 年第 72 号法案第 18 条予以设立。

❸ 根据 2022 年第 55 号法案第 66 条 f）项予以修订。

❹ 根据 2009 年第 56 号法案第 100 条予以修订。根据该法案第 428 条，可适用于 2009 年 10 月 1 日之后开始的诉讼程序。

❺ 根据 2011 年第 173 号法案第 18 条予以设立。根据 2023 年第 41 号法案第 8 条予以废除。

❻ 根据 2017 年第 72 号法案第 19 条予以设立。

（4）就著作权和与著作权相关的权利而言，匈牙利知识产权局应当依据具体立法尤其执行下列工作❶：

a）作者未知或者下落不明（无主作品）的，应当授予该作品的使用许可，并进行登记；

b）登记对著作权和相关权利进行集体管理的组织；

c）监督权利集体管理组织的活动；

d）规定使用费和税费的行政批准、权利集体管理组织的扶持政策以及该等代表权利持有人的组织的收入使用，并采取必要措施；

e）进行作品的自愿登记；

f）为著作权专家委员会和专家委员会内部的调解委员会的运作做好准备。

（5）依据具体立法，匈牙利知识产权局局长应当对匈牙利专利律师事务所的活动进行合法性控制。

第 115I 条

在知识产权领域中央政府的记录和通知活动的范围内，匈牙利知识产权局尤其应当执行下列工作：

a）就工业产权事项发表官方公报；

b）公布匈牙利专利说明书、实用新型、工业品外观设计和拓扑说明书，以及国际协议规定的说明书；

c）通过使用信息技术工具进行收集、处理工业产权文件、并使公众能够在专门的公共图书馆中查阅；

d）提供有关知识产权保护的信息和文件服务。

第 115J 条

（1）在有关知识产权保护的问题上，负责司法的部长应当提交一份适用法律或者政府法令的建议书，并就这些问题在政府和议会面前代表匈牙利知识产权局。

（2）匈牙利知识产权局和局长应当参与制定影响知识产权保护的立法草

---

❶ 根据 2016 年第 93 号法案第 166 条予以设立。

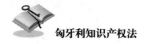

案并对其发表意见。❶

（3）匈牙利知识产权局应当研究和分析知识产权立法的实施情况，评估和评价有关立法适用的效果和经验。

（4）为了提高知识产权保护，匈牙利知识产权局应当遵照国际义务和欧盟义务以及政府在经济战略、研究与开发、技术、创新、文化等领域的政策目标，启动工业产权和著作权新立法的适用工作以及对现行法律规则进行的修订，并且应当参与制定这部分立法。❷

第115K 条

为了制定和实施旨在保护知识产权的政府战略以及启动和执行该目的所必要的政府措施，匈牙利知识产权局尤其应当执行下列工作：

a）通过分析知识产权保护的相关国内、国外和国际趋势，制定、完善和实施政府的经济战略及其研究与开发、创新、技术和文化政策，监测知识创造、创新和工业产权活动的发展，制定一套知识产权评估方法以及提供官方实践；

b）启动、制订、执行和参与促进知识创造和创新活动的方案；

c）参与完善服务于知识创造和创新成果的公众认知制度，并发起、组织或者推动与知识创造活动和知识产权保护有关的竞赛、展览和其他项目；

d）传播有关知识产权保护的知识，发展工业产权文化，通过信息、客户和咨询服务、专业建议和其他手段丰富企业的工业产权和著作权知识，特别是中小型企业，并促进企业对知识产权的尊重；

e）已废除。❸

f）专门监督公立学校系统以外的知识产权培训，运作其制度，并为工业产权和专利律师考试的组织做好准备；

g）已废除。❹

h）提高与树立国家形象、建立统一的国家品牌以及推广和保护与典型匈牙利产品的名誉相一致的知识产权保护。❺

---

❶ 根据 2023 年第 31 号法案第 24 条予以修订。

❷ 根据 2022 年第 55 号法案第 66 条 g）项予以修订。

❸ 根据 2022 年第 24 号法案第 12 条第（1）款予以废除。

❹ 根据 2023 年第 41 号法案第 8 条 c）项予以废除。

❺ 根据 2010 年第 148 号法案第 83 条第（2）款予以设立。

第 115L 条

在知识产权领域的国际和欧洲合作框架内，匈牙利知识产权局应当与中央国家行政机关合作，执行下列代表性工作或者其他专门工作：

a）参与世界知识产权组织、欧洲专利组织、国内市场协调局、欧盟植物品种局、世界贸易组织理事会的管理机构和其他机构的活动，以及基于负责该事项的部长的一般或者特别授权的其他国际组织的活动❶；

b）规定欧洲专利组织成员国所享权利和所负义务的行使和履行，并执行由国家专利当局负责的欧洲专利制度运行中的工作；

c）在知识产权保护领域，执行匈牙利作为欧盟成员国所产生的工作，参与确立在欧盟的决策过程中所代表的政府立场，以及在欧盟理事会和委员会的知识产权专门机构中代表政府立场、执行涉及合作的专业工作，并且与欧盟的工业产权主管部门合作；

d）参与制定和实施以知识产权保护为目的的国际协议，并对这些协议的缔结提出建议；

e）与其他国家和国际组织的知识产权主管机关保持联系。

第14D 章❷　与匈牙利知识产权局工业产权程序中的行政管理服务费和工业产权保护的维持或者续期费用有关的一般规则❸
维持费和恢复保护请求费的缴纳

第115M 条❹

（1）专利、植物品种保护和实用新型保护的维持费以及补充保护证明的维持费，在 6 个月宽限期间的前 3 个月无须缴纳附加费，从该期间的第四个月开始应当缴纳 50% 的附加费。维持费在 6 个月宽限期间届满后缴纳的，基

---

❶ 根据 2016 年第 93 号法案第 167 条予以修订。

❷ 根据 2009 年第 27 号法案第 20 条予以设立。根据该法案第 36 条第（5）款，可适用于 2009 年 8 月 1 日之后提交的申请和申请到期的费用。

❸ 根据 2009 年第 27 号法案第 20 条予以设立。根据 2010 年第 148 号法案第 88 条第（1）款予以修订。

❹ 根据 2009 年第 27 号法案第 20 条予以设立，同时将原始文本中的第 115N 条的编号改为第 115U 条。根据该法案第 36 条第（5）款，可适用于 2009 年 8 月 1 日之后提交的申请和申请到期的费用。

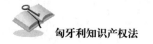

于恢复原状的要求，应当缴纳附加费。

（2）专利申请和植物品种保护申请在公布之后分案的，就分案所产生的新申请而言，缴纳维持费的宽限期间由于分案且在分案之前到期的，宽限期间应当自认可分案的决定成为最终决定时开始起算。

（3）维持费也可以在宽限期间开始之前的 2 个月内缴纳。

减免、免缴和延期❶

第 115N 条❷

工业产权程序中的行政管理服务费以及维持费和续期费，根据本法第 115O 条和第 115P 条规定的情况，不得适用补贴和免缴。

第 115O 条❸

（1）如果在付款日期，有权享有保护权或持有保护权的所有权人是发明人、育种者或设计者本人的，则应支付实用新型保护、植物品种保护、设计或拓扑保护申请费的 1/4。❹

（1a）如果在付款日期，有权享有保护权或持有保护权的人完全是❺：

a）发明人本人；

b）2004 年关于中小企业及其发展支持的第 34 号法案第（1）条意义上的企业；

c）2011 年关于国家高等教育的第 204 号法案附件 1 中列出的国家认可的高等教育机构；

d）根据 2014 年关于科学研究、开发和创新的第 76 号法案的预算研究中心或非营利公共事业研究中心，应支付专利申请和搜索、审查和授予费用的 1/4。

（1b）通过电子方式提交时，下列费用的 85% 应支付❻：

---

❶ 根据 2009 年第 27 号法案第 20 条予以设立。

❷ 根据 2009 年第 27 号法案第 20 条予以设立，同时将原始文本中第 115N 条的编号改为第 115U 条。根据该法第 36 条第（5）款，可适用于 2009 年 8 月 1 日之后提交的申请和请求所产生的到期费用。

❸ 根据 2009 年第 27 号法案第 20 条予以设立，自 2009 年 8 月 1 日起生效。参见该法案第 36 条第（5）款。

❹ 根据 2023 年第 41 号法案第 3 条第（1）款予以设立，自 2024 年 1 月 1 日起生效。

❺❻ 根据 2023 年第 41 号法案第 3 条第（2）款予以设立，自 2024 年 1 月 1 日起生效。

a）专利申请和搜索费；

b）公布权利要求和公布欧洲专利翻译的费用；

c）植物品种保护的申请费；

d）实用新型保护的申请费；

e）设计保护的申请费；

f）商标申请费；

g）地理标志申请费；

h）微电子半导体产品拓扑保护的申请费；

i）国际专利申请中的国家费用，其中匈牙利知识产权办公室作为指定或选定的匈牙利知识产权局；

j）申请授予补充保护证书和补充保护证书期限续期的费用。

（1c）第（1b）款也适用于第（1）款和第（1a）款规定的减免费用的情况。❶

（2）在缴纳之日，实用新型或植物品种保护的持有人完全是发明人或育种者本人，则应支付实用新型或植物品种保护维护费的一半。❷

（2a）在缴纳之日，有权享有保护权或持有保护权的人为❸：

a）发明人本人；

b）根据 2004 年关于中小企业及其发展支持的第 34 号法案第（1）条意义上的企业；

c）2011 年关于国家高等教育的第 204 号法案附件 1 中列出的国家认可的高等教育机构；

d）根据 2014 年关于科学研究、开发和创新的第 76 号法案的预算研究中心或非营利公共事业研究中心，应支付 1/4 的续费。

（2b）在多个有权享有保护权的人或多个保护权持有人的情况下，如果所有有支付义务的人都符合第（1a）款 a）项至 d）项或第（2a）款 a）项至 d）项中的一个条件，则可以申请按照第（1a）款和（2a）款规定的减免。❹

（3）在缴纳之日，外观设计保护的所有者是设计人本人的，应当缴纳外观设计保护的续期请求费的一半。

---

❶ 根据 2023 年第 41 号法案第 3 条第（2）款予以设立。
❷ 根据 2023 年第 41 号法案第 3 条第（3）款予以设立。
❸ 根据 2023 年第 41 号法案第 3 条第（4）款予以设立。
❹ 根据 2023 年第 41 号法案第 3 条第（5）款予以设立。

（4）发明人、育种人或设计人，以及第（1a）款 b）项至 d）项和第（2a）款 b）项至 d）项中提到的进一步的权利持有人，只有在与申请相关的申请没有声称外国申请的优先权，或者保护是基于没有声称外国申请优先权的申请时，才有权享受第（1）款和第（1a）款以及第（1c）款至第（3）款规定的减免。

（5）在有多个发明人、育种人或者设计人的情况下，任何一个发明人、育种人或者设计人为了共同发明人、共同育种人或者共同设计人的利益而放弃保护权利或者该保护本身的，或者任何一个发明人、育种人或者设计人由其继承人继承的，也应当适用本条第（1）款至第（4）款的规定。

（6）根据第（1a）款和第（2a）款享有减免的权利，应在支付到期的维护费时同时声明。❶

（7）第（1a）款和第（2a）款规定的费用减免构成《欧洲联盟运作条约》第 107 条第（1）款意义上的国家援助，并可根据下列规则使用❷：

a）根据欧盟委员会法规第 1407/2013/EU 号条例及其后续法规的一般最低限度援助，这是欧盟直接适用的一般性法律行为；

b）欧盟委员会法规第 1408/2013/EU 号条例；

c）欧盟委员会法规第 717/2014/EU 号条例。

第 115P 条❸

（1）经要求，匈牙利知识产权局可以准予免缴专利申请和检索费，审查费和授予费以及植物品种、实用新型、外观设计和拓扑保护的申请费，植物品种和实用新型保护的维持费用；此外，作为自然人的权利持有人由于工资、收入和财务状况而无法承担费用的，还可以准予延期缴纳专利、植物品种和实用新型保护的第一年至第五年期间的维持费，延期缴纳的费用应与第 6 年的维持费共同缴纳。❹

（2）只有能够证明其收入（工资、退休金、其他常规性财务津贴）没有超过最低工资（最低工资）规定的标准，且除生存所需之外没有其他资产和家具的自然人，才有权获得免缴和延期。免缴应当授予接受常规性社会救助

---

❶❷　根据 2023 年第 41 号法案第 3 条第（6）款予以设立。

❸　根据 2009 年第 27 号法案第 20 条予以设立。根据该法案第 36 条第（5）款，可适用于 2009 年 8 月 1 日之后提交的申请和申请所产生的到期费用。

❹　根据 2023 年第 41 号法案第 4 条予以设立。

的人，无须证明其收入和财务状况。❶

（3）不存在本条第（2）款规定的条件，但匈牙利知识产权局考虑该自然人的其他情况，认为自然人及其家属的生存处于危险之中的，也可以特别准予免缴和延期。❷

（4）对于免除或延期的请求，应附上申请人及其根据民法典（以下简称"近亲"）的近亲的收入证明，近亲与其共同居住的，由雇主在不超过30天内出具收入证明，或者对于领取养老金的人，除了或代替雇主出具的收入证明，应附上个月的养老金单（邮政证明），或者在将养老金转入银行账户的情况下，附上个月的银行账户对账单。

（5）申请人以及与其共同生活的近亲属的收入不视为与工作有关的收入或者退休金的（如奖学金、与教育有关的收益、社会保险福利、求职者津贴和退休前求职协助、其他正规的金钱收益、业务收款、不动产出租、利息收入、汇兑收益、股息收入等），应当附上邮寄证明、银行账户声明、这些收入的出纳证明或者其他可用于证明收入的文件。❸

（6）申请人以及与其共同生活的近亲属没有工作且不是退休金领取者，没有其他收入的，应当在请求中声明该事实。

（7）就本条第（3）款而言，除可用于证明其收入或者退休金的文件以外，申请人可以在请求中提出其他可以确定该自然人及其家属的生存处于危险之中的情况（灾害、疾病等）。

（8）提出的免缴或者延期请求中包含不当之处的，应当要求申请人在规定的期限内予以纠正。在要求中应当警告申请人，未纠正不当之处将导致其请求的驳回。

（9）尽管已经纠正，但仍然不符合本条第（1）款至第（7）款规定的要求的，应当驳回请求。申请人在规定的期限内未回应要求的，其请求应当视为撤回。

（10）不得对匈牙利知识产权局关于免缴或者延期的驳回命令提出单独的法律救济，可以在就终结工业产权程序的决定提出的复审请求中请求复审该命令。❹

---

❶ 根据 2014 年第 99 号法案第 93 条予以修订。
❷ 根据 2010 年第 148 号法案第 88 条第（1）款予以修订。
❸ 根据 2022 年第 74 号法案第 45 条予以修订。
❹ 根据 2010 年第 148 号法案第 88 条第（5）款予以修订。

截止日期❶

第 115R 条❷

（1）除非法律另有规定，否则在工业产权程序中应缴纳的行政管理服务费和续期费，应当在申请提出之日或者请求提出之日缴纳。

（2）维持费的截止日期应当根据本法和其他法律的规定确定。

（3）在通过转账支付行政服务费、续费和维护费的情况下，付款日期应与将款项记入匈牙利知识产权局指定的支付账户的日期相对应，该账户由工业产权程序中行政服务费用的法律指定。如果通过邮政汇票支付，付款日期应为邮寄汇票的日期。❸

未缴纳费用的法律后果❹

第 115S 条❺

（1）在工业产权程序中未缴纳费用的，应当要求当事人纠正不当之处或者予以警告，但本条第（2）款和第（3）款规定的例外情形除外。当事人仍未缴纳规定费用的，申请和请求应当被驳回或者视为撤回，但相关法律对未缴纳费用的情况规定了不同法律后果或者不同程序规则的除外。

（2）未按照本法和具体立法规定的规则缴纳维持费的，将导致保护终止。

（3）未缴纳请求费的，延长期限的请求、继续执行程序或者恢复原状的请求、提供补充书面意见的检索报告的请求，以及加快补充书面意见的检索报告的制作程序的请求，不得视为已经提出。❻

---

❶❺❻ 根据 2009 年第 27 号法案第 20 条予以设立。

❷ 根据 2009 年第 27 号法案第 20 条予以设立。根据该法案第 36 条第（5）款，可适用于 2009 年 8 月 1 日之后提交的申请和申请到期所产生的费用。

❸ 根据 2010 年第 148 号法案第 84 条和 2022 年第 55 号法案第 63 条予以设立。

❹ 根据 2013 年第 159 号法案第 6 条予以设立。

第7部分❶ 最终条款

第15章 生效条款与过渡性条款
工业产权专家机构❷

第115T条❸

（1）在工业产权法律争议中出现的专业问题上，法院和其他当局可以请求匈牙利知识产权局附属的工业产权专家机构（以下简称"BEIP"）提供专家意见。

（2）应请求，BEIP也可以在法庭之外委托提供工业产权问题的专家意见。

（3）BEIP的组织和运作的详细规则应由政府法令规定。

（4）根据第（1）款和第（2）款准备的专家意见应由匈牙利知识产权局记录在一个电子可访问的公共数据库中。在发布的专家意见数据中，不得公开披露的数据应进行匿名处理。

（5）如果在根据第2款提出的请求中，各方要求保密案件和BEIP的专家意见，则只有在数据库中发布案件编号、主题、提出的问题以及与法律解释原则上有关的内容，或者在没有这些内容的情况下，发布简短内容。

（6）为了执行请求或借调的必要，即使各方根据第（5）款要求保密，BEIP的程序委员会成员也应能够访问包含第4款所述数据的专家意见。

（7）如果法院或公共当局请求BEIP提供专家意见，则应将案件实体决定的副本发送给BEIP。在发布的专家意见中应标明主要程序的案件编号作为公共利益的数据。

（8）如果从专家意见中提取的简短版本在法律解释方面具有误导性或难以理解，则可以省略其发布。

（9）在BEIP框架内作为专家进行的活动，不受2018年关于政府行政的第125号法案第95条关于兼职禁止的规定。

---

❶ 根据2007年第24号法案第16条予以修订。

❷ 根据2002年第39号法案第32条予以设立。

❸ 根据2002年第39号第32条予以设立。根据2009年第27号法案第20条将原始文本中的第114Z条改为第115T条。根据2022年第55号法案第64条予以设立。

市法生效条款和过渡性条款的规则

第 115U 条❶

（1）本法自1996年1月1日起施行；除本条第（2）款和第（5）款规定的例外情况外，本法规定可适用于在本法生效后开始的程序。

（2）未决事项亦可参照适用本法第49条的规定。

（3）在本法生效前订立报酬合同或者专利许可协议，或者使用职务发明的，应当适用在合同订立或者使用时有效的规定。

（4）本法生效前开始的程序，应当受制于先前适用的关于专利保护和专利侵权的范围和限制的规定。

（5）在本法生效前有效的专利的注册、维持、终止和恢复，应当受制于本法的规定；但是，关于专利撤销的条件，在优先权日适用的规定应当具有决定性。

（6）本法第44条第（2）款c）项、第80条第（6）款和第（7）款、第104条第（1a）款至第（2a）款、第（12a）款和第（14）款，由2021年第122号法案修订，该法案涉及司法实务及与之相关的某些法案，应在2022年1月1日或之后开始的程序中适用。❷

（7）本法第23条第（1）款，由2021年第130号法案关于与危险状态相关的某些监管问题规定，应适用于在第27/2021号政府法令（1月29日）宣布的危险状态终止后到期的费用，该法令涉及危险状态的宣布及与危险状态相关的措施的生效。❸

第 116 条❶

关于对《关于匈牙利部委名单和修订特定工业产权法律的法律》（2010年第42号法律）进行必要修订的第148号法律规定的本法第84G条和第84H条应适用于欧洲专利公报已针对其获授予专利予以公布的欧洲专利。

---

❶ 根据2009年第27号法案第20条予以修订。

❷ 根据2007年第24号法案第30条第（5）款予以废止。根据2021年第122号法案第26条予以设立。

❸ 根据2021年第130号法案第58条予以设立。

❶ 根据2007年第82号法案第2条第192款予以废止。根据2010年第148号法案第85条予以设立。

第 116A 条❶

本法适用于公共卫生强制许可的规定，应适用于根据 2020 年 5 月 16 日第 212 号政府法令在匈牙利进行开发而授予的公共卫生强制许可。

第 117 条❷

（1） 2003 年 1 月 1 日以前开始的程序，在 2003 年 1 月 1 日实施的范围内，应当受制于先前有效的关于专利保护和专利侵权的范围和限制的规定。

（2） 根据 2003 年 1 月 1 日以前有效的规定而授予的植物品种专利，应当在下列范围内适用本法关于植物品种的规定：

a） 2003 年 1 月 1 日以前开始的程序，在 2003 年 1 月 1 日实施的范围内，应当受制于先前有效的关于保护和侵权的范围和限制的规定；

b） 本法第 110 条第（2）款可适用于 2003 年 1 月 1 日以前投入市场的材料；

c） 就授予植物品种的专利而言，依据先前有效的规定而计算的保护期届满，从而导致确定性专利保护在 2003 年 1 月 1 日之前到期的，如果根据本法第 111 条计算的植物品种保护期的最后一年维持费在确定性植物品种保护因根据先前有效的规定计算的保护期届满而终止的当天到期，则应当适用本法第 21 条第（4）款、第 23 条和第 40 条；

d） 确定性植物品种保护因本法生效前的到期而终止的，也应当适用本法第 113 条第（3）款；

e） 产生于植物品种和植物品种保护的权利转让合同，应当适用订立合同时有效的规定；

f） 申请日在 2003 年 1 月 1 日以前并且授予植物品种和植物品种保护的专利，其撤销和宣告无效的条件，以及宣告品种名称无效的条件，应当适用申请日时的有效规定，该规定可能是对撤销授予植物品种的专利和宣告品种名称无效的规定。

（3） 通过授予植物品种的专利，植物品种保护应当视为自 2003 年 1 月 1 日起开始。

---

❶ 根据 2020 年第 58 号法案第 301 条予以设立。
❷ 根据 2007 年第 82 号法案第 2 条第 192 款予以废止。根据 2013 年第 16 号法案第 16 条予以设立。

（4）根据先前有效的规定授予动物品种的专利，即使在 2003 年 1 月 1 日以后也应当适用先前有效的关于动物品种的相关规定。

（5）自 2008 年 1 月 1 日起生效的本法第 12 条第（4）款、第 41 条第（2）款和第 48 条第（2）款的规定，应当适用于在 2008 年 1 月 1 日时未决的案件。

（6）申请日在 2008 年 1 月 1 日以前的专利的撤销条件，应当适用提出专利申请之日有效的规定。

（7）2008 年 1 月 1 日以前开始的程序，在 2008 年 1 月 1 日实施的范围内，应当受制于先前有效的关于专利保护范围的规定。

第 117A 条❶

（1）关于修订特定知识产权法律的 2013 年第 159 号法律规定的本法第 69A 条和第 115S 条第（3）款，也应当在程序中适用，如果请求提供补充书面意见的检索报告的期限由于关于修订特定知识产权法律的 2013 年第 159 号法律生效之前有效的规则而届满。

（2）根据 2019 年第 34 号法案修订的本法第 57 条第（5）款、第 65 条、第 66 条第（12）款、第 69 条第（1）款、第 69/A 条第（6）款、第（8）款和第（13）款至第（16）款（以下简称"数据保护修正法案"），应适用于数据保护修正法案生效之日❷或之后日期的专利申请。

（3）2022 年第 55 号法案修订的某些司法实务法案中的第 22 条第（2）款、第 45 条第（6）款、第 53D 条第（2）款、第 80 条第（3）款、第 81A 条第（6）款 a）项至 b）项和第 111 条第（2）款，也应适用于 2023 年 1 月 1 日之前尚未解决的程序。❸

（4）根据 2023 年第 41 号法案修订的本法第 115O 条第（1）款至第（2a）款和第（6）款（以下简称"2023 年第 41 号法案"），该法案修订了促进创新和科学成果经济开发的某些法案，应适用于本款生效后提交的申请以及本款生效后产生的专利保护维护费的支付。❹

（5）作为对第（4）款的例外，2023 年第 41 号法案的第 115O 条第（2a）

---

❶ 根据 2013 年第 159 号法案第 7 条和 2019 年第 34 号法案第 20 条予以设立。
❷ 自 2009 年 4 月 26 日起生效。
❸ 根据 2022 年第 55 号法案第 65 条予以设立。
❹ 根据 2023 年第 41 号法案第 5 条予以设立。根据 2023 年第 85 号法案第 56 条第（1）款予以修订。

款不适用于在本款生效之前开始宽限期但在本款生效之后支付的维护费金额。❶

第 117B 条❷

如果匈牙利知识产权局在 2018 年 1 月 1 日之前不根据 2015 年第 222 号法案关于电子行政和信任服务的一般规则的第 108 条第（2）款承诺提供电子行政服务，则本法自 2016 年 12 月 31 日生效的规定将适用于电子通信，直至 2017 年 12 月 31 日。

第 117C 条

（1）至（2）已废除。❸

授　权

第 118 条❹

（1）政府应当获授权通过法令制定关于工业产权专家委员会的组织和活动的详细规则。❺

（2）政府应当获授权通过法令制定与补充与保护特定产品有关的欧盟条例的实施规则。❻

（3）政府应当获授权通过法令制定在专利程序中保藏和处理生物材料的详细规则。❼

（4）政府应当获授权通过法令制定在工业产权程序中以电子形式提交特定文件的详细规则。❽

（4a）已废除。❾

（4b）政府应当获授权通过法令设立本法第 115E 条第（7）款定义的公

---

❶ 根据 2023 年第 41 号法案第 5 条予以设立。根据 2023 年第 85 号法案第 56 条第（1）款予以修订。

❷ 根据 2016 年第 121 号法案第 16 条第（7）款和 2019 年第 34 号法案第 21 条予以设立。

❸ 根据 2017 年第 50 号法案第 77 条第（3）款予以设立。根据 2019 年第 34 号法案第 23 条予以废止。

❹ 根据 2002 年第 39 号法案第 33 条予以设立。

❺ 参见 2002 年 12 月 20 日第 270 号政府法令。

❻ 根据 2022 年第 39 案第 35 条第（2）款予以成立，应与颁布匈牙利加入欧洲条约的法案同时生效。根据 2022 年第 55 号法案第 66 条第 h）项予以修订。参见 2004 年 2 月 26 日第 26 号政府法令。

❼ 根据 2005 年第 78 号法案第 217 条予以设立，同时将原始文本中第（3）款的编号改为第（5）款。参见 2006 年 3 月 23 日第 61 号政府法令。

❽ 根据 2005 年第 83 号法案第 217 条和 2009 年第 27 号法案第 21 条第（1）款予以设立。

❾ 根据 2022 年第 24 号法案第 12 条第（2）款予以废除。

司，并制定任务执行和服务利用的规定。❶

（5）负责司法的部长应当获授权通过法令，经与匈牙利知识产权局局长磋商，并与经济部长达成一致，制定专利申请、与欧洲专利申请有关的文件、欧洲专利和国际专利申请以及植物品种保护申请的详细的正式规则。❷

（6）部长应当获授权通过法令，经与匈牙利知识产权局局长磋商，并与负责税收政策的部长达成一致，加以考虑工业产权程序和各种形式的工业产权保护的特殊性，从而制定在匈牙利知识产权局的工业产权程序中所缴纳的行政服务费的费率，并制定与在匈牙利知识产权局的工业产权程序中所缴纳的行政服务费以及维持和续期费用的处理、登记、退还和缴纳方式有关的详细规则。❸

（7）政府应当获授权通过法令制定专利申请分类程序的详细规则。❹

（8）部长应当获授权通过法令，经与匈牙利知识产权局局长磋商，并加以考虑工业产权保护制度的运作成本、各种形式的工业产权保护的特殊性以及通过工业产权保护手段促进创新等方面，从而确定工业产权保护的维持和续期所要缴纳费用的费率。❺

（9）匈牙利知识产权局部长有权通过法令制定一般最低限度援助、农业最低限度援助和渔业最低限度援助下可能授予的援助使用详细规则。❻

对欧盟法律的遵守❼

第 119 条

（1）本法遵守下列欧盟法律❽：

---

❶ 根据 2013 年第 16 号法案第 17 条予以设立。

❷ 根据 2005 年第 83 号法案第 217 条将原始文本中的第（3）款的编号改为第（5）款。根据 2009 年第 27 号法案第 21 条第（1）款予以设立。根据 2010 年第 148 号法案第 87 条第（5）款予以修订。参见 2002 年 12 月 20 日第 270 号政府法令。

❸ 根据 2006 年第 109 号法案第 142 条第（1）款和 2009 年第 27 号法案第 21 条第（1）款予以设立。根据 2010 年第 148 号法案第 87 条第（6）款至第（7）款予以修订。

❹ 参见 2008 年 5 月 16 日第 141 号政府法令。据 2007 年第 142 号法案第 37 条予以设立。根据 2009 年第 155 号法案第 41 条第（2）款 c）项予以修订。

❺ 根据 2009 年第 27 号法案第 21 条第（2）款予以设立。根据 2010 年第 148 号法案第 87 条第（6）款予以修订。

❻ 根据 2023 年第 41 号法案第 6 条予以设立。根据 2023 年第 85 号法案第 56 条第（3）款予以修订。

❼ 根据 2005 年第 165 号法案第 11 条第（1）款予以设立。

❽ 根据 2005 年第 165 号法案第 11 条第（2）款予以设立。根据 2007 年第 24 号法案第 17 条对编号予以修订。

a）1998 年 7 月 6 日欧洲议会和欧洲理事会关于生物技术发明的法律保护的第 98/44/EC 号指令；

b）2004 年 4 月 29 日欧洲议会和欧洲理事会关于执行知识产权的第 2004/48/EC 号指令。

（1a）本法第 19 条第（6）款是为了遵守欧洲议会和欧洲理事会 2001 年 11 月 6 日第 2001/83/EC 号指令，该指令涉及人类用药品的欧洲共同体代码。❶

（2）本法规定实施下列欧盟法律所必要的规则❷：

a）1994 年 7 月 27 日欧洲理事会关于欧盟植物品种权的第 2100/94/EC 号条例；

b）2006 年 5 月 17 日欧洲议会和欧洲理事会关于与向有公共健康问题国家出口的药品生产相关的专利的强制许可的第 816/2006/EC 号条例。

第 120 条❸

第 115O 条的第（1a）款和第（2a）款规定了下列援助：

a）2013 年 12 月 18 日欧盟委员会法规第 1407/2013/EC 号条例，关于《欧洲联盟运作条约》第 107 条和第 108 条在最小限度援助中的适用；

b）2013 年 12 月 18 日欧盟委员会法规第 1408/2013/EU 号条例，关于《欧洲联盟运作条约》第 107 条和第 108 条在农业部门最小限度援助中的适用；

c）2014 年 6 月 27 日欧盟委员会法规第 717/2014/EU 号条例，关于《欧洲联盟运作条约》第 107 条和第 108 条在渔业和水产养殖部门最小限度援助中的适用。

---

❶ 根据 2021 年第 122 号法案第 27 条予以设立。
❷ 根据 2007 年第 24 号法案第 17 条予以设立，同时将原始文本中的第 119 条的编号改为第（1）款。
❸ 根据 2023 年第 41 号法案第 7 条予以设立。

外观设计保护法

外观设计保护法[*]

2001 年第 18 号法案❶

为改善匈牙利国民经济竞争力，发展国民设计文化，确认设计者的精神及经济地位，在遵守匈牙利保护知识产权的国际及欧洲共同体法案义务之前提下，国会制定下列关于外观设计保护的法案。❷

第1部分　外观设计和外观设计保护

第1章　外观设计保护的客体
受保护的外观设计

第1条

（1）任何具有新颖性、独特性的设计，均有权获得外观设计保护。

（2）外观设计指基于产品自身或其装饰的线条、形状、色彩、图案、质地或者材料产生的部分或整体产品外观。

（3）产品指任何工业产品或者工艺品。产品应包含意图组装成一项复合产品的包装、装饰、图形符号、印刷字体和部件。计算机程序不得被视为产品。

（4）复合产品指由多个可更换部件组成的产品，允许对产品进行拆卸重新组装。

　＊　本译文根据匈牙利知识产权局发布的匈牙利外观设计保护法匈牙利语版本翻译，同时参照了世界知识产权组织官网发布的英语版本，法律文本修订日期为 2024 年 1 月 1 日。——译者注

　❶　本法于 2001 年 6 月 12 日由匈牙利议会通过，于 2001 年 7 月 3 日公布。

　❷　根据 2011 年第 173 号法案第 48 条予以修订。

新颖性

第2条

（1）在优先权日之前没有向公众提供相同外观设计的，该设计视为具有新颖性。

（2）外观设计的特点仅在不具有关键性的细节上与另一设计有所差异的，该设计视为相同设计。

独特性

第3条

（1）与在优先权日之前向公众提供的任何设计相比，使用者认为新设计的整体印象与之不同的，则认为该产品的设计具有独特性。

（2）在判断独特性时，应考虑设计者在开发设计时的自由度，特别是产品的性质和工业或工艺品领域的特点。

关于新颖性和独特性的一般规定

第4条

（1）设计已经公布、展示、投放市场或者以其他方式披露的，则视为该设计已经向公众提供，但欧洲共同体内相关产业界在正常业务过程中无法合理知晓的除外。❶

（2）在保密条件下向第三方披露了该设计的，不视为该设计已向社会公众提供。

（3）判断外观设计的新颖性和独特性时，有下列情形之一的，在优先权日之前的12个月内向公众披露该设计，不认为丧失新颖性、独特性：

a）申请人或者其原始权利人滥用权利的；或

b）由于申请人或者其原始权利人所提供的信息或采取的行动而由申请人、原始权利人或者第三人提供给公众。

---

❶ 根据2003年第211条法案第91条予以设立。根据该法案第109条第（1）款，可适用于2004年5月1日之后开始的诉讼程序。

第 5 条

（1）有下列情形之一的，应用于或者并入构成复合产品组成部分的产品的外观设计，应认为其具有新颖性和独特性：

a）该组成部分在融入复合产品后，在正常使用过程中依然可见；且

b）组成部分外观的可见特征本身即符合新颖性和独特性的要求。

（2）在本条第（1）款中，"正常使用"指消费者或者最终用户的使用，不包括服务或修理工作。

驳回的依据

第 6 条

（1）仅为了实现产品技术功能而产生的产品外观特征，不能获得外观设计保护。

（2）产品的外观特征必须以确定的形式和尺寸进行复制，从而使运用设计或融入设计的产品（以下简称"体现设计的产品"）得以与另一产品进行机械连接，或者置于其中、其周围或与其相抵，以实现两者功能的，该产品外观特征不得获得外观设计保护。

（3）本条第（2）款的规定不适用于在模块化系统内允许多次组装或者连接互换产品的设计。

第 7 条

违反公共政策或社会道德原则的设计，不得给予外观设计保护。

第 8 条

（1）有下列情形之一的，不得授予外观设计保护：

a）擅自使用《保护工业产权巴黎公约》所定义的国家标志、权威机构或者国际组织其他标志的；

b）其包含不属于本款 a）项的奖牌、标志、徽章，或者表明其使用符合公共利益的认证和保证的官方标志和标记。

（2）经主管机关同意，由本条第（1）款定义的标志组成或者含有任意

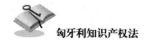

该等标志的外观设计有权获得外观设计保护。❶

第9条

（1）某项外观设计具有在先优先权、在优先权日之后公开且已获得外观设计保护的，则与该项外观设计相冲突的其他外观设计不能再获得外观设计保护。❷

（2）具有在先优先权日的外观设计保护，指由匈牙利授予或延伸至匈牙利的外观设计保护。

第10条

（1）一项外观设计，如果其使用的有显著特征的标志与他人的在先工业产权相冲突，或本国其他人已有效使用该外观设计，且未经在先使用人同意而使用该外观设计的标志将导致违法，则不能获得外观设计保护。

（2）一项外观设计与在先著作权相冲突的，不能获得外观设计保护。

（3）在判断某项权利或使用是否属于本条第（1）款和第（2）款意义上的在先权利或在先使用时，应考虑外观设计申请的优先性。

外观设计保护资格

第11条❸

符合下列条件的，应授予外观设计保护：

a）符合本法第1条至第5条要求的；

b）不属于本法第6条至第10条规定的外观设计保护除外情况的；且

c）相关申请应符合本法规定要求的。

---

❶ 根据2013年第16号法案第56条予以设立。

❷ 根据2003年第211号法案第92条第（1）款予以设立。根据该法案第109条第（1）款，可适用于2004年5月1日之后开始的诉讼程序。

❸ 根据2010年第148号法案第162条予以设立。根据2023年第41号法案第17条a）项对引言部分予以修订。

第2章　外观设计和外观设计保护赋予的权利和义务

外观设计者的精神权利及其对设计进行披露的权利

第 12 条

（1）设计创作人，应视为设计者。

（2）除非法院最终作出相反判决，否则外观设计申请中最初提及的人员或在外观设计登记簿中相关条目修改后录入的人员，视为设计者。❶

（3）外观设计由两人或两人以上共同创作的，创作者对该设计享有的份额相等，但外观设计申请中另有规定的除外。❷

（4）除非法院最终作出相反判决，否则外观设计申请中最初陈述的创作者份额，根据本条第（3）款确定的份额，以及在外观设计登记簿修改后录入的份额，均具有约束力。❸

（5）设计者具有在外观设计保护文件中被述为设计者的权利。应设计者书面要求，向公众提供的外观设计保护文件不得提及设计者的姓名。

（6）已废除。❹

（7）在授予外观设计保护之前，非经设计者或其权利继受人的同意，不得披露外观设计。❺

获得外观设计保护的权利

第 13 条

（1）外观设计保护权属于设计者或其权利继受人。

（2）除非法院最终作出相反判决或其他官方作出相反决定，否则外观设计保护权由提交具有最早优先权日申请的人享有。

（3）两人或两人以上共同创作外观设计的，外观设计保护权由其本人或其权利继受人共同享有。两人或两人以上共同享有外观设计保护权的，视为其权利份额相等，但法案另有规定的除外。

---

❶❷❸　根据 2011 年第 173 条法案第 44 条予以设立。

❹　根据 2011 年第 173 条法案第 49 条予以废除。

❺　根据 2010 年第 148 号法案第 163 条予以设立。

（4）关于外观设计保护的共有权利和共有外观设计保护，准用专利法（以下简称"专利法"）关于《发明专利保护法》的规定。

（5）两人或两人以上分别独立创作外观设计的，外观设计保护权应属于提交具有最早优先权日申请的设计者或其权利继受人。

职务外观设计和雇员外观设计

第 14 条

（1）职务外观设计指由根据其雇佣而有义务在外观设计领域设计解决方案的人所创作的外观设计。

（2）职务外观设计的外观设计保护权属于作为设计者权利继受人的雇主。

（3）雇员外观设计是指无外观设计创作义务之雇员创作的、一经实施即落入雇主业务范围的外观设计。

（4）雇员外观设计的外观设计保护权应属于设计者，但雇主有权实施该外观设计。雇主的实施权应为非独占性的；雇主不得授权他人实施该外观设计。雇主不再存在或其任何组织单位分立的，实施权应转移至其权利继受人；该权利不得以任何其他方式让与或转让。

（5）有关职务外观设计、雇员外观设计及设计者报酬的任何其他事项，准用专利法中有关职务发明和雇员发明的相关规定，但下列规定例外：

a）有关职务发明保密的规定以及实施职务发明不得违反商业秘密的规定不适用于职务外观设计；

b）对于职务外观设计，未缴纳权利维持费意味着不得续展外观设计保护；到期指外观设计保护期限届满，其后不得续展；

c）实施享有外观设计保护的职务外观设计，应向设计者支付报酬。

（6）第（1）款至第（5）款的规定同样适用于在下列情况下创作设计的人：

在公共服务、政府服务或公共雇佣关系中的受雇人；在税务和海关当局服务关系中之人；在执法行政服务关系中之人；在国防雇佣或服务关系中之人；或在准雇佣关系框架内工作的合作社成员。❶

---

❶ 根据 2016 年第 64 号法案第 45 条予以设立。根据 2018 年第 115 号法案第 34 条、2018 年第 125 号法案第 313 条和 2020 年第 152 号法案第 24 条予以修订。

外观设计保护的确立

第15条❶

外观设计保护从向申请人授予外观设计保护之日起算，并追溯至提交申请之日生效。

外观设计保护权

第16条

（1）获得外观设计保护的，权利人享有实施该外观设计的专有权。

（2）基于独占实施权，权利人有权禁止他人未经许可实施其外观设计。

（3）实施包括制造、使用、销售、许诺销售、进口、出口体现该外观设计的产品，以及为上述目的进行的储存。

外观设计保护的限制

第17条❷

（1）外观设计保护持有人无权禁止第三人从事下列行为：

a）为私人或非商业目的的行为；

b）为实验目的的行为，包括对构成设计客体的产品进行市场营销所必需的实验和测试；

c）为引用或者教学目的行为，但该等行为必须符合公平交易惯例，不得不合理地损害对该外观设计的正常实施，并应指出该外观设计的来源。

（2）外观设计保护并不使其持有人有权禁止第三方使用组成部分的外观设计，实施该组成部分外观设计的目的是在恢复其原始外观的必要范围内修理复合产品，但该使用应符合公平交易惯例的要求，且该外观设计必然与复合产品的原始外观相一致。

（3）在优先权日之前，本国境内的任何人在其经济活动范围内，善意地开始制作或使用包含该外观设计的产品或为此目的做了充分准备的，享有在

---

❶ 根据2010年第148号法案第164条予以设立。

❷ 根据2003年第102号法案第93条予以设立。根据该法案第109条第（1）款，可适用于2004年5月1日之后开始的诉讼程序。

先使用权。在先使用参照适用专利法的规定。

（4）基于互惠原则，外观设计保护的效力不及于暂时进入本国领土的外籍船舶和飞机设备、为了修理该等船舶和飞机设备而进口的备件和配件，以及在该等船舶和飞机上进行修理的行为。匈牙利知识产权局局长有权就互惠事项作出裁决。❶

外观设计保护权的穷竭

第18条❷

外观设计保护赋予的独占实施权，不得延伸至由外观设计保护权的持有人或经其明确同意在欧洲经济区市场推出的针对体现该外观设计的产品的行为。

外观设计保护的期限

第19条

（1）外观设计保护期为5年，自申请日起算。❸

（2）外观设计保护每5年续期1次，最多可续期4次。续期的，新的外观设计保护期间自上一次外观设计保护期限届满之日起算。

（3）外观设计保护自申请日起满25年，不再续期。

保护范围

第20条

（1）外观设计保护的范围由影响部分或者全部产品外观的特征决定，该等特征可以根据外观设计登记簿中保藏的照片、图片或其他图形表示（以下简称"说明"）以及本法第48条第（2）款规定的部分卸责声明（如有）予以确定。

（2）外观设计保护的范围应延伸至不会使知情使用者产生不同整体印象的所有外观设计。

---

❶ 根据2010年第148号法案第177条第（1）款予以修订。

❷ 根据2004年第69号法案第12条予以设立。

❸ 根据2010年第148号法案第178条第（1）款予以修订。

（3）在确定外观设计保护的范围时，应考虑设计者在开发设计中的自由度，特别是产品的性质以及工业或工艺品行业的特点。

作为财产权保护对象的外观设计和外观设计保护

第 21 条

（1）源自外观设计和外观设计保护的权利，除精神权利外，可以转让、让与和质押。质押合同书面作成并将质押权记载在外观设计登记簿中之后，方设立质押权。

（2）根据实施合同（外观设计许可合同），外观设计保护的持有人可以许可他人实施外观设计，他人实施外观设计的，应支付使用费。针对外观设计许可合同，参照适用专利法关于专利许可合同的规定。

第 3 章　外观设计及外观设计保护侵权
外观设计侵权

第 22 条

非法从他人外观设计中获取外观设计申请或外观设计保护客体的，受害方或其权利继受人可以作出声明，表明其对外观设计保护享有全部或部分权利，并且可以根据民事责任规则主张损害赔偿。

外观设计保护侵权

第 23 条

（1）非法实施受保护外观设计的，是侵犯外观设计保护权行为。

（2）外观设计保护的权利持有人有权对侵权者，提出等同发明专利侵权效力执行的民事诉讼索赔。当外观设计保护被侵犯时，持有人可以根据有关海关对侵犯知识产权的商品采取行动的法案规定，要求海关当局采取行动，以防止侵权商品进入市场。❶

（3）❷ 在外观设计保护侵权的情况下，根据许可合同授权的被许可人的

---

❶ 根据 2003 年第 102 号法案第 95 条 a）项和 2018 年第 67 号法案第 92 条第（2）款予以修订。

❷ 根据 2010 年第 148 号法案第 178 条第（1）款予以修订。

权利准用专利法的规定。

不侵权决定

第 24 条

（1）认为他人会针对自己提起外观设计保护侵权诉讼的，可以先于该诉讼，请求作出决定，认定其已实施或准备实施的产品不侵犯其指明的特定外观设计保护。

（2）针对不侵权作出最终决定的，对同一产品不得基于相同的外观设计保护理由提起侵权诉讼。

第 4 章　外观设计保护的失效

第 25 条❶

已废除。

外观设计保护的终止❷

第 26 条❸

有下列情形之一的，外观设计保护终止：

a）保护期限届满没有续期的，自期限届满第 2 日起，外观设计保护终止；

b）持有人放弃保护的，自收到通知的第 2 日或权利人指定的较早日期，外观设计保护终止；

c）外观设计保护无效的，追溯至提交申请的日期。

对外观设计保护的放弃

第 27 条

（1）登记在外观设计登记簿上的持有人可以向匈牙利知识产权局提出书面声明，表明放弃外观设计保护。❹

---

❶　本条及其上面的小标题根据 2010 年第 148 号法案第 178 条第（2）款予以废除。

❷❸　根据 2010 年第 148 号法案第 178 条第（1）款予以修订。

❹　根据 2010 年第 148 号法案第 165 条予以设立。

（2）放弃行为将影响源自立法、权威性裁决、许可合同或记录在外观设计登记簿上的任何其他合同的第三方权利的，或者外观设计登记簿上登记诉讼的，则该放弃应经相关当事人同意，才能生效。

（3）针对多项外观设计授予外观设计保护的，可针对部分外观设计进行放弃。

（4）对外观设计保护放弃行为的撤回，不具有法律效力。

外观设计保护的无效和限制

第28条

（1）有下列情形之一的，外观设计保护无效：

a）外观设计保护的客体不符合本法第1条至第10条要求的；

b）登记在设计注册簿中的"说明"未以本法规定的方式对外观设计进行说明的（参照本法第39条）；

c）外观设计保护的客体与在申请日提交的外观设计申请中提出的外观设计不同，或者与分案申请中的外观设计不同的；

d）外观设计保护授予给依据本法没有资格获得授权的人的；

e）国际工业品外观设计申请由根据《工业品外观设计国际保存海牙协定》（以下简称《海牙协定》）没有资格申请的人提交的（参照本法第60F条）❶。

（2）除了使其无效，可以经变更的方式维持外观设计保护［参照本法第48条第（1）款至第（2）款］，但变更后应不再存在无效的情况。

（3）针对多项外观设计授予外观设计保护的，如仅针对外观设计保护涉及的部分外观设计存在无效情况，则外观设计保护只限于剩余外观设计。

（4）对无效宣告请求作出最终决定予以驳回的，不得以同样理由再次对同一外观设计保护提起请求宣告无效的程序。

---

❶ 根据2003年第102号法案第96条予以设立。根据该法案第109条第（2）款，在2004年5月1日之前提交的外观设计专利申请中所声明的外观设计权的无效条件，应适用当时声明的有效规定。

要求归还许可使用费

第 29 条❶

外观设计保护自始无效的，仅外观设计保护持有人或设计人收取的版税中，非由该外观设计带来的可得利润所覆盖的部分可以被追回。

第4A 章　民法典规定的适用❷

第 29A 条❸

（1）下列相关事项适用民法典的规定：

a）与外观设计相关或源自外观设计保护的权利以及外观设计的共有权利和共有外观设计保护相关的转让、让与、质押；

b）实施合同（许可协议）；和

c）其他与外观设计相关的个人和财产关系。

（2）设计者有权根据民法典对其作者权表示异议或以其他方式侵犯其源自外观设计的精神权利的人，提出法案诉讼。

第 2 部分　匈牙利知识产权局针对外观设计事项的程序❹

第5 章　调整外观设计程序的一般规定

匈牙利知识产权局的权限❺

第 30 条

（1）匈牙利知识产权局对下列外观设计事项拥有权限❻：

a）外观设计保护的授予；

---

❶　根据 2010 年第 148 号法案第 178 条第（1）款予以修订。

❷❸　根据 2011 年第 173 号法案第 45 条予以设立。

❹　根据 2010 年第 148 号法案第 177 条第（2）款予以修订。

❺　根据 2010 年第 148 号法案第 177 条第（1）款予以修订。

❻　根据 2003 年第 102 号法案第 97 条和 2010 年第 148 号法案第 177 条第（1）款予以修订。

b）外观设计保护的续期；

c）外观设计保护的分案；

d）针对外观设计保护失效作出决定；

e）针对外观设计保护无效作出决定；

f）针对不侵权作出决定；

g）外观设计保护的注册记录；❶

h）官方资料的公布。

（2）匈牙利知识产权局对源自适用欧洲共同体外观设计保护制度（第8A章）和工业品外观设计国际注册（第8B章）相关规定的事项拥有权限。❷

行政当局程序的一般规则和电子政务的适用❸

第31条❹

匈牙利知识产权局应适用公共行政程序法的规定处理属于其权限范围内的外观设计事项，但本法另有规定的除外。

（1）在本法规定的例外和补充规定下，匈牙利知识产权局应根据一般行政程序法和电子行政和信任服务一般规则法的规定，在其管辖范围内处理设计事项。❺

（2）匈牙利知识产权局对外观设计事项有权管辖的通信范围内，除请求信息和批准此类请求、查阅文件和口头听证外，应仅以书面形式进行，并通过需要识别的电子方式；但是，不应通过短信请求信息，也不应通过短信方式批准此类请求。

---

❶ 根据2010年第148号法案第166条予以设立。

❷ 根据2003年第102号法案第97条予以设立。根据2010年第148号法案第177条第（1）款予以修订。

❸ 根据2005年第83号法案第246条予以设立。根据2016年第121号法案第39条第（4）款予以修订。

❹ 根据2005年第83号法案第246条和2009年第56号法案第252条予以设立。根据2010年第148号法案第177条第（1）款予以修订。

❺ 根据2017年第1号法案第199条a）项予以修订。

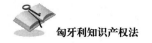

匈牙利知识产权局的决定❶

第 32 条❷

（1）已废除。❸

（2）在无效宣告程序和不侵权认定程序中，匈牙利知识产权局应委任 3 名成员组成委员会进行听证并作出决定。委员会应以多数票作出决定。❹

（3）已废除。❺

法案救济

第 32A 条❻

（1）对于匈牙利知识产权局的决定，不得提起上诉、行政诉讼、监督程序，或由检察机关根据检察机关法进行干预或采取行动。❼

（2）匈牙利知识产权局关于外观设计事项的决定应由法院根据第 9 章规定的非讼民事程序进行审查。❽

（3）如专利法无相反规定，只有在提出审查请求且直至该请求移送至法院时，匈牙利知识产权局才可以撤销或变更其针对下列事项作出的决定，包括终止程序的决定❾：

a）外观设计保护的授予；

b）外观设计保护的续期；

---

❶ 根据 2010 年第 148 号法案第 177 条第（1）款予以修订。

❷ 根据 2005 年第 83 号法案第 247 条设立。根据该法案第 332 条第（1）款予以修订，可适用于 2005 年 11 月 1 日之后开始的诉讼程序以及外观设计相关重复性程序。根据 2016 年法案第 121 号第 39 条（1）款予以修订。

❸ 根据 2009 年第 56 号法案第 252 条予以废除。根据该法案第 428 条，可适用于 2009 年 10 月 1 日之后开始的诉讼程序以及外观设计相关重复性程序。

❹ 根据 2010 年第 148 号法案第 177 条第（1）款予以修订。

❺ 根据 2010 年第 148 号法案第 178 条第（2）款予以废除。

❻ 根据 2005 年第 83 号法案第 248 条予以设立。根据该法案第 332 条第（1）款，可适用于 2005 年 11 月 1 日之后开始的诉讼程序以及外观设计相关重复性程序。

❼ 根据 2017 年第 1 号法案第 198 条第（1）款予以设立。

❽ 根据 2010 年第 148 号法案第 177 条第（3）款予以修订。

❾ 根据 2007 年第 142 号法案第 45 条第（1）款予以设立。根据 2010 年第 148 号法案第 177 条第（1）款予以修订。

c）外观设计保护的分案；

d）针对外观设计保护失效作出决定；

e）针对外观设计保护无效作出决定；

f）针对不侵权作出决定；

g）对指定匈牙利的国际注册的效力的拒绝。❶

（4）如专利法无相反规定，则只有当匈牙利知识产权局认定其决定违反法案，或各方当事人一致要求变更或撤销决定时，方可根据审查请求撤销或变更其针对本条第（3）款e）项和f）项所列事项作出的决定，终止程序。❷

（5）在不涉及对方当事人的情况下，匈牙利知识产权局可以根据审查请求撤销或变更本法第61条第（1）款b）项至e）项定义的决定，即使该决定不违反法案，然而匈牙利知识产权局同意审查请求的内容。❸

（6）基于审查请求作出的决定，应通知请求人以及审查请求决定的相对人。❹

（7）针对正在变更和已变更的决定，应适用相同的法案救济。❺

电子化管理和官方服务

第32B条❻

（1）针对外观设计事项，匈牙利知识产权局应根据电子行政和信任服务一般规则法和本法的规定提供电子行政服务。

（2）在外观设计事项中，当事人及其法定代理人不得强制使用电子政务。❼

调整外观设计程序的其他一般规定

第33条

（1）在第30条至第32B条未规定的事项中，关于专利程序的一般规则的

---

❶ 根据2011年第173号法案第48条予以修订。

❷ 根据2007年第142号法案第45条第（2）款予以设立。根据2010年第148号法案第177条第（1）款予以修订。

❸❹❺ 根据2013年第16号法案第57条予以设立。

❻ 本条及其上面的小标题根据2005年第83号法案第249条和2016年第121号法案第39条第（2）款予以设立。

❼ 根据2022年第55号法案第121条予以设立。

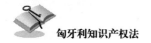

专利法规定，应相应地适用于匈牙利知识产权局外观设计事项中的程序，但第（1a）款至第（3）款的例外规定除外。❶

（1a）针对外观设计事项提出的继续履行程序的请求不予受理。❷

（1b）在外观设计事项中，除了本法另外规定，专利法关于申请内容、提交程序以及与之相关的法案后果的一般规定正常适用。❸

（1c）如果本法未规定补救措施或提交声明的时限，则应给予当事人至少1个月且不超过3个月的时限。❹

该时限可以在时限到期前提交延长时限请求，且至少延长1个月但不超过3个月。只有在特别情况下，才允许多次延长或延长超过3个月但不超过6个月。

（2）不包括下列有关外观设计恢复原状的请求：

a）根据本法第40条第（2）款的规定，未在规定期限内提交优先权声明的；

b）未在规定的6个月期限内提出公约优先权或者展览优先权要求的；

c）已废除。❺

（3）就专利法有关文件获取的规定而言，专利申请的公布指授予外观设计保护。将专利申请作为机密资料处理的规定不适用于外观设计。❻

（4）任何人在授予外观设计保护的裁定之后，均可查阅该外观设计申请的文件，并可支付法案规定的费用获得副本。❼

任何人在授予外观设计保护的裁定之后，或者在外观保护能力意见书制定之后（如果意见书是在该日期之后制定的），均可查阅根据第33A条的意见书，并可支付费用获得相关文件的副本。

---

❶ 根据 2005 年第 83 号法案第 338 条第 11 点、2010 年第 148 号法案第 177 条第（1）款和第（5）款予以修订。

❷ 根据 2010 年第 148 号法案第 168 条第（1）款予以设立。

❸ 根据 2018 年第 67 号法案第 85 条予以设立。

❹ 根据 2023 年第 41 号法案第 11 条第（1）款予以设立。

❺ 根据 2007 年第 142 号法案第 46 条予以设立。根据 2017 年第 1 号法案第 200 条 a）项予以废除。

❻ 根据 2010 年第 148 号法案第 168 条第（2）款予以设立。

❼ 根据 2023 年第 41 号法案第 11 条第（2）款予以设立。

可保护性的意见❶

第 33A 条

（1）应申请人的要求，或在授予外观设计保护后根据权利持有人的要求，匈牙利知识产权局应起草一份关于可保护性的意见。可保护性意见应是基于新颖性的检索，并包含理由说明，该说明除本法规定的法案效力外，无其他约束力，该说明用以确定外观设计是否符合第 1 条至第 5 条规定的要求，以及是否存在第 7 条和第 8 条规定的驳回理由。

（2）可保护性意见应针对一个外观设计给出。

（3）起草可保护性意见应与外观设计申请的审查分开进行，即使在起草可保护性意见之前，也可以授予外观设计保护。

（4）起草可保护性意见需支付行政服务费，费率由工业产权程序中行政服务费的部长令规定。

（5）如果在支付费用时，外观设计申请或外观设计保护的权利持有人仅为设计人，则他只需支付可保护性意见费用的一半。

（6）起草可保护性意见时，匈牙利知识产权局应根据外观设计的表现和外观设计中指定的产品，进行新颖性检索。

（7）可保护性意见应指明在评估新颖性和个性特征时，可能考虑与外观设计相关的文件或细节。

（8）匈牙利知识产权局应根据提出意见请求之日可获得的外观设计表现，起草设计可保护性意见，并在提出意见请求之日起 3 个月内，连同所提及文件的副本，将其发送给申请人或权利持有人。

（9）完成可保护性意见的官方信息应与外观设计保护授予的公告，应在匈牙利知识产权局的官方公报上一同发布，或者如果可保护性意见完成得更晚，则单独发布。

（10）如果外观保护能力意见的转发发生在请求提交后第三个月的最后一天之后，匈牙利知识产权局应根据要求退还可保护性意见的费用。

---

❶ 根据 2023 年第 41 号法案第 12 条予以设立。

第6章 外观设计登记簿与信息公布❶

外观设计登记簿❷

第34条❸

（1）授予外观设计保护后，匈牙利知识产权局应制备外观设计保护登记簿，记录外观设计权相关的所有事实和情况。

（2）外观设计登记簿应特别含有下列事项：

a）外观设计保护的注册号；

b）申请的参考编号；

c）外观设计的说明，以及本法第48条第（2）款项下申请人的部分卸责声明［参照本法第48条第（2）款］；

d）体现外观设计产品的名称；

e）外观设计保护持有人的姓名（法定名称）和地址（注册地址）；

f）代表的姓名和注册地址；

g）设计者的姓名和地址；

h）申请的申请日；

i）关于优先权的资料；

j）授予外观设计保护决定的日期；

k）外观设计保护的续期或者分案；

l）外观设计保护的失效，其法案依据和日期，以及外观设计保护变更后的维持形式或者限制；

m）实施许可；

n）外观设计保护权或外观设计保护所赋予的权利属于信托资产管理中存在的资产。❹

（3）外观设计登记簿应是其中记录权利和事实的真实证明。在没有相反证据的情况下，推定存在外观设计登记簿记录的权利和事实。对外观设计登记簿中记录数据的举证责任由对其正确性或真实性提出异议的人承担。

---

❶　根据2010年第148号法案第169条第（1）款予以设立。

❷❸　根据2010年第148号法案第169条第（2）款予以设立。

❹　根据2014年第15号法案第62条予以设立。

（4）外观设计保护权记录在登记簿上后方可对抗善意且基于对价获得其权利的第三人。

（5）任何人均可查阅外观设计登记簿，匈牙利知识产权局应在其网站上提供电子访问权限。任何人在支付费用后，均可要求获得外观设计登记簿记录资料的认证文本。

（6）外观设计登记簿的记录参照适用专利法关于在专利登记簿上进行记录的规定。

信息公开

第35条❶

匈牙利知识产权局的官方公报应特别包含与外观设计应用和外观设计保护有关的下列数据和事实：

a）项至c）项已废除。❷

d）就公告外观设计保护授予而言，公开下列事项：外观设计保护持有人的注册号、姓名和地址（注册地址），代表的姓名、地址、参考编号、申请的申请日和优先权日期，体现外观设计的产品的名称及其国际分类代码，外观设计的说明，设计者的姓名和地址以及授予决定的日期❸；

e）就外观设计保护续期或者分案而言，其相关数据；

f）外观设计保护的失效，其法案依据和日期，以及外观设计变更后的维持形式或者限制；

g）与外观设计登记簿中记录的外观设计保护有关的权利变更事项。

第7章 授予外观设计保护的程序
外观设计申请及其要求

第36条

（1）授予外观设计保护的程序自向匈牙利知识产权局提交外观设计申请

---

❶ 根据2010年第148号法案第177条第（1）款予以修订。
❷ 根据2010年第148号法案第178条第（2）款予以废除。
❸ 根据2010年第148号法案第170条予以设立。

时开始。❶❻

（2）外观设计申请应包含授予外观设计保护的请求，外观设计的说明，体现外观设计的产品名称以及必要的其他相关文件。

（3）除了专利法关于申请内容的一般规定，外观设计申请应包含设计人的姓名和地址，或者表明设计人请求不在外观设计文件中指明其姓名和地址，且设计人在单独的纸张上提供其姓名和地址。❷ 外观设计申请应按照关于设计申请具体形式要求的法案和关于工业产权提交电子文件的法案所规定的具体要求提交。

（4）外观设计申请须缴纳由工业产权程序行政服务费用法规定的申请费；费用应在申请日后 6 个月内缴纳。❸

（5）申请人可以在授予外观设计保护前根据本法第 27 条规定撤回外观设计申请。❹

第 36A 条❺

已废除。

申请日

第 37 条

（1）外观设计申请的申请日为向匈牙利知识产权局提交至少含有下列信息的申请之日❻：

a）表明寻求外观设计保护的意愿，

b）申请人的姓名、地址或注册地或安全送达服务地址，在有代表的情况下，代表的姓名及其地址或注册地或安全送达服务地址，或其他能够联系到申请人的信息❼；和

---

❶❻ 根据 2010 年第 148 号法案第 177 条第（6）款予以修订。

❷ 根据 2018 年第 67 号法案第 86 条予以设立。

❸ 根据 2018 年第 67 号法案第 92 条第（1）款予以修订。

❹ 根据 2005 年第 83 号法案第 338 条第 11 点、2009 年第 56 号法案第 252 条和 2010 年第 148 号法案第 177 条第（7）款予以修订。

❺ 本条及其上面的小标题根据 2007 年第 24 号法案第 25 条予以设立。根据 2010 年第 148 号法案第 179 条予以废除。

❼ 根据 2018 年第 67 号法案第 87 条予以设立。

c）外观设计的说明，即使其不符合其他要件。❶

（2）除了提交外观设计说明外，对优先权文件的提及足以授予优先权日。❷

联合设计

第 38 条

（1）外观设计申请可以针对多项外观设计寻求外观设计保护，但体现该多项外观设计的各项产品应属于同一国际分类。此外，外观设计申请可针对与其共同装饰性特征相联系的一组外观设计寻求外观设计保护，而该共同性装饰特征会影响其对知情使用者产生的整体印象。❸

（2）关于外观设计申请详细形式要件［参照本法第 36 条第（3）款］的具体立法，可确定在一项外观设计申请中可寻求外观设计保护的最多外观设计数量。

（3）外观设计申请应尽量通过指明国际分类标准代码及该标准使用的术语来确定体现外观设计的产品。

外观设计的说明

第 39 条

构成外观设计申请一部分的说明应明确表明其寻求外观设计保护的外观设计。

优先权

第 40 条

（1）确定优先权的日期：

a）一般指提交外观设计申请的日期（申请优先权）；

b）对于《保护工业产权巴黎公约》规定的情况，指提交国外申请的日期（公约优先权）；

---

❶❷ 根据 2003 年第 102 号法案第 105 条予以修订。根据该法案第 109 条第（1）款，该规定可适用于 2004 年 5 月 1 日之后开始的诉讼程序。

❸ 根据 2003 年第 102 号法案第 99 条予以设立。根据该法案第 109 条第（1）款，可适用于 2004 年 5 月 1 日之后开始的诉讼程序。

c）对于匈牙利知识产权局局长在匈牙利官方公报上发布通信所定义的情况，指外观设计在展览会上展览的首日，且该日期不得早于申请日 6 个月（展览优先权）；

d）指针对同一外观设计提交在先提交但未决外观设计申请的日期，该日期不得早于当前申请前 6 个月，但不得存在对此主张的其他优先权（内部优先权）。

（2）公约、展览和内部优先权应在提交申请后 2 个月内主张。确立公约优先权的文件和展览证明应在申请日起 4 个月内提交。展览证明应参照适用专利法有关展览证明的规定。

（3）申请人主张内部优先权的，视为撤回在先外观设计申请。

（4）针对多项外观设计寻求外观设计保护的一份外观设计申请主张一项或多项优先权的，优先权仅涵盖在根据第 39 条确定特定优先权的申请中所提出的外观设计。

（5）已是世界贸易组织成员但不是《保护工业产权巴黎公约》缔约国的国家或根据互惠原则在任何其他国家提交国外申请的，亦可主张公约优先权。❶

就互惠事项而言，匈牙利知识产权局局长的意见为决定性意见。

对申请的审查

第 41 条

（1）当事人提交外观设计申请之后，匈牙利知识产权局审查下列事项❷：

（a）申请是否符合授予提交日期的要求（参照本法第 37 条）；

（b）申请费是否已缴纳 ［参照本法第 36 条第（4）款］。

（2）对外观设计申请中其他事项的审查，准用专利法中关于申请审查的规定。

第 42 条❸

已废除。

---

❶ 根据 2002 年第 39 号法案第 39 条第（1）款 n）项予以设立。根据 2010 年第 148 号法案第 177 条第（1）款予以修订。

❷ 根据 2010 年第 148 号法案第 177 条第（1）款予以修订。

❸ 根据 2010 年第 148 号法案第 178 条第（2）款予以废除。

第 43 条❶

已废除。

第 44 条❷

已废除。

第 45 条❸

已废除。

第 46 条❹

已废除。

形式审查和实质审查❺

第 47 条

（1）外观设计申请符合本法第 41 条第（1）款规定要件的，匈牙利知识产权局应对外观设计申请进行审查。❻

（1a）在审查形式要件时，匈牙利知识产权局应审查外观设计申请是否符合本法第 36 条第（2）款和第（3）款的形式要件。❼

（2）实质审查应确定下列事项❽：

（a）外观设计是否符合第 1 条第（2）款至第（4）款的要求，和

（b）外观设计根据第 7 条和第 8 条的规定是否被排除在保护范围之外。

（3）外观设计申请不符合本条第（1a）款或第（2）款规定的要求的，根据具体情况，知识产权局可以要求申请人纠正违规行为、提交意见书或分案申请。❾

---

❶❸❹　根据 2010 年第 148 号法案第 178 条第（2）款予以废除。

❷　根据 2023 年第 41 号法案第 18 条 b）项予以设立。根据该法案第 18 条 a）项予以废除。

❺　根据 2010 年第 148 号法案第 177 条第（8）款予以修订。

❻　根据 2010 年第 148 号法案第 177 条第（1）款和第 178 条第（1）款予以修订。

❼　根据 2010 年第 148 号法案第 171 条第（1）款予以设立。

❽　根据 2023 年第 41 号法案第 13 条予以设立。

❾　根据 2010 年第 148 号法案第 177 条第（9）款予以修订。

（4）外观设计申请在纠正违规行为或提交意见书后仍然不符合审查要求的，匈牙利知识产权局将全部或部分驳回该申请。

（5）任何申请仅可基于要求书中清晰明确说明且适当分析的理由方可予以驳回。必要时，可进一步签发要求书。

（6）申请人未对要求书作出回复或进行分案申请的，视为撤回外观设计申请。❶

修改和分案

第 48 条

（1）对外观设计申请进行修改的，其客体必须与申请日提交的申请中提出的外观设计相同。

（2）申请人声明说明的特定部分不属于外观设计且并未为此主张外观设计权利，视为对申请的修改。

（3）在宣告授予外观设计保护的决定前，申请人有权根据本条第（1）款规定修改申请。❷

第 49 条

（1）申请人在一项申请中针对多项外观设计主张外观设计保护的，其在宣告授予外观设计保护的决定前可以提交分案申请，并保留申请日和任何在先优先权（如有）。❸

（2）分案申请需在提交相关请求之日起 1 个月内支付法案规定的行政服务费。❹

（3）申请人在提交请求时未缴纳分案申请费用的，匈牙利知识产权局应要求申请人在本条第（2）款规定的期限内纠正违规行为。不遵守上述要求的，视为撤回分案申请。❺

---

❶ 根据 2010 年第 148 号法案第 171 条第（3）款予以设立。
❷ 根据 2010 年第 148 号法案第 172 条予以设立。
❸ 根据 2010 年第 148 号法案第 173 条予以设立。
❹ 根据 2018 年第 67 号法案第 92 条第（1）款和 2023 年第 41 号法案第 17 条 b）项予以修订。
❺ 根据 2010 年第 148 号法案第 177 条第（1）款予以修订。

授予外观设计保护

第 50 条

（1）外观设计和外观设计申请符合［参照本法第 47 条第（1a）款和第（2）款规定的］所有要求的，匈牙利知识产权局应对申请的客体授予外观设计保护。作出授予外观设计保护决定的日期为授予外观设计保护的日期。❶

（2）外观设计保护的授权应记录在外观设计登记簿中（参照本法第 34 条），相关信息应公布在匈牙利知识产权局官方公告中（参照本法第 35 条）。❷

（3）授予外观设计保护后，匈牙利知识产权局应签发外观设计证书，并随附登记簿中的摘要。❸

第 8 章 关于外观设计的其他程序
续期程序

第 51 条

（1）匈牙利知识产权局应权利持有人的要求，可以对外观设计保护进行续期［参照本法第 19 条第（2）款］。针对多项外观设计授予外观设计保护的，也可以针对其中的部分外观设计请求续期（部分续期）。❹

（2）除专利法一般规定中关于请求特定内容的，续期请求应指明要续期的设计保护的申请号，以及在部分续期的情况下涉及的外观设计。❺

（3）续期请求应在不早于外观设计保护期间届满前 6 个月提出，至迟应于期间届满后 6 个月内提出。

（4）具体由工业产权行政服务程序费用法规定的续期请求费，应自提交申请之日起 1 个月内缴纳。❻

---

❶ 根据 2010 年第 148 号法案第 174 条予以设立。

❷❸ 根据 2010 年第 148 号法案第 177 条第（1）款予以修订。

❹ 根据 2010 年第 148 号法案第 177 条第（10）款予以修订。

❺ 根据 2018 年第 67 号法案第 88 条予以设立。

❻ 根据 2018 年第 67 号法案第 92 条第（1）款和 2023 年第 41 号法案第 17 条 c）项予以修订。

第 51A 条❶

已废除。

第 52 条

（1）续期请求不符合本法第 51 条第（1）款至第（3）款规定的要求的，应要求请求方纠正其违规行为。

（2）申请人的纠正行为或意见书不符合要求书中的要求的，应驳回续期请求。请求方在规定期限内未对要求书作出答复的，续期请求应视为撤回。

（3）未缴纳续期请求费的，匈牙利知识产权局应要求请求方在本法规定的期限内纠正违规行为。不遵守该要求的，续期请求应视为撤回。❷

第 53 条

（1）续期请求符合本法第 51 条规定的要求的，匈牙利知识产权局应对外观设计保护进行续期。❸

（2）外观设计保护的续期应记录在外观设计登记簿（参照本法第 34 条）中，相关信息应公布在匈牙利知识产权局官方公报中（参照本法第 35 条）。❹

分案申请的程序

第 54 条

（1）外观设计保护的持有人可以通过将多项设计分案或其中特定部分分案申请保护。

（2）当事人提出外观设计保护分案请求的，所提交的文本数量应等于原外观设计保护分案的数量，所有文本应相互一致，符合分案要求。

（3）分案请求应注明原外观设计保护的注册号；申请请求及其文件应参照适用关于外观设计申请要求的规定［参照本法第 36 条第（2）款和第（3）款］。

（4）工业产权行政服务程序费用法规定的分案请求的费用，应自提出申

---

❶ 根据 2009 年第 56 号法案第 250 条第（3）款予以设立。根据 2010 年第 148 号法案第 179 条予以废除。

❷❸❹ 根据 2010 年第 148 号法案第 177 条第（1）款予以修订。

请之日起 1 个月内缴纳。❶

第 55 条

（1）分案请求不符合本法第 54 条第（1）款至第（3）款规定的，应要求申请人纠正违规行为。

（2）申请人的纠正行为或意见书不符合要求书中的要求的，应驳回分案请求。请求方未对要求书作出答复的，分案请求应视为撤回。

（3）未缴纳分案请求费的，匈牙利知识产权局应要求请求方在本法规定的期间内纠正违规行为。申请人不遵守该要求的，该请求应视为撤回。❷

第 56 条

（1）分案申请符合本法第 54 条规定的要求的，匈牙利知识产权局应对外观设计保护进行分案处理。❸

（2）外观设计保护的分案应记录在外观设计登记簿中（参照本法第 34 条），相关资料应在匈牙利知识产权局官方公报中予以说明（参照本法第 35 条）。❹

（3）分案后，匈牙利知识产权局应为每一外观设计保护出具外观设计证书，并随附登记簿中的摘录。❺

无效程序

第 57 条

（1）任何人均可根据本法第 28 条针对外观设计保护的持有人提起请求宣告外观设计保护无效的诉讼，但本条第（2）款规定的情况除外。

（2）在先冲突权利持有人仅可根据本法第 9 条和第 10 条请求宣告外观设计保护无效，根据本法享有权利的人仅可根据本法第 28 条第（1）款 d）项提出无效宣告的请求。

（3）向匈牙利知识产权局提交无效宣告请求应时，如果用电子通信方式，应提交一份副本，并提交与外观设计保护持有人数量相同的副本，外加一份额外副本。如果是对于服务设计授予外观设计保护，则应提交与设计人数量

---

❶ 根据 2018 年第 67 号法案第 92 条第（1）款和 2023 年第 41 号法案第 17 条 d）项予以修订。

❷❸❹❺ 根据 2010 年第 148 号法案第 177 条第（1）款予以修订。

相同的副本数。❶ 除专利法一般条款中关于请求内容的数据以外，无效请求应说明其依据的理由，并附上书面证据。

（4）工业产权程序行政服务费法律规定的费用，应自提出无效宣告请求之日起1个月内缴纳。❷

（5）宣告无效的请求不符合本法规定要求的，应要求请求方纠正违规行为；未缴纳请求费的，应要求请求方在本法规定的期限内缴纳。未纠正违规行为的宣告无效的请求应视为撤回。

第57A 条❸

针对服务外观设计授予外观设计保护的，匈牙利知识产权局应向设计者送达无效宣告请求，告知其如在收到该请求后30日内提交声明的，可以成为无效宣告程序的一方当事人。

第58 条❹

（1）匈牙利知识产权局应要求外观设计保护的持有人，如为针对服务外观设计授予外观设计保护，则为设计者，就无效宣告请求提出意见。经书面准备工作后，匈牙利知识产权局应在听证会上作出无效、修改后维持、限制外观设计保护或驳回请求的决定。终止程序的命令也可以在没有听证的情况下作出。匈牙利知识产权局针对请求方确定的期限届满后，未在规定期限内作出说明的理由不得作为无效宣告的理由。在作出最终决定时，对于由此提出的理由不予考虑。❺

（1a）匈牙利知识产权局应根据当事人在截止日期前3天提交的具有充分理由的联合请求，推迟听证会。如果联合请求提交得更晚，听证会可能会因特别重要的理由而被推迟。❻

---

❶ 根据2018 年第67 号法案第89 条予以设立。

❷ 根据2018 年第67 号法案第92 条第（1）款和2023 年第41 号法案第17 条 e）项予以修订。

❸ 根据2007 年第24 号法案第27 条予以设立。根据2010 年第148 号法案第177 条第（1）款予以修订。

❹ 根据2005 年第165 号法案第30 条予以设立。根据该法案第33 条第（1）款，可适用于2006 年1 月1 日之后开始的诉讼程序。

❺ 第一句根据2007 年第24 号法案第28 条予以设立。根据2010 年第148 号法案第177 条第（11）款予以修订。

❻ 根据2022 年第55 号法案第122 条第（1）款予以设立。

（1b）只有在听证会之前或在听证会上，因重要原因或出于匈牙利知识产权局的利益，匈牙利知识产权局才可依职权推迟原定的听证会，并说明理由。❶

（1c）如果听证会被推迟，匈牙利知识产权局应同时确定新的听证日期。❷

（2）听证过程中作出的决定和最终裁定应在听证当天宣布；如果由于案件的复杂性而必须推迟宣布，则最终决定的宣布最多可以推迟8天。在这种情况下，应立即确定宣布日期，并且最终裁定也应在宣布之日以书面形式作出。书面裁定应在宣布时立即通知在场的当事人，并在宣布后3天内通知不在场当事人。❸

（3）宣布公告的决定由执行部分和法案依据组成。

（4）决定应自作出之日起15日内以书面形式作成，但匈牙利知识产权局宣布延期的除外，应自作出书面决定之日起15日内送达。❹

（5）针对同一项外观设计保护存在多项无效宣告请求的，应尽可能以相同程序处理。

（6）撤销无效宣告请求的，可以依职权继续程序，但仅根据本法第10条或第28条第（1）款 d）项请求无效宣告的情况除外。在该情况下，匈牙利知识产权局也应在请求的框架内进行，同时考虑到各方先前所提出的陈述和指控。❺

（7）败诉方应承担无效宣告程序的费用。外观设计保护的持有人在根据本条第（1）款提交意见的时限届满前没有针对无效宣告程序提出任何理由，并放弃外观设计保护的（对于针对多项外观设计授予外观设计保护的，至少针对相关外观设计），溯及至提交之日，程序的费用由无效宣告请求人承担。❻

（8）外观设计保护的无效、修改后维持或限制应记录在外观设计登记簿中（参照本法第34条），相关信息应公布在匈牙利知识产权局官方公报（参照本法第35条）中。❼

第58A 条❽

（1）如果在提交权利要求书之前，已向法院提起外观设计保护侵权诉讼，

---

❶❷　根据 2022 年第 55 号法案第 122 条第（1）款予以设立。

❸　根据 2022 年第 55 号法案第 122 条第（2）款予以设立。

❹　根据 2009 年第 56 号法案第 252 条和 2010 年第 148 号法案第 177 条第（1）款予以修订。

❺❼　根据 2010 年第 148 号法案第 177 条第（1）款予以修订。

❻　根据 2013 年第 159 号法案第 28 条予以设立。

❽　根据 2005 年第 165 号法案第 31 条予以设立。根据该法案第 33 条第（1）款，可适用于 2006 年 1 月 1 日之后开始的诉讼程序。

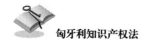

或已提出临时措施请求，且这一事实已得到证实，则无效宣告程序应按加速程序进行。❶

（2）在提出加快程序申请的同时，应支付由工业产权程序行政服务费部令确定的费用。❷

（3）该请求不符合本条第（1）款所述要求的，申请加速程序的一方应纠正其违规行为或提交意见书。请求方纠正违规行为或提交意见后，仍然不符合本法规定的，应驳回加速程序的请求。请求方不遵守上述要求的，应视为撤销加速程序的请求。

（4）未缴纳请求费的，应要求加速程序请求人在本法规定的期限内缴付。不遵守上述要求的，应视为撤销加速程序的请求。

（5）匈牙利知识产权局应通过命令确定加速程序。❸

（6）通过减损本法第 33 条第（1）款和第 58 条的规定，就加速程序而言；

a）亦可确定 15 日的期限以纠正违规行为或提交意见书；

b）仅在合理的情况下方可延长期限；

c）澄清事实需要各方共同参加听证的，或一方及时提出请求的，匈牙利知识产权局应举行口头听证会。❹

决定不存在侵权行为的程序

第 59 条

（1）向匈牙利知识产权局提交不侵权声明申请时，如果当事人使用电子通信方式，应提交一份副本；否则，应交由外观设计保护持有人各一份，另加一份副本。申请书应包含专利法一般条款中规定的有关请求书内容的数据，以及已应用或打算应用的产品的图样，并应附上涉及外观设计保护的外观设计图样。❺ 已被应用或打算应用的产品应以一种或多种视图呈现，与外观设计注册簿中记录的涉及的设计的表示相对应。

（2）针对无侵权行为作出决定的请求可仅针对一项外观设计保护和一项

---

❶ 根据 2011 年第 173 号法案第 47 条予以设立。

❷ 根据 2023 年第 41 号法案第 14 条予以设立。

❸❹ 根据 2010 年第 148 号法案第 177 条第（1）款予以修订。

❺ 根据 2018 年第 67 号法案第 90 条予以设立。

已实施或准备实施的产品提出。

（3）针对非侵权行为申明的请求，应自提出请求后 1 个月内缴纳工业产权程序行政服务费用法规定的费用。❶

（4）针对无侵权行为作出决定的请求不符合本法规定要求的，请求方应纠正其违规行为；未缴纳请求费的，该方应在本法规定的期限内缴纳。未纠正违规行为的，视为撤销针对无侵权行为作出决定的请求。

第 60 条

（1）匈牙利知识产权局应要求外观设计保护持有人就针对无侵权行为作出决定的请求提出意见。在书面准备工作后，匈牙利知识产权局应在听证会上决定受理或驳回该请求。终止程序的命令也可以在没有听证的情况下作出。❷

（2）请求方应就针对无侵权行为作出决定的程序承担费用。

（3）第 58 条第（1a）款至第（4）款也应适用于声明不侵权的程序。❸

（4）针对无侵权行为作出决定的程序参照适用本法第 58A 条的规定。❹

第 3 部分　关于欧洲共同体外观设计保护和
工业品外观设计国际注册的规定❺

第 8A 章　关于欧洲共同体外观设计保护的规定

一般规定

第 60A 条

在本法中：

---

❶　根据 2018 年第 67 号法案第 92 条第（1）款和 2023 年第 41 号法案第 17 条 f）项予以修订。

❷　本条第二句根据 2005 年第 83 号法案第 252 条第（1）款予以设立。根据 2010 年第 148 号法案第 177 条第（1）款予以修订。

❸　根据 2005 年第 83 号法案第 252 条第（2）款和 2022 年第 55 号法案第 123 条予以设立。

❹　根据 2005 年第 165 号法案第 32 条予以设立。根据该法案第 33 条第（1）款，可适用于 2006年 1 月 1 日之后开始的诉讼程序。

❺　第 3 部分（第 60A 条至第 60K 条）根据 2003 年第 102 号法案第 101 条予以设立，同时将原始的第 3 部分和第 4 部分的编号分别改为第 4 部分和第 5 部分。根据该法案第 109 条第（1）款，可适用于 2004 年 5 月 1 日之后开始的诉讼程序。

a）欧洲共同体外观设计条例，指关于欧洲共同体外观设计的第6/2002/EC号欧盟理事会条例；

b）欧洲共同体外观设计，指欧洲共同体外观设计条例第1条第（1）款定义的设计，无论是否受注册保护；

c）欧洲共同体外观设计申请，指根据欧洲共同体外观设计条例提交的欧洲共同体外观设计注册申请。

转送欧洲共同体外观设计申请

第60B条

（1）向匈牙利知识产权局提交欧洲共同体外观设计申请的，申请人应在提交申请时缴纳根据具体立法确定的费用，以根据欧洲共同体外观设计条例第35条第（2）款进行转送。❶

（2）未缴纳转送欧洲共同体外观设计申请费用的，匈牙利知识产权局应要求申请人纠正违规行为。匈牙利知识产权局应在收到相关费用后，转送欧洲共同体外观设计申请。❷

作为驳回理由的共同体外观设计

第60C条

欧洲共同体外观设计应适用本法第9条第（2）款的规定。

侵犯欧洲共同体外观设计的法案后果

第60D条❸

根据欧洲共同体外观设计条例第88条至第90条规定及其所述情况，侵犯欧洲共同体外观设计，与侵犯匈牙利知识产权局基于本法授予的外观设计保护，适用相同的法案后果。

---

❶ 根据2010年第148号法案第177条第（12）款和2018年第67号法案第92条第（1）款予以修订。

❷ 根据2010年第148号法案第177条第（13）款予以修订。

❸ 根据2010年第148号法案第177条第（1）款予以修订。

欧洲共同体外观设计法院

第 60E 条

（1）在匈牙利布达佩斯首都地区法院应作为欧洲共同体外观设计法第 80 条第（1）款所述欧洲共同体外观设计法院按照本法第 63 条第（2）款规定的组成方式进行初审。❶

（2）布达佩斯首都地区上诉法院作为第二审欧洲共同体外观设计法院，对布达佩斯首都地区法院的判决具有上诉管辖权。❷

第 8B 章 关于工业品外观设计国际申请的规定
一般规定

第 60F 条

在本法中，工业品外观设计国际申请指依据 1925 年《海牙协定》于 1999 年 7 月 2 日签订的日内瓦文本提交的工业品外观设计申请。

第 60G 条

根据 1925 年《海牙协定》于 1960 年 11 月 28 日签订的海牙文本进行的国际保存应参照适用本章规定。

第 60H 条

（1）本法提及适用协定的，应被解释为亦指适用本法第 60F 条和第 60G 条所指《海牙协定》文本的共同实施细则。

（2）除非《海牙协定》另行规定，否则工业品外观设计国际申请适用本法，但本章规定的例外情况除外。

第 60I 条❸

已废除。

---

❶ 根据 2011 年第 173 号法案第 48 条和 2011 年第 201 号法案第 207 条 a）项予以修订。

❷ 根据 2011 年第 201 号法案第 207 条 a）项予以修订。

❸ 根据 2005 年第 83 号法案第 339 条第 26 点予以废除。

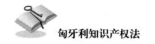

通过匈牙利知识产权局提交的工业品外观设计国际申请❶

第60J条

（1）针对依据《海牙协定》转送工业品外观设计国际申请的，匈牙利知识产权局应针对显示匈牙利作为申请人缔约国的工业品外观设计国际申请进行处理。❷

（2）针对转送工业品外观设计国际申请的，申请人应向匈牙利知识产权局缴纳工业产权程序行政服务费用法规定的转送费，针对工业品外观设计国际申请，应按照《海牙协定》规定的期间和方式缴纳其规定的费用。❸

指定匈牙利的工业品外观设计国际申请❹

第60K条

（1）在匈牙利申请的国际工业品外观设计，自国际注册之日起，与向匈牙利知识产权局正式提交的外观设计申请（参照本法第37条）具有相同效力。❺

（2）已废除。❻

（3）匈牙利知识产权局应对工业品外观设计国际申请进行实质审查。实质审查应确定外观设计是否符合本法第1条至第5条规定的要求，以及是否属于本法第6条至第8条规定的不能获得外观设计保护的客体。❼

（4）工业品外观设计国际申请的部分或全部不符合本条第（3）款规定的审查要求的，匈牙利知识产权局应在协定规定的6个月内通知国际局。❽

（5）通知应说明决定依据的理由，并要求申请人在通知规定的期限内提交意见。在针对是否拒绝国际注册效力作出决定时，应考虑申请人的意见。

（6）申请人未在规定期限内对要求作出回复的，或者申请人在规定时间

---

❶ 根据2010年第148号法案第177条第（1）款予以修订。

❷ 根据2010年第148号法案第177条第（1）款和2011年第173号法案第48条予以修订。

❸ 根据2010年第148号法案第177条第（6）款和2018年第67号法案第92条第（1）款予以修订。

❹ 根据2011年第173号法案第48条予以修订。

❺ 根据2010年第148号法案第177条第（6）款和2011年第173号法案第48条予以修订。

❻ 根据2010年第148号法案第178条第（2）款予以废除。

❼❽ 根据2010年第148号法案第176条予以设立。

内提交意见后，工业品外观设计国际申请仍不符合审查要求的，匈牙利知识产权局应拒绝国际注册在匈牙利境内产生任何效力。❶

（7）依据申请人的意见书，匈牙利知识产权局认为本条第（4）款所述通知的内容部分或全部无事实依据的，其应部分或全部撤回该通知。该撤回决定具有最终效力的，匈牙利知识产权局应通知国际局。❷

（8）匈牙利知识产权局根据本条第（7）款撤回部分或全部通知的，外观设计国际注册或受撤回影响的部分国际注册，自撤回决定之日起与匈牙利知识产权局授予的外观设计保护具有同等效力。❸

（9）匈牙利知识产权局未根据本条第（4）款向当事人发出通知的，自外观设计国际注册通知规定期限届满之日起，与匈牙利知识产权局授予的外观设计保护具有同等效力。❹

第4部分　外观设计保护的法庭程序❺

第9章　审查匈牙利知识产权局的决定❻
审查请求

第61条❼

（1）法院应请求可对匈牙利知识产权局下列事项进行审查：

a）本法第32A条第（3）款所述的决定❽；

b）中止程序的决定，或提供外观设计申请登记簿或外观设计登记簿中内容的决定；

c）如依程序性的裁决排除或限制访问文件，则应根据一般行政程序法典

---

❶ 根据2010年第148号法案第177条第（1）款和2011年第173号法案第48条予以修订。

❷ 根据2010年第148号法案第177条第（14）款予以修订。

❸ 根据2010年第148号法案第177条第（15）款和第178条第（1）款予以修订。

❹ 根据2010年第148号法案第177条第（16）款和第178条第（1）款予以修订。

❺ 根据2003年第102号法案第101条将原始第3部分的编号更改为第4部分。

❻ 根据2005年第83号法案第338条第11点和2010年第148号法案第177条第（17）款予以修订。

❼ 根据2005年第83号法案第253条予以设立。根据该法案第332条第（1）款，可适用于2005年11月1日之后开始的诉讼程序以及外观设计相关重复性程序中适用。

❽ 根据2010年第148号法案第177条第（3）款予以修订。

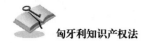
法的规定，对可这些裁决采取独立的法案救济措施；❶

　　d）除提出请求启动程序的人外，驳回当事人作为程序的一方的法案地位的命令；❷

　　e）施加程序性罚款或裁定程序性费用金额及分配的决定。❸

　　（2）对施加程序性罚款或裁定程序性费用金额及分配的决定提出的审查请求，针对决定中未在审查请求中表示异议的任何其他规定，不具有延迟效力，也不得阻止上述规定产生终局性。❹

　　（3）本条第（1）款未提及的匈牙利知识产权局的命令，只能在针对本条第（1）款提及决定的审查请求中提出异议。❺

　　（4）下列当事人可以提出审查请求：

　　a）参与匈牙利知识产权局行政程序的任何当事人；❻

　　b）被排除或限制进行文件查阅的任何人；

　　c）其作为程序当事人的法案地位被拒绝的任何人。❼

　　（5）对外观设计保护的注册或无效的决定可由检察官根据本法第7条和第8条的规定提出审查请求。匈牙利知识产权局程序的任何其他参与者均有权单独请求审查该决定或其中与其有关的规定。❽

　　（6）审查请求必须自向相关当事人或程序的任何其他参与人通知决定之日起30日内提交或通过挂号邮件邮寄，但本条第（7）款和第（8）款规定的例外情况除外。❾

　　（7）在下列情况下，提交审查请求的30日期限自通知拒绝恢复原状请求或视为未提交恢复原状请求之日起算❿：

---

　　❶　根据2017年第1号法案第199条b）项予以修订。

　　❷　根据2009年第56号法案第250条第（4）款予以设立。根据该法案第428条，可适用于2009年10月1日之后启动的程序以及外观设计相关重复性程序。

　　❸　根据2009年第56号法案第250条第（4）款和2010年第148号法案第177条第（18）款予以修订。

　　❹　根据2009年第56号法案第251条和2010年第148号法案第177条第（19）款予以修订。

　　❺　根据2010年第148号法案第177条第（3）款予以修订。

　　❻❽　根据2010年第148号法案第177条第（1）款予以修订。

　　❼　根据2009年第56号法案第250条第（5）款予以设立。根据该法案第428条，可适用于2009年10月1日之后启动的案件诉讼以及外观设计相关重复性程序。

　　❾　根据2009年第27号法案第34条予以设立。根据该法案第36条第（4）款，可适用于2009年8月1日之后到期且仍可提交修订申请的外观设计。

　　❿　根据2007年第142号法案第48条予以设立。根据2010年第148号法案第178条第（1）款予以修订。

a) 该日期迟于根据本条第（6）款通知决定的日期，且

b) 恢复原状的请求是为了针对疏忽进行救济，而该疏忽是作出本条第（6）款项下决定的直接依据。❶

（8）已废除。❷

（9）审查请求应向匈牙利知识产权局提交，由匈牙利知识产权局在 15 日内连同外观设计文件的材料一并转交法院，但本条第（10）款另有规定的除外。对方当事人参加程序的，匈牙利知识产权局应同时通知该方请求已移交法院。❸

（10）审查请求提出具有根本重要性的法案问题的，匈牙利知识产权局可就该问题作出书面陈述，并在 30 日内将该书面陈述连同审查请求和外观设计文件的材料一并转交法院。❹

（11）在复审请求的引言部分应指明下列内容❺：

a) 审理法院的名称；

b) 发明专利法中有关请求内容的一般条款中规定的请求方的详细身份信息，如有利益相反一方的，还包括该方的已知详细身份信息❻，和

c) 发明专利法有关请求内容的一般条款中规定的请求方的法定代表人的详细身份信息及其安全送达服务地址❼。

（11a）复审请求的实质性部分应注明下列信息❽：

a) 请求复审的裁定的编号，必要时候可提供登记号码，以及有争议的条款或者裁定部分内容；

b) 向法院提出的审查的明确请求；

c) 证明复审该裁定的必要性的理由，以及支持证据和对法案依据用。

（11b）在复审请求的结尾部分应指明下列内容❾：

a) 确定法院对案件的实质和地域管辖权的事实和法律依据；

b) 已支付的诉讼费数额和支付方式，或如果已支付了部分诉讼费用，要求法律援助的请求，或若依法律规定免于支付诉讼费用，提供作为免缴依据

---

❶　根据 2010 年第 148 号法案第 178 条第（1）款予以修订。

❷　根据 2017 年第 50 号法案第 200 条 b）项予以废除。

❸　根据 2010 年第 148 号法案第 177 条第（1）款和第（12）款予以修订。

❹　根据 2010 年第 148 号法案第 177 条第（1）款予以修订。

❺　根据 2017 年第 130 号法案第 46 条第（1）款予以设立。

❻❼　根据 2018 年第 67 号法案第 91 条予以设立。

❽❾　根据 2017 年第 130 号法案第 46 条第（2）款予以设立。

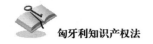

的事实和法律依据；

c）确定代理人代表权的事实和法律依据；

d）结尾部分所述实施的佐证。

（12）如果复审请求逾期提交，法院应就是否接受复审作出裁决。

关于诉讼程序的其他规则

第 62 条❶

对匈牙利知识产权局关于外观设计的决定进行审查的法庭程序，应参照适用对匈牙利知识产权局关于专利的决定进行审查的法庭程序，但专利法第 100 条第（3）款提述的专利法第 81 条第（1）款应被解释为对本法第 58 条第（1）款的提述。

第 10 章 外观设计诉讼

外观设计诉讼中的规则

第 63 条

（1）外观设计诉讼应包括下列情况：因侵犯外观设计而提起的诉讼，因声明存在优先权而继续使用而提起的诉讼［第 65 条第（8）款］，以及根据《欧盟设计条例》第 110a 条第（4）款禁止使用欧盟设计的诉讼［第 60A 条 a）项］。❷

（2）发明专利诉讼的规定应适用于外观设计诉讼，但在下列情况下除外：即在外观设计侵权诉讼过程中，若被告在法院作出初审阶段的决定之前，向匈牙利知识产权局提起了外观设计无效宣告的诉讼，则法院应中止诉讼，等待无效宣告诉讼的最终判决，但如果外观设计持有人在初审判决前的听证会上已向法院提交了对其可保护性的有利意见，则中止不是强制性的。❸

（3）在本条第（1）款未提及的任何其他外观设计诉讼中，法院应参照

---

❶ 根据 2005 年第 83 号法案第 254 条予以设立。根据 2010 年第 148 号法案第 177 条（20）款予以修订。

❷ 根据 2003 年第 102 号法案第 103 条予以设立。根据该法案第 109 条第（1）款，可适用于 2004 年 5 月 1 日之后开始的诉讼程序。

❸ 根据 2023 年第 41 号法案第 15 条予以设立。

适用调整专利诉讼的规则。❶

第 5 部分　最终规定❷

第 11 章　生效；过渡、修改和其他规定
与著作权保护的关系

第 64 条

根据本法赋予外观设计的保护，不应影响具体立法将外观设计作为艺术作品赋予的著作权保护。

关于市法生效和过渡条款的规则

第 65 条

（1）本法自 2002 年 1 月 1 日生效；除了本条第（2）款、第（6）款至第（7）款和第（9）款至第（10）款规定，其规定应可适用于本法生效后开始的程序。

（2）对于未决事项，参照适用关于恢复原状的规定。

（3）本法生效前订立设计者薪酬合同或外观设计许可协议或本法生效前已实施职务外观设计的，应适用订立合同时或实施职务外观设计时有效的规定。

（4）本法生效前开始实施的，对于外观设计保护赋予的权利及其范围、限制和侵权，在本法生效前，适用先前适用的规定。

（5）对于在本法生效前有效的外观设计保护的续期，适用本法的规定。外观设计保护期限届满的日期不早于本法生效前 6 个月的，且在本法生效前未根据先前适用的规定提交续期请求的，应参照适用本规定。

（6）在本法生效前延期的外观设计保护，在本法生效后续期的，外观设计保护的无效宣告应适用本法的规定，但是，如作出无效宣告，则该外观设计保护应失效，效力追溯至延期外观设计保护到期之日。

---

❶　根据 2017 年第 130 号法案第 47 条予以修订。

❷　根据 2003 年第 102 号法案第 101 条将原始文本中的第 4 部分的编号改为第 5 部分。

（7）在本法生效前有效且未延期的外观设计保护第二次续期的，亦应参照适用本条第（6）款的规定，但是，如作出无效宣告，则该外观设计保护应失效，效力追溯至该外观设计保护首次续期到期之日。

（8）依据先前适用的规定予以延期的外观设计保护，在本法生效前 5 年内因期满而失效的，经由本法生效后 6 个月内准用续期条款，该外观设计的持有人可以请求匈牙利知识产权局自本法生效之时起，在本法第 19 条第（3）款规定期限的剩余期间内，恢复对该外观设计的保护。❶ 恢复的外观设计保护的初始期间应为本法第 19 条第（3）款规定期间的剩余部分超过 10 年的期间；在该等情况下，续期请求费应按比例减少。恢复外观设计的初始期间不超过 1 年的，应同时请求恢复外观设计保护及其续期。行为人在外观设计保护失效和本法生效期间开始或持续实施外观设计的，享有继续使用的权利；有关该权利，应参照适用专利法中关于继续使用权规定。

（9）已恢复的外观设计保护的无效应遵守本法相关规定，但是，外观设计保护的无效效力应追溯至本法生效前。

（10）对于在本法生效之日有效或在本法生效前失效的外观设计保护的无效宣告条件，优先权日适用的规定具有决定性。如果根据优先权日适用的规定允许无效宣告的，在本法生效后续期或恢复的该外观设计保护应无效，其效力追溯至提交之日。在该等情况下，不适用本条第（6）款至第（7）款和第（9）款的规定。

（11）立法中对外观设计或外观设计保护的提及指外观设计或外观设计保护。

第 66 条❷
已废除。

过渡性规定❸

第 67 条
（1）已废除。❹

---

❶ 根据 2010 年第 148 号法案第 177 条第（10）款予以修订。
❷ 根据 2007 年第 82 号法案第 2 条第（499）款予以废除。
❸ 根据 2012 年第 76 号法案第 53 条第（2）款予以设立。
❹ 根据 2007 年第 82 号法案第 2 条第（499）款予以废除。

（2）本法生效前订立的薪酬合同或实施职务发明的，应适用订立合同或实施发明时有效的规定。

（3）对于在本法生效前有效的实用新型保护的无效宣告条件，优先权日适用的规定应具有决定性。

（4）已废除。[1]

第 67A 条[2]

（1）对于提交日期在 2004 年 5 月 1 日之前的外观设计保护的无效宣告条件，提交之日有效的规定应具有决定性。

（2）关于：

a）外观设计保护权授予的权利，其范围和侵权（除权利用尽外），在 2004 年 5 月 1 日之前已经实施，以及在 2004 年 5 月 1 日实施的范围内；

b）对于在 2004 年 5 月 1 日前实施的外观设计保护授予的权利的用尽，2004 年 4 月 30 日有效的本法的规定应具有决定性。

第 67B 条[3]

如果匈牙利知识产权局在 2017 年 12 月 31 日之前未根据 2015 年第 222 号法案"电子管理和信托总则"第 108 条第（2）款的规定，在 2018 年 1 月 1 日之前未承诺提供电子管理服务的，则本法在 2016 年 12 月 31 日生效的规定应适用于 2017 年 12 月 31 日之前的电子通信。

第 67C 条[4]

本法的规定，由 2017 年修订某些法案以实施一般行政程序法典和行政法院程序法典的第 50 号法案（以下简称"2017 年第 50 号法案"）所确定，将适用于在 2017 年第 50 号法案生效[5]后开始或重复的程序。

---

[1] 根据 2007 年第 82 号法案第 2 条第（499）款予以废除。

[2] 根据 2012 年第 76 号法案第 53 条第（1）款予以设立。关于其适用，参见该法案第 1 条。

[3] 根据 2016 年第 121 号法案第 39 条第（3）款予以设立。

[4] 根据 2017 年第 50 号法案第 198 条第（2）款予以设立。

[5] 自 2017 年 5 月 26 日起生效。

第67D 条❶

（1）根据 2023 年修订某些法案以促进创新和科学成果经济利用的必要性（以下简称"2023 年第 41 号法案"）修订的本法第 11 条、第 49 条第（2）款、第 51 条第（4）款、第 54 条第（4）款、第 57 条第（4）款、第 59 条第（3）款，以及本法第 33 条第（1c）款和第（4）款、第 33A 条、第 47 条第（2）款、第 58A 条第（2）款、第 63 条第（2）款，将适用于在 2023 年 41 号法案生效后开始的程序。❷

（2）根据 2023 年第 41 号法案废除的本法第 44 条，将不适用于在 2023 年第 41 号法案生效后开始的程序。❸

授　　权

第68 条❹

司法部部长获授权与匈牙利知识产权局局长协商，并与针对匈牙利知识产权局行使监督权的部长达成一致，通过法令确定外观设计申请的详细形式要件。❺

对欧盟法案的遵守

第69 条❻

（1）本法符合欧洲议会和欧盟理事会于 1998 年 10 月 13 日作出的关于外观设计法案保护的第 98/71/EC 号指令。

（2）本法规定了实施 2001 年 12 月 12 日欧洲理事会关于欧洲共同体外观设计第 6/2002/EC 号条例所要求的规则。

---

　❶ 根据 2023 年第 41 号法案第 16 条予以设立。根据 2023 年第 85 号法案第 56 条第（4）款予以修订。

　❷❸ 自 2024 年 1 月 1 日起生效。

　❹ 根据 2009 年第 27 号法案第 35 条予以设立。根据 2010 年第 148 号法案第 177 条第（21）款予以修订。

　❺ 参见 2001 年 11 月 29 日第 19 号 IM 法令。

　❻ 根据 2007 年第 24 号法案第 29 条予以设立。

实用新型保护法

· 1991 年第 38 号法律 ·

实用新型保护法❶*

第 1 章　实用新型保护的客体和受保护权利
受保护的实用新型

第 1 条

（1）任何与物品的构造或建造有关的或其部件的安排的解决方案（以下简称"实用新型"），只要其具有新颖性、创造性且能作工业应用，都应当给予实用新型保护。

（2）依据本条第（1）款的含义，实用新型保护特别不应给予下列物品：

a）物品的美观设计；

b）植物品种❷。

第 2 条

（1）一项实用新型如果不属于现有技术的一部分，则应当视为具有新颖性。

（2）现有技术应当包含所有在优先权日以前、公众能够通过书面描述或在国内以公开使用的方式可获得的技术。

（3）具有较早优先权日的专利申请或实用新型申请的内容亦应被视为构成现有技术，但前提是其在优先权日之后的授权程序中公开或公告。欧洲专利申请和国际专利申请的内容应被视为现有技术，但应仅限于符合《发明专利保护法》（以下简称"专利法"）中规定的关于通过专利保护发明的特殊条

＊　本译文根据匈牙利知识产权局发布的匈牙利实用新型保护法匈牙利语版本翻译，同时参照了世界知识产权官网发布的英语版本，法律文本修订日期为 2016 年 7 月 1 日。——译者注

❶　本法于 1991 年 9 月 2 日由匈牙利国会通过，于 1991 年 10 月 1 日公布。

❷　根据 2003 年第 102 号法案第 111 条第（1）款 b）项予以修订。

件。就此处规定而言，摘要视为不包含在申请内容之中。❶

（4）就本条第（1）款和第（2）款而言，在不早于优先权日前6个月发生的文字说明或公开使用，如由申请人所作或经申请人或其所有权前任人同意所作，或由于滥用申请人或其所有权前任人的权利所致，则不应予以考虑。

第3条

（1）实用新型根据现有技术对于熟练技术人员不具有显而易见性的，应视为具有创造性。

（2）就本条第（1）款而言，不应考虑本法第2条第（3）款提及的现有技术部分。

第4条

实用新型在各种工业活动包括农业中可以生产或使用的，视为该实用新型适用于工业应用。

第5条

（1）符合下列条件的，申请应被授予实用新型保护：

a）实用新型符合本法第1条至第4条规定的要件，且并未根据本条第（2）款和本法第1条第（2）款排除实用新型保护的；

b）申请符合本法规定的形式要件。

（2）实用新型的使用违反国家法律或公共道德的，不得授予保护，但法律仅禁止交易此类产品的除外。

实用新型的发明人和实用新型保护权

第6条

实用新型的发明人是创造实用新型的人。

第7条

（1）实用新型保护权属于发明人或其所有权继承人。

---

❶ 根据2002年第39号法案第39条（1）款予以设立。根据该法案第35条第（1）款，可适用于2003年1月1日之后开始的诉讼程序。

（2）实用新型由两人或多人共同创造的，实用新型保护权由该共同创造人或其所有权继承人共同享有。实用新型由两人或多人独立创造的，实用新型保护权由向匈牙利知识产权局提交具有最早优先权日申请的发明人或其所有权继承人享有。❶

第 8 条❷

由雇佣工作人员或公共服务工作人员、具有服务关系的工作人员或者在具有雇佣性质法律关系范畴内合作工作的人员所创造的实用新型，参照适用本条规定。

关于职务和雇员发明的规定

第 9 条❸

专利法中有关外观设计发明人的个人权利、报酬和要求的规定，应参照适用于外观设计发明人的个人权利、报酬和要求。

实用新型保护的确立和期间

第 10 条

实用新型保护从向申请人授予保护之日起算，并追溯至提交申请之日生效。

第 11 条

（1）实用新型的保护期为 10 年，自申请提交之日起算。

（2）实用新型保护期内应支付年度维持费。首年费用应于提交日期提前支付，随后各年的费用应于申请周年日提前支付。授予实用新型保护前到期的年费可在自最终授权决定之日起的 6 个月宽限期内支付，而所有其他年费

---

❶ 根据 2010 年第 148 号法案第 39 条第（5）款予以修订。
❷ 根据 2016 年第 64 号法案第 5 条予以设立。
❸ 根据 2002 年第 39 号法案第 39 条第（1）款 b）项予以设立。根据该法案第 35 条第（1）款，可适用于 2003 年 1 月 1 日之后开始的诉讼程序。

也可自到期日起 6 个月宽限期内支付。❶

实用新型保护赋予的权利及其范围和限制❷

第 12 条❸

实用新型保护应根据法律规定赋予权利人实施实用新型或许可他人实施实用新型的排他权。排他实施权应包括制造、使用或进口实用新型的客体或在经济活动范围内将其投放市场。

第 13 条

（1）实用新型的保护范围由权利要求书确定。权利要求书只能依据说明书和附图进行解释。

（2）实用新型的保护应涵盖呈现权利要求书所有特征的任何产品，或其中的一项或多项特征被相等特征所替代的任何产品。

（3）权利要求书中的一项或多项特征在产品中由实用新型保护权利人或实用新型发明人提供给被许可人的改进特征所替代的，因实用新型保护获得报酬的权利不受影响。

第 14 条

对源自实用新型和实用新型保护的权利，除发明人的精神权利外，可予以转让、让与或质押。

第 15 条

根据实施合同（实用新型许可合同），实用新型所有人可将实用新型实施权许可他人，而实用新型实施人需支付许可使用费。

第 16 条

（1）实施一项受保护的实用新型必然侵犯另一实用新型的，应在实施的

---

❶ 根据 2009 年第 27 号法案第 1 条予以设立。根据该法案第 36 条第（5）款，可适用于 2009 年 8 月 1 日之后提交的申请和申请所产生的费用。

❷ 根据 2003 年第 102 号法案第 110 条 m）项予以设立。

❸ 根据 1994 年第 7 号法案第 12 条予以修订。

必要范围内向主实用新型授予强制许可。

（2）实施一项专利发明或受保护的植物品种必然侵犯另一受保护的实用新型的，应在实施的必要范围内向主实用新型授予强制许可。❶

第 17 条

（1）关于所有权继承、对源自实用新型和实用新型保护的权利进行的质押以及许可合同，参照适用专利法的规定。❷

（2）关于针对受保护的实用新型实施强制许可、实用新型保护的限制和权利用尽，参照适用专利法关于强制许可的一般规定，以及其关于专利保护的限制和权利用尽的规定。❸

（3）关于实用新型保护的共同权利和共同实用新型保护，参照适用专利法关于专利共有权利和共有专利的规定。❹

第2章　侵犯实用新型和实用新型保护

侵犯实用新型

第 18 条

从他人处非法获取实用新型申请或者实用新型保护客体的，受损害的一方或者其所有权继承人可请求全部或部分让与实用新型申请或实用新型保护。

侵犯实用新型保护

第 19 条

（1）非法实施受保护的实用新型的，是对实用新型保护的侵犯。

（2）实用新型保护的权利人可针对侵权人诉诸民事救济，一如专利权人根据专利法针对专利侵权人诉诸民事救济。

（3）对于侵犯实用新型保护的，专利法的规定应适用于权利人授权的被

---

❶ 根据 2002 年第 39 号法案第 39 条第（1）款 d）项予以设立。根据该法案第 35 条第（1）款，可适用于 2003 年 1 月 1 日之后开始的诉讼程序。

❷ 根据 1997 年第 11 号法案第 120 条 g）项予以设立。

❸ 根据 2003 年第 102 号法案第 110 条 n）项予以设立。

❹ 根据 2003 年第 102 号法案第 111 条第（1）款 b）项予以修订。

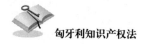

许可人的权利。❶

不侵权决定

第 20 条

（1）认为他人会针对自己提起实用新型保护侵权诉讼的，可以先于该诉讼，请求作出决定，认定其已实施或准备实施的产品不侵犯其指明的特定实用新型保护。

（2）针对不侵权作出最终决定的，对同一产品不得基于相同的实用新型保护理由提起侵权诉讼。

第 3 章　实用新型保护的失效

实用新型保护失效的情形

第 21 条

（1）有下列情形之一的，实用新型保护失效：

a）保护期限届满的，自期限届满第 2 日起，实用新型保护失效；

b）未缴纳年费的，自到期之日后第 2 日起，实用新型保护失效；❷

c）实用新型保护的权利人放弃保护的，自送达弃权书的第 2 日或放弃保护的人指定的较早日期失效；

d）撤销实用新型保护的，追溯至提交申请之日。

（2）最终决定针对下列专利申请授予专利的，实用新型保护应被视为自始无效：

a）源自实用新型申请的专利申请；

b）实用新型申请源自该专利申请。

实用新型保护的恢复

第 22 条

实用新型保护因未缴纳年费❸而失效的，匈牙利知识产权局应根据请求在

---

❶　根据 2003 年第 102 号法案第 110 条 o）项予以修订。

❷❸　根据 1992 年第 4 号法案第 3 条第 （1）款予以修订。

证明存在正当理由的情况下恢复保护。❶

实用新型保护的放弃

第 23 条

（1）登记在实用新型登记簿上的持有人可以向匈牙利知识产权局提交书面声明，放弃实用新型保护。放弃行为将影响源自立法、权威性裁决或记录在实用新型登记簿上的许可合同的第三方权利的，或者实用新型登记簿上登记诉讼的，则该放弃应经相关当事人同意，才能生效。❷

（2）也可以放弃对实用新型保护的部分权利要求。

实用新型保护的撤销❸

第 24 条

（1）有下列情形之一的，应撤销实用新型保护：

a）实用新型保护的客体不符合本法第 5 条第（1）款 a）项规定要件的；

b）说明书不符合法定要件的（参照本法第 32 条）；

c）实用新型保护的客体超出了申请日所提交的申请书的内容或（如为分案申请）超出分案申请书的内容。❹

（2）仅部分存在撤销理由的，应相应地限制实用新型保护。

要求归还许可使用费

第 25 条

实用新型保护自始无效的，仅可要求归还实用新型保护权人或实用新型发明人善意收取的其实施该实用新型所得利润未涵盖的部分许可使用费。

---

❶ 根据 2010 年第 148 号法案第 39 条第（1）款予以修订。

❷ 根据 2010 年第 148 号法案第 39 条第（5）款予以修订。

❸ 根据 2002 年第 39 号法案第 39 条第（2）款予以设立，在 2003 年 1 月 1 日之前的申报日所授权的实用新型专利的无效条件，应适用申报日当时的有效规定。

❹ 根据 2001 年第 48 号法案第 67 条第（1）款 b）项予以设立。

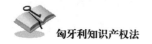

第 4 章　匈牙利知识产权局针对实用新型事项的程序❶

匈牙利知识产权局的权限❷

第 26 条❸

匈牙利知识产权局针对下列实用新型保护事项拥有权限：

a）实用新型保护的授予；

b）针对实用新型保护的失效和恢复作出决定；

c）实用新型保护撤销；

d）针对不侵权作出决定；

e）对实用新型的说明书的解释；

f）关于维持和记录实用新型保护的其他事项。

公共行政程序一般规则的适用

第 27 条❹

（1）匈牙利知识产权局应适用公共行政程序法的规定处理实用新型保护事项，但本法❺另有规定的除外。❻

（2）针对匈牙利知识产权局的决定，不得提出上诉、复审和监督程序，也不得提出刑事指控。❼

（3）匈牙利知识产权局关于实用新型保护事项的决定，应由法院根据本法第 37 条的规定进行审查。❽

（4）如专利法无相反规定，则只有在提出审查请求，且直至该请求移送至法院时，匈牙利知识产权局才可以撤销或变更其针对下列事项作出的决定，

---

❶❷❸　根据 2010 年第 148 号法案第 39 条第（1）款予以修订。

❹　根据 2005 年第 83 号法案第 156 条予以设立。根据该法案第 332 条第（1）款，可适用于 2005 年 11 月 1 日之后开始的诉讼程序以及实用新型相关重复性程序。

❺　根据 2009 年第 56 号法案第 36 条予以设立。根据 2010 年第 148 号法案第 39 条第（1）款予以修订。

❻　参见 2004 年第 140 号法案。

❼　根据 2011 年第 163 号法案第 45 条予以设立。

❽　根据 2010 年第 143 号法案第 39 条第（6）款予以修订。

包括终止程序的决定❶：

　　a）授予实用新型保护；

　　b）针对实用新型保护和恢复作出决定；

　　c）撤销实用新型保护；

　　d）针对不侵权作出决定。

　　（5）如专利法无相反规定，则只有当匈牙利知识产权局认定其决定违反法律，或各方当事人一致要求变更或撤销决定时，方可根据审查请求撤销或变更其针对本条第（4）款 c）项和 d）项所列事项作出的决定，包括终止程序。❷

第 28 条

　　（1）匈牙利知识产权局对实用新型的保护参照适用专利法中针对匈牙利知识产权局席前程序的一般规定。❸

　　（2）最终决定针对下列专利申请授予专利的，视为撤回实用新型申请：

　　a）源自实用新型申请的专利申请；

　　b）实用新型申请源自该专利申请。

实用新型申请

第 29 条

　　（1）授予实用新型保护的程序，自向匈牙利知识产权局递交申请开始。❹

　　（2）实用新型申请应当包含权利要求书、实用新型说明书以及其他相关文件。

　　（3）申请应满足的具体形式要件由具体立法规定。

　　（4）已废除。❺

---

　　❶　根据 2007 年第 142 号法案第 1 条第（1）款予以设立。根据 2010 年第 148 号法案第 39 条第（1）款予以修订。

　　❷　根据 2007 年第 142 号法案第 1 条第（2）款予以设立。根据 2010 年第 148 号法案第 39 条第（1）款予以修订。

　　❸　根据 2003 年第 102 号法案第 111 条第（1）款 b）项予以设立。根据 2010 年第 148 号法案第 39 条第（2）款予以修订。

　　❹　根据 2010 年第 148 号法案第 39 条第（5）款予以修订。

　　❺　根据 1995 年第 33 号法案第 116 条 b）项予以废除。

专利申请的衍生

第 30 条

（1）申请人在较早日期已提交专利申请的，可以在其针对相同客体提交实用新型申请之日后 2 个月内提交的优先权声明中，针对该专利申请（衍生）主张申请日和优先权。❶

（2）向匈牙利知识产权局提交衍生实用新型申请符合下列条件的，专利申请的优先权和申请日期应通过衍生适用于实用新型申请❷：

a）在专利申请程序中直至最终决定授予专利之日，或自最终决定拒绝专利申请之日起 3 个月内；或

b）自最终决定因缺乏新颖性或创造性而撤销专利之日起 3 个月内。

（3）衍生的实用新型申请应当自专利申请提交之日起 10 年内提出。

第 31 条❸

已废除。

说明书

第 32 条

（1）说明书应当能够使熟练技术人员根据说明书和附图实施该实用新型。

（2）在说明书的最后部分，一项或多项权利要求应参照说明书的其他部分界定申请实用新型保护的范围。

实用新型的单一性

第 33 条

一份实用新型申请仅可针对一项实用新型寻求保护。

---

❶ 根据 2001 年第 48 号法案第 67 条第（1）款 c）项予以设立。

❷ 根据 2010 年第 148 号法案第 39 条第（5）款予以修订。

❸ 本条及上面的小标题根据 2001 年第 48 号法案第 66 条 b）项和 2007 年第 81 号法案第 2 条 82）项予以废除。

实用新型申请的审查

第34条

（1）匈牙利知识产权局应审查实用新型申请是否满足本法第29条第（2）款至第（4）款的要求。❶

（2）已废除。❷

第35条❸

匈牙利知识产权局应针对下列各点对实用新型保护申请进行实质性审查：

a）申请的客体是否属于实用新型；

b）申请的客体是否适于工业应用；

c）申请的客体是否未根据本法第5条第（2）款被排除在实用新型保护范围外；

d）说明书是否符合法定要求（参照本法第32条）；

e）实用新型是否符合单一性要求；

f）实用新型的优先权是否妥为主张。

实用新型保护事项的程序

第36条❹

（1）对于实用新型申请的优先权、申请日期、审查、变更、分割和撤回，声明实用新型保护失效、恢复和撤销，以及对实用新型说明书的解释和针对不侵权作出决定的，参照适用专利法的规定。

（2）已废除。❺

（3）对于实用新型保护的授予，适用专利法关于专利授予的规定。在公布已授予实用新型保护后，任何人均可查阅该实用新型申请，并可以付费索

---

❶ 根据2010年第148号法案第39条第（1）款予以修订。

❷ 根据1995年第33号法案第116条b）项予以废除。

❸ 根据2001年第48号法案第67条第（1）款d）项予以设立。根据2010年第148号法案第39条第（1）款予以修订。

❹ 根据2003年第102号法案第110条p）项予以设立。根据2011年第173号法案第2条予以修订。

❺ 根据2001年第48号法案第67条第（1）款e）项予以设立，同时将原始文本中的第（2）款的编号改为第（3）款。第（2）款根据2003年第102号法案第111条第（1）款b）项予以废除。

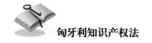

取其文件副本。❶

（4）对于实用新型的事项，准用专利法关于欧洲专利申请的效力的规定。通过准用专利法的规定，欧洲专利申请可以转为国内实用新型申请。❷

（5）申请人根据专利合作条约第43条的规定，指明其国际申请倾向于在作为指定国家或选定国家的匈牙利获得实用新型保护，对于匈牙利知识产权局作为指定局或选定局的，参照适用专利法的规定。❸

第5章　实用新型事项和诉讼的法院程序
对匈牙利知识产权局作出的决定进行审查❹

第37条❺

（1）根据请求，法院可以审查知识产权局的下列事项❻：

a）本法第27条第（4）款提及的决定；

b）中止程序的决定，或提供实用新型登记簿中内容的决定❼；

c）排除或限制查阅文件的命令，该排除或限制决定依据公共行政程序法的相关规定可以请求独立法律救济❽；

d）除提出请求启动程序的人外，驳回当事人作为程序的一方的法律地位的命令❾；

---

❶　根据2001年第48号法案第67条第（1）款e）项予以设立。根据2003年第102号法案第111条第（1）款b）项和2007年第142号法案第2条予以修订。根据该法案第49条第（5）款，可适用于2008年1月1日当天正在进行的案件。

❷　根据2002年第39号法案第39条第（1）款e）项予以设立。根据该法案第35条第（1）款，可适用于2003年1月1日之后开始的诉讼程序。

❸　根据2002年第39号法案第39条第（1）款e）项予以设立。根据2010年第148号法案第39条第（1）款和2011年第173号法案第1条予以修订。

❹　根据2010年第148号法案第39条第（1）款予以修订。

❺　根据2005年第83号法案第157条予以设立。根据该法案第332条第（1）款，可适用于2005年11月1日之后开始的诉讼程序以及实用新型相关重复性程序。

❻　根据2010年第148号法案第39条第（6）款予以修订。

❼　根据2011年第173号法案第2条予以修订。

❽　根据2009年第56号法案第35条予以修订。根据该法案第428条，可适用于2009年10月1日之后开始的诉讼程序以及实用新型相关重复性程序。

❾　根据2009年第56号法案第34条第（1）款予以设立。根据该法案第428条，可适用于2009年10月1日之后开始的诉讼程序以及实用新型相关重复性程序。

e）施加程序性罚款或裁定程序性费用金额及分配的决定❶。

（2）对施加程序性罚款或裁定程序性费用金额及分配的决定提出的审查请求，针对决定中未在审查请求中表示异议的任何其他规定，不具有延迟效力，也不得阻止上述规定产生终局性。❷

（3）本条第（1）款未提及的匈牙利知识产权局的命令，只能在针对本条第（1）款提及决定的审查请求中提出异议。❸

（4）下列当事人可以提出审查请求：

a）参与匈牙利知识产权局程序的任何当事人；❹

b）被排除或限制进行文件查阅的任何人；

c）其作为程序当事人的法律地位被拒绝的任何人。❺

（5）对实用新型保护的注册或撤销的裁定可由检察官根据本法第 5 条第（2）款的规定提出审查请求。匈牙利知识产权局程序的任何其他参与者均有权单独请求审查该决定或其中与其有关的规定。❻

（6）审查请求必须自向相关当事人或程序的任何其他参与人通知决定之日起 30 日内提交或通过挂号邮件邮寄，但本条第（7）款和第（8）款规定的例外情况除外。❼

（7）在下列情况下，提交审查请求的 30 日期限自通知拒绝恢复原状请求或视为未提交恢复原状请求之日起算❽：

a）该日期迟于根据本条第（6）款通知决定的日期；且

b）继续程序或恢复原状的请求是为了针对疏忽进行救济而提出的，且该疏忽是作出本条第（6）款项下决定的直接依据。

（8）基于宪法法院根据公共行政诉讼法的规定对匈牙利知识产权局的决

---

❶　根据 2009 年第 56 号法案第 34 条第（1）款予以设立。根据该法案第 428 条，可适用于 2009 年 10 月 1 日之后开始的案件诉讼以及实用新型相关重复性程序。根据 2011 年第 173 号法案第 1 条予以修订。

❷　根据 2009 年第 56 号法案第 35 条和 2011 年第 173 号法案第 1 条予以修订。

❸　根据 2010 年第 148 号法案第 39 条第（6）款予以修订。

❹❻　根据 2010 年第 148 号法案第 39 条第（1）款予以修订。

❺　根据 2009 年第 56 号法案第 34 条第（2）款予以设立。根据该法案第 428 条，可适用于 2009 年 10 月 1 日之后开始的案件诉讼以及实用新型相关重复性程序。

❼　根据 2009 年第 27 号法案第 2 条予以设立。根据该法案第 36 条第（4）款，可适用于 2009 年 8 月 1 日之后到期且仍可提交修订申请的外观设计。

❽　根据 2007 年第 146 号法案第 3 条予以设立。根据该法案第 49 条第（4）款，可适用于 2008 年 1 月 1 日之后到期的期限以及此后设定的期限。

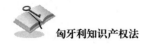
定提出审查请求的，提交审查请求的期限应自送达宪法法院决定之日起重新计算 30 日期间。❶

（9）审查请求应向匈牙利知识产权局提交，由匈牙利知识产权局在 15 日内连同实用新型文件的材料一并转交法院，但本条第（10）款另有规定的除外。对方当事人参加程序的，匈牙利知识产权局应同时通知该对方当事人，请求已移交法院。❷

（10）审查请求提出具有根本重要性的法律问题的，匈牙利知识产权局就该等问题作出书面陈述，并将其连同审查请求和实用新型文件的材料于 30 日内一并转交法院。❸

（11）审查请求的要求参照适用诉讼相关规则。

（12）延迟提交审查请求的，法院应对恢复原状的请求作出决定。

（13）针对任何其他事项，对匈牙利知识产权局关于实用新型事项的决定。进行审查的法院程序，参照适用对匈牙利知识产权局关于专利事项的决定进行审查的法院程序规定。❹

实用新型诉讼

第 38 条

（1）实用新型诉讼包括：

a）关于实用新型强制许可的授予、修改或者撤销的诉讼；

b）已废除；❺

c）关于在先使用权是否存在的诉讼；

d）侵权诉讼。

（2）实用新型诉讼适用有关专利诉讼的规定。

（3）在本条第（1）款中未提起的有关实用新型的其他诉讼中，法院应当适用调整专利诉讼的规则。❻

---

❶ 根据 2009 年第 56 号法案第 35 条、2010 年第 146 号法案第 39 条第（1）款和 2011 年第 173 号法案第 1 条予以修订。

❷ 根据 2010 年第 146 号法案第 39 条第（1）款和第（7）款予以修订。

❸ 根据 2010 年第 146 号法案第 39 条第（1）款予以修订。

❹ 根据 2010 年第 146 号法案第 39 条第（3）款予以修订。

❺ 根据 2001 年第 48 号法案第 66 条 b）项予以废除。

❻ 根据 2011 年第 201 号法案第 43 条予以修订。

第6章 最后规定

第 39 条❶

关于撤销提交日期为 2003 年 1 月 1 日前的实用新型保护的理由，以在提交当日有效的法律规定为准。

第 40 条❷

已废除。

第 41 条❸

已废除。

生　效

第 42 条

（1）本法自 1992 年 1 月 1 日起施行。

（2）司法部部长获授权与匈牙利知识产权局局长协商，并与针对匈牙利知识产权局行使监督权的部长达成一致，通过法令确定实用新型保护申请的详细形式要件。❶

---

❶ 本条及其上面的小标题根据 2007 年第 82 号法案第 2 条第（82）款予以废除。第 39 条根据 1995 年第 33 号法案第 116 条 a）项予以废除，根据 2013 年第 16 号法案第 58 条予以设立。

❷ 根据 2001 年第 48 号法案第 66 条 a）项和根据 2007 年第 82 号法案第 2 条第（82）款予以废除。

❸ 根据 2007 年第 82 号法案第 2 条第（82）款予以废除。

❶ 根据 2009 年第 27 号法案第 3 条予以设立。根据 2010 年第 146 号法案第 39 条第（4）款予以修订。参见 2004 年 4 月 28 日第 18 号 IM 法令。

商标和地理标志保护法

· 1997 年第 11 号法律 ·

商标和地理标志保护法^{*❶}

为了促进匈牙利的市场经济发展，通过使用能够区分商品和服务的标志来改善竞争条件，协助消费者收集信息以及遵守匈牙利在国际法和欧盟法律中关于保护知识产权的义务，国民议会特此通过本法。^❷

第 1 部分　商标保护

第 1 章　商标保护的客体

能够区分的标志

第 1 条^❸

（1）任何标志均可给予商标保护，只要该等标志：

a）能够将商品或服务与他人的商品或服务相区分；且

b）在商标注册簿中的呈现方式，能够使主管部门和公众清楚、准确地确定权利人申请的客体或向权利人授予保护的客体。

（2）特别是针对下列标志，可授予商标保护：

a）文字、文字组合，包括人名和标语；

b）字母、数字；

c）图形、图片；

d）二维或三维形式，包括商品或其包装的形状；

---

　*　本译文根据匈牙利知识产权局官网发布的匈牙利商标和地理标志保护法匈牙利语版本翻译，同时参照了世界知识产权组织官网发布的英语版本，法律文本修订日期为 2023 年 5 月 1 日。——译者注

　❶　本法于 1997 年 3 月 11 日由匈牙利国会通过，于 1997 年 3 月 26 日发布。

　❷　根据 2003 年第 102 号法案第 1 条予以设立。根据 2011 年第 173 号法案第 27 条和 2016 年第 93 号法案第 170 条 a）项予以修订。

　❸　根据 2018 年第 67 号法案第 27 条予以设立。

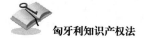

e）颜色、颜色组合、灯光信号、全息图；

f）声音信号；

g）动态标志；

h）位置标志；

i）多媒体标志；

j）图案；或

k）不同标志的组合。

驳回的绝对事由

第2条

（1）对任何不符合第1条规定的标志均不得给予商标保护。❶

（2）下列标志不能获得商标保护❷：

a）仅由可以在贸易中用于表明种类、质量、数量、用途、价值、地理来源、商品生产或服务提供的时间或者商品或服务的其他特征的标志或显示构成的；

b）仅由在现行语言中或在有关行业的诚实做法中已成为确立的和惯用的标记或显示构成的；

c）由于任何其他原因，缺乏显著性特征的；

d）仅含有：

da）由商品自身的性质而产生的形状或其他特征；

db）获得意图技术效果所需的商品形状或其他特征；或

dc）使商品具有实质性价值的形状或其他特征。

（3）依据上述第（2）款a）项至c）项，在申请日之前或之后但在注册日之前，某一标志通过使用已获得显著性的，不得拒绝商标保护。❸

第3条

（1）下列标志不能获得商标保护：

---

❶　根据2003年第102号法案第3条予以设立。根据该法案第107条第（1）款，可适用于匈牙利加入欧盟条约的法案生效后开始的诉讼程序。

❷❸　根据2018年第67号法案第28条予以设立。

a）违反公共政策或公认道德准则；❶

b）具有欺骗消费者的性质，尤其是有关商品或服务的性质、质量、地理来源或其他特征；❷

c）出于恶意提出注册申请。

（2）下列标志不能获得商标保护❸：

a）由《保护工业产权巴黎公约》（以下简称《巴黎公约》）第 6 条之三第（1）款所列的任何标志所构成或包含上述标志，除非❹：

aa）该标志（如果不是国旗）已根据第 6 条之三第（3）款进行通知；且

ab）该标志的注册（由表明控制和保证的官方标志或特征构成或包含上述标志或特征）是针对该标志官方确认的相同或类似商品提出申请；

b）由不属于 a）项所涉及的因公共利益而使用的徽章、徽记或纹章构成，或者包含上述徽章、徽记或纹章；

c）包含（某种程度上决定了标志的总体印象）强烈表达宗教或其他信仰的标志。❺

（3）经主管机关同意可对第（2）款 a）项和 b）项规定的标志所组成的或包含上述标志的标志予以商标保护。❻

（4）下列标志不能获得商标保护❼：

a）依据本法第 7 部分或第 8 部分保护的地理标志申请日之后提交的商标申请，应保护与该地理标志指定的产品属于同一类型产品，且使用该地理标志将违反第 109 条第（2）款；❽

b）根据欧盟有关保护原产地标志和地理标志的法律被排除在保护范围之外；或

c）根据欧盟或匈牙利作为缔约方加入的关于保护原产地标志和地理标志

---

❶ 根据 2001 年第 48 号法案第 67 条第（1）款 j）项予以设立。

❷ 根据 2018 年第 67 号法案第 29 条第（1）款予以设立。

❸ 根据 2009 年第 27 号法案第 22 条予以设立。本条开头部分根据 2018 年第 67 号法律第 84 条第 1 款予以设立。

❹ 根据 2013 年第 16 号法案第 20 条第（1）款予以设立。

❺ 根据 2018 年第 67 号法案第 29 条第（2）款予以设立。

❻ 根据 2013 年第 16 号法案第 20 条第（2）款予以设立。根据 2018 年第 67 号法案第 84 条第（2）款予以修订。

❼ 根据 2018 年第 67 号法案第 29 条第（3）款予以设立。

❽ 根据 2021 年第 36 号法案第 6 条 a）项予以修订。

的国际协定被排除在保护范围之外。❶

（5）标志根据欧盟立法或欧盟加入的同等国际协定中关于葡萄酒传统术语保护的规定而被排除在保护范围之外的，不能获得商标保护。❷

（6）标志根据欧盟立法或欧盟加入的同等国际协定中有关规制保障传统特产注册的规定而被排除在保护范围之外的，不能获得商标保护。❸

（7）在相同或紧密相关的物种的植物品种中，包含或复制在先植物品种名称的基本元素，且该植物品种名称已根据下列法规登记在植物品种注册簿上的，不能获得商标保护❹：

a）欧盟有关保护植物品种的立法；

b）专利法；或

c）欧盟或匈牙利作为缔约方加入的关于保护植物品种的国际协定。

驳回的相对事由

第4条

（1）下列标志不能获得商标保护：

a）针对相同的商品或服务，如果拥有在后优先权日的标志与在先商标相同；

b）如果因该标志与在先商标相同或近似，且与商标所涵盖的商品或服务相同或类似，致使消费者可能产生混淆；包括消费者可能通过联想将该标志与在先商标联系而造成混淆可能性的情况；❺

c）如果该商标的优先权日晚于在匈牙利或欧盟（如为欧盟商标）享有盛誉的在先、相同或类似的商标的优先权日，不论所申请的商品或服务是否与在先商标注册的商品或服务相同或类似，只要无正当理由使用该商标将损害或不公平地利用该有声誉的商标的显著性特征或声誉❻。

（2）在本条中，在先商标指❼：

a）所有下列商标：

aa）根据本法注册的商标，包括根据在匈牙利生效的国际协定注册的

---

❶　根据 2021 年第 36 号法案第 6 条 b）项予以修订。

❷❸❹　根据 2018 年第 67 号法案第 29 条第（4）款予以修订。

❺❻　根据 2018 年第 67 号法案第 30 条第（1）款予以设立。

❼　根据 2018 年第 67 号法案第 30 条第（2）款予以设立。

商标；

ab）根据欧洲议会和欧盟理事会第 2017/1001/EU 号条例（以下简称"欧盟商标条例"）注册的欧盟商标，其申请日或主张优先权日（如适用）早于该商标的注册申请；

b）就第（1）款 a）项和 b）项而言，在商标申请注册之日或针对商标注册申请主张的优先权日（如适用）根据《巴黎公约》第 6 条之二的规定在匈牙利被视为是驰名商标的标志，不论其是否注册；

c）根据欧盟商标条例对 a）项 aa）目所述商标有效主张优先权的欧盟商标，即使在后商标的保护已放弃或已失效；

d）a）项和 c）项所指的商标注册申请，以其注册为准，

但应认识到，本法提述在先商标或在后商标的，其时间顺序应相应地适用本款规定。

（3）某项标志与一在先商标发生冲突，而该在先商标并未根据第 18 条的规定被其持有人使用，或者对该在先商标的保护在提交商标申请之日已不存在的，不应将该标志排除在商标保护范围之外。❶

（4）已废除。❷

第 5 条❸

（1）下列标志不获得商标保护：

a）会侵犯与他人人格有关的权利，特别是姓名权或个人肖像权；

b）会与他人的著作权或有关权利或工业产权相冲突。

（2）下列标志不能获得商标保护：

a）由在先使用人基于在贸易过程中在先真实使用但未在匈牙利注册的标志而依据其他法律可禁止使用的标志；

b）基于保护产地名称、原产地名称和地理标志的欧盟立法或国内法律有权行使源自地理标志的权利的人可能禁止使用的标志，但前提是产地名称、原产地名称或地理标志的注册申请已经在其注册申请日之前提交，且以产地名称、原产地名称或地理标志的后续注册为准。

---

❶ 根据 2018 年第 67 号法案第 30 条第（3）款予以设立。

❷ 根据 2003 年第 102 号法案第 6 条第（3）款予以设立。根据 2018 年第 67 号法案第 94 条第 1 点予以废除。

❸ 根据 2018 年第 67 号法案第 31 条予以设立。

（3）在判断申请注册权利、使用、产地名称或原产地名称或地理标志就第（1）款和第（2）款的目的是否被视为在先提交时，应当考虑商标申请的优先权。

第 6 条❶

商标持有人的代表或代理人未经授权以自身名义申请注册标志的，不得授予商标保护，但该代表或代理人有正当理由的除外。

同意声明

第 7 条

（1）在先冲突权利的持有人同意注册标志的，不得根据第 4 条、第 5 条 a）项或第 5 条第（2）款 a）项的规定将标志排除在商标保护范围之外，或者根据该等规定所列驳回事由宣布商标无效。❷

（2）在具备完全证明价值的公共契据或私人契据上作出的同意声明，均属有效。

（3）同意声明不可撤回，亦不能由法院判决代替。❸

获得商标保护的条件

第 8 条

（1）下列标志应获得商标保护：

a）满足第 1 条的要求，且根据第 2 条至第 7 条未被排除在商标保护范围之外；且

b）相关申请符合本法规定的要求。

---

❶ 根据 2003 年第 102 号法案第 8 条予以设立。根据 2018 年第 67 号法案第 84 条第 1 款和第 3 款予以修订。

❷ 根据 2018 年第 67 号法案第 32 条第（1）款予以设立。

❸ 根据 2011 年第 173 号法律第 28 条予以废除。根据 2018 年第 67 号法案第 32 条第（2）款予以设立。

第2章　商标保护赋予的权利和义务

商标保护权

第9条

（1）商标受法律保护的权利（以下简称"商标保护"）应属于按照本法规定的程序进行商标注册的人。

（2）任何自然人或法人，不论是否从事商业活动，均可获得商标保护。❶

（3）两人或多人共同申请标志注册的，应共同获得商标保护。两人或多人享有该权利的，视为其以相等比例享有该权利。

商标保护的开始

第10条

商标保护应从注册开始，并追溯至申请日起生效。

商标保护的期限

第11条

（1）商标保护的期限为自申请提出之日起10年。

（2）商标保护应以10年为期续展。续展时，新的保护期应自上一保护期届满之日的次日起算。

商标保护赋予的权利❷

第12条❸

（1）商标保护应授予其持有人以商标专用权。

（2）在不损害他人在商标申请日或优先权日之前获得的权利的情况下，

---

❶　根据2018年第67号法案第33条予以设立。

❷　根据2003年第102号法案第107条第（3）款，对于在颁布匈牙利加入欧盟条约的法案生效之前已开始使用的商标，在商标保护方面，应适用此前生效的规定，直至商标使用在颁布匈牙利加入欧盟条约的法案生效时的现有范围。

❸　根据2018年第67号法案第34条予以设立。

基于商标专用权，商标持有人有权禁止在交易过程中，针对商品或服务未经授权使用下列标志：

a）与针对商品或服务的商标相同的任何标志，且该等商品或服务与注册商标的商品或服务相同；

b）由于其与商标相同或近似且与商品或服务相同或类似而存在公众混淆可能性的任何标志，混淆的可能性包括标志和商标之间关联的可能性；或

c）与商标相同或近似的任何标志，不论标志是否用于与该商标所注册的商品或服务相同或近似的商品或服务，只要该商标在本国享有商誉，且在没有正当理由的情况下使用该标志将损害或不公平地利用该商标的显著性或商誉。

（3）特别是，根据第（2）款可禁止下列行为：

a）将标志贴在商品或其包装上；

b）在产品上使用该标志，并将产品投放市场或要约出售，或为以上目的储存商品；

c）使用该标志进行提供或要约提供服务；

d）进口或出口使用该标志的产品；

e）在商业文件和广告中使用该标志；

f）将该标志用作商业名称、公司名称以及商业名称或公司名称的一部分；

g）以违反禁止不公平市场行为和限制竞争法的方式在比较性广告中使用该标志。

（4）在不损害他人在注册商标的申请日或优先权日之前获得的权利的情况下，持有人亦有权禁止第三方在贸易过程中将产品带入国家，无须将其投入自由流通，只要该等商品（包括其包装）来自第三国且未经授权含有与该商品所注册商标相同的商标，或者在本质上无法与另一商标相区分。

（5）在旨在确定注册商标是否被侵权且根据欧洲议会和欧盟理事会2013年6月12日关于知识产权海关执法和废除第1383/2003/EC号条例的第608/2013/EU号条例提起的诉讼中，由商品报关员或持有人提供证据证明商标持有人无权禁止商品在目的国市场销售的，商标持有人根据第（4）款享有的权利应失效。

（6）如果存在下列风险，即可能针对商品或服务使用包装、标记、标签、证明安全性或真实性的特征或器件，或任何其他贴有商标的工具，且该使用

可能构成对商标持有人在第（2）款和第（3）款项下权利的侵犯，则商标持有人有权在贸易过程中禁止下列行为：

（a）在包装、标记、标签、证明安全性或真实性的特征或器件，或其他任何贴附商标的工具上，贴附与其商标相同或近似的标志；

（b）要约出售或投放市场，或为此目的储存，或进口或出口上述包装、标记、标签、证明安全性或真实性的特征或器件，或其他任何贴附商标的工具。

（7）第 23 条第（1）款所指的被许可人违反其许可合同中有关下列方面的任何规定的，商标持有人可针对该被许可人援引该商标赋予的权利：

a）许可期间；

b）可以根据许可使用的注册商标所涵盖的形式；

c）被授予许可的商品或服务的范围；

d）可以使用该商标的区域；或

e）被许可人生产的产品或提供的服务的质量。

在参考文件中再现商标

第 13 条❶

在印刷或电子形式的字典、百科全书或其他参考书中的商标图示给人的印象是该商标构成商标注册的商品或服务的通用名称的，出版社应在商标持有人的要求下，及时注明该商标为注册商标，如属印刷作品，则最迟在下一版中注明。

反对在未经持有人授权的情况下使用以代表人或代理人名义注册的商标❷

第 14 条❸

（1）未经商标持有人授权而以代表人或代理人的名义提出商标申请或注册商标的，持有人有权反对代理人或代表人使用商标，且作为替代或增补，其有权要求以其为受益人转让商标保护请求权或商标保护权。

---

❶ 根据 2018 年第 67 号法案第 35 条予以设立。

❷ 根据 2018 年第 67 号法案第 36 条第（1）款予以设立。

❸ 根据 2018 年第 67 号法案第 36 条第（2）款予以设立。

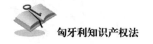
（2）代表人或代理人有正当理由的，第（1）款不适用。

商标保护的限制

第 15 条❶

（1）商标保护并不使持有人有权禁止他人在贸易过程中根据工业或商业事项中的诚实做法使用下列内容：

a）其自己的名字或地址；

b）并非一开始就具有显著性或涉及商品或服务的种类、质量、数量、预期用途、价值、地理来源、商品生产或提供服务的时间或商品或服务的其他特征的标志或显示；

c）为识别或指示商品或服务为该商标持有人的商品或服务而使用的商标，包括为指示商品或服务的预期用途而必须使用该商标的情况，特别是作为配件或备用零件的情况。

（2）根据第（1）款 a）项，只有自然人才能针对商标持有人援引其自己的姓名或地址。

商标保护赋予权利的用尽❷

第 16 条

（1）商标保护并不使商标持有人有权禁止对其本人或经其明确同意已在欧洲经济区市场上销售的商品上使用该商标。❸

（2）持有人有合法理由反对货物进一步商业化的，特别是在货物首次投放市场后商品的一致性或状况发生变化或受损的，第（1）款的规定不适用。❹

默　许

第 17 条

（1）第 4 条第（2）款所述的在先商标持有人在连续 5 年期间默许在国内

---

❶　根据 2018 年第 67 号法案第 37 条予以设立。

❷　根据 2003 年第 102 号法案第 107 条第（3）款，对于在颁布匈牙利加入欧盟条约的法案生效之前已开始使用的商标，在商标保护方面，应适用此前生效的规定。

❸　根据 2004 年第 69 号法案第 8 条第（1）款予以设立。

❹　根据 2018 年第 67 号法案第 38 条予以设立。

使用在后商标，而又知道在后商标使用的情况下，无权反对在后商标的使用［第 27B 条第（1）款］，或基于其在先商标而申请宣告在后商标无效［第 33 条第（2）款 b）项］。●

（2）第（1）款可适用于与在后商标实际使用有关的商品或服务。

（3）在后商标的注册是出于恶意而申请的，第（1）款不适用。

（4）在后商标的持有人无权反对在先商标的使用，即使根据第（1）款不得再对在后商标援引该权利。❷

（5）第（1）款至第（4）款的规定应相应地适用于第 5 条第（1）款 a）项至 b）项和第 5 条第（2）款 a）项提及的在先权利。❸

未使用商标

第 18 条❹

（1）持有人自注册之日起 5 年内未针对注册的商品或服务将商标投入真实使用的，或者连续 5 年内暂停上述使用的，商标保护应产生本法规定的法律后果［第 4 条第（3）款、第 27A 条、第 30 条第（1）款 d）项、第 33 条第（2）款 a）项、第 34 条、第 61E 条和第 73 条第（2）款］，但商标持有人有正当理由不使用商标的除外。

（2）就第（1）款而言，针对通过特殊加速程序进行注册的商标［第 64A 条第（7）款］而言，注册日期应视为下列日期：

a）第 61B 条第（1）款规定的期限届满后次日；或

b）在提出反对意见的情况下，对反对意见作出最终有约束力的决定之日。

（3）就第（1）款而言，已注册且在匈牙利有效的国际商标，其注册日期应被视为第 76P 条第（5）款、第（5c）款、第（5d）款或第（5e）款规定的注册日期（视情况而定）。

（4）就第（1）款而言，下列行为应构成商标国内实际使用：

a）使用的商标与注册商标的部分元素不同，但该元素不影响其显著性的，不论所使用的商标形式是否也以持有人的名义注册；或

b）仅为出口目的，在匈牙利境内的产品或其包装上贴附商标。

---

❶　根据 2018 年第 67 号法案第 39 条第（1）款予以设立。
❷❸　根据 2018 年第 67 号法案第 39 条第（2）款予以设立。
❹　根据 2018 年第 67 号法案第 40 条予以设立。

（5）就本条而言，经持有人授权使用商标的，应视为持有人的使用。

（6）就欧盟商标而言，根据本条使用是指符合欧盟商标条例第18条规定的使用。

第3章　商标及其保护作为可转让财产

法定继承

第19条

（1）与商标有关的权利以及源于商标申请或商标保护的权利，应当构成可转让财产权。❶

（2）法人的合法继承人亦应当获得该商标，但当事人另有约定或者另有明确意思表示的除外。❷

（3）商标保护可以通过合同转让。也可以针对注册商标的部分商品或者服务转让商标保护。

（4）商标转让可能导致消费者产生误解的，商标保护转让合同无效。

（5）已废除。❸

产权负担和扣押❹

第20条❺

与商标有关且源于商标申请或商标保护的权利，可以设定产权负担或者予以扣押。对于抵押而言，应当以书面形式订立担保合同，并将抵押权登记于商标登记簿。

共同商标申请和共同商标保护

第21条

（1）同一商标有两个或多个持有人的，每一共同持有人均可对自身份额

---

❶　根据2018年第67号法案第41条予以设立。
❷　根据2018年第67号法案第94条第2点予以修订。
❸　根据2018年第67号法案第94条第3点予以废除。
❹　根据2018年第67号法案第42条第（1）款予以设立。
❺　根据2018年第67号法案第42条第（2）款予以设立。

行使商标保护赋予的权利。共同商标持有人就彼此份额享有针对第三方的优先购买权。

（2）商标可以由任何一位共有持有人单独使用；但是，其有义务按其份额比例向其他共同持有人支付适当报酬。就第18条而言，商标的上述使用应被视为所有商标持有人的使用。

（3）第三方获授予商标使用许可，必须经所有持有人同意。根据民法典的一般规定，同意可以由法院判决代替。

（4）如有疑义，所有共同商标持有人的份额应视为相等。放弃其商标保护的任何共同持有人的份额，应由其他共同商标持有人按照其自身份额分享。

（5）任何一名共同商标持有人均有权单独采取行事以续展、履行和保护商标权利。其程序上的行为，除和解、承认诉讼请求和放弃权利外，对所有其他未遵守期限、截止日期或未采取行动的商标持有人亦具有效力，但前提是该其他共同商标持有人事后未对其不作为进行补救。

（6）共同商标持有人程序上的行为发生冲突的，应在考虑程序所有其他相关事实的基础上对该等行为进行评估。

（7）与共同商标保护有关的费用，由共同商标持有人按其份额比例承担。共同持有人被要求支付费用后，仍未支付其费用份额的，支付费用的共同持有人有权主张未履行义务的共同持有人向其转让拥有的份额。

（8）有关共同商标保护的规定应相应地适用于共有商标申请。

第22条❶

已废除。

第4章　商标许可合同

商标许可合同

第23条

（1）根据商标许可合同，商标保护的持有人应许可商标使用权，且被许

---

❶　第22条根据2011年第173号法案第28条予以废除。第22条及其上面的小标题根据2018年第67号法案第94条第4款予以废除。

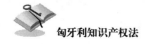

可人应支付许可费。

（2）当事人可自行决定许可合同的内容。但是，许可合同的履行可能导致消费者误解的，许可合同无效。

当事人的权利和义务

第 24 条

（1）在许可合同期间，商标持有人有责任保证，第三人对商标享有的权利不会妨碍或者限制使用权的行使。民法典关于法律瑕疵担保的规定应相应地适用于该责任，但被许可人有权（除撤销）单方面终止合同且立即生效的除外。❶

（2）商标持有人应将有关商标的一切权利和重要情况告知被许可人，但仅在明确约定的情况下，才有义务转让商标在经济、技术和组织方面的专有知识。

（3）商标持有人有权控制被许可人印有商标的商品质量或者在商标下提供的服务质量。

（4）许可合同应涵盖注册商标的所有商品和服务，包括商标的各种使用方式和使用范围，不受时间和地域限制。

（5）只有在合同中明确规定的情况下，许可合同才授予排他性使用权。在独占许可中，除获得使用权的被许可人外，商标持有人亦可使用该商标，但合同明确排除的除外。被许可人在特定情况下没有在合理时间内开始使用商标的，商标持有人可以终止许可的排他性，但应按比例减少许可费。

（6）被许可人只有经持有人明确同意方可转让许可或向第三方授予分许可。

许可合同的终止

第 25 条

合同期限届满，发生合同指明情况，或商标保护终止的，许可合同应终止。

---

❶ 根据 2013 年第 252 号法案第 98 条予以设立。

许可合同相关规定的效力

第 26 条

（1）经双方同意，当事人可以减损许可合同相关规定，但法律禁止减损的除外。

（2）已废除。❶

第 5 章　侵　　权❷

商标侵权

第 27 条❸

（1）非法使用商标违反第 12 条规定的，构成商标侵权。

（2）商标持有人可以根据案件情况采取下列民事救济：

a）要求法院宣告侵权事实；

b）要求侵权人停止侵权或产生直接威胁的任何行为，并禁止其进一步侵权；

c）要求侵权人提供有关生产、销售侵权商品或提供侵权服务之人的身份信息，以及为分销商品而建立的业务联系信息；

d）通过声明或其他适当的方式向侵权人要求赔偿，必要时还可以要求侵权人公开声明，或由侵权人承担公开声明的费用；

e）要求返还因商标侵权而获得的收益；

f）要求扣押、向特定人转让、召回、从商业渠道中彻底清除或销毁侵权产品和包装，以及专门或主要用于侵权的工具和材料。

（3）商标被侵权的，商标持有人亦有权根据民事责任规则主张损害赔偿。

（4）商标持有人亦有权针对使用其服务实施侵权活动的任何人提交第（2）款 b）项所述的要求。

---

❶ 根据 2011 年第 173 号法案第 28 条予以废除。

❷ 根据 2003 年第 102 号法案第 107 条第（3）款，对于在颁布匈牙利加入欧盟条约的法案生效之前已开始使用的商标，在商标保护方面，应适用此前生效的规定，直至商标使用在颁布匈牙利加入欧盟条约的法案生效时的现有范围。

❸ 根据 2005 年第 165 号法案第 12 条予以设立。根据该法案第 33 条第（1）款，可适用于 2006 年 4 月 15 日之后开始的诉讼程序。

（5）商标持有人亦有权针对下列任何人员提出第（2）款c）项所述的要求：

a）被发现以商业规模拥有侵权商品；

b）被发现以商业规模使用侵权服务；

c）被发现以商业规模提供用于侵权活动的服务；

d）由a）项至c）项所述人员表明涉及生产或分销侵权产品或提供侵权服务。

（6）就第（5）款a）项至c）项而言，从侵权商品或服务的性质和数量可以明显看出，实施该等行为是为了获得直接或间接的商业或其他经济利益的，应视为以商业规模实施。除非有相反证据证明，否则消费者善意实施的行为不应被视为以商业规模实施的行为。

（7）基于第（2）款c）项或第（5）款，可以责令侵权人或第（5）款所指人员特别提供下列信息：

a）侵权商品或服务的生产商、分销商或提供商以及侵权商品或服务的持有人以及预期或涉及的批发商和零售商的名称和地址；

b）侵权商品或服务的生产、交付、接收或订购的数量，以及所涉商品或服务的获取或支付的价格。

（8）应商标持有人请求，法院可命令将扣押、从商业渠道中召回或从商业渠道中彻底移除的工具、材料、商品和包装去除其侵权性质或（如不可能）予以销毁。在有正当理由的情况下，法院可以命令将扣押的工具和材料根据司法执行程序拍卖，而非销毁；在该情况下，法院应在判决中确定如何使用所得款项。

（9）用于侵权活动的工具和材料以及侵权商品和包装虽不属于侵权人所有，但所有人知道或按照通常预期的注意程度应当知道构成侵权的，亦应责令予以扣押。

（10）法院应命令采取第（2）款f）项和第（8）款所述的措施，并由侵权人承担费用，但根据案件情况减损具有合理理由的除外。法院在命令从商业渠道召回、从商业渠道彻底移除或销毁时，应考虑第三方的利益，并确保相关措施与侵权行为的严重性成比例。

（11）应商标持有人要求，法院可以命令公开其决定，费用由侵权人承担。法院应决定如何确保公开。公开尤其是指在全国性日报或互联网上公开。

未适用作为侵权程序的抗辩●

第 27A 条❷

（1）商标持有人只有在提起侵权诉讼时其权利无法根据第 34 条予以撤销的情况下，方可对标志的使用提出异议。

（2）被告提出要求的，商标持有人应针对下列事项提供证明：

a）在提起诉讼之日前 5 年内，其针对注册的商品或服务对商标进行第 18 条规定的真实使用；或

b）有正当理由不使用，前提是在提起诉讼之日，第 18 条第（1）款至第（3）款规定的 5 年期限已届满。

作为侵权诉讼抗辩的在后商标持有人的介入权❸

第 27B 条❹

（1）在后商标根据第 33 条第（2）款、第（2a）款，或第 73 条第（3）款不会被宣告无效的，商标持有人无权反对在后商标的使用。

（2）在后欧盟商标根据欧盟商标条例第 60 条第（1）款、第（3）款或第（4）款，第 61 条第（1）款或第（2）款或第 64 条第（2）款或第（3）款不会被宣告无效的，商标持有人无权反对在后欧盟商标的使用。

（3）商标持有人无权根据第（1）款或第（2）款反对在后商标使用的，该在后注册商标的持有人无权要求禁止在先商标的使用，即使无法再针对在后商标援引在先权利。

商标侵权根据海关法产生的后果

第 28 条❺

发生商标侵权的，商标持有人可以根据有关知识产权侵权商品海关行动的法律规定要求海关采取措施防止侵权商品投入市场。

---

❶ 根据 2018 年第 67 号法案第 43 条第（1）款予以修订。
❷ 根据 2018 年第 67 号法案第 43 条第（2）款予以修订。
❸ 根据 2018 年第 67 号法案第 44 条第（1）款予以修订。
❹ 根据 2018 年第 67 号法案第 44 条第（2）款予以修订。
❺ 根据 2003 年第 102 号法案第 50 条和 2018 年第 67 号法案第 84 条第 4 款予以修订。

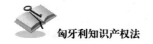

商标侵权中申请人和被许可人的权利

第 29 条

（1）申请人亦可以提起商标侵权诉讼，但是在针对商标注册作出最终具有约束力的决定前，该程序应中止。

（2）被许可人只有在商标持有人同意或许可合同授权的情况下，方可以自身名义提起商标侵权诉讼。但是，商标持有人在正式通知后未在 30 日内自行提起侵权诉讼的，独占许可的持有人可以以自身名义对侵权人提起此类诉讼，而无须获得持有人的同意。❶

（3）为了针对其所遭受的损害获得赔偿，被许可人有权作为共同诉讼人加入商标持有人提起的侵权诉讼。民事诉讼法（2016 年第 130 号法律）第 52 条第（2）款 a）项应相应地适用于作为共同诉讼人参与诉讼的期限，且民事诉讼法第 38 条第（3）款和第 39 条应相应地适用于共同诉讼人之间的关系。❷

第 6 章　商标保护的终止❸
终止的方式

第 30 条❹

（1）商标保护在下列情况下应终止：

a）保护期届满未续展的（第 11 条和第 31 条），于届满之日的次日终止；

b）商标持有人放弃保护的（第 32 条），于收到放弃通知后的次日或放弃保护之人指定的在先日期终止；

c）商标被宣告无效的（第 33 条），追溯至申请之日终止；❺

d）商标持有人未将商标投入实际使用的（第 18 条和第 34 条），追溯至

---

❶　根据 2018 年第 67 号法案第 45 条第（1）款予以设立。

❷　根据 2018 年第 67 号法案第 45 条第（2）款予以修订。

❸　根据 2003 年第 102 号法案第 107 条第（2）款，在颁布匈牙利加入欧盟条约的法案生效之前登记的商标的注销及保护终止的条件，应适用登记日有效的规则，但存在以下例外情况：根据 2003 年第 102 号法案第 107 条第（5）款，若在该法生效之前登记的商标在生效之后续展，则应适用 2003 年第 102 号法案。在此类续展商标注销的情况下，商标保护应追溯至前一保护期届满之日终止，除非根据登记日有效的规则，否则注销条件仍然成立。

❹　根据 2010 年第 148 号法案第 110 条予以设立。

❺　根据 2018 年第 67 号法案第 46 条第（1）款予以设立。

撤销申请提交之日；❶

e）商标已丧失其显著性或具有误导性的（第35条），追溯至撤销请求的提交之日。❷

f）已废除。❸

（2）在第（1）款d）项和e）项所述情况下，应任何一方请求，亦可撤销商标保护，追溯至提出撤销请求的原因发生的较早日期，条件是在规定的较早日期和提出撤销请求之时，撤销的条件已经存在。❹

（3）就第（2）款而言，在提出相反证明之前，请求方在后且相冲突的商标申请的优先权日，应当被视为撤销理由发生的日期，前提是请求方已提出该商标申请。❺

因保护期间届满而部分终止

第31条

商标保护仅对已注册商标的部分商品或者服务进行续展的，商标保护对续展未涵盖的部分因保护期间届满而终止。

商标保护的放弃

第32条❻

（1）在商标注册簿中登记的商标持有人可以向匈牙利知识产权局提交书面声明放弃商标保护。

（2）放弃影响第三方根据法律、相关当局的实质性决定、许可合同或商标注册簿上登记的任何其他合同所产生的权利，或法院诉讼已登记在商标注册簿上的，放弃须经相关当事人同意后方可生效。

（3）亦可仅针对注册商标的部分商品或服务，放弃商标保护。

（4）商标保护的放弃不可撤回。

---

❶❷　根据2018年第67号法案第46条第（1）款予以设立。

❸　根据2018年第67号法案第94条第5点予以废除。

❹　根据2013年第16号法案第21条予以设立。

❺　根据2018年第67号法案第46条第（2）款予以设立。

❻　根据2010年第148号法案第131条第（2）款予以修订。

商标无效宣告

第 33 条

（1）商标在下列情况下应被宣告无效：

a）商标保护的客体不符合第 8 条 a）项规定要求的；❶

b）商标保护的客体与在经确认的申请日期提交的申请的内容或（就分案申请而言）分案申请的内容不同，或者商品或服务清单超出申请或分案申请的内容的；或

c）国际商标申请是由根据《商标国际注册马德里协定》（以下简称《马德里协定》）或《商标国际注册马德里协定有关议定书》（以下简称《马德里议定书》）无权提起商标申请的人提出的［第 76I 条第（1）款 a）项］。❷

（2）商标在下列情况下不得被宣告无效：

a）与在先商标冲突［第 4 条第（2）款］，在提出无效宣告的申请之日，该商标的使用不符合第 18 条规定的要求，或者在提出无效宣告的申请之日其保护已不存在；或❸

b）与在先商标、未注册标志或任何其他权利冲突，而该权利所有人知道在后商标的注册且已连续 5 年默许使用该商标，但在后商标持有人恶意行事的除外。

（2a）基于在先商标的无效宣告请求，因下列原因之一于在后商标的申请日或优先权日无法成立的，不能成立❹：

a）根据第 2 条第（2）款 a）项至 c）项可能被宣告无效的在先商标尚未获得第 2 条第（3）款所述的显著性特征；

b）无效宣告请求是基于第 4 条第（1）款 b）项，且在先商标尚未获得足够显著性，不足以支持第 4 条第（1）款 b）所指的混淆可能性的认定；

---

❶ 根据 2003 年第 102 号法案第 50 条予以修订。根据该法案第 107 条第（1）款，可适用于在颁布匈牙利加入欧盟条约的法案生效之日起开始的诉讼程序。

❷ 根据 2003 年第 102 号法案第 15 条第（1）款予以修订。根据 2021 年第 36 号法案第 6 条 c）项予以修订。

❸ 根据 2018 年第 67 号法案第 47 条第（1）款予以设立。

❹ 根据 2018 年第 67 号法案第 47 条第（2）款予以设立。

c) 宣告请求基于第4条第（1）款 c）项，且在先商标尚未获得第4条第（1）款 c）项所指的声誉。

（2b）根据第2条第（2）款 a）项至 c）项，在宣告无效的申请日期之前，该商标在使用之后取得显著性特征的，不得宣告该商标无效。❶

（3）仅对注册商标的部分商品或服务存在无效理由的，商标保护应受到相应限制。

（4）无效宣告请求被最终且具有约束力的裁决驳回的，不得就同一商标基于相同事实提起新的无效宣告程序。

因不使用而撤销

第34条

（1）对于注册商标的全部或部分商品或服务，应以不使用为由撤销商标保护，这取决于不使用是涉及全部还是仅涉及部分注册商标的商品或服务。

（2）在第18条第（1）款至第（3）款规定的期间后，但在因未使用而提出撤销商标请求前，已开始或继续真实使用该商标的，不得以未使用为由宣布撤销商标保护。商标持有人仅在其获悉他人可能因其不使用而提出撤销请求后在提交请求前3个月内开始或继续真实使用商标的（可能最早于持续5年不使用期间届满后开始），不适用本规定。❷

（3）以不使用为由提出的撤销请求经最终且有约束力的裁决驳回的，不得针对同一商标基于相同事实提出因不使用而撤销的程序。

因丧失显著性或具备误导性而撤销

第35条

（1）在下列情况下，商标保护应予撤销❸：

a）由于持有人的作为或不作为，该标志已成为其注册商品或服务的通用名称；或

---

❶ 根据2018年第67号法案第47条第（2）款予以设立。
❷ 根据2018年第67号法案第48条予以设立。
❸ 根据2018年第67号法案第49条予以设立。

b）由于商标持有人使用商标或在经持有人授权使用商标，商标已变得具有误导性，特别是针对该等商品或服务的性质、质量或地理来源。

（2）针对注册商标的全部或部分商品或服务，商标丧失显著性或变得具有误导性的，应撤销商标保护，这取决于撤销理由是存在于全部还是部分注册商标的商品或服务。

（3）因丧失显著性或变得具有误导性而提出撤销的请求，经最终且有约束力的裁决驳回的，不得就同一商标以相同事实重新提起撤销程序。

第 35A 条❶

已废除。

要求返还许可费

第 36 条

商标保护因追溯效力而终止的，商标持有人所收取的许可费中，只能要求返还因商标使用所得经济利益未涵盖的部分。

第 6A 章　民法典规定的适用❷

第 36A 条❸

（1）民法典的规定应适用于本法中未规定的下列事项：

a）与商标有关或源自商标保护的权利转让或占有，以及商标保护和共有商标保护的共同权利；

b）商标许可合同；和

c）与商标有关的其他人身和财产关系。

（2）已废除。❹

---

❶　第 35A 条及其上面的小标题根据 2018 年第 67 号法案第 94 条第 6 点予以废除。

❷❸　根据 2011 年第 173 号法案第 21 条予以修订。

❹　根据 2018 年第 67 号法案第 94 条第 7 点予以废除。

第 2 部分　匈牙利知识产权局处理商标事项的程序❶

第 7 章　商标程序的一般规定

匈牙利知识产权局的实质权限❷

第 37 条

（1）匈牙利知识产权局在下列商标事务上具有实质权限❸：

a）商标注册；

b）商标保护的续展；

c）商标保护的撤销；

d）商标的无效宣告；

e）商标保护的分案；

f）备存商标申请和商标记录；

g）提供官方信息。

（2）对于因适用欧盟商标制度（第 10A 章）和商标国际注册（第 10B 章 至第 10C 章）相关规定而产生的事项，匈牙利知识产权局亦具有权限。❹

一般行政程序和电子行政规则的适用❺

第 38 条❻

（1）根据本法规定的减损和其他规定，匈牙利知识产权局应根据 2016 年 行政程序法典（以下简称"行政程序法"），与电子管理和信托服务通用规则

---

❶ 根据 2010 年第 148 号法案第 131 条第（3）款予以修订。

❷ 根据 2010 年第 148 号法案第 131 条第（1）款予以修订。

❸ 根据 2003 年第 102 号法案第 17 条对编号予以修订。本条开头部分根据 2010 年第 148 号法案 第 131 条第（1）款予以修订。

❹ 根据 2003 年第 102 号法案第 17 条予以设立。根据 2010 年第 148 号法案第 131 条第（1）款、 2016 年第 93 号法案第 170 条 c）项和 2018 年第 67 号法案第 84 条第（5）款予以修订。

❺ 根据 2016 年第 121 号法案第 23 条第（7）款 a）项予以修订。

❻ 根据 2005 年第 68 号法案第 219 条予以设立。根据该法案第 332 条第（1）款，可适用于 2005 年 11 月 1 日之后启动的案件和重复起诉。

法的规定，在其实质权限内从事商标事务。❶

（2）除非法律另有规定，否则匈牙利知识产权局应根据申请在其权限范围内处理商标事务。❷

（2a）与匈牙利知识产权局就其实质职权范围内的商标事项进行的沟通，除要求提供信息和批准此类要求、获取文件和口头听证外，应仅以书面形式并通过需要电子识别的电子手段进行；但不应要求提供信息，且不应通过短消息形式提供此类请求。❸

（2b）在本法没有相反规定的情况下，在匈牙利知识产权局权限范围内的商标事项中，请求应包含❹：

a）自然人请求方的姓名和地址，有代表人的情况下，代表人的姓名和地址，此外，以电子方式进行通信的，自然人出生的地点和日期及其母姓；

b）非自然人请求方的名称和地址，有代表人的情况下，代表人的名称和地址，此外，以电子方式进行通信的，其税号；以非电子方式进行通信的，请求方或其代表人的签名。

（3）行政程序法的第3条、第5条第（1）款、第13条第（2）款、第21条、第26条、第37条第（2）款、第46条第（2）款、第48条第（1）款至第（4）款、第62条第（1）款、第74条第（1）款、第75条、第76条、第87条、第94条第（2）款、第97条、第127条第（2）款和第130条，不适用于商标事务。❺

（4）商标事务不适用简易程序，也不能在政府办公室＊提交申请。❻

（5）已废除。❼

＊　此处匈牙利语版本中的"政府办公室"在英语版本中被称为"匈牙利政府综合客户服务办公室"。——译者注
❶　根据2009年第56号法案第161条、2010年第148号法案第131条第（1）款、2016年第121号法案第23条第（7）款b）项和2017年第50号法案第118条a）项予以修订。
❷　根据2010年第148号法案第131条第（1）款予以修订。
❸　根据2016年第121号法案第23条第（1）款予以修订。
❹　根据2018年第67号法案第50条第（1）款予以修订。
❺　根据2018年第67号法案第50条第（2）款予以设立。
❻　根据2022年第55号法案第93条予以设立。
❼　根据2011年第173号法案第22条予以设立。根据2017年第50号法案第119条a）项予以废除。

<h1 style="text-align:center">匈牙利知识产权局的决定❶</h1>

第 39 条❷

（1）已废除。❸

（2）在无效宣告和撤销程序中，匈牙利知识产权局应举行听证，并由 3 名成员组成的小组作出决定。就商标注册程序中对商标注册提出的异议举行听证的，应由匈牙利知识产权局设立的 3 人小组举行听证并作出决定。小组应以多数票作出决定。❹

（3）除非要求进行复审，否则匈牙利知识产权局的决定应自送达之日起生效。❺

（4）匈牙利知识产权局的决定在下列情况下应以公告形式送达❻：

a）当事人的住所地或所在地（营业所、分支机构）不明的；或

b）邮件被寄回并注明当事人的下落或地址不明的。

（5）公告应于同日在官方公报和匈牙利知识产权局网站上公布。公告送达的决定自公告发布之日起 15 日视为送达。与公告送达有关的其他事项，适用行政程序法的规定，但邮寄应理解为发布公告。❼

（6）适用第 44 条第（1）款的规定的，所有决定均应送交代表人。

（7）行政程序法中有关公告决定的规定不适用于商标事务。❽

<h2 style="text-align:center">确定案件事实</h2>

第 40 条❾

（1）在待决商标诉讼过程中，匈牙利知识产权局应依职权审查案件事实，

---

❶❺❻　根据 2010 年第 148 号法案第 131 条第（1）款予以修订。

❷　根据 2005 年第 83 号法案第 220 条予以设立。根据该法案第 332 条第（1）款，可适用于 2005 年 11 月 1 日之后启动的案件和重复起诉。

❸　根据 2009 年第 56 号法案第 161 条予以废除。根据该法案第 428 条，可适用于 2009 年 10 月 1 日之后开始和重复的诉讼。

❹　根据 2010 年第 148 号法案第 111 条予以设立。根据 2018 年第 67 号法案第 94 条第 8 点予以修订。

❼　根据 2009 年第 56 号法案第 160 条、2010 年第 148 号法案第 131 条第（1）款、2017 年第 50 号法案第 118 条 b）项予以修订。

❽　根据 2009 年第 56 号法案第 159 条第（2）款和 2017 年第 50 号法案第 118 条 c）项予以修订。

❾　根据 2005 年第 83 号法案第 221 条予以设立。根据该法案第 332 条第（1）款，可适用于 2005 年 11 月 1 日之后启动的案件和重复起诉。

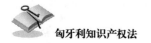

但第（2）款规定的情况除外；其审查不应仅限于各当事人的指控。❶

（2）在商标注册程序中，针对商标注册提出异议的，以及在无效宣告和撤销程序中，匈牙利知识产权局应在请求范围内根据各方的指控和陈述及其证实的数据审查事实。❷

（3）匈牙利知识产权局的决定应仅以有关各方有机会提出其意见的事实或证据为基础；但是，当事人未及时提交的事实或证据，可不予考虑。❸

（3a）在第（2）款所列的法律程序中，当事人使用电子通信方式的，应将其提交的意见书和附件一并提交给匈牙利知识产权局，否则，应为在法律程序中每一利益相对人提交一份副本，并附加一份额外副本；多方当事人指定一名共同代表人的，向该代表人提供一份副本。当事人以少于规定的份数提交陈述或附件，且未按照第（4）款纠正该不规范行为的，异议、宣告无效的请求或撤销请求应视为撤回，且申请人或商标持有人的声明应视为未提交。❹

（4）在商标事项中提交的请求或其附件的不合规之处可予以纠正的，应要求当事人纠正所提交的不合规之处或陈述意见，并同时警告其不规范行为的法律后果。纠正或提出意见后，该请求仍不符合相关要求，且本法未对其他法律后果作出规定的，对该请求予以驳回。当事人未在规定期限内答复要求的，且本法未对其他法律后果作出规定的，该请求将被视为撤回。❺

（5）已废除。❻

期　　限

第 41 条

（1）本法规定的期限不得延长。未能达到上述期限的法律后果，恕不另行通知。

（2）如果本法未规定弥补缺陷或提出声明的期限，则须为申请人设定至

---

❶❸　根据 2010 年第 148 号法案第 131 条第（1）款予以修订。

❷　根据 2009 年第 56 号法案第 160 条和 2010 年第 148 号法案第 131 条第（1）款予以修订。

❹　根据 2013 年第 16 号法案第 22 条予以设立。根据 2018 年第 67 号法案第 51 条第（1）款予以设立。

❺　根据 2018 年第 67 号法案第 51 条第（2）款予以设立。

❻　根据 2009 年第 56 号法案第 159 条第（3）款予以设立。根据 2017 年第 50 号法案第 119 条 b）项予以废除。

少1个月但不超过3个月的期限，并且可以至少延长1个月；但在截止日期之前提交申请，则不得超过3个月期限。一些特别有正当理由的案件，可以延长至多月或3个月以上，但最长期限不超过6个月。❶

（3）完成程序的行政期限和行政程序法规定的有关程序主管机关的其他措施的其他期限规定，不适用于商标事项。❷

（4）在商标事务中，以邮寄方式提交的文件的提交日期为该文件交付匈牙利知识产权局的日期。在期限届满之前通过挂号信发送文件的，在匈牙利知识产权局规定的时限之后交付的文件应视为已按时提交，但文件在期限届满后2个月内交付的除外。❸

恢复权利的请求

第 42 条

（1）在商标事务中，除第（5）款另有规定外，可以自未遵守的截止日期或错过期限的最后一日起15日内，提出恢复权利的请求。申请书必须说明未遵守的理由，以及证明未遵守并非由于当事人的过错而发生的情况。

（2）当事人后来知道不符合规定的，或者不符合规定的原因停止后，期限自当事人知道不符合规定或者不符合约定的原因停止之日起计算。恢复权利的请求应仅在自到期日或未满足期间最后一日的6个月内受理。

（3）未遵守期间规定的，应当在请求恢复权利的同时履行遗漏行为；或在可以接受的情况下，可以请求延期。

（4）匈牙利知识产权局准予恢复权利的，违规方实施的行为应被视为在未满足期间内完成；在未遵守的日期举行的听证，应根据需要再次进行。对原听证作出的决定，应当根据重新听证的结果，作出是否维持、全部或者部分撤销的决定。❹

（5）下列情形下不得要求恢复权利：

---

❶ 根据 2022 年第 55 号法案第 94 条予以设立。

❷ 根据 2005 年第 83 号法案第 222 条予以设立。根据 2017 年第 50 号法案第 118 条 d）项予以修订。

❸ 根据 2009 年第 56 号法案第 159 条第（4）款予以设立。根据 2010 年第 148 号法案第 131 条第（1）款和第（2）款予以修订。

❹ 根据 2005 年第 83 号法案第 338 条第 9 点和 2010 年第 148 号法案第 131 条第（1）款予以修订。

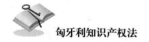

a）未按照第 53 条第（2）款规定的期限提出优先权声明的；

b）未能遵守为主张公约或展览优先权而规定的 6 个月期限的；

c）未能遵守第 61B 条第（1）款及第 76P 条第（3）款所规定的提交异议的期间的；❶

d）未能遵守第 64A 条第（1）款规定的提交加速程序申请的期限的。❷

程序的中止

第 43 条❸

（1）对商标申请或者商标保护的权利提起诉讼的，应当中止商标程序，直到法院作出最终且具有约束力的决定为止。对商标案件的决定需要事先考虑属于另一机构权限范围内的事项的，匈牙利知识产权局应中止商标程序。❹

（2）当事人死亡或者终止的，应当中止程序，直到法定继承人获得通知并证实。根据案件情况法定继承人未在合理时间内获得通知的，匈牙利知识产权局应中止程序或根据其所掌握的材料作出决定。❺

（3）匈牙利知识产权局在其职权范围内的其他密切相关的程序，不能对该案件作出有充分根据的决定的，而应根据当事人请求或依职权中止商标程序。❻

（3a）如果案件中多个当事人之利益冲突，则应根据当事人的共同请求中止商标诉讼。诉讼中止是根据匈牙利知识产权局的命令确定的。每一诉讼只能中止一次。当事人可要求诉讼继续进行。中止程序在 6 个月后应终止，该程序只能根据当事人请求才可以继续进行。❼

（4）除适用第（1）款或第（3）款规定外，不得根据当事人的要求中止商标注册程序。

（4a）除第 61D 条第（1）款规定的情况外，商标注册不得中止。❽

---

❶ 根据 2003 年第 102 号法案第 19 条予以设立。根据 2018 年第 67 号法案第 94 条第 9 点予以修订。

❷ 根据 2003 年第 102 号法案第 19 条予以设立。根据该法案第 107 条第（1）款，可适用于颁布匈牙利加入欧盟条约的法案生效之日起开始的诉讼程序。

❸ 根据 2005 年第 83 号法案第 223 条予以设立。根据该法案第 332 条第（1）款，可适用于 2005 年 11 月 1 日之后启动的案件和重复的诉讼。

❹❺❻ 根据 2010 年第 148 号法案第 131 条第（1）款予以修订。

❼ 根据 2022 年第 55 号法案第 95 条第（1）款予以修订。

❽ 根据 2022 年第 55 号法案第 95 条第（2）款予以修订。

（5）程序中止的，所有期间应中断，自中止终止时重新开始。❶

（6）匈牙利知识产权局可决定，中止程序不应影响正在进行的程序性行为及其执行行为的时限。❷

代　理

第 44 条

（1）除国际条约另有规定外，外国申请人有义务授权专利律师或律师代理，处理匈牙利知识产权局职权范围内的所有商标事务。❸

（2）授权应书面作出。对于专利律师、律师、专利律师事务所、专利律师合伙或律师事务所在国内或国外的授权的有效性，委托人的签字应足以证明。授权也可以是一般授权，代理人可在匈牙利知识产权局职权范围内以委托人为一方当事人的所有商标案件中进行代理。向律师事务所、专利律师事务所或专利律师合伙的授权，应被视为授权给证明在该事务所或合伙框架内工作的任何人。❹

（3）匈牙利知识产权局应为下列当事人从商标诉讼专利律师和律师中指定一名诉讼监护人❺：

（a）根据对方当事人的请求为下落不明的继承人或者下落不明的一方当事人；或

（b）根据对方当事人的请求为没有授权代表的外国当事人。❻

（4）第（1）款和第（3）款 b）项不适用于在欧洲经济区成员国境内有住所或所在地的外国自然人或法人。❼

（5）第（3）款 b）项和第（4）款不适用且外国人未遵守第（1）款规

---

❶　根据 2009 年第 56 号法案第 159 条第（5）款和 2010 年第 148 号法案第 112 条予以设立。

❷　根据 2009 年第 56 号法案第 159 条第（5）款予以设立。根据 2010 年第 148 号法案第 131 条第（1）款予以修订。

❸　根据 2003 年第 102 号法案第 21 条第（1）款予以设立。根据 2010 年第 148 号法案第 131 条第（1）款予以修订。

❹　根据 2005 年第 83 号法案第 224 条第（1）款予以设立。根据 2009 年第 56 号法案第 160 条和 2010 年第 148 号法案第 131 条第（1）款予以修订。

❺　根据 2010 年第 148 号法案第 131 条第（1）款予以修订。

❻　根据 2003 年第 102 号法案第 21 条第（2）款予以设立。根据该法案第 107 条第（1）款，可适用于颁布匈牙利加入欧盟条约的法案生效之日起开始的诉讼程序。

❼　根据 2004 年第 69 号法案第 8 条第（2）款予以设立。

定要求的，匈牙利知识产权局应在商标程序中适用第 59 条第（2）款至第（4）款的规定，但是如果该程序的对方当事人未遵守第（1）款规定要求，应根据现有信息对请求进行评估。❶

（6）请求指定诉讼监护人的一方，应当预付诉讼监护人的费用和报酬。❷

（7）就电子管理和信托服务通用规则法以及本法有关电子管理的规定而言，专利律师、专利律师事务所和专利律师公司应具有商标事务法定代理人的资格。❸

语言使用

第 45 条

（1）商标诉讼的语言应为匈牙利语，商标申请应以匈牙利语起草。

（2）在商标事务中，也可以提交外文文件；但是，匈牙利知识产权局可以要求将其翻译成匈牙利语。仅当翻译的准确性或外国文件中所包含事实的真实性有正当理由令人怀疑时，才需要提交经认证的翻译或合法文件。❹

查阅文件

第 46 条

（1）任何人均有权查阅商标申请文件，但未告知双方的决定草案和其他所有用于作出决定和专家意见的文件以及第（2）款规定的文件除外。❺

（1a）已废除。❻

（2）除行政程序法所涵盖的情况外，未在商标注册簿中显示且未在官方信息中传达的个人数据应排除在检查范围之外，除非有关人员明确批准对其

---

❶ 根据 2003 年第 102 号法案第 21 条第（3）款予以设立。根据 2010 年第 148 号法案第 131 条第（1）款予以修订。

❷ 根据 2005 年第 83 号法案第 224 条第（2）款予以修订。根据该法案第 332 条第（1）款，可适用于 2005 年 11 月 1 日之后启动的案件和重复起诉。

❸ 根据 2016 年第 121 号法案第 23 条第（2）款予以修订。

❹ 根据 2009 年第 56 号法案第 159 条第（6）款予以设立。根据 2010 年第 148 号法案第 131 条第（1）款予以修订。

❺ 根据 2013 年第 16 号法案第 23 条第（1）款予以设立。

❻ 根据 2016 年第 121 号法案第 23 条第（3）款予以设立。根据 2022 年第 55 号法案第 106 条予以废除。

进行检查或第三方允许根据行政程序法的规定访问包含个人数据的文件。❶

（3）在支付费用的情况下，匈牙利知识产权局应签发可查阅文件的副本。❷

（4）商标程序只有在有对方当事人参加的情况下才能公开进行。

法律救济❸

第 46A 条❹

（1）针对匈牙利知识产权局的决定，不得进行上诉、行政法庭诉讼和监督程序以及检察官根据检察机关法采取的干预或行动。❺

（2）匈牙利知识产权局关于商标事项的决定，应由法院根据第 11 章规定的非争议程序进行复审。❻

（3）除非本法另有规定，否则匈牙利知识产权局只有在提出复审请求并将该请求提交法院之前，方可修改或撤回其关于下列程序的决定❼：

a）商标注册；

b）商标保护续展；

c）商标保护的分案；

d）因放弃而终止商标保护；

e）商标无效宣告；

f）宣布撤销商标保护；

g）转送国际商标申请的请求，以及因国际商标注册而延长保护期限的请求；

h）最终驳回延伸至匈牙利的标志的保护❽；

i）驳回就延伸至匈牙利的国际登记所产生的保护而在国际登记册中登记

---

❶　根据 2003 年第 102 号法案第 50 条予以废除。根据 2013 年第 16 号法案第 23 条第（2）款予以设立。根据 2017 年第 50 号法案第 118 条 e）项予以修订。

❷　根据 2010 年第 148 号法案第 131 条第（1）款予以修订。

❸❹　根据 2005 年第 83 号法案第 226 条予以修订。根据该法案第 332 条第（1）款，可适用于 2005 年 11 月 1 日之后启动的案件和重复起诉。

❺　根据 2017 年第 50 号法案第 117 条第（2）款予以设立。

❻　根据 2010 年第 148 号法案第 131 条第（4）款予以修订。

❼　根据 2010 年第 148 号法案第 131 条第（1）款予以修订。

❽　根据 2011 年第 148 号法案第 27 条予以修订。

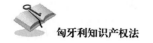

的转让或许可的效力❶；

j）将国际注册转换为国内商标申请。

（4）除非本法另有规定，否则匈牙利知识产权局只有在确定其决定违反法律，或者当事人各方一致要求修改或撤回决定的情况下，方可根据复审请求修改或撤回其根据第（3）款 e）项和 f）项终结诉讼的决定。❷

（4a）在不涉及异议方的情况下，如果该决定不违反法律，且匈牙利知识产权局同意复审请求的内容时，则匈牙利知识产权局可根据复审请求撤回或修改基于第 77 条第（1）款 b）项至 e）项作出的决定。❸

（4b）基于复审请求的决定应当告知请求方以及审查所针对的原决定的告知方。❹

（4c）修改决定和已修改决定应适用相同法律救济。❺

（5）对第（3）款 a）项所述事项作出的决定，亦适用第（4）款规定，但前提是针对商标申请已提出异议通知，且匈牙利知识产权局未以第 2 条至第 3 条中规定的任何理由驳回该商标申请。❻

执　　行

第 46B 条❼

（1）匈牙利知识产权局实施程序性罚款的命令，适用行政程序法中有关执行的规定。❽

（2）匈牙利知识产权局关于费用承担的决定，应适用 1994 年司法执行法的规定。❾

---

❶　根据 2011 年第 148 号法案第 27 条予以修订。

❷　根据 2007 年第 142 号法案第 38 条第（2）款予以设立。根据 2010 年第 148 号法案第 131 条第（1）款予以修订。

❸❹❺　根据 2013 年第 16 号法案第 24 条予以修订。

❻　根据 2010 年第 148 号法案第 131 条第（1）款予以修订。

❼　根据 2005 年第 83 号法案第 227 条予以修订。根据该法案第 332 条第（1）款，可适用于 2005 年 11 月 1 日之后启动的案件和重复诉讼。

❽　根据 2010 年第 148 号法案第 131 条第（4）款和 2017 年第 50 号法案第 118 条 f)项予以修订。

❾　根据 2010 年第 148 号法案第 131 条第（4）款予以修订。

费用和收费❶

第46C条

（1）在商标事项中，不得有任何费用减免。❷

（2）除本法规定的缴费义务外，商标事务中还应缴纳行政服务费，具体金额见工业产权程序行政服务收费法，下列请求亦应根据工业产权程序行政服务收费法的详细规定进行收费❸：

a）审查、延长期限的请求，以及恢复权利的请求；

b）登记法定继承和许可的请求，设立留置权的请求。❹

（3）在有正当理由的情况下，费用与实际代理情况不相称的，匈牙利知识产权局可减少专业代理费的金额。在此情况下，匈牙利知识产权局应相应地适用法院诉讼程序中律师和专利律师的费用和支出的规定。❺

电子管理和官方服务

第46D条❻

（1）在商标事务中，匈牙利知识产权局应根据电子管理和信托服务通用规则法和本法的规定，提供电子管理服务。

（2）在商标事务中，委托人及其法定代表人没有义务使用电子管理方式。❼

---

❶ 根据2005年第83号法案第228条予以设立。根据2009年第27号法案第23条第（1）款予以设立。

❷ 根据2005年第83号法案第228条予以设立。根据2009年第27号法案第23条第（2）款予以修订。

❸ 根据2009年第27号法案第23条第（2）款予以设立，同时将原始文本的第（1）款改为第（2）款。根据2018年第67号法案第84条第6点予以修订。

❹ 根据2013年第159号法案第8条予以设立，自2013年10月25日起生效。

❺ 根据2009年第56号法案第159条第（7）款予以设立。根据2010年第148号法案第131条第（1）款予以修订。

❻ 根据2005年第83号法案第229条和2016年第121号法案第23条第（4）款予以设立。

❼ 根据2022年第55号法案第96条予以设立。

第8章　商标注册簿，提供官方信息❶
商标注册簿❷

第 47 条❸

（1）匈牙利知识产权局应备存商标申请和商标注册簿，并根据第 48 条记录与商标权有关的所有的事实和情况。

（2）商标注册簿应特别包含下列条目：

a）商标注册号；

b）申请参照号；

c）商标图示；

d）商品或服务清单；

e）商标持有人的姓名（正式名称）和地址（所在地）；

f）代表人的姓名和所在地；

g）申请提交日期；

h）优先权日；

i）商标注册决定日期；

j）商标保护续展；

k）商标保护终止，商标保护终止的日期和理由以及商标保护的限制；❹

l）许可；

m）有关商标保护权或商标保护授予的权利属于信托资产管理项下资产的事实；❺

n）商标的质押，以及执行或扣押的征费；❻ 及

o）第 18 条第（1）款所述 5 年期间根据第 18 条第（1）款至第（3）款明确规定的开始日期。❼

（3）商标注册簿应证明其所记录权利和事实的真实存在。除非证明存在相反情况，否则商标注册簿中记录的权利和事实应推定是存在的。质疑商标

---

❶　根据 2010 年第 148 号法案第 114 条第（1）款予以设立。

❷❸　根据 2010 年第 148 号法案第 114 条第（2）款予以设立。

❹　根据 2018 年第 67 号法案第 52 条第（1）款予以设立。

❺　根据 2014 年第 15 号法案第 58 条第（1）款予以修订。

❻❼　根据 2018 年第 67 号法案第 52 条第（2）款予以修订。

注册簿中所载数据的正确性或真实性的人应承担举证责任。

（4）与商标保护有关的任何权利，如记录在商标注册簿中，仅可针对善意且有对价地获得其权利的第三人援引。

（5）商标注册簿应向公众开放，匈牙利知识产权局应在其网站上提供电子访问。商标注册簿中记录数据的核证副本，应在支付费用后发布。

在商标注册簿中登记

第 48 条❶

（1）匈牙利知识产权局应根据自身决定或其他当局或法院的决定，将商标程序中发生的事实记录在商标注册簿中。对于根据第 77 条第（1）款所列决定录入的条目，商标注册簿还应包含该决定成为最终决定且具有约束力的日期。对于第 77 条第（1）款中列出的任何事实和非最终且具有约束力的决定提出的复审请求，也应予以记录。❷

（2）匈牙利知识产权局应根据书面请求，对与商标保护有关的权利和事实的确认和登记作出决定，但在商标程序中发生的事实除外；从其他当局收到的有关当事人数据变更的通知不属于书面提出的请求。该请求应当附有提供充分证据的官方文件或者私人文件。针对同一案件提出请求，但其满足会相互排斥的，应按照收到请求日期的先后顺序处理。

（3）请求基于因形式不规范或缺乏法律要求的当局批准而无效的文件的，或者文件内容明确表明其中所载司法行为无效的，该请求不得受理。

（3a）商标保护权或商标保护赋予的权利已根据信托资产管理合同转让，而该合同尚未与信托资产管理公司签订，且受托人及其活动法规定的注册证书尚未附在请求中的，记录法定继承的请求不得受理。❸

（4）已废除。❹

---

❶ 根据 2010 年第 148 号法案第 115 条予以设立。

❷ 根据 2011 年第 14 号法案第 22 条第（2）款和 2016 年第 121 号法案第 23 条第（7）款 c）项予以修订。

❸ 根据 2014 年第 15 号法案第 58 条第（2）款予以修订。

❹ 根据 2018 年第 67 号法案第 94 条第 10 点予以废除。

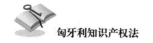

提供官方信息

第 49 条❶

匈牙利知识产权局的官方公报应特别包含下列与商标申请和商标有关的数据和事实：

a）商标申请公开后，申请人和代理人的姓名和地址（所在地）、申请的参考编号、申请日期和优先权日（如不同）、标志和商品或服务清单；❷

b）商标注册后，注册号码、注册人的名称和地址（所在地）、代表人的名称和地址（所在地）、参考编号、申请日期和优先权日（如不同）、商标、商品或服务清单以及注册决定日期；

c）就商标保护的续展或分案而言，其相关数据；

d）就终止商标保护而言，其法律依据和日期；

e）商标注册簿中记录的与商标保护有关的权利变更。

第 49A 条❸

匈牙利知识产权局的官方公报还应发布第 10B 章至第 10C 章规定的有关国际商标申请的官方信息。

第 9 章　商标注册程序
商标申请的提出和要求

第 50 条

（1）商标注册程序应在向匈牙利知识产权局提交商标申请后开始。❹

（2）商标申请应包含商标注册请求、标志、商品或服务清单以及必要其他相关文件。

（3）作为对第 38 条第（2b）款规定的减损，商标申请应包含申请人的姓

---

❶　根据 2010 年第 148 号法案第 131 条第（1）款予以修订。

❷　根据 2003 年第 102 号法案第 23 条予以设立。根据该法案第 107 条第（1）款，可适用于颁布匈牙利加入欧盟条约的法案生效之日起开始的诉讼程序。参见该法案第 107 条第（2）款至第（6）款。

❸　根据 2003 年第 102 号法案第 24 条予以设立。根据 2010 年第 148 号法案第 131 条第（1）款和 2018 年第 67 号法案第 84 条第（7）款予以修订。

❹　根据 2010 年第 148 号法案第 131 条第（2）款予以修订。

名、地址或所在地；在有代表人的情况下，则为代表人的姓名、地址或所在地；以非电子方式进行沟通的，则为申请人或其代表人的签名。❶

（3a）申请人或其代理人被要求或希望就匈牙利知识产权局职权范围内的商标与匈牙利知识产权局进行电子通信的，除第（3）款规定的信息外，商标申请还应包含下列内容❷：

a）自然人申请人或代理人的出生地、出生日期及其母亲的姓名；

b）申请人或代理人的纳税识别号（自然人除外），c）项所述实体除外；以及

c）对于必须使用网关托管设施的组织、网关的简称和 KRID 识别码。

（3b）在所有其他方面，商标申请应符合商标申请的具体形式要求和工业产权申请电子注册的法律所规定的详细要求。❸

（4）商标申请应缴纳工业产权程序行政服务收费法规定的提交费；费用应在提交之日起 1 个月内支付。❹

（5）商标申请中的商品或服务清单以外语撰写的，应在商标申请提交之日后 2 个月内提交以匈牙利语撰写的商品或服务清单。❺

（6）在商标注册前，申请人均可根据第 32 条规定撤回商标申请。❻

第 50A 条❼

已废除。

提交日期

第 51 条

（1）申请提交日期应为匈牙利知识产权局收到申请的日期，申请应至少

---

❶ 根据 2018 年第 67 号法案第 53 条第（1）款予以设立。

❷ 根据 2018 年第 67 号法案第 53 条第（2）款予以设立。根据 2022 年第 55 号法案第 97 条予以设立。

❸ 根据 2018 年第 67 号法案第 53 条第（2）款予以修订。

❹ 根据 2018 年第 67 号法案第 84 条第 6 点和第 8 款予以修订。参见 2004 年 4 月 28 日第 17 号 GKM 法令。

❺ 根据 2010 年第 148 号法案第 116 条予以设立。根据 2018 年第 67 号法案第 84 条第 9 款予以修订。

❻ 根据 2009 年第 56 号法案第 161 条予以修订。根据该法案第 428 条，可适用于 2009 年 10 月 1 日之后启动的案件和重复起诉。

❼ 根据 2005 年第 83 号法案第 231 条予以设立。根据 2010 年第 148 号法案第 133 条予以废除。

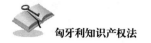

含有下列内容❶：

a）寻求商标保护的表示；

b）申请人的姓名、地址或住所地或安全交付服务地址；在有代表人的情况下，代表人的姓名、地址或住所地或安全交付服务地址或可能与申请人联系的任何其他数据；❷

c）符合第 1 条第（1）款 b）项规定的标志图示；以及❸

d）第 52 条第（2）款所述商品或服务清单，不论该清单是否符合其他要求。❹

（2）若不提交标志图样和商品或服务清单，就确定提交日期而言，亦可援引优先权文件。

<h3 style="text-align:center">标志、商品或服务清单的统一</h3>

第 52 条

（1）一份商标申请只能针对一项标志寻求商标保护。

（2）商品或服务清单是指对寻求商标保护的货物和服务的列举。

（3）在商标申请中，应按照《国际商标注册商品和服务分类尼斯协定》（以下简称《尼斯协定》）确定的分类制度对商品和服务进行分类。❺

（4）在商标申请中，商品和服务的识别应具有足够的清晰性和精确性，以便当局和经营者能够仅以此为基础确定所寻求的保护范围。❻

（5）《尼斯协定》的类别标题中的一般性说明或其他通用术语，必须符合第（4）款规定的必要清晰性和准确性标准方可使用。❼

（6）通用术语，包括《尼斯协定》的类别标题的一般性说明，应解释为包括该说明或术语的字面意思所明确涵盖的商品或服务。❽

（7）不应仅根据商品和服务分别出现在《尼斯协定》中的同一类别或不同类别，而视其彼此相同或相异。❾

---

❶ 根据 2010 年第 148 号法案第 131 条第（2）款予以修订。

❷❸ 根据 2018 年第 67 号法案第 54 条第（1）款予以设立。

❹ 根据 2018 年第 67 号法案第 54 条第（2）款予以修订。

❺ 根据 2018 年第 67 号法案第 55 条第（1）款予以设立。

❻❼❽❾ 根据 2018 年第 67 号法案第 55 条第（2）款予以修订。

优先权

第 53 条

（1）确定优先权的日期为下列日期：

a）一般而言，商标申请的提交日期（申请优先权）；

b）在《巴黎公约》规定的情况下，外国申请的提交日期（公约优先权）；

c）在匈牙利知识产权局局长于匈牙利官方公报上发布的通信所规定的情况下，在展览会上展示标志的首日，但不得早于提交申请的日期前 6 个月（展览优先权）；●

d）申请人针对同一标志先前提交且未决的外观设计申请的提交日期，但该日期不得早于当前申请前 6 个月，且对此不存在其他优先权主张（国内优先权）。

（2）公约优先权、展览优先权和国内优先权应在提出申请后 2 个月内提出。确定公约优先权和展览证明的文件应在提交申请之日起 4 个月内提交。

（3）外国申请是在世界贸易组织成员但非《巴黎公约》缔约国提出的，或根据互惠原则在任何其他国家提出的，在符合《巴黎公约》规定条件的情况下，亦可主张公约优先权。对于互惠问题，匈牙利知识产权局局长的意见具有决定性。❷

展览证书

第 54 条

（1）负责展览的当局应通过展览证书证明展览的展出和日期。

（2）证书必须附有标志，证明该标志和展览会展示标志的一致性。

（3）证书只能在展览期间且只能在该标志在展览时可见期间颁发。

提交后审查

第 55 条❸

商标申请提交后，匈牙利知识产权局应对下列内容进行审查：

---

❶❸ 根据 2010 年第 148 号法案第 131 条第（1）款予以修订。

❷ 根据 2002 年第 39 号法案第 39 条第（1）款 k）项予以设立。根据 2010 年第 148 号法案第 131 条第（1）款予以修订。

a）申请是否符合确定提交日期的要求（第51条）；

b）是否已支付提交费［第50条第（4）款］；

c）商品或服务清单是否以匈牙利语提交［第50条第（5）款］。

第56条

（1）无法确定提交日期的，应要求申请人于30日内纠正不合规之处。

（2）申请人在规定期间内符合通知要求的，以收到纠正通知的日期为提交日期。未能遵守上述通知要求的，视为撤回商标申请。

（3）应将确定的提交日期通知申请人。

（4）未缴纳申请费或未使用匈牙利语提交商品或服务清单的，匈牙利知识产权局应要求申请人在本法第50条第（4）款和第（5）款规定的期限内纠正不合规之处。否则，视为撤回申请。❶

数据通信

第57条❷

已废除。

意　　见

第58条❸

（1）在商标注册程序中，任何人均可向匈牙利知识产权局提出意见，内容是该标志可能因第2条至第3条所述任何理由而不能获得商标保护。❹

（2）在对意见中反对的情况进行审查时，应考虑该意见，但对意见进行审查会不当延迟决策的除外。商标申请公布后（第61A条），匈牙利知识产权局应仅基于意见，扩大对案件的审查，以确定标志是否因意见中所指第2条至第3条所述任何情况而不会从商标保护中排除。对事实的审查应在意见范围内，且根据提出意见之人的陈述与其证明的数据进行。❺

---

❶ 根据2010年第148号法案第131条第（1）款予以修订。

❷ 根据2003年第102号法案第50条予以废除。

❸ 根据2003年第102号法案第25条予以设立。根据该法案第107条第（1）款，可适用于颁布匈牙利加入欧盟条约的法案生效之日起开始的诉讼程序。

❹ 根据2010年第148号法案第131条第（2）款予以修订。

❺ 根据2010年第148号法案第117条予以设立。

（3）除非匈牙利知识产权局根据第（2）款第一句忽视该意见，否则应将意见通知申请人。❶

（4）提出意见之人不得成为商标注册程序的当事人，但该人应被告知其意见处理结果。

形式要求的审查

第 59 条

（1）商标申请符合根据第 55 条进行审查的要求的，匈牙利知识产权局还应审查其是否符合第 50 条第（2）款至第（3b）款的形式要求，以及是否符合第 52 条规定的标志统一性和商品或服务清单的要求。❷

（2）申请不符合根据第（1）款进行审查的要求的，应要求申请人纠正不合规之处或分案申请。

（3）纠正或陈述意见后，仍不符合审查要求的，应驳回商标申请。仅可基于通知中具体明确说明的理由，方可驳回申请。

（4）申请人未在规定期间答复通知或未提出分案申请的，视为撤回商标申请。

（5）在对商标申请的形式要求进行审查时，第 61 条第（6）款至第（7）款据此适用。❸

在先权利的检索

第 60 条

（1）商标申请符合根据第 59 条审查要求的，匈牙利知识产权局应检索第 4 条所述在先权利，并在适当考虑商品或服务清单的情况下，根据标志起草检索报告。❹

（2）检索报告应指明予以考虑的相关数据，以确定商标申请涉及的标志可否注册。

---

❶ 根据 2010 年第 148 号法案第 117 条予以设立。

❷ 根据 2018 年第 67 号法案第 56 条予以设立。

❸ 根据 2007 年第 142 号法案第 39 条予以修订。根据该法案第 49 条第（1）款，可适用于 2008 年 1 月 1 日之后开始的诉讼程序。

❹ 根据 2003 年第 102 号法案第 26 条第（1）款予以设立。根据 2010 年第 148 号法案第 131 条第（1）款修订。

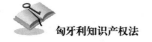

（3）匈牙利知识产权局应将检索报告发送给申请人。❶

通知检索报告中注明的在先权利人

第60A条❷

（1）记录在商标注册簿中的申请人、持有人和被许可人可要求匈牙利知识产权局向其发送检索报告副本，告知注明其在先权利的检索报告中的在后商标申请。❸

（2）请求可在以日历月规定的期间提出，最长为1年，自日历年或半年的第一日起算；该请求应支付工业产权程序行政服务收费法中规定的费用。匈牙利知识产权局应在费用缴纳后审查其请求。❹

（3）未发送通知的，匈牙利知识产权局应根据要求退还根据第（2）款支付的全部或（与未发送通知成比例的）部分费用。未发送通知不会引起任何其他法律后果，尤其是对异议和默许等规定的适用。❺

依职权进行的实质审查❻

第61条

（1）商标申请符合第59条规定的，匈牙利知识产权局应对该商标申请进行实质审查。❼

（2）实质审查应涉及❽：

a）该标志是否符合第1条的要求，以及是否根据第2条至第3条被排除在商标保护之外；

b）申请是否符合本法规定的要求。

---

❶　根据2003年第102号法案第26条第（2）款予以设立。根据2010年第148号法案第131条第（1）款予以修订。

❷　根据2003年第102号法案第27条予以设立。根据该法案第107条第（1）款，可适用于颁布匈牙利加入欧盟条约的法案生效之日起开始的诉讼程序。

❸❺　根据2010年第148号法案第131条第（1）款予以修订。

❹　根据2010年第148号法案第131条第（1）款和2018年第67号法案第84条第6款予以修订。

❻　根据2003年第102号法案第28条第（1）款予以设立。

❼　根据2003年第102号法案第28条第（2）款予以设立。根据2010年第148号法案第131条第（1）款予以修订。

❽　根据2003年第102号法案第28条第（2）款予以修订。根据该法案第107条第（1）款，适用颁布匈牙利加入欧盟条约的法案生效之日起开始的诉讼程序。

（3）商标申请不符合根据第（2）款审查的要求的，应根据异议的性质，要求申请人纠正不合规之处或陈述意见。

（4）纠正不合规之处或提出意见后，仍不符合审查要求的商标申请，应全部或部分驳回。驳回申请的通知应具体明确，且适当说明其理由；如有必要，应再次发出通知。

（5）申请人未在规定期间答复通知的，视为撤回商标申请。

（6）将对部分驳回商标申请决定的复审请求移交给法院的同时［第77条第（9）款和第（10）款］，应中止对商品和服务清单剩余部分的注册程序，直至法院程序作出最终且具有拘束力的决定。❶

（7）基于依职权进行的实质审查，针对部分驳回商标申请作出最终且具有约束力的决定后，应继续对商品或服务清单的剩余部分进行注册程序。❷

商标申请的公布

第61A条❸

（1）商标申请符合第59条规定要求的，匈牙利知识产权局应在向申请人发送检索报告后至少15日内公布该商标申请［第60条第（3）款］。❹

（2）匈牙利知识产权局应根据第49条a）项规定在官方公报上向公众公布官方信息。❺

（3）申请人应被告知公布情况。

（4）公布后，申请被撤回或被视为撤回、驳回、修改或分案的，应在匈牙利知识产权局的官方公报上发布官方信息。❻

---

❶❷　根据2007年第142号法案第40条予以修订。根据该法案第49条第（1）款，可适用于2008年1月1日之后开始的诉讼程度。

❸　根据2003年第102号法案第29条予以设立。根据该法案第107条第（1）款，该规定可适用于颁布匈牙利加入欧盟条约的法案生效之日起提起的诉讼。

❹　根据2010年第148号法案第131条第（1）款和2018年第67号法案第84条第10款予以修订。

❺　根据2010年第148号法案第131条第（1）款修订。

❻　根据2010年第148号法案第118条予以设立。

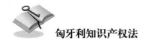
根据异议通知进行实质审查❶

第61B条

（1）自商标申请公布之日起3个月内，下列人员可基于第4条至第6条规定的理由对商标注册提出异议：

a）在先商标的所有人和根据商标许可合同享有使用权的使用人；❷

b）第5条第（1）款a）项至b）项所述权利持有人；就工业产权而言，许可合同授权的被许可人；就著作权而言，根据许可合同获得使用权的人；❸

c）第5条第（2）款a）项规定的在先使用人；获授权根据第5条第（2）款b）项行使源自产地名称、原产地名称或地理标志保护的权利的人；❹

d）基于第6条规定，商标持有人的代表人或代理人未经其授权以自身名义申请商标注册的，则为商标持有人。

（2）第（1）款规定的异议期限届满之前以挂号信寄出的异议书，除非该异议书是在期限届满2个月之后收到的，否现应视为按时收到。❺

（3）提出异议必须说明所依据的理由，详细说明所依据的原因，并附有相应的支撑证据。❻

（4）异议通知提交之日起1个月内，应支付工业产权程序行政服务收费法中规定的异议费。❼

（5）异议通知不符合第（1）款至第（3）款规定的，应要求异议人改正不合规之处；未缴纳异议费的，应要求其在本法规定的期限内缴纳。否则，视为撤回异议通知。

第61C条

异议方应是商标注册程序中提出异议通知的一方。

---

❶ 根据2003年第102号法案第30条予以修订。根据该法案第107条第（1）款，可适用于颁布匈牙利加入欧盟条约的法案生效之日起开始的诉讼程序。

❷ 根据2022年第55号法案98条第（1）款予以设立。

❸❹ 根据2018年第67号法案第57条予以设立。

❺ 根据2010年第148号法案第132条予以废除。根据2022年第55号法案98条第（2）款予以设立。

❻ 根据2022年第55号法案98条第（3）款予以设立。

❼ 根据2018年第67号法案第84条第6点予以修订。

第 61D 条

（1）调解应给予各方至少 2 个月但不超过 6 个月的时间，以便根据共同请求达成和解。调解期间应中止诉讼程序。如果当事人在期限届满前未提出继续诉讼的要求，异议应视为被撤回，商标注册程序应予恢复。❶

（1a）匈牙利知识产权局应要求申请人就异议陈述意见；然后，除第（2）款所述情况外，应在书面准备工作后就商标注册作出决定。终结程序的命令和批准和解的决定可以不经听证作出。❷

（2）书面准备工作结束后，必须听取申请人和异议人的意见以澄清事实，或者当事各方一致要求且及时提出要求的，匈牙利知识产权局应举行听证。❸

（3）申请人未在规定期间陈述意见或出席听证的，匈牙利知识产权局应根据现有证据对异议通知作出决定。❹

（4）在听证过程中作出的命令和裁决应在听证当天公布，只有因案件的复杂性使公布成为绝对必要的情况下，才可推迟公布决定，但推迟公布最长不得超过 8 天。在这种情况下，应立即确定公布期限，并在公布之日前以书面形式记录裁决。书面裁决应在送达时及时送达在场的当事人，并在送达后 3 天内送达未到场的当事人。❺

（5）决定的宣布应包括对执行部分的说明和理由陈述。❻

（6）除非匈牙利知识产权局推迟宣布，否则该决定应在作出决定之日起最多 15 日内以书面形式提出，并应在书面提出后 15 日内送达。❼

（7）异议人有下列任一情形的，视为撤回异议❽：

a）未在限定期限内回复通知的；或

---

❶ 根据 2022 年第 55 号法案第 99 条第（1）款予以设立。

❷ 根据 2018 年第 67 号法案第 58 条第（2）款予以修订。

❸ 根据 2018 年第 67 号法案第 58 条第（1）款予以设立。

❹ 根据 2010 年第 148 号法案第 131 条第（1）款予以修订。

❺ 根据 2005 年第 83 号法案第 232 条第（2）款予以设立。根据 2022 年第 55 号法案第 99 条第（2）款予以设立。

❻ 根据 2005 年第 78 号法案第 232 条第（2）款予以修订，同时将原始文本中的第（5）款的编号改为第（8）款。根据该法案 332 条第（1）款，可适用于 2005 年 11 月 1 日之后启动的案件和重复起诉。

❼ 根据 2005 年第 83 号法案第 232 条第（2）款予以设立。根据 2009 年第 56 号法案第 161 条和 2010 年第 148 号法案第 131 条予以修订。

❽ 根据 2005 年第 83 号法案第 232 条第（2）款将原始文本中的第（4）款的编号改为第（7）款。

b）未出席听证且未事先要求在其缺席的情况下举行听证的。

（8）在规定的提出异议通知的期间届满后［第61B条第（1）款］，不得以未在上述期间内指明的任何理由作为异议理由。匈牙利知识产权局在作出终结程序的实质性决定时，不应考虑如此指明的理由。❶

第61E条

（1）异议基于与在先商标相冲突的，匈牙利知识产权局应申请人适时提出的请求，应要求异议人提供证据证明下列情况，前提是在申请日或在后商标的优先权日，第18条第（1）款至第（3）款规定的在先商标必须真实使用的5年期间已届满❷：

a）在在后商标申请提交日期或优先权日前5年期间内其根据第18条规定已真实使用其商标；或

b）不使用有正当理由的。

（2）商标申请不得因针对未成功提供受第（1）款调整的证据提出异议而予以驳回。在先商标持有人仅针对其注册的部分商品或服务根据第（1）款使用商标的，就考虑异议而言，应视为仅就该部分商品或服务进行注册。❸

（2a）不得基于在提交商标申请之日不受保护的在先商标异议而驳回商标申请。❹

（3）异议方未答复第（1）款所述要求的，视为撤回异议通知。

第61F条

针对异议事项，允许进行和解。

第61G条

（1）就同一商标申请提交多份异议通知的，应在同一程序中处理。

（2）针对同一商标申请有多份异议通知的，可以针对特定异议中止程序。在该情况下不能单独向法院请求对中止程序的命令进行复审［第77条第（1）

---

❶ 根据2005年第83号法案第232条第（2）款将原始文本中的第（5）款的编号改为第（8）款。根据该法案第338条第9款、2010年第148号法案第131条第（1）款和2018年第67号法案第94条第11点予以修订。

❷❸ 根据2018年第67号法案第59条第（1）款予以设立。

❹ 根据2018年第67号法案第59条第（2）款予以修订。

款］，只能在请求复审商标注册决定时提出异议。在该情况下中止程序的命令如有必要应明确对方当事人在程序中止前所产生的费用。❶

（3）在商标注册程序中，作出最终且具有约束力的决定驳回申请的，针对其中止程序的异议应视为撤回。否则，应基于先前中止诉讼的异议继续程序。❷

第 61H 条

（1）在提出异议的情况下，还应审查商标申请，在适当考虑异议理由的情况下，确定该标志是否未被排除在第 4 条至第 7 条的商标保护范围之外。

（2）商标申请不符合根据第（1）款审查的要求的，应全部或部分驳回商标申请。

（3）败诉方应承担针对异议产生的费用；根据第 61G 条第（3）款异议视为撤回的，该异议人不属于败诉方。❸

（4）在下列情况下，应要求，匈牙利知识产权局应在工业产权程序行政服务收费法规定的范围和条件下退还异议费［第 61B 条第（4）款］❹：

a）商标申请根据第 61 条第（4）款被驳回的；

b）商标申请根据第 61 条第（5）款视为撤回的；

c）申请人撤回商标申请的［第 50 条第（6）款］；

d）异议根据第 61G 条第（3）款视为撤回的。

修改申请和分案申请

第 62 条

（1）商标申请的下列内容不得修改：

a）标志；

b）商品或服务清单，其范围超出提交之日申请所含清单的范围。

（2）在通过商标注册决定之日前，申请人有权修改第（1）款 b）项规定的商品或服务清单。❺

---

❶❷　根据 2005 年第 83 号法案第 338 条第 9 点予以修订。

❸　第二句根据 2005 年第 83 号法案第 339 条第 16 点予以废除。根据该法案第 332 条第（1）款，可适用于 2005 年 11 月 1 日之后开始的诉讼程序。

❹　根据 2010 年第 148 号法案第 131 条第（1）款和 2018 年第 67 号法案第 84 条第 6 点予以修订。

❺　根据 2010 年第 148 号法案第 119 条予以设立。

第63条

（1）下列情况下，申请人可在商标注册决定作出之日前对申请进行分案处理❶：

a）在为此发出正式要求前［第59条第（2）款］，在一份申请中要求对多项标志提供保护的；或

b）通过分割商品或服务清单，要求对特定商品或服务分别保护的。

（2）分案申请应缴纳工业产权程序行政服务收费法规定的费用，时间为提出相关请求后2个月内。❷

（3）提出请求后未缴纳分案费的，匈牙利知识产权局应要求申请人在第（2）款规定的期限内改正不合规行为；否则，视为撤回分案请求。❸

（4）提交商标注册异议通知，且分案申请将异议通知所针对的部分商标或服务清单进行分割的，应驳回分案请求。❹

商标注册

第64条

（1）标志和与其相关的商标申请符合所有审查要求［第61条第（2）款和第61H条第（1）款］的，匈牙利知识产权局应将该标志注册为商标。针对注册作出实质性决定的日期为商标的注册日期。❺

（2）商标注册应在商标注册簿上登记（第47条），其官方信息应在匈牙利知识产权局的官方公报上公布［第49条b）项］。❻

（3）注册后，匈牙利知识产权局应签发商标证书。注册簿摘录应附于证书之后。❼

---

❶ 根据2010年第148号法案第130条第（1）款予以修订。

❷ 根据2018年第67号法案第84条第6点予以修订。参见2004年4月28日第71号GKM法令。

❸ 根据2010年第148号法案第131条第（1）款予以修订。

❹ 根据2010年第148号法案第120条予以修订。

❺ 根据2003年第102号法案第31条予以设立。根据2010年第148号法案第131条第（1）款予以修订。

❻❼ 根据2010年第148号法案第131条第（1）款予以修订。

加速程序

第 64A 条❶

（1）应申请人要求，匈牙利知识产权局应适用商标注册加速程序。该请求可在提交申请之日起 1 个月内提出。❷

（2）请求加速程序的，应在提交请求后 1 个月内缴纳工业产权程序行政服务收费法规定的费用。❸

（3）已废除。❹

（4）未支付请求费的，应要求申请人在法律规定的期限内缴纳。否则，视为撤回请求。

（5）请求符合第（1）款和第（2）款规定要求的，匈牙利知识产权局应命令适用加速程序。❺

（6）作为对第 7 章和第 9 章规定的减损，就加速程序而言：

a）可规定 15 日期限以纠正不合规之处或陈述意见；

b）商标申请亦可在向申请人发送检索报告［第 60 条第（3）款］后 15 日届满前公布［第 61A 条第（1）款］。❻

c）匈牙利知识产权局只有在澄清事实需要双方共同参加听证或当事人及时一致要求时，方可就异议通知进行口头听证；❼

d）提交费应在第（2）款规定的期限内缴纳。❽

（7）根据申请人在加速程序请求中的具体要求，匈牙利知识产权局应在公布商标申请（特别是加速程序）的同时将标志注册为商标，但第 64 条第（3）款的规定仅在规定提交异议通知的期限届满后方可适用［第 61B 条第

---

❶ 根据 2003 年第 102 号法案第 32 条予以修订。根据该法案第 107 条第（1）款，可适用于颁布匈牙利加入欧盟条约的法案生效之日起开始的诉讼程序。

❷ 根据 2007 年第 142 号法案第 49 条第（10）款和 2010 年第 148 号法案第 131 条第（1）款予以修订。

❸ 根据 2018 年第 67 号法案第 84 条第 6 点予以修订。

❹ 根据 2009 年第 56 号法案第 161 条予以废除。

❺ 根据 2009 年第 56 号法案第 159 条第（10）款予以设立。根据 2010 年第 148 号法案第 131 条第（1）款予以修订。

❻ 根据 2018 年第 67 号法案第 84 条第 10 款予以修订。

❼ 根据 2007 年第 142 号法案第 41 条第（1）款予以设立。根据 2010 年第 148 号法案第 131 条第（1）款予以修订。

❽ 根据 2013 年第 16 号法案第 26 条予以修订。

（1）款]。特别加速程序的请求仅可在第（1）款规定的提交加速程序请求的期限内提出；特别加速程序的费用是加速程序费用的 1.5 倍。❶

（8）如果针对将标志注册为商标提出异议通知，则应撤销根据第（7）款命令注册商标的实质性决定，并应继续进行注册程序。撤销根据第（7）款命令注册商标的实质性决定，应记录在商标注册簿中，并在匈牙利知识产权局的官方公报上公布官方信息。❷

第 10 章　商标事务中的其他程序
续展程序❸

第 65 条❶

（1）商标持有人及根据法律或合同授权的人可向匈牙利知识产权局提出商标保护续展请求［第 11 条第（2）款］。

（2）为了续展商标保护，应根据工业产权程序行政服务收费法的规定缴纳费用。缴纳续展费本身不应视为续展请求。

（3）匈牙利知识产权局应在保护到期前至少 6 个月通知商标持有人可进行商标续展。未通知的，匈牙利知识产权局不承担责任，且未通知不影响商标保护到期。

（4）续展请求应在保护到期之日前 6 个月内提出，并同时缴纳续展费。否则，可在保护到期后 6 个月内提出请求，同时缴纳带附加费的续展费。

（5）商标注册日期在商标保护到期后，亦可在注册后 6 个月内提出续展请求，同时缴纳续展费。

（6）续展请求应标明有关商标的注册号；否则，请求及其附件应相应地适用关于商标申请要求的相关规定［第 50 条第（2）款至第（3b）款］。

（7）商标保护续展时，不得更改标志，亦不得扩展商品或服务清单。

---

❶ 根据 2007 年第 142 号法案第 41 条第（2）款、2010 年第 148 号法案第 131 条第（1）款和 2018 年第 67 号法案第 94 条第 12 点予以修订。

❷ 根据 2007 年第 142 号法案第 41 条第（2）款予以设立。根据 2010 年第 148 号法案第 131 条第（1）款予以修订。

❸ 根据 2003 年第 102 号法案第 107 条第（6）款，对于在颁布匈牙利加入欧盟条约的法案生效当日有效的商标保护权，以及在该条约生效前的登记日之后通过登记产生的商标保护权，均可根据该法案的规定进行续展。

❶ 根据 2018 年第 67 号法案第 60 条予以设立。

第 65A 条❶

已废除。

第 66 条

（1）续展请求不符合第 65 条规定要求的，包括缴纳续展费，应要求请求方纠正不合规之处或陈述意见。仅缴纳部分续展费的，匈牙利知识产权局应要求请求方在声明中指出续展所涵盖的部分商品或服务清单。❷

（2）纠正不合规之处或陈述意见后，仍不符合通知所述要求的，应驳回续展请求。请求方未在指定期间答复通知的，视为撤回续展请求。

（3）已废除。❸

第 67 条

（1）申请符合第 65 条规定要求的，匈牙利知识产权局应续展商标保护。续展请求仅要求对部分商品或服务清单请求续展商标保护的，匈牙利知识产权局应仅对该部分商品或服务清单续展商标保护。商标保护续展应自商标保护期满次日起生效；在商标保护期满后续展的，应自该日期起追溯生效。❹

（2）商标保护续展应记录在商标注册簿中，并应在匈牙利知识产权局官方公报上公布官方信息。❺

（3）已废除。❻

分案程序

第 68 条

（1）商标持有人可通过分割商品或服务清单对特定商品或服务分割商标保护。

---

❶ 根据 2007 年第 24 号法案第 20 条予以设立。根据 2010 年第 148 号法案第 133 条予以废除。
❷ 根据 2018 年第 67 号法案第 61 条予以设立。
❸ 根据 2018 年第 67 号法案第 94 条第 13 点予以废除。
❹ 根据 2018 年第 67 号法案第 62 条予以设立。
❺ 根据 2010 年第 148 号法案第 131 条第（1）款予以修订。
❻ 根据 2018 年第 67 号法案第 94 条第 14 点予以废除。

（2）商标保护分案请求和必要文件，应按照原商品或服务清单中需要分案的部分的数量，一式数份，相互配合准备。

（3）分案请求应当载明原商标的注册号；除此之外，申请请求及其文件应相应地适用关于商标申请要求的规定［第50条第（2）款至第（3b）款］。❶

（4）分案请求应在提出请求后的2个月内，缴纳工业产权程序行政服务收费法确定的费用。❷

第69条

（1）分案请求不符合第68条第（1）款至第（3）款规定要求的，应要求持有人纠正不合规之处。

（2）纠正不合规之处或陈述意见后，分案请求仍不符合通知所述要求的，应驳回分案请求。持有人未答复通知的，视为撤回分案请求。

（3）未缴纳分案请求费的，匈牙利知识产权局应要求持有人在法律规定期间纠正不合规之处；否则，视为撤回分案请求。❸

第70条

（1）请求符合第68条规定的，匈牙利知识产权局应对商标保护进行分案处理。❹

（2）商标保护分案处理应记录在商标注册簿中，并应在匈牙利知识产权局官方公报上公布官方信息。❺

（3）分案后，匈牙利知识产权局应为每项商标签发商标证书。证书应随附注册簿摘录。❻

因期满和放弃而终止

第71条

（1）已废除。❼

（2）持有人放弃商标保护的（第32条），匈牙利知识产权局应通过命令

---

❶　根据2018年第67号法案第84条第11点予以修订。

❷　根据2018年第67号法案第84条第6点予以修订。参见2004年4月28日第71号GKM法令。

❸❹❺❻　根据2010年第148号法案第131条第（1）款予以修订。

❼　根据2018年第67号法案第94条第15点予以废除。

宣布终止保护。❶

（3）因商标保护期满未续展［第 30 条第（1）款 a）项］及放弃商标保护而终止的，应记录在商标注册簿中，并应在匈牙利知识产权局官方公报上公布官方信息。❷

无效程序

第 72 条

（1）除第（2）款规定的情形外，任何人均可根据第 33 条对持有人提出商标无效宣告程序。

（2）任何人可以根据第 4 条至第 6 条申请商标无效宣告，申请无效宣告的申请人可以是❸：

a）在先商标的所有人和根据许可协议有权使用该商标的使用者；

b）第 5 条第（1）款所述权利的持有人，如果是工业产权，指根据许可协议享有开发权的使用者，如果是著作权，指根据许可协议有权使用开发权的人；

c）根据第 5 条第（2）款 a）项的规定的先前使用者，以及根据第 5 条第（2）款 b）项的规定有权行使原产地名称或地理标志保护所赋予的权利的人；或

d）第 6 条所指的注册人，代理人未经其授权以自己的名义申请标志注册。

（3）请求应说明第 38 条第（2b）款规定的数据、所依据的理由，并随附书面证据。宣告无效的请求，如不是针对作为整体的商标，亦可针对注册商标的部分商品或服务清单。❹

（4）请求无效宣告的，应在提交请求后 1 个月内缴纳工业产权程序行政服务收费法确定的费用。❺

（5）宣告无效的请求不符合本法规定要求的，应要求请求方纠正不合规

---

❶ 根据 2005 年第 83 号法案第 338 条第 9 点和 2010 年第 148 号法案第 131 条第（1）款予以修订。

❷ 根据 2010 年第 148 号法案第 131 条第（1）款和 2011 年第 173 号法案第 27 条予以修订。

❸ 根据 2022 年第 55 号法案第 100 条予以设立。

❹ 根据 2018 年第 67 号法案第 63 条予以设立。

❺ 根据 2018 年第 67 号法案第 84 条第 6 点和第 13 款予以修订。参见 2004 年 4 月 28 日第 71 号 GKM 法令。

之处；未支付请求费的，应要求请求方在法律规定的期限内缴纳；否则，视为撤回宣告无效的请求。

第 73 条

（1）匈牙利知识产权局应要求商标持有人就无效宣告请求陈述意见；书面准备工作结束后，应在听证会上就宣告商标无效、限制商标保护或驳回请求作出决定。商标持有人在规定期限内未针对匈牙利知识产权局的要求作出答复的，匈牙利知识产权局应根据所掌握信息，在不举行听证的情况下对申请作出决定。亦可在不进行听证的情况下作出终结程序的命令或批准友好解决的决定。在匈牙利知识产权局为请求方设定的期间届满后，不得提出在该期间内未提出的无效理由。在作出终结程序的决定时，不应考虑如此未提出的理由。❶

（2）宣告无效的请求是基于与请求方的在先商标相冲突的，根据在后商标持有人及时提出的请求，匈牙利知识产权局应要求请求方提供证据证明下列内容，但在宣告无效的请求提交之日在先商标注册已满 5 年期间❷：

a）在提交无效宣告的请求前 5 年期间，其针对注册的商品或服务已根据第 18 条将自身商标投入真实使用；或

b）不使用有正当理由。

（2a）第 18 条第（1）款至第（3）款规定的开始真实使用在先商标的 5 年期间在提交在后商标之日已经届满的，或在在后商标优先权日主张优先权的，请求方除符合第（2）款所述要求外，还应提供证据证明下列内容❸：

a）在在后商标申请提交之日或其优先权日期前 5 年期间，其已根据第 18 条将自身商标投入真实使用；或

b）不使用有正当理由。

（3）商标申请不能因宣告无效的请求在提供受第（2）款至第（2a）款调整的证据不成功的情况下而被宣布无效。在先商标持有人仅针对其注册的部分商品或服务使用了第（2）款至第（2a）款规定的商标的，就考虑宣告商标无效的请求而言，应视为仅就该部分商品或服务进行了注册。❹

---

❶❷ 根据 2018 年第 67 号法案第 64 条予以设立。
❸❹ 根据 2018 年第 67 号法案第 64 条予以修订。

（4）请求方未答复第（2）款所述要求的，应视为撤回无效宣告请求。❶

（4a）匈牙利知识产权局应根据当事人不迟于截止日期前3天提交的充分理由共同请求推迟听证。根据后续提交的共同请求，听证会可基于特别重要的原因而推迟。❷

（4b）匈牙利知识产权局只有出于重要原因或匈牙利知识产权局的利益，才可以依职权在听证会之前或听证会上推迟已安排的听证会，而不举行听证会，并说明理由。❸

（4c）如果听证推迟，匈牙利知识产权局将同时安排新的听证日期。❹

（5）在听证过程中作出的决定，应在听证当日宣布；就实质性决定而言，因案情复杂必须推迟的，方可推迟宣布决定，且最多推迟8日。在该情况下，应立即确定宣布日期，并在宣布之日前以书面形式作出实质性决定。❺

（6）决定的宣布应包括对执行部分的简要说明及理由。❻

（7）决定应在作出决定之日起15日内书面作成，但匈牙利知识产权局推迟宣布的除外，该决定应在书面作成后15日内送达。❼

第73A条❽

（1）下列情况中，当事人任何一方有权要求无效程序加急进行❾：

a）提出申请时，已提起商标侵权诉讼且诉讼尚未结案；或

b）申请日前已提出临时措施申请且有证据支持，只要该临时措施申请在加急程序申请之日前未被最终驳回。

（2）对于加速程序的请求，应在提出请求后1个月内缴纳工业产权程序

---

❶ 根据2003年第102号法案第34条第（3）款予以设立。根据该法案第107条第（1）款，可适用于颁布匈牙利加入欧盟条约的法案生效之日起开始的诉讼程序。

❷❸❹ 根据2022年第55号法案第101条予以修订。

❺ 根据2005年第88号法案第233条第（2）款予以设立。根据2009年第56号法案第160条予以修订。根据该法案第332条第（1）款，可适用于2009年10月1日之后启动的案件和重复诉讼。

❻ 根据2005年第88号法案第233条第（2）款予以设立。根据该法案第332条第（1）款，可适用于2005年11月1日之后启动的案件和重复起诉。

❼ 根据2005年第83号法案第233条第（2）款予以设立。第二句根据2009年第56号法案第161条予以废除。根据2010年第148号法案第131条第（1）款予以修订。

❽ 根据2005年第165号法案第13条予以修订。根据该法案第33条第（1）款，可适用于2006年1月1日之后开始的诉讼程序。

❾ 根据2022年第55号法案第102条予以设立。

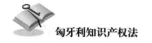

行政服务收费法规定的费用。❶

（3）请求不符合第（1）款规定要求的，应要求加速程序请求人纠正不合规之处或陈述意见。纠正不合规之处或陈述意见后，仍不符合法律规定要求的，应驳回加速程序请求。加速程序请求人未在指定期间答复要求的，视为撤回该请求。

（4）未缴纳请求费的，应要求请求人在法律规定期间缴纳；否则，视为撤回加速程序请求。

（5）匈牙利知识产权局应通过命令方式下令适用加速程序。❷

（6）作为对第41条和第73条规定的减损，就加速程序而言：

a）可规定15日期间纠正不合规之处或提出意见；

b）只有在特别合理的情况下方可延长期间；

c）匈牙利知识产权局只有在澄清事实需要双方共同参加听证或一方当事人及时要求时，方可就异议通知进行口头听证。❸

第74条

（1）针对同一商标有多项无效宣告请求的，应尽可能在同一程序中处理。❹

（2）宣告无效的请求被撤回的，可以依职权继续进行该程序，但第72条第（2）款规定的情况除外。在此情况下，匈牙利知识产权局亦应在请求的范围内继续进行，并考虑当事各方先前的陈述和指控。在第72条第（2）款所述情况下，可以在无效宣告程序中达成和解。❺

（3）败诉方应承担无效宣告程序的费用。商标持有人没有对无效程序给出任何理由，至少针对商品或服务清单的相关部分放弃商标保护，且其效力追溯至陈述意见期间届满前提交之日［第73条第（1）款］的，程序费用应由请求方承担。❻

（4）商标无效宣告或商标保护限制应记录在商标注册簿中，并应在匈牙

---

❶ 根据2018年第67号法案第84条第6点予以修订。

❷❸ 根据2010年第148号法案第131条第（1）款予以修订。

❹ 根据2003年第102号法案第35条第（1）款予以设立。根据该法案第107条第（1）款，可适用于颁布匈牙利加入欧盟条约的法案生效之日起开始的诉讼程序。

❺ 根据2005年第83号法案第234条予以设立。根据2010年第148号法案第131条第（1）款予以修订。

❻ 根据2013年第159号法案第9条予以设立。

利知识产权局的官方公报上公布官方信息。❶

因不使用、丧失显著性特征或变得具有误导性而撤销❷

第 75 条

（1）任何人均可根据第 18 条和第 34 条对因商标不使用或根据第 35 条对因商标丧失显著性和变得具有误导性而对商标持有人提起撤销商标保护的程序。❸

（2）申请应注明第 38 条第（2b）款规定的数据和撤销理由，并随附书面证据。根据第 30 条第（2）款提出撤销请求效力追溯至早于第 30 条第（1）款 d）项或 e）项规定日期的，应在请求中注明。因商标不使用为由请求撤销的，由商标持有人承担举证责任，证明其对商标的使用符合第 18 条规定的要求。申请如不是针对作为整体的商标，亦可针对注册商标的部分商品或服务清单。❹

（3）应在提出申请后 2 个月内缴纳工业产权程序行政服务收费法规定的费用。❺

（4）撤销请求不符合本法规定要求的，应要求请求方纠正不合规之处；未缴纳请求费的，应要求请求方在本法规定期限内缴纳；否则，视为撤回撤销请求。

第 76 条

（1）匈牙利知识产权局应要求商标持有人就撤销请求陈述意见。商标持有人在规定期间对要求作出答复的，在书面准备工作后，应在听证会上决定因不使用、丧失显著性或变得具有误导性而全部或部分撤销商标保护，或驳回请求。商标权人在规定期间未答复匈牙利知识产权局的要求的，匈牙利知识产权局应根据其掌握的信息，不进行听证对该请求作出决定。亦可不经听证而命令终结程序。对听证过程中所作决定的交付、记录和送达，适用第 73

---

❶ 根据 2010 年第 148 号法案第 131 条第（1）款予以修订。

❷ 根据 2018 年第 67 号法案第 65 条第（1）款予以设立。

❸ 根据 2003 年第 102 号法案第 36 条第（2）款予以设立。根据 2018 年第 67 号法案第 94 条第 16 点予以修订。

❹ 根据 2018 年第 67 号法案第 65 条第（2）款予以设立。

❺ 根据 2018 年第 67 号法案第 84 条第 6 点予以设立。参见 2004 年 4 月 28 日第 71 号 GKM 法令。

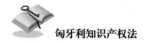

条第（4a）款至第（7）款的规定。❶

（2）针对同一商标有多项撤销请求的，或者请求同时涉及无效宣告和撤销的，应尽可能在同一程序中处理。❷

（3）撤销请求被撤回的，可依职权继续进行程序。在该情况下，匈牙利知识产权局亦应在请求范围内继续进行，并考虑当事各方先前的陈述和指控。❸

（4）败诉方应承担请求撤销程序的费用。商标持有人没有对无效程序给出任何理由，至少针对商品或服务清单的相关部分放弃商标保护，且其效力追溯至第73条第（1）款规定的陈述意见期间届满前提交之日的，程序费用应由请求方承担。❹

（5）因不使用、丧失显著性或变得具有误导性而全部或部分撤销商标保护的，应记录在商标注册簿中，并应在匈牙利知识产权局的官方公告上公布官方信息。❺

第3部分❻　关于欧盟商标体系规定❼

第10A章　欧盟商标和欧盟商标申请❽

一般规定

第76A条❾

在本法中：

---

❶　根据2022年第55号法案第103条予以设立。

❷　根据2003年第102号法案第37条第（1）款予以设立。根据该法案第107条第（1）款，可适用于颁布匈牙利加入欧盟条约的法案生效之日起开始的诉讼程序。

❸　根据2005年第83号法案第235条第（2）款予以设立。根据2010年第148号法案第131条第（1）款予以修订。

❹　根据2013年第159号法案第10条予以设立。根据2018年第67号法案第94条第17点予以修订。

❺　根据2003年第102号法案第37条第（3）款予以设立。根据2010年第148号法案第131条第（1）款和2018年第67号法案第94条第18点予以修订。

❻　根据2003年第102号法案第38条对第3部分（第76A条至第76H条）予以修订，同时将原始文本中的第3部分改为第5部分。根据该法案第107条第（1）款，可适用于颁布匈牙利加入欧盟条约的法案生效之日起开始的诉讼程序。

❼　根据2016年第93号法案第170条d）项予以修订。

❽　根据2016年第93号法案第170条e）项予以修订。

❾　根据2016年第93号法案第168条予以设立。

a）已废除；❶

b）欧盟商标，指欧盟商标条例第 1 条第（1）款所定义的商标；

c）欧盟商标申请，指根据欧盟商标条例提出注册欧盟商标的请求。

第 76B 条❷

已废除。

第 76C 条❸

已废除。

侵犯欧盟商标的法律后果❹

第 76D 条❺

根据欧盟商标条例第 17 条，侵犯欧盟商标与侵犯匈牙利知识产权局依据本法注册的商标具有相同的法律后果。

转为国内商标申请

第 76E 条❻

（1）根据欧盟商标条例第 140 条第（5）款规定提出转化欧盟商标申请或欧盟商标请求的，匈牙利知识产权局应相应地适用第 7 章至第 9 章的规定并根据第（2）款至第（5）款规定的条件，启动商标注册程序。❼

（2）申请费［第 50 条第（4）款］应在匈牙利知识产权局收到请求后 2 个月内缴纳。❽

（3）根据第（1）款提出的请求及其文件的匈牙利语译本应在匈牙利知

---

❶ 根据 2018 年第 67 号法案第 94 条第 19 点予以废除。

❷ 根据 2016 年第 93 号法案第 172 条。

❸ 根据 2018 年第 67 号法案第 94 条第 20 点予以废除。

❹ 根据 2016 年第 93 号法案第 170 条 f）项予以修订。

❺ 根据 2022 年第 55 号法案第 104 条予以设立。

❻ 根据 2003 年第 102 号法案第 38 条和 2009 年第 27 号法案第 24 条予以设立。根据该法案第 36 条（1）款，可适用于 2009 年 8 月 1 日之后开始的诉讼程序。

❼ 根据 2010 年第 148 号法案第 131 条第（1）款；2016 年第 93 号法案第 170 条 b）项、c）项、h）项，第 171 条；2018 年第 67 号法案第 84 条第 14 款予以修订。

❽ 根据 2010 年第 148 号法案第 131 条第（2）款予以修订。

识产权局收到请求后 4 个月内，向匈牙利知识产权局提交。就第 9 章规定而言，该翻译应被视为根据第 50 条第（5）款规定提交的翻译。❶

（4）匈牙利知识产权局应通过同时发送第 56 条第（4）款规定的通知，告知请求方其收到根据第（1）款提出的请求。❷

（5）提交日期、优先权日期和优先权的确定由欧盟商标条例第 139 条第（3）款规定。对于欧盟商标条例第 141 条第（2）款的规定，适用第 50 条（3b）款。❸

（6）在根据第（1）款基于转化欧盟商标申请而提起的程序中，匈牙利知识产权局在缴纳提交费并完成提交第（3）款规定的翻译后，应根据本法第 64 条注册欧盟商标，无须进一步审查。❹

（7）在涉及审查欧盟商标申请或欧盟商标转化请求以及根据第（1）款启动程序的所有其他事项中，应相应适用第 7 章至第 9 章的规定。❺

针对欧盟商标主张的优先权❻

第 76F 条

（1）匈牙利知识产权局根据本法注册的商标，已根据欧盟商标条例第 39 条和第 40 条针对欧盟商标主张优先权，且其保护因期满未续展或放弃而终止的❼：

a）可被宣告无效；或

b）可因标志不使用、丧失显著性或变得具有误导性而被撤销，但前提是无效或撤销的条件在商标保护终止之日前已存在。

（1a）在第（1）款所述情况下，商标被宣告无效或撤销的，优先权不再产生效力。❽

（2）应在商标注册簿中表明，已针对欧盟商标主张商标优先权。丧失优

---

❶ 根据 2010 年第 148 号法案第 131 条第（10）款予以修订。

❷ 根据 2010 年第 148 号法案第 131 条第（1）款予以修订。

❸ 根据 2016 年第 93 号法案第 170 条 i）项和 2018 年第 67 号法案第 84 条第 15 款予以修订。

❹ 根据 2010 年第 148 号法案第 131 条第（1）款、2016 年第 93 号法案第 170 条 c）项和 h）项予以修订。

❺ 根据 2016 年第 93 号法案第 170 条 c）项和 f）项予以修订。

❻ 根据 2018 年第 67 号法案第 67 条第（1）款予以设立。

❼ 根据 2018 年第 67 号法案第 67 条第（2）款予以设立。

❽ 根据 2018 年第 67 号法案第 67 条第（3）款予以修订。

先权的，亦应记录在商标注册簿中。❶

（3）涉及商标的所有事实和情况，特别是使用许可、抵押、与商标有关或源自商标保护的任何其他权利负担，以及该等权利的继受和转让，即使因保护期满未续展或因放弃而终止针对欧盟商标主张优先权的商标进行保护后，也应记入商标注册簿中。❷

（4）已废除。❸

第76G条❹

已废除。

欧盟商标法院❺

第76H条

（1）在匈牙利，布达佩斯首都地区法院作为欧盟商标条例第123条第（1）款所指欧盟商标法院根据第78条第（2）款组成合议庭审理一审案件。❻

（2）布达佩斯首都地区上诉法院作为欧盟商标二审法院，对针对布达佩斯首都地区法院的判决拥有上诉管辖权。❼

第4部分❽　关于商标国际注册的规定

第10B章　关于国际商标申请的一般规定
一般规定

第76I条

（1）在本法中：

---

❶❷　根据2016年第93号法案第170条 b）项予以修订。

❸　根据2018年第67号法案第94条第21点予以废除。

❹　根据2005年第83号法案第339条第16点予以废除。

❺　根据2016年第93号法案第170条 h）项予以修订。

❻　根据2011年第173号法案第27条、2011年第201号法案第134条 a）项、2016年第93号法案第170条 b）项至 c）项和2018年第67号法案第84条第16款予以修订。

❼　根据2011年第201号法案第134条 a）项和2016年第93号法案第170条 b）项予以修订。

❽　根据2003年第102号法案第38条予以设立，同时将原始文本中的第4部分改为第6部分。根据该法案第107条第（1）款，可适用于颁布匈牙利加入欧盟条约的法案生效之日起开始的诉讼程序。

a）国际商标申请，指根据 1891 年 4 月 14 日《马德里协定》和根据 1989 年 6 月 27 日的《马德里议定书》提出的申请；❶

b）国际局，指世界知识产权组织的国际局；

c）国际注册簿，指国际局对根据《马德里协定》或《马德里议定书》提交的商标备存的注册簿；❷

d）指定匈牙利的申请，指要求将保护范围扩大到匈牙利境内的国际商标申请；❸

e）原属局，指《马德里议定书》第 2 条第（2）款定义的原属局。❹

（2）本法对适用《马德里协定》或《马德里议定书》的提述，应解释为亦指适用根据《马德里协定》和《马德里议定书》制定的共同实施细则。❺

（3）除《马德里协定》或《马德里议定书》另有规定，本法的规定应相应地适用于国际商标申请，但本部分（第 10B 章至第 10C 章）规定的例外除外。❻

（4）已废除。❼

第 10C 章❽   国际商标申请

通过匈牙利知识产权局作为中介提交的申请❾

第 76J 条

（1）向匈牙利知识产权局提交商标申请的持有人和由匈牙利知识产权局注册的商标的持有人，可以根据《马德里议定书》通过匈牙利知识产权局作为原属局向国际局提交国际商标申请。❿

（2）国际商标申请在第（1）款所述商标注册前提交的，申请人可声明其希望基于第（1）款所述商标提出国际商标申请。在该情况下，商标注册日

---

❶ 根据 2021 年第 36 号法案第 6 条 d）项予以修订。

❷ 根据 2021 年第 36 号法案第 6 条 e）项予以修订。

❸ 根据 2011 年第 173 号法案第 27 条予以修订。

❹ 根据 2018 年第 67 号法案第 68 条予以设立。

❺ 根据 2021 年第 36 号法案第 6 条 c）项和 e）项予以修订。

❻ 根据 2018 年第 67 号法案第 84 条第 17 款和 2021 年第 36 号法案第 6 条 e）项予以修订。

❼ 根据 2005 年第 83 号法案第 339 条第 16 点予以废除。

❽ 根据 2018 年第 67 号法案第 94 条第 22 点予以修订。

❾ 根据 2010 年第 148 号法案第 131 条第（1）款予以修订。

❿ 根据 2018 年第 67 号法案第 69 条予以设立。

期应被视为提交日期。❶

（3）申请人具有下列任一情况的，匈牙利知识产权局应转交国际商标申请❷：

a）在该国设有真实有效的工业或商业营业所的；

b）在该国有住所的；或

c）具有匈牙利国籍的；

（4）国际商标申请应符合形式要求，按照《马德里议定书》规定的方式以《马德里议定书》规定的语言之一向作为原属局的匈牙利知识产权局提交。❸

（5）应匈牙利知识产权局要求，申请人应证明其有权根据第（2）款提出国际商标申请。否则，匈牙利知识产权局应驳回转交国际申请的请求。❹

第 76K 条

（1）在转交国际商标申请前，匈牙利知识产权局应审查下列内容❺：

a）申请是否含有第 76J 条第（1）款所述商标注册编号或商标编号；❻

b）是否已提交转交国际申请的请求，且该请求是否含有第 38 条第（2b）款中规定的数据；以及申请是否含有确定申请人、标志和商品或服务清单的信息；❼

c）申请中数据是否符合商标注册簿中所示第 76J 条第（1）款所述商标数据；

d）申请是否含有要求扩大保护范围的国家名称；

e）申请是否以《马德里议定书》规定的语言和方式提出；❽

f）申请是否由申请人或代表人签署。

（2）转交申请的请求或申请本身不符合第（1）款 a）项至 c）项和 f）项的要求的，除非申请中的商品或服务清单范围要小于第 76J 条第（1）款所述商标的商品或服务范围，否则匈牙利知识产权局应要求申请人纠正不合规

---

❶❷❸　根据 2018 年第 67 号法案第 69 条予以设立。

❹　根据 2010 年第 148 号法案第 131 条第（12）款予以修订。

❺　根据 2010 年第 148 号法案第 131 条第（1）款予以修订。

❻　根据 2018 年第 67 号法案第 84 条第 18 款予以修订。

❼　根据 2018 年第 67 号法案第 70 条第（1）款予以设立。

❽　根据 2018 年第 67 号法案第 84 条第 19 款予以修订。

之处。在提交请求后 2 个月内商标局未收到申请的，应通知申请人。提交请求的日期不应是国际注册的日期，而是国际局收到国际申请的日期。❶

（3）根据第（1）款提出的改正要求没有结果的，匈牙利知识产权局应驳回转交国际商标申请的请求。❷

（4）申请不符合第（1）款 d）项和 e）项要求的，匈牙利知识产权局应要求申请人改正。否则，应按照申请人提交时的原样将申请转交国际局。❸

第 76L 条

（1）转交商标国际申请的，应向匈牙利知识产权局缴纳工业产权程序行政服务收费法规定的转交费；对于商标国际申请而言，应向国际局缴纳《马德里议定书》规定的国际规费。❹

（2）第（1）款所指转交费应在提交商标国际申请之日到期支付。到期日后 1 个月内仍未缴纳的，视为撤回商标国际申请。

（3）第（1）款所指国际规费应按照《马德里议定书》规定期间和方式直接支付给国际局。❺

（4）通过匈牙利知识产权局提交国际商标申请的，应在商标注册簿上记录国际注册的日期和编号。❻

通过匈牙利知识产权局进行国际注册的后续保护展期❼

第 76M 条

（1）匈牙利知识产权局根据《马德里议定书》是国际注册持有人的缔约国主管局的，可以通过匈牙利知识产权局申请国际注册保护后续展期。❽

（2）保护后续展期的请求，应按照《马德里议定书》规定的形式要求、

---

❶ 根据 2018 年第 67 号法案第 70 条第（2）款予以设立。

❷❸❻ 根据 2010 年第 148 号法案第 131 条第（1）款予以修订。

❹ 根据 2010 年第 148 号法案第 131 条第（2）款、2018 年第 67 号法案第 84 条第 6 点和第 19 条予以修订。

❺ 根据 2018 年第 67 号法案第 84 条第 19 款予以修订。

❼ 根据 2003 年第 102 号法案第 38 条予以设立。根据 2010 年第 148 号法案第 131 条第（1）款予以修改。

❽ 根据 2010 年第 148 号法案第 131 条第（13）款和 2018 年第 67 号法案第 84 条第 20 款予以修订。

方式和语言提出。●

（3）匈牙利知识产权局在转交保护后续展期请求前，应审查下列事项●：

a）是否已提交转交国际申请的请求，该请求是否包含第 38 条第（2b）款规定的数据，以及保护后续展期请求是否包含持有人或其代表人的签名；

b）是否按照《马德里议定书》规定的方式提交保护后续展期请求。

（4）转交申请的请求或保护后续展期请求不符合第（3）款 a）项要求的，匈牙利知识产权局应要求申请人改正。改正后仍不符合要求的，匈牙利知识产权局应驳回转交国际申请的请求。●

（5）保护后续展期请求不符合第（3）款 b）项要求的，匈牙利知识产权局应要求申请人改正。改正后仍不符合要求的，保护后续展期请求应按照请求人提交时的原样转交国际局。●

（6）关于保护后续展期请求，应相应地适用第 76L 条的规定。

（7）通过匈牙利知识产权局提出请求，要求在国际注册簿上记录国际商标申请相关的变更或因根据《马德里议定书》进行国际注册获得保护相关的变更，应相应地适用第（1）款至第（6）款的规定。●

指定匈牙利的申请●

第 76N 条

（1）指定匈牙利的申请的效力，自根据《马德里议定书》第 3 条第（4）款进行国际注册之日起或根据《马德里议定书》第 3 条之三第（2）款进行国际 注册保护后续展期之日起，与向匈牙利知识产权局正式提交的商标申请相同。●

（2）根据指定匈牙利的申请进行的国际注册，从第（1）款规定日期起，应享有与根据第 64 条规定提出申请相同的保护，但前提是匈牙利知识产权局不驳回对延伸至匈牙利的标志的保护或撤销根据《马德里议定书》第 5 条第

● 根据 2018 年第 67 号法案第 84 条第 19 款予以修订。

●● 根据 2018 年第 67 号法案第 71 条予以设立，自 2019 年 1 月 1 日起生效。

● 根据 2010 年第 148 号法案第 131 条第（1）款予以修订。

● 根据 2010 年第 148 号法案第 131 条第（1）款和 2018 年第 67 号法案第 84 条第 20 款予以修订。

● 根据 2011 年第 173 号法案第 27 条予以修订。

● 根据 2010 年第 148 号法案第 131 条第（2）款、2011 年第 173 号法案第 27 条和 2018 年第 67 号法案第 84 条第 20 款予以修订。

（1）款和第（2）款作出的驳回。❶

（3）与指定匈牙利申请有关的规定，应相应地适用于国际注册后将保护延伸至匈牙利的后续申请。❷

（4）在指定匈牙利的申请进行国际注册后，匈牙利知识产权局应将该申请的内容公布以供查阅，并应确保能够查阅与申请有关的国际登记簿条目。❸

第76O条

（1）对于指定匈牙利的申请，应公布国际商标申请的下列数据❹：

a）标志；

b）国际注册号；

c）在国际局公报上的公布日期和发行期号。

（2）匈牙利知识产权局在被告知国际注册后，应根据第（1）款公布指定匈牙利的申请。❺

第76P条

（1）匈牙利知识产权局应根据第60条起草检索报告，并应根据第61条针对指定匈牙利的申请进行实质审查。❻

（2）匈牙利知识产权局应通过国际局将检索报告发送给申请人。❼

（3）就第61B条第（1）款而言，与指定匈牙利的申请有关的异议期限，应自第76O条第（1）款规定的公布之日起计算。❽

（4）国际商标申请不符合第61条第（2）款的审查要求的，或者已对其提出异议的，应按照《马德里议定书》规定的方式和期限通知国际局（临时驳回）。通知中应规定至少3个月的期间用以提交意见；期间届满前提出请求的，可予以延长。❾

（5）申请人未在规定期间内答复的，匈牙利知识产权局应通知国际局，

---

❶　根据2010年第148号法案第131条第（1）款、2011年第173号法案第27条和2018年第67号法案第84条第20款予以修订。

❷　根据2011年第173号法案第27条予以修订。

❸❺❻　根据2010年第148号法案第131条第（1）款和2011年第173号法案第27条予以修订。

❹　根据2010年第148号法案第127条予以修订。

❼　根据2010年第148号法案第131条第（1）款予以修订。

❽　根据2011年第173号法案第27条予以修订。

❾　根据2018年第67号法案第84条第19款予以修订。

除适用第（5a）款规定外，驳回保护延伸至匈牙利的商标（最终驳回），或匈牙利知识产权局仅部分承认保护。最终驳回或部分承认保护的决定成为最终决定并具约束力后，匈牙利知识产权局应将该通知发送给国际局。商标保护得到部分承认的，注册日期为决定日期。❶

（5a）申请人未在规定期限内答复匈牙利知识产权局仅基于异议而发布的请求的，匈牙利知识产权局应根据现有信息决定商标的注册，并相应地通知国际局，向其发送关于最终驳回的通知或根据第（5e）款作出的通知。❷

（5b）申请人答复请求的，匈牙利知识产权局应继续进行实质审查，并据此就商标注册作出决定。商标申请基于实质审查被驳回的［第61条第（4）款和第61H条第（2）款］，在作出最终决定并具有约束力后，匈牙利知识产权局应将驳回商标保护延伸至匈牙利的决定（最终驳回）通知国际局。❸

（5c）匈牙利知识产权局未发出任何临时驳回通知，也未根据第（5d）款向国际局发送通知的，临时驳回规定期限届满后的次日应被视为注册日期。❹

（5d）匈牙利知识产权局发现在针对临时驳回所规定的时限届满前不存在临时驳回理由的，应立即将承认保护的情况通知国际局。注册日期为确认保护的通知之日。❺

（5e）匈牙利知识产权局在进行实质审查后全部或部分撤销临时驳回的，应在撤销决定成为最终决定并具有约束力后，将全部或部分承认保护的情况通知国际局。注册日期为针对撤回作出决定的日期。❻

（6）至（7）已废除。❼

（8）通过相应地适用第48条的规定，匈牙利知识产权局应在商标注册簿中记录，根据《马德里议定书》第4条之二的规定，国际注册取代匈牙利知识产权局的商标注册。❽

---

❶ 根据2010年第148号法案第124条第（1）款予以设立。根据2011年第173号法案第27条至第28条予以修订。

❷❹❺❻ 根据2010年第148号法案第124条第（2）款予以修订。

❸ 根据2010年第148号法案第124条第（2）款予以设立。根据2011年第173号法案第27条予以修订。

❼ 根据2010年第148号法案第132条予以废除。

❽ 根据2010年第148号法案第131条第（15）款和2018年第67号法案第84条第20款予以修订。

对转让和许可合同效力的拒绝

第 76R 条

（1）匈牙利知识产权局在国际注册簿记录的转让或许可针对国际注册并延伸至匈牙利的保护与本法规定部分或全部冲突的，应通过国际局按照《马德里协定》和《马德里议定书》规定的方式和期限通知申请人。❶

（2）拒绝变更效力的通知应说明拒绝理由和范围。

国际商标的无效

第 76S 条❷

就本法而言，《马德里议定书》第 5 条第（6）款所指的"国际商标无效"，指该商标的无效宣告或撤销商标保护。

补充注册簿

第 76T 条❸

匈牙利知识产权局应备存指定匈牙利申请的补充登记簿，其中应包含根据《马德里协定》和《马德里议定书》无法在国际注册簿中记录的所有事实和情况。

国际注册转化为国家商标申请❹

第 76U 条❺

（1）根据《马德里议定书》第 9 条之五提出的转化请求，应在注销国际注册之日起 3 个月内向匈牙利知识产权局提出。

（2）提交转化请求后 4 个月内应提交商品或服务名录的匈牙利语翻译，

---

❶　根据 2010 年第 148 号法案第 131 条第（1）款、2011 年第 173 号法案第 27 条、2018 年第 67 号法案第 84 条第 21 款和 2021 年第 36 号法案第 6 条 f）项予以修订。

❷　根据 2018 年第 67 号法案第 84 条第 20 款予以修订。

❸　根据 2010 年第 148 号法案第 131 条第（1）款、2011 年第 173 号法案第 27 条、2018 年第 67 号法案第 84 条第 22 款和 2021 年第 36 号法案第 6 条 e）项予以修订。

❹　根据 2018 年第 67 号法案第 72 条第（1）款予以设立。

❺　根据 2018 年第 67 号法案第 72 条第（2）款予以设立。

并应在提交请求后 2 个月内按照工业产权程序行政服务收费法规定的费率缴纳转化费。不符合上述要求的，视为撤回转化申请。

（3）在其他方面，转化请求应相应地适用第 7 章至第 9 章的规定；但是，第 76P 条第（5）款或第（5c）款至第（5e）款规定的任何注册日期后国际注册被注销的，匈牙利知识产权局应将该标志注册为商标，而不适用第 61 条至第 63 条的规定。在此情况下，根据第 76P 条第（5）款或第（5c）款至第（5e）款规定的日期应被视为注册日期。

第 10D 章❶　已废除

第 5 部分❷　商标诉讼程序

第 11 章　匈牙利知识产权局决定的审查❸
审查请求

第 77 条❹

（1）根据请求，法院可以审查匈牙利知识产权局的下列决定❺：

a）第 46A 条第（3）款所指的决定；

b）中止诉讼程序的决定或登录商标注册簿的决定；❻

c）驳回或限制查阅档案的命令，根据行政程序法的规定可对此获得独立法律救济；❼

d）剥夺起诉人以外的人诉讼当事人法律地位的命令；❽

e）对施加程序性罚款或关于程序性费用的数额和承担的决定。❾

---

❶　根据 2018 年第 67 号法案第 94 条第 23 点予以废除。

❷　根据 2003 年第 102 号法案第 38 条将原始文本中的第 3 部分的编号改为第 5 部分。

❸　根据 2005 年第 83 号法案第 338 条第 9 点和 2010 年第 148 号法案第 131 条第（17）款予以修订。

❹　根据 2005 年第 83 号法案第 237 条予以设立。根据该法案第 332 条第（1）款，可适用于 2005 年 11 月 1 日之后启动的案件和重复起诉。

❺　根据 2010 年第 148 号法案第 131 条第（4）款予以修订。

❻　根据 2011 年第 173 号法案第 28 条予以修订。

❼　根据 2009 年第 56 号法案第 160 条和 2017 年第 50 号法案第 118 条 g）项予以修订。

❽　根据 2010 年第 148 号法案第 125 条予以设立。

❾　根据 2009 年第 56 号法案第 159 条第（12）款予以设立。根据 2010 年第 148 号法案第 130 条第（2）款予以修订。

（2）对判处程序性罚款的决定或关于数额和程序性费用承担的决定提出审查请求，对审查请求中未提出异议的决定的其他规定不具有中止效力，亦不影响其终局性和约束力。❶

（3）第（1）款未提及的匈牙利知识产权局的任何命令，只有在请求审查第（1）款提及的决定时才能提出异议。❷

（4）下列人员可要求对决定进行审查：

a）匈牙利知识产权局法律程序的当事人；❸

b）被驳回或限制查阅文件的人；

c）被剥夺法律程序中当事人法律地位的任何人。❹

（5）检察官可根据第 3 条第（1）款 a）项和 b）项以及第 3 条第（2）款要求审查商标注册或无效宣告的实质性决定。匈牙利知识产权局法律程序的其他参与人，均可以凭其自身的权利提出独立请求，要求审查决定或决定中与其有关的某项规定。❺

（6）除第（7）款和第（8）款规定的例外情况外，提交审查请求或以挂号信寄出审查请求的期限，为自将该决定通知当事人或其他参与人之日起30 日。❻

（7）提出审查请求的 30 日期限应自传达驳回权利恢复请求的命令或在下列情况下视为未提出请求的命令传达之日起计算❼：

a）该日期迟于根据第（6）款通知决定的日期；且

b）提出恢复权利的请求是为了避免疏漏，而该疏漏直接作为第（6）款项下决定的基础。

（8）已废除。❽

（9）复审请求应提交给匈牙利知识产权局，由其在 15 日内将该请求连同

---

❶ 根据 2009 年第 56 号法案第 160 条和 2010 年第 148 号法案第 130 条第（3）款予以修订。

❷ 根据 2010 年第 148 号法案第 131 条第（4）款予以修订。

❸ 根据 2010 年第 148 号法案第 131 条第（1）款予以修订。

❹ 根据 2009 年第 56 号法案第 159 条第（13）款予以设立。根据该法案第 36 条第（4）款，可适用于 2009 年 10 月 1 日之后启动的案件和重复起诉。

❺ 根据 2010 年第 148 号法案第 131 条第（1）款予以修订。

❻ 根据 2009 年第 27 号法案第 25 条予以设立。根据该法案第 36 条第（4）款，可适用在变更请求期间开放的，在 2009 年 8 月 1 日之后到期的期限。

❼ 根据 2007 年第 142 号法案第 43 条予以设立。根据该法案第 49 条第（1）款，可适用于 2008 年 1 月 1 日之后开始的诉讼程序。

❽ 根据 2017 年第 50 号法案第 119 条 c）项予以废除。

商标文件一起转交法院，但第（10）款规定的情况除外。利益相对人参与程序的，匈牙利知识产权局应同时将复审请求转发给利益相对人。❶

（10）复审请求提出原则性法律问题的，匈牙利知识产权局可就该问题发表书面声明，并于30日内将其连同复审请求和商标文件一起转交法院。❷

（11）复审请求的序言部分应说明❸：

a）法院名称；

b）第38条第（2b）款规定的请求人身份信息和利益相对人（如有）的已知身份信息；和

c）第38条第（2b）款规定的请求人的代表人的身份信息和安全送达地址。

（11a）复审请求的实质部分应说明❹：

a）复审请求提出异议决定的编号、注册号（如适用且已知）以及决定中的争议规定或部分；

b）要求法院复审决定的明确请求；和

c）表明有必要复审该决定的理由，以及支持证据和法律依据。

（11b）复审请求的结尾部分应说明❺：

a）确立法院管辖权的事实和法律规定；

b）所缴纳程序费的金额和缴纳方式，或在缴纳部分程序费后请求法律援助，或法律规定可免除缴纳程序费的，作为豁免依据的事实和法律规定；

c）代理人代理权的事实和法律规定；

d）结论部分所述事实的支持证据。

（12）逾期提出复审请求的，由法院对恢复权利的请求作出裁决。

实质管辖和地域管辖

第78条

（1）在审查匈牙利知识产权局所作决定的诉讼中，布达佩斯首都地区法院具有专属地域管辖权。❻

---

❶ 根据2010年第148号法案第131条第（1）款和第（8）款予以修订。

❷ 根据2010年第148号法案第131条第（1）款予以修订。

❸ 根据2018年第67号法案第73条予以设立。

❹❺ 根据2017年第130号法案第32条第（2）款予以修订。

❻ 根据2017年第130号法案第32条第（3）款予以修订。

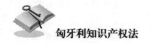

（2）布达佩斯首都地区法院应以 3 名专业法官组成合议庭审理。❶

（3）已废除。❷

复审请求程序的规则

第 79 条❸

法院应根据非讼程序规则对匈牙利知识产权局决定的复审请求作出裁决，但应符合本法的减损规定。对于本法没有规定的程序事项，应相应适用民事诉讼法的规定，同时适用非讼民事法院程序规则和特定非讼法院程序法的一般规定，以及因非讼程序特殊性而产生的减损规定。

公　　开

第 80 条❹

法院可以应当事人请求，在不符合民事诉讼法规定要求的情况下，拒绝公众参加听证会。

取消资格

第 81 条

（1）除民事诉讼法规定的案件外，下列人员应被取消诉讼资格，且不得作为法官参加诉讼❺：

a）参加匈牙利知识产权局决定的人员；❻

b）民法典中定义的上述（a）项所述人员的亲属。❼

（2）第（1）款规定亦适用于记录人员和专家。

---

❶　根据 2011 年 201 法案第 134 条 a）项予以修订。

❷　根据 1997 年第 72 号法案第 38 条 c）项予以废除。

❸　根据 2017 年第 130 号法案第 32 条第（4）款予以设立。根据 2018 年第 67 号法案第 84 条第 23 款予以修订。

❹　根据 1999 年第 110 号法案第 174 条第（2）款 l）项和 2017 年第 130 号法案第 34 条 a）项予以修订。

❺　根据 2017 年第 130 号法案第 34 条 a）项予以修订。

❻　根据 2005 年第 83 号法案第 338 条第 9 点和 2010 年第 148 号法案第 131 条第（1）款予以修订。

❼　根据 2017 年第 130 号法案第 34 条 b）项予以修订。

诉讼当事人和其他参与人

第82条

（1）提交请求的人是法院程序的当事人。提起程序的检察官享有当事人享有的所有权利，但不得达成和解、放弃或承认权利。

（2）在匈牙利知识产权局的程序中存在利益相对人的，应针对该方提起诉讼。❶

第83条

共同商标持有人单独采取行动维护和保护商标权的，或仅针对共同商标持有人中的一人提起程序的，法院应通知其他共同商标持有人参加诉讼。

第84条

（1）对匈牙利知识产权局决定复审程序具有合法利益的任何人，在法院作出最终具有约束力的裁决前，有权以利益共有人的名义介入诉讼。❷

（2）除和解、承认或放弃权利外，介入人可实施其支持的当事人有权作出的任何行为，但其行为只有在不与当事人的行为相冲突的情况下才具有效力。

（3）在诉讼过程中，不得裁决介入人与有关当事人之间的法律争议。

代　　表

第85条

（1）在诉讼过程中，专利律师亦可作为授权代表或第85A条规定的法律代表行事。❸

（2）对于授予国内或国外专利律师或律师的授权书的有效性，有委托人的签字即可。❹

---

❶　根据 2010 年第 148 号法案第 131 条第（1）款予以修订。

❷　根据 2005 年第 83 号法案第 338 条第 9 点和 2010 年第 148 号法案第 131 条第（1）款予以修订。

❸　根据 2018 年第 67 号法案第 84 条第 24 款予以修订。

❹　根据 2005 年第 83 号法案第 239 条予以设立。根据该法案第 332 条第（1）款，可适用于 2005 年 11 月 1 日之后启动的案件和重复起诉。

第 85A 条[1]

在法庭程序包括上诉程序中，必须有法律代表。

诉讼费用

第 86 条

（1）对方当事人亦参加法庭程序的，诉讼费用的规定相应地适用于诉讼费用的预付和支付。

（2）在没有对方当事人的情况下，申请人应预付和承担费用。

（3）代表当事人的专利律师的费用应计入诉讼费用。

不作为

第 87 条

申请人或任何一方当事人未到庭的，或者当事人均未在规定的期限内对法院要求作出答复的，法院应根据所掌握的材料对请求作出裁定。

免　责

第 88 条

在非讼程序中提出恢复权利请求的，应相应地适用第 42 条规定。

根据要求采取的措施

第 88A 条[2]

匈牙利知识产权局已就第 77 条第（10）款的复审请求作出书面声明的，程序处处长应将该声明书面通知当事人。

---

[1] 根据 2017 年第 130 号法案第 32 条第（5）款予以修订。

[2] 根据 2005 年第 83 号法案第 338 条第 9 点和 2010 年第 148 号法案第 131 条第（1）款予以修订。

听证和取证

第89条

（1）一审法院应根据民事诉讼法的规定进行取证和听证。❶

（1a）在法庭程序中不允许中止程序。❷

（2）无利益相对人参加诉讼，且可以根据书面证据对案件进行裁决的，法院可以无须听证作出判决，但是当事人请求的，必须进行听证。

（3）法庭未经听证对案件作出裁决，在裁决过程中认为有必要举行听证的，可随时下令进行听证。但是，法庭已在听证中对案件进行裁决或下令进行听证的，不得撤销该命令且未经听证对案件作出裁决。

（4）不允许在匈牙利知识产权局的程序中达成和解的，亦不得在法庭程序中达成和解。❸

决　　定

第90条

法庭应根据案件的案情和其他命令事项作出决定。

第91条

（1）法院更改商标案件决定的，其命令应取代匈牙利知识产权局的决定。复审请求针对驳回、撤销或考虑撤销商标申请决定提出，且如无该决定则匈牙利知识产权局应继续进行注册程序的，法院应撤销该决定，并命令匈牙利知识产权局继续进行程序。❹

（2）在下列情况下，法院应撤销该决定，并命令匈牙利知识产权局进行新程序❺：

---

❶ 根据 2017 年第 130 号法案第 32 条第（6）款予以设立。

❷ 根据 2017 年第 130 号法案第 32 条第（7）款予以设立。

❸ 根据 2010 年第 148 号法案第 131 条第（1）款予以修订。

❹ 本条第一句 2005 年第 83 号法案第 338 条第 9 点予以设立；根据 2010 年第 148 号法案第 131 条第（1）款予以修订。本条第二句根据 2007 年第 142 号法案第 44 条予以设立；根据 2010 年第 148 号法案第 131 条第（8）款和第（18）款予以修订。

❺ 根据 2005 年第 83 号法案第 338 条第 9 点和 2010 年第 148 号法案第 131 条第 18 款予以修订。

a）该决定是在因存在丧失资格理由而可能被提出异议的人的参与下作出的；❶

b）在匈牙利知识产权局进行的程序存在实质违反其他程序性规则的情况，且法院无法对该违反行为进行补救的。❷

c）已废除。❸

（3）一方当事人请求法院就不属于匈牙利知识产权局程序的事项作出决定的，法院应将该请求转交给匈牙利知识产权局，除非在提出异议的情况下，匈牙利知识产权局根据第61D条第（8）款的规定不考虑异议的理由；或在无效宣告程序中，匈牙利知识产权局根据第73条第（1）款不考虑无效宣告理由，或在复审请求中或在提出复审请求后提出新的异议或无效宣告理由。法院应不考虑该等异议或无效宣告理由。在转交请求的情况下，法院应在必要时撤销匈牙利知识产权局的决定。❹

（4）当事人在复审请求中或在提出复审请求后提交的任何事实、指控或证据，如果匈牙利知识产权局根据第40条第（3）款的规定，在其诉讼程序中适当地不予考虑，则法院应不予考虑。❺

（5）在提出复审请求后，匈牙利知识产权局撤回第77条第（1）款b）项至d）项所述任何决定的，法院应终止程序。匈牙利知识产权局修改其决定的，法院程序只能针对未决问题继续进行。❻

第92条❼

关于案情的法院命令应当以送达的方式告知，公告不属于告知命令。法院在听证会上对复议请求作出决定的，需要在听证会当日宣布关于案情的命

---

❶ 根据 2005 年第 83 号法案第 338 条第 9 点予以修订。

❷ 根据 2010 年第 148 号法案第 131 条第（1）款予以修订。

❸ 根据 2003 年第 102 号法案第 50 条予以废除。根据该法案第 107 条第（4）款，可适用于颁布匈牙利加入欧盟条约的法案的生效之日起提交的变更请求。

❹ 根据 2010 年第 148 号法案第 126 条予以设立。

❺ 根据 2005 年第 83 号法案第 240 条第（1）款予以设立。根据 2010 年第 148 号法案第 131 条第（1）款予以修订。

❻ 根据 2005 年第 83 号法案第 240 条第（2）款予以设立。根据 2010 年第 148 号法案第 131 条第（19）款予以修订。

❼ 本条第二句至第四句根据 2005 年第 83 号法案第 241 条予以设立。根据该法案第 332 条第（1）款，可适用于 2005 年 11 月 1 日之后启动的案件和重复起诉。第一句根据 2005 年第 165 号法案第 14 条予以设立。根据该法案第 33 条第（1）款，该应适用于 2006 年 1 月 1 日之后开始的诉讼程序。

令。只有在因案件复杂而必须延迟宣布的情况下，才可以延迟宣布，但不得超过 8 日。在该情况下，应立即确定宣布的时限，并在宣布之日以书面形式作出判决。

第 93 条❶

针对布达佩斯首都地区法院裁决的上诉，应相应地适用民事诉讼法第 389 条至第 391 条的规定，但二审法院应根据要求对当事各方进行口头审理，但针对第 77 条第（1）款 c）项和 d）项所述匈牙利知识产权局决定复审请求所作命令提出上诉的除外。

第 94 条❷

已废除。

第 12 章　针对商标事务的诉讼
商标事务诉讼的规则

第 95 条❸

（1）对于商标侵权案件，根据第 14 条禁止代表人或代理人使用商标或转让商标保护权或商标保护而提起的案件，以及根据欧盟商标条例第 137 条、第 138 条和第 209 条第（5）款禁止使用欧盟商标而提起的案件，布达佩斯首都地区法院拥有专属地域管辖权。在该等诉讼中，布达佩斯首都地区法院应根据第 78 条第（2）款规定组成合议庭。❹

（2）在针对商标侵权提起的诉讼中，请求人证明其商标受保护，且其是商标所有人或有权以自身名义对侵权行为采取行动的使用人的，对于有理由根据民事诉讼法第 103 条第（1）款 d）项进行特别考虑的原因而言，视为有

---

❶ 根据 2005 年第 165 号法案第 15 条予以设立。根据 2010 年第 148 号法案第 131 条第（4）款、2011 年第 201 号法案第 134 条 a）项、2017 年第 130 号法案第 34 条 c）项予以修订。

❷ 根据 2001 年第 105 号法案第 21 条予以废除。

❸ 根据 2005 年第 165 号法案第 16 条予以设立。

❹ 第一句根据 2007 年第 24 号法案第 21 条予以设立。根据 2011 年第 173 号法案第 27 条、2011 年第 201 号法案第 134 条 b）项、2016 年第 93 号法案第 170 条 i）项和 2018 年第 67 号法案第 84 条第 25 款予以修订。

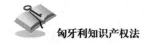

必要采取临时措施，但有充分依据证明存在相反情况的除外。❶

（3）自商标侵权行为开始之日起超过 6 个月的，或自请求人知道侵权行为和侵权人身份之日起超过 60 日的，不适用第（2）款。

（4）如果发生商标侵权或直接威胁，则即使没有民事诉讼法针对诉前临时措施规定的附加条件，也可以在提交起诉书前提出临时措施请求。布达佩斯首都地区法院应对提交起诉书前提出的临时措施请求作出裁决。因非争议程 序的特定性质而产生减损的情况下，本法规定和民事诉讼法的一般规则以及 该法中关于特定非争议程序的一般规定均相应地适用于临时措施的非争议程序。请求人根据第（8）款提起商标侵权诉讼的，超过在非争议程序中所缴费用的部分，应计入诉讼费。❷

（5）有权对侵权提起诉讼的商标持有人或被许可人，除适用民事侵权的救济措施外，还可以请求实施下列行为，其条件与申请临时措施相同❸：

a）其令人信服地表明，以后满足其损害赔偿要求或交出侵权所获收益会受到威胁的，可根据司法执行法的规定命令采取保护措施；

b）迫使侵权人披露或出示其银行、财务或商业文件，以判令 a）项保护措施；

c）其同意侵权人继续进行被控侵权活动，而非要求停止商标侵权，作为交换条件可要求提供反担保。

（6）即使在没有提出反担保请求的情况下，法院也可命令提供第（5）款 c）项下的反担保，条件是商标持有人或有权对侵权行为采取行动的被许可人已提出终止侵权行为的请求，而法院拒绝批准该请求。❹

（7）法院应最迟在提出请求后 15 日内通过命令，就具有优先权的临时措施作出决定。二审法院应最迟在提出上诉后 15 日内，就对临时优先措施命令提出的上诉作出裁决。❺

（8）应利益相对人请求，请求方在发出临时措施命令后 15 日内未就临时措施所执行的权利要求提起商标侵权诉讼的，法院应撤销其关于在提起诉讼前请求的临时措施的命令，包括第（5）款和第（6）款项下的临时措施。法

---

❶ 根据 2017 年第 130 号法案第 33 条第（1）款予以设立。
❷ 根据 2017 年第 130 号法案第 33 条第（2）款予以设立。
❸❹ 根据 2018 年第 67 号法案第 74 条第（1）款予以设立。
❺ 根据 2017 年第 130 号法案第 33 条第（3）款予以设立。

院应最迟在提出请求后 15 日内，通过命令就撤销临时优先措施的请求作出决定。❶

（9）在商标侵权诉讼过程中，一方当事人已提供合理范围的证据的，法院可以根据出示证据的一方当事人请求，要求利益相对人❷：

a）出示其所拥有的文件和其他物证，并可进行查验；

b）披露或出示其银行、财务或商业文件。

（10）商标持有人或有权对侵权行为采取措施的被许可人在合理范围内已证明商标侵权的事实或危险的，在提起侵权诉讼之前应允许初步取证。法院应最迟于提出临时救济措施请求之日起 15 日内，以命令形式对初步取证作出决定。对驳回初步取证的裁决提出的上诉，二审法院应在不迟于上诉提出后的 15 日内针对该上诉作出裁定。尚未提起诉讼的，应向布达佩斯首都地区法院提出初步取证的请求。初步取证应由布达佩斯首都地区法院进行。❸

（11）商标持有人未在初步取证令送达之日起 15 日内提起商标侵权诉讼的，应利益相对人请求，法院应撤销初步取证令。法院应在提出请求之日起 15 日内对撤销初步取证令的请求作出裁决。❹

（12）任何延迟会造成不可挽回损害的，可以在不听取利益相对人意见的情况下采取临时措施，包括第（5）款和第（6）款项下的措施。根据民事诉讼法第 337 条第（1）款 b）项的规定，任何延迟会造成不可挽回损害的，或存在证据被毁坏风险的，可在不听取利益相对人意见的情况下进行初步取证。在不听取利益相对人意见的情况下通过的临时措施命令或命令初步取证的命令，应在执行后立即通知当事人。命令通知后，利益相对人可以请求听取意见，或者请求修改、撤销命令采取临时措施或者初步取证的命令。临时措施或初步取证命令的请求被驳回的，法院应将驳回命令与临时措施或初步取证命令的请求一并告知利益相对人。❺

（13）应利益相对人请求，法院可下令初步取证，除第（5）款 c）项和第（6）款外，可下令采取临时措施，但须提供担保。❻

（14）对于第（5）款 c）项、第（6）款和第（13）款所述情况，应相

---

❶　根据 2017 年第 130 号法案第 33 条第（3）款予以设立。根据 2018 年第 67 号法案第 84 条第 26 款予以修订。

❷　根据 2017 年第 130 号法案第 34 条 f）项予以修订。

❸　根据 2018 年第 67 号法案第 74 条第（2）款予以设立。

❹❺❻　根据 2017 年第 130 号法案第 33 条第（4）款予以设立。

应地适用民事诉讼法关于提供担保的规定，但法院在判决之外，还可以在撤销或宣布停止临时措施命令的效力或命令初步取证的命令中，对退还或解除担保或反担保的事项作出裁决。❶

（14a）在商标侵权的法院诉讼中，第27条第（2）款至第（3）款规定的法律后果，不应适用于根据本法撤销商标保护的理由存在的期间，只要被告在就案情进行辩护时援引了该事实。❷

（15）在第（1）款所述所有诉讼和任何其他与商标有关的诉讼中，应适用民事诉讼法的规定，并根据本法第80条、第85条和第86条第（3）款进行减损。❸

（16）已废除。❹

第6部分❺　集体商标和证明商标

第13章　集体商标

集体商标

第96条

（1）集体商标，指在商标申请时被描述为能够将其成员的商品或服务与他人的商品或服务相区分的商标。❻

（2）已废除。❼

（3）标志有下列任一情况的，不得作为集体商标获得商标保护：

a）标志在特征或意义上可能误导消费者的，特别是该标志可能被视为非集体标志的；❽

b）其使用管理规则含有违反公共政策、公认道德或法律准则的规定的。

---

❶ 根据2017年第130号法案第33条第（4）款予以设立。

❷ 根据2013年第16号法案第27条予以修订。

❸ 根据2017年第130号法案第33条第（5）款予以设立。

❹ 根据2017年第130号法案第35条予以废除。

❺ 根据2003年第102号法案第38条将原始文本中的第4部分改为第6部分。

❻ 根据2018年第67号法案第75条第（1）款予以设立。

❼ 根据2003年第102号法案第50条予以废除。

❽ 根据2003年第102号法案第50条予以废除。根据2013年第16号法案第28条予以设立。

（4）集体商标的持有人应是协会、公共团体或联盟，且其成员有权使用该集体商标。❶

（5）申请人对集体商标使用管理规则进行修改后符合第 97 条规定要求，不得驳回集体商标注册申请。❷

（6）协会、公共团体或联盟的任何成员对集体商标的使用亦符合第 18 条规定的使用。❸

集体商标使用管理规则

第 97 条

（1）标志的使用符合第（2）款规定要求的管理规则的，可作为集体商标予以保护。管理规则应由作为集体商标持有人的协会、公共团体或联盟制定。❹

（2）管理规则应包括下列内容：

a）协会、公共团体或联盟的名称和注册所在地；❺

b）授权使用该商标的成员名单，包括其名称、地址和注册所在地；

c）成员条件；

d）集体商标的使用条件；

e）关于集体商标使用控制的规定；

f）未经授权使用集体商标的处理规则。

（3）已废除。❻

（4）集体商标申请应随附管理规则。就集体商标而言，亦应在商标注册簿中记录第（2）款 b）项所述信息。该管理规则和根据第（5）款所作修订

---

❶　根据 2011 年第 175 号法案第 118 条 b）项至 c）项、2013 年第 16 号法案第 31 条 a）项和 2018 年第 67 号法案第 84 条第 27 款予以修订。

❷　根据 2013 年第 16 号法案第 32 条第（1）款 d）项予以废除。根据 2018 年第 67 号法案第 75 条第（2）款予以设立。

❸　根据 2011 年第 175 号法案第 118 条 c）项、2013 年第 16 号法案第 31 条 b）项和 2018 年第 67 号法案第 84 条第 28 款予以修订。

❹　根据 2011 年第 175 号法案第 118 条 a）项、2013 年第 16 号法案第 32 条第（2）款和 2018 年第 67 号法案第 84 条第 28 款予以修订。

❺　根据 2011 年第 175 号法案第 118 条 a）项和 2018 年第 67 号法案第 84 条第 28 款予以修订。

❻　根据 2003 年第 102 号法案第 50 条予以废除。

应随附注册簿集体商标的记录。❶

（5）如果管理规则中所述数据发生变化，则集体商标持有人应将修订后的管理规则提交匈牙利知识产权局。对管理规则的修订在商标注册簿上登记后方生效力。在下列情况下，不得将修订记入商标注册簿❷：

a）修订后的管理规则不符合第（2）款要求的；

b）因修订而不符合第96条第（1）款对集体商标规定要求的；或

c）修订将涉及第96条第（3）款规定的除外理由的。

集体商标保护的转让

第98条

（1）集体商标保护的转让，应签订相关书面合同，并在商标注册簿上变更登记受让人。

（2）转让后不符合第96条规定要求的，或该标志被排除在集体商标保护范围之外的，不能转让集体商标保护。

集体商标保护的终止

第99条❸

（1）除第34条和第35条规定的撤销理由外，商标持有人未采取必要措施防止集体商标以不符合使用条件的方式使用的，亦应在撤销决定规定的日期撤销集体商标保护。

（2）除第33条规定的无效理由外，标志根据第96条第（1）款、第（3）款和第97条无法授予集体商标的，应宣告该集体商标无效，但在无效宣告程序中商标持有人修订使用管理规则后符合要求的除外。标志根据第96条第（3）款被排除在商标保护范围之外的，应撤销该集体商标，其效力追溯至提出撤销请求之日。

（3）注册簿中指出商标使用管理规则的修订违反第97条第（5）款的，应撤销集体商标保护，但商标持有人修订使用管理规则后符合该等规定要求的除外。

---

❶ 根据2013年第16号法案第31条c）项予以修订。

❷ 根据2013年第16号法案第29条予以修订。

❸ 根据2018年第67号法案第76条予以设立。

集体商标保护权的强制履行

第 100 条❶

（1）商标使用权人因第三人未经授权使用商标而遭受损害的，集体商标持有人有权代表商标使用权人或为其利益主张获得损害赔偿，商标使用权人无须成为法律诉讼的当事人。

（2）根据成员身份使用集体商标的人，只有在集体商标持有人同意时，方可提起商标侵权程序。商标持有人在正式提起诉讼后 30 日内未自行提起商标侵权诉讼的，授权使用人可未经商标持有人同意以自身名义提起侵权程序。

（3）商标持有人未根据第（1）款以使用人的名义或为了使用人的利益主张获得损害赔偿的，为了就使用人因他人未经授权使用商标而遭受的损害获得赔偿，使用人有权作为共同诉讼人参与侵权诉讼。作为共同诉讼人加入诉讼的，其时限应适用民事诉讼法第 52 条第（2）款 a）项的规定；共同诉讼人之间的关系，应适用民事诉讼法第 38 条第（3）款和第 39 条的规定。

第 14 章　证明商标

证明商标

第 101 条

（1）证明商标是在申请商标时，能够在材料、商品制造方式或服务履行、质量、准确性或其他特征方面将商标持有人认证的商品或服务与未经认证的商品或服务相区分的商标。❷

（2）下列企业可能无法获得证明商标保护：

a）生产、投放市场或进口注册商标的商品或提供注册商标的服务的；

b）根据禁止不正当市场行为和限制竞争法并未独立于 a）项所述企业的；

c）a）项所指企业与该企业在注册商标的商品或服务方面具有永久法律关系的。

---

❶ 根据 2018 年第 67 号法案第 77 条予以设立。

❷ 根据 2018 年第 67 号法案第 78 条第（1）款予以设立。

（3）证明商标持有人不得自行使用证明商标用于证明目的，而应授权将其用于符合规定质量要求或其他特征的商品或服务。❶

（4）证明商标附有符合第（5）款规定要求的管理规则的，应受到保护。

（5）管理规则应包括下列内容：

a）商标持有人的名称和注册所在地；

b）与注册商标的商品或服务有关的质量要求；

c）质量认证规则；

d）商标的使用条件；

e）商标使用控制规则；

f）未经授权使用商标的程序顺序。

（6）关于证明商标的管理规则、申请和注册、使用和转让，以及证明商标保护的终止和注册商标保护权的强制履行，应相应地适用有关集体商标及其保护的规定。

（6a）任何有权获得证明商标的人根据第 18 条规定使用证明商标的，视为第 18 条项下的真实使用。❷

（7）申请提交人无权根据第（2）款提交申请的，亦应宣告注册商标无效。商标持有人不再符合第（2）款规定要求的，应根据撤销决定规定的日期撤销证明商标保护。❸

（8）证明商标的使用，还应当适用关于质量或者其他特性认证的具体法律的规定。❹

第 15 章　商标相关规定对集体商标和证明商标的适用
商标相关规定的适用

第 102 条❺

本部分未涉及的与集体商标和证明商标及其保护有关的事项，应适用

---

❶　根据 2013 年第 16 号法案第 31 条 d）项予以修订。

❷　根据 2018 年第 67 号法案第 78 条第（2）款予以设立。

❸　根据 2003 年第 102 号法案第 42 条予以设立，同时将原始文本中的第（7）款改为第（8）款。具体内容，根据 2018 年第 67 号法案第 78 条第（3）款予以设立。

❹　根据 2003 年第 102 号法案第 42 条对编号将原始文本中的第（7）款改为第（8）款。

❺　根据 2003 年第 102 号法案第 43 条予以设立。根据 2018 年第 67 号法案第 84 条第（29）款予以修订。

商标和商标保护相关的规定，但亦可就第 96 条第（1）款和第（3）款、第 97 条和第 101 条第（1）款、第（2）款和第（4）款所提述的理由提出意见。

第 7 部分^❶　农产品以外的地理标志产品保护^❷

第 16 章　保护客体、所授予的权利、侵害和保护的终止

可获得保护的地理标志和原产地名称

第 102A 条^❸

本部分中，产品应理解为不属于 2022 年保护农产品原产地第 66 号法案第 1 条第 1 款所定义的农产品类别的产品。

第 103 条

（1）在贸易过程中用以识别产品原产地的地理标志和原产地名称，应作为地理标志予以保护。

（2）地理标志，指某个区域、地点或（在特殊情况下）国家的地理名称，用于指定原产于该地区的产品，其特定质量、良好声誉或其他特征主要归于该地理来源，且其生产、加工或制备均在该确定的地理区域内进行。^❹

（3）原产地名称，指某个区域、地点或（在特殊情况下）国家的地理名称，用于指定原产于该地区的产品，其特定质量、良好声誉或其他特征完全或主要归于该地理环境、其固有的自然和人文因素，且生产、加工和制备 均在该确定的地理区域内进行。

---

❶　根据 2003 年第 102 号法案第 38 条将原始文本中的第 5 部分改为第 7 部分。

❷　根据 2022 年第 76 号法案第 35 条予以修订。

❸　根据 2022 年第 76 号法案第 36 条予以设立。

❹　根据 2003 年第 102 号法案第 44 条予以设立。根据该法案第 107 条第（1）款，可适用于颁布匈牙利加入欧盟条约的法案的生效之日起开始的诉讼程序。

第 104 条❶

已废除。

驳回的理由

第 105 条

（1）地理标志在贸易过程中已成为产品通用名称的，不论该产品是否源自该地理标志所指地点，均不应给予保护。

（2）地理标志在登记后，不能成为商品在贸易过程中的通用名称。

第 106 条❷

（1）地理标志在下列情况下不受保护：

a）就相同产品而言，其与在先地理标志相同的；

b）就相同或类似产品而言，其与在先地理标志相同或类似的；

c）其与在先商标相同或类似，且其使用因商标在市场上享有良好声誉、知名或长期存在而导致消费者产生混淆的可能性。

（2）地理标志与在先受保护或不受保护的动植物品种名称相冲突，且可能导致消费者对产品来源地产生误解的，不得给予保护。

受保护的资格和受保护的权利

第 107 条

（1）地理标志在下列情况下应当受到保护：

a）符合第 103 条规定的要求，且未根据第 105 条和第 106 条排除保护的；且❸

b）其申请符合本法规定要求的。

（2）自然人或法人在规定的地理区域内生产、加工或制备使用该地理标

---

❶ 根据 2021 年第 36 号法案第 7 条 a）项予以废除。

❷ 根据 2003 年第 102 号法案第 45 条予以设立。根据该法案第 107 条第（1）款，可适用于颁布匈牙利加入欧盟条约的法案生效之日起开始的诉讼程序。

❸ 根据 2021 年第 36 号法案第 6 条 g）项予以修订。

志名称的产品，可获得地理标志保护。❶

（3）地理标志保护由根据第（2）款规定生产、加工或制备产品的人员（以下简称"持有人"）共同享有。

（4）外国人只可基于国际协定或者根据互惠原则才可获得地理标志保护。对于是否存在互惠关系，应以匈牙利知识产权局局长的意见为准。❷

保护开始和保护期限

第108条

（1）地理标志于登记时开始受保护，生效时间追溯至提交申请之日。

（2）对地理标志应给予无期限保护。

保护赋予的权利

第109条

（1）保护使持有人拥有地理标志专用权。地理标志只能由持有人使用，不得许可给第三人使用。

（2）在专用权的基础上，任何持有人均有权对在贸易过程中实施下列行为的任何人采取措施；

a）针对非源于规定地理区域的产品，使用受保护的地理标志或易于混淆的名称；

b）针对未列入产品名录但与其相似的产品，使用受保护的地理标志，因而损害或不公平地利用受保护地理标志的良好声誉；

c）以任何方式模仿或使人想到受保护的地理标志，即使也表明了产品的真实来源，或即使受保护名称被翻译或附有各种添加内容；

d）就产品的来源、产地、性质或基本特征作出任何虚假或具误导性指示，不论在何处标示（例如在包装、广告资料或产品相关文件上）；

e）作出任何其他可能误导消费者了解产品的真实地理来源的行为。

---

❶ 根据2018年第67号法案第94条第24点予以修订。

❷ 根据2010年第148号法案第131条第（1）款予以修订。

保护的侵权

第 110 条

（1）违反本法第 109 条规定非法使用受保护地理标志的，构成侵权。

（2）任何持有人均可单独对侵权行为提起诉讼。持有人的利益团体和消费者保护组织也可以对侵权行为提起诉讼。

（3）针对侵权人可获得的民事救济措施，相应地适用第 27 条的规定；对于海关法中关于侵权的后果，相应地适用第 28 条的规定。

保护的终止

第 111 条

（1）对地理标志的保护在下列情形下应当终止：

a）保护被宣告无效的，其效力追溯至提出申请之日；

b）持有人违反产品规格中规定要求的，其效力追溯至撤销程序开始之日。

（2）地理标志不符合第 107 条第（1）款 a）项规定要求的，应宣告保护无效。

（3）已废除。❶

（4）宣告无效或撤销的请求被最终具有约束力决定驳回的，任何人不得基于相同事实就同一地理标志提起新的无效宣告或撤销程序。

第 17 章　地理标志保护的程序

匈牙利知识产权局程序的一般规定❷

第 112 条

（1）匈牙利知识产权局针对下列地理标志相关事项拥有实质性权限❸：

a）地理标志注册；

b）宣告保护无效和撤销保护；

c）备存地理标志保护申请和注册地理标志的记录；

---

❶　根据 2021 年第 36 号法案第 7 条 b）项予以废除。

❷❸　根据 2010 年第 148 号法案第 131 条第（1）款予以修订。

d）地理标志保护的官方资料。

（2）已废除。❶

（3）在无效宣告程序和撤销程序中，匈牙利知识产权局应在由 3 名成员组成的小组举行的听证会上进行并通过决定。❷

（4）匈牙利知识产权局只有在提出复议请求并将该请求提交法院之前，方可修改或撤回其关于下列程序的决定❸：

a）地理标志注册；

b）宣告地理标志无效；

c）撤销对地理标志的保护；

d）已废除。❹

e）转交原产地名称注册国际申请；

f）最终驳回由国际局注册并延伸至匈牙利的原产地名称保护。❺

（5）匈牙利知识产权局只有在确定其决定违反法律，或当事人一致要求修改或撤销决定的情况下，才可根据复议请求修改或撤销其根据第（4）款 b）项和 c）项作出的终结程序的决定。❻

（6）在匈牙利知识产权局的所有其他程序中，应相应地适用第 7 章和第 8 章的规定。❼

（7）至（9）已废除。❽

---

❶ 根据 2003 年第 102 号法案第 46 条予以设立，同时将原始文本中的第（2）款改为第（3）款。第（2）款根据 2022 年第 76 号法案第 40 条 a）项予以废除。

❷ 根据 2003 年第 102 号法案第 46 条将原始文本中的第（2）款改为第（3）款。第（3）款根据 2005 年第 83 号法案第 243 条第（1）款予以设立。根据 2010 年第 148 号法案第 131 条第（1）款予以修订。

❸❻ 根据 2005 年第 83 号法案第 243 条第（2）款予以设立。根据 2010 年第 148 号法案第 131 条第（1）款修改。

❹ 根据 2013 年第 159 号法案第 14 条予以废除。

❺ 根据 2011 年第 173 号法案第 27 条和 2021 年第 36 号法案第 6 条 i）项予以修订。

❼ 根据 2005 年第 83 号法案第 243 条第（2）款予以设立。根据 2016 年第 121 号法案第 23 条第（5）款予以设立。

❽ 根据 2010 年第 148 号法案第 127 条第（2）款予以设立。根据 2016 年第 121 号法案第 23 条第（8）款予以废除。

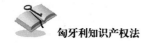

地理标志登记程序

第 113 条

（1）地理标志注册申请应当包括注册请求、地理标志名称、产品清单和其他附件。申请应包含第 38 条第（2b）款规定的数据。在所有其他方面，申请的提交均须符合法律对地理标志申请的详细形式要求及电子提交工业产权申请的详细规定。❶

（2）地理标志注册申请应根据工业产权程序行政服务收费法确定的金额自申请之日起 2 个月内缴纳申请费。❷

（3）地理标志注册申请在提交时或在纠正不合规内容后符合发布提交日期要求的，匈牙利知识产权局应在其官方公报（数据通报）中公布有关官方信息。数据通报应具体包含下列数据❸：

a）地理标志名称；

b）提出申请的日期；

c）产品清单。

（4）地理标志注册程序中数据通报后，可向匈牙利知识产权局提交意见，说明该地理标志或地理标志申请不符合本法规定的可注册性要求。❹

（5）地理标志注册申请符合第 55 条规定要求的，匈牙利知识产权局应对申请进行实质性审查。实质性审查应对下列事项予以评估❺：

a）该地理标志是否符合第 103 条的规定，以及该地理标志是否不会根据第 105 条和第 106 条被排除保护；和

b）申请是否符合本法规定的要求。

（6）已废除。❻

（7）在地理标志注册程序中，对于第（1）款至第（5）款未规定的事

---

❶ 根据 2018 年第 67 号法案第 79 条予以设立。

❷ 根据 2018 年第 67 号法案第 84 条第 6 点予以修订。

❸ 根据 2003 年第 102 号法案第 47 条第（2）款予以设立。根据 2010 年第 148 号法案第 131 条第（1）款予以修订。

❹ 根据 2003 年第 102 号法案第 47 条第（3）款予以设立。根据 2010 年第 148 号法案第 131 条第（2）款予以修订。

❺ 根据 2003 年第 102 号法案第 47 条第（3）款予以设立。根据 2010 年第 148 号法案第 131 条第（1）款予以修订。

❻ 根据 2003 年第 102 号法案第 47 条第（3）款予以设立。根据 2009 年第 27 号法案第 37 条第（5）款予以废除。

项，应相应地适用第 9 章的规定，但是，对商品或服务列表的任何提述，均应解释为对产品清单的提述。❶

第 113A 条❷

已废除。

无效和撤销程序

第 114 条❸

第 72 条至第 74 条的规定应适用于地理标志保护的无效程序，第 75 条和第 76 条的规定应适用于撤销程序，但匈牙利知识产权局应只邀请标志注册权利人提交无效和撤销申请相关声明。

保护地理标志的诉讼程序

第 115 条

在关于保护地理标志的诉讼程序中，应相应地适用第 11 章和第 12 章的规定。

第 116 条❹

已废除。

第 8 部分❺ 原产地名称和地理标志的国际注册❻

第 17A 章 已废除❼

第 116A 条至第 116C 条

已废除。

---

❶ 根据 2003 年第 102 号法案第 47 条第（3）款予以设立。根据 2009 年第 27 号法案第 28 条第（2）款予以设立。根据该法案第 36 条第（1）款，可适用于 2009 年 8 月 1 日之后开始的诉讼程序。

❷ 根据 2009 年第 29 号法案予以设立。根据 2021 年第 36 号法案第 7 条 c）项予以废除。

❸ 根据 2022 年第 55 号法案第 105 条予以设立。

❹ 本条及其上面的小标题根据 2022 年第 66 号法案第 40 条 b）项予以废除。

❺ 根据 2003 年第 102 号法案第 48 条予以设立，同时将原始文本中的第 6 部分改为第 9 部分。根据该法案第 107 条第（1）款，可适用颁布匈牙利加入欧盟条约的法案生效之日起开始的诉讼程序。

❻ 根据 2022 年第 66 号法案第 37 条予以设立。

❼ 第 17 章（第 116A 条至第 116 条）根据 2022 年第 66 号法案第 40 条 c）项予以废除。

第17B章　原产地名称和地理标志国际注册规则❶

解释性条款

第116D条

（1）在本法中：

a）第2019/1753/EU号条例，指欧洲议会和欧洲理事会2019年10月23日关于欧盟加入《原产地名称和地理标志里斯本协定日内瓦文本》后欧盟应采取的行动的第2019/1753/EU号条例；

b）《日内瓦文本》，指2015年5月20日《原产地名称和地理标志的日内瓦文本》，即1958年10月31日制定、1967年7月14日在瑞典斯德哥尔摩修订并于1979年9月28日修订的《保护原产地名称及其国际注册里斯本协定》（以下简称《里斯本协定》）；

c）根据《日内瓦文本》提出的国际申请，指根据《日内瓦文本》以及《里斯本协定》和《日内瓦文本共同实施细则》提出的原产地名称或地理标志申请，有关缔约方之间的关系受《日内瓦文本》管辖；

d）主管机关，指《日内瓦文本》第3条所指的主管机关；

e）根据《里斯本协定》和《日内瓦文本共同实施细则》提出的国际申请系指根据《里斯本协定》提出的申请，有关缔约方之间的关系受《里斯本协定》管辖；

f）国际局，指世界知识产权组织国际局；

g）国际注册簿：国际局保存的根据《里斯本协定》通知的原产地名称注册簿和根据《日内瓦文本》保存的原产地名称和地理标志注册簿；

h）原产局，指《里斯本协定》第2条第（2）款所指的原产国主管局。

（2）关于国际申请，除《里斯本协定》或《日内瓦文本》另有规定以外，本法的规定适用于本章所含的废除情况。

---

❶　第17B章（第116D条至第116L条）根据2021年第36号法案第2条予以设立。根据该法案第8条第（2）款，应适用于在2021年第28号法案第5条第（2）款规定的关于《里斯本协定》中《日内瓦文本》的公布时间生效。

第 116E 条　根据《里斯本协定》通过匈牙利知识产权局提交的国际申请

（1）匈牙利知识产权局注册的原产地名称持有人，如果不受第 1151/2012/EU 号条例、第 1308/2013/EU 号条例、第 251/2014/EU 号条例或第 2019/787/EU 号条例第 107 条第（3）款的约束，可以根据《里斯本协定》通过作为原产国主管局的匈牙利知识产权局向国际局提交国际申请。

（2）根据第 2019/1753/EU 号条例第 11 条第（3）款，工业部部长和匈牙利知识产权局应根据《里斯本协定》处理属于成员国权限范围内的国际申请事项。

（3）提出国际申请，必须按照《里斯本协定》规定的方式和语言，依其规定的程序，向原属国匈牙利知识产权局提交申请。

（4）根据《里斯本协定》提出的国际申请在第（1）款所述原产地名称注册之前提交的，其申请日期应视为原产地名称的注册日期。

第 116F 条

（1）根据《里斯本协定》转交国际申请之前，匈牙利知识产权局应审查是否具备下列事项：

a）是否已提交转交申请；

b）转交申请中是否包含第 38 条第（2b）款规定的数据；

c）根据《里斯本协定》提出的国际申请是否注明了原产国、申请人的名称、地址或注册办事处、原产地名称、产品清单以及原产地名称所涵盖的地理区域；

d）根据《里斯本协定》提出的国际申请的具体内容是否与注册簿中第 116E 条第（1）款所述原产地名称的具体内容一致；

e）根据《里斯本协定》提出的国际申请已按《里斯本协定》规定的语言和方式提交；且

f）根据《里斯本协定》提出的国际申请上有申请人或其代表的签字。

（2）转交申请或根据《里斯本协定》提出的国际申请不符合第（1）款规定要求的，匈牙利知识产权局应当请申请人补充材料。如果转交申请补充材料后仍不符合第（1）款 a）项至 c）项的要求，则匈牙利知识产权局应驳回转交申请。

（3）匈牙利知识产权局应在收到根据《里斯本协定》提出的国际申请后

2 个月内，在将申请送交工业部部长的同时，宣布其是否同意根据第（1）款的审查要求，按照第（4）款将申请草案送交欧盟委员会。

（4）工业部部长应根据匈牙利知识产权局的声明，在根据《里斯本协定》提交国际申请后 9 个月内，决定该申请（包括产品登记册中的产品）是否符合本法和第 2019/1753/EU 号条例规定的条件。如果批准申请的决定成为最终决定，则工业部部长应根据《里斯本协定》通过发送申请草案的方式通知欧盟委员会。

（5）必要时，欧盟委员会和工业部部长将根据《里斯本协定》就国际申请的通知草案进行磋商。如果欧盟委员会对申请发表了不赞同的意见，工业部部长应相应地通知匈牙利知识产权局。

（6）如果欧盟委员会在收到通知后 2 个月内未对根据《里斯本协定》向国际局递交的国际申请提出不利意见，则匈牙利知识产权局将向国际局转交申请。

第 116G 条

（1）根据《里斯本协定》向匈牙利知识产权局递交国际申请，应缴纳法定申请费；根据《里斯本协定》向国际局转交国际申请，应缴纳《里斯本协定》规定的国际规费。

（2）第（1）款所述的申请费应在收到《里斯本协定》规定的国际申请之日按期缴纳。逾期 1 个月未缴费的，根据《里斯本协定》递交的国际申请视为撤回。

（3）第（1）款提及的国际规费应按《里斯本协定》规定的期限内以规定的方式直接支付给国际局。

（4）如果通过匈牙利知识产权局提交的《里斯本协定》国际申请，登记时必须注明国际注册的日期和编号。

第 116H 条

如果基础原产地名称的保护终止，则依《里斯本协定》规定的对原产地名称的国际保护也应终止。

第 116I 条

（1）就第 116E 条第（1）款所述实施细则未涉及的国际原产地名称的产

品注册，自《日内瓦文本共同实施细则》第 7 条第（1）款 a）项规定的注册之日起，与向匈牙利知识产权局正式提交的原产地名称注册申请具有同等效力。

（2）除非匈牙利知识产权局根据《里斯本协定》第 5 条第（3）款拒绝或撤销拒绝在匈牙利保护该标志，否则自第（1）款所述日期起，应给予国际注册与匈牙利知识产权局注册相同的保护。

第 116J 条

（1）根据《里斯本协定》发出国际注册通知后，匈牙利知识产权局在其官方公告上公布国际申请的官方信息。通知包含下列信息：

a）地理标志名称；

b）《里斯本协定》国际申请的国际注册号；

c）国际注册日期；

d）在国际局官方刊物上的公布日期和刊载刊物的刊号。

（2）如果匈牙利知识产权局未根据《里斯本协定》第 5 条第（3）款驳回或撤回对匈牙利原产地名称保护，则其应在官方期刊上发布相应的正式通知，说明第 1 款规定的数据。

第 116K 条

（1）匈牙利原产地名称保护的通知披露后，可以向匈牙利知识产权局提出意见，理由是《里斯本协定》国际申请的标志或其注册申请不符合本法规定的任何保护条件。

（2）匈牙利知识产权局应根据第 60 条编写检索报告，并根据第 113 条第（5）款对国际局登记的里斯本国际申请进行实质审查。

（3）如果提出的里斯本国际申请不符合第 113 条第（5）款规定的审查要求，应按照《里斯本协定》规定的方式并在规定的期限内通知国际局（以下简称"临时驳回"）。

（4）如果里斯本协定国际申请被驳回［第 61 条第（4）款］或被视为撤回［第 61 条第（5）款］，匈牙利知识产权局应通知国际局拒绝在匈牙利指定保护。

（5）如果匈牙利知识产权局未发出临时驳回通知，则注册日期应视为临时驳回期限届满的次日。

（6）匈牙利知识产权局在临时驳回的规定期限届满前认定不存在发出临时驳回的理由的，应通知国际局确认该保护。确认保护的通知之日应被视为

注册之日。

（7）匈牙利知识产权局在实质性审查后全部或部分撤回临时驳回决定的，应在撤回决定成为终局且有约束力后，通知国际局承认保护。撤回决定的日期应视为注册日期。

依据原产地名称和地理标志里斯市协定日内瓦文市的国际注册规则

第116L条

（1）根据《日内瓦文本》，对属于第116E条第（1）款所述实施细则范围内并受欧盟法律保护的产品进行原产地名称或地理标志的国际注册时，应适用第2019/1753/EU号条例的规定。

（2）根据第2019/1753/EU号条例，负责成员国权限范围内事项的农业部部长应采取行动。❶

（3）对于欧盟商标条例第116E条第（1）款所述细则涵盖的受欧盟法律保护的产品的原产地名称或地理标志或欧盟法律规定的地理标志或原产地名称的持有人，或第5条第（2）款（ⅱ）项规定的自然人或法人，可以依据《日内瓦文本》向欧盟委员会提交国际申请。

（4）根据《日内瓦文本》提出国际申请应向农业政策部长提交。

（5）根据日内瓦文本提出的国际申请应使用世界知识产权组织官方语言，即英语、法语或西班牙语提交，并应注明《日内瓦文本共同实施细则》第5条第（2）款的内容。

（6）至（8）已废除。❷

（9）农业部部长应在收到国际申请后的3个月内，由农业部部长根据本法和欧盟第2019/1753/EU号条例的要求作出决定。如果该决定成为最终决定，则农业部部长应按照日内瓦委员会的规定发出国际通知。❸

（10）根据《日内瓦文本》发出的国际通知，申请人应在其规定的期限内，按照其规定的方式直接向国际局支付国际规费。❹

（11）受《日内瓦文本》保护原产地名称或地理标志的国际申请应终止，

---

❶ 根据2022年第66号法案第40条d）项予以修订。
❷ 根据2022年第66号法案第40条e）项予以废除。
❸ 根据2022年第66号法案第39条a）项和第40条f）项予以修订。
❹ 根据2022年第66号法案第38条予以设立。

如其保护已停止。

（12）根据第 2019/1753/EU 号条例第 3 条和第 6 条，注销应遵守第（1）款至第（5）款、第（9）款和第（10）款的规定。❶

第 9 部分❷　最后条款

第 18 章　生效；过渡性规定和经修订的规定
关于市法生效和过渡性规定的规则

第 117 条

（1）本法自 1997 年 7 月 1 日起生效；除第（2）款规定的例外情况外，本法的规定只适用于本法生效后开始的诉讼。

（2）第 42 条的规定亦应相应地适用于未决事项。

（3）关于本法生效前所使用商标的商标保护范围、商标使用的概念、商标侵权等事项，应受先前相关规定调整。

（4）本法规定的默许和不使用商标的法律后果的期限，最早自本法生效之日起算。根据先前适用的规定，即使在本国未使用商标的 5 年期间是在本法生效后届满的，仍可撤销商标保护。

（5）关于对匈牙利各部名单和修订若干工业产权法的法案（2010 年第 42 号法律）进行必要修订的法（2010 年第 148 号法律）规定的本法第 76P 条第（5）款至第（5e）款，亦适用于 2011 年 1 月 1 日未决的案件。❸

第 118 条

（1）作为对第 103 条第（3）款规定的减损，传统上用于食品的某些地理名称，即使用于生产相关食品的活体动物、肉类和奶类原料来自大于或不同于加工区的地理区域，也应视为原产地名称，但条件是：

a）养殖区域可以确定；

b）存在生产原料的特殊条件；且

---

❶ 根据 2022 年第 66 号法案第 39 条 b）项予以修订。

❷ 根据 2003 年第 102 号法案第 48 条对编号予以修订。

❸ 根据 2010 年第 148 号法案第 129 条予以修订。

c）有检查安排以确保该等条件得到遵守。

（2）第（1）款规定的传统食品地理标志的保护，可在本法生效后2年内提出。

（3）根据本法，还应保护在本法生效前已在《保护原产地名称及其国际注册的里斯本协定》下单独备存的国家注册簿中记录的原产地名称也应根据本法给予保护。该等原产地名称应记录在地理标志注册簿中，并在匈牙利知识产权局的官方公报上公布。❶

第119条❷

（1）关于：

a）在2004年5月1日前开始使用商标和在2004年5月1日使用的程序内，商标保护赋予的权利、商标使用的概念和（除权利用尽问题外）商标侵权；

b）在2004年5月1日前已实现商标使用，商标保护所赋予的权利已经用尽；应适用本法于2004年4月30日生效的规定。

（2）作为在先商标的欧盟商标，如果其商标申请是向匈牙利知识产权局提出，或指定匈牙利的商标的提交日期晚于2004年5月1日，或商标以该提交日期进行注册，才可视为驳回的相对理由。❸

（3）2004年5月1日生效的商标保护，和提交日期早于2004年5月1日且注册日期晚于2004年5月1日的商标保护，可根据本法的规定予以更新。

（4）自2008年1月1日起生效的第91条第（1）款的规定，应当适用于2008年1月1日未决的诉讼。❹

（5）自2009年8月1日起生效的第3条第（2）款的规定，应当适用于2009年8月1日未决的诉讼。❺

第120条❻

已废除。

---

❶ 根据2010年第148号法案第131条第（1）款予以修订。

❷ 本条及其上面的小标题根据2007年第82条第2条第283款予以废除。根据2012年第76号法案第39条予以设立。关于其适用，参见该法案第1条。

❸ 根据2016年第93号法案第170条f）项予以修订。

❹❺ 根据2013年第16号法案第30条予以修订。

❻ 根据2016年第121号法案第23条第（6）款予以设立。根据2018年第67号法案第94条第25点予以废除。

第 120A 条❶

关于针对一般行政程序法和行政法院程序法的生效而修订若干法律的法
（2017 年第 50 号法律）❷ 所确定的本法的规定，应适用于上述修订法生效后
启动或重复的程序。

第 120B 条❸

（1）在 2019 年 1 月 1 日或之后启动的程序中，应适用 2018 年第 67 号法
律规定的本法规定，其减损和补充条款规定于第（2）款至第（5）款。

（2）2018 年 12 月 31 日生效的本法规定，适用于提交日期早于 2019 年 1
月 1 日注册的商标被宣告无效或撤销的情况。但是，提交日期早于该等规定
生效而注册商标在其生效后续展的，适用 2019 年 1 月 1 日生效的规定。如此
续展的商标被宣告无效的，商标保护应当终止，追溯至先前保护期间届满之
日。宣告商标无效的条件在 2018 年 12 月 31 日本法规定生效时已存在的，不
适用上述但书规定。

（3）2018 年第 67 号法律规定的本法第 52 条第（6）款适用于申请日期
为 2019 年 1 月 1 日或之后的商标申请，亦适用于基于该等申请注册的商标。

（4）对于 2019 年 1 月 1 日之前开始使用的商标，在 2019 年 1 月 1 日之前
开始使用的范围内，针对商标保护所赋予的权利及其限制、商标使用的定义
和商标侵权，应适用 2018 年 12 月 31 日生效的本法规定。

（5）2018 年第 67 号法律规定的本法第 65 条第（3）款至第（5）款，应
适用于其保护于 2019 年 6 月 30 日之后届满的商标。对于提前届满的商标保
护，应适用 2018 年 12 月 31 日生效的第 65 条第（3）款至第（4）款。

第 120C 条❹

已废除。

---

❶ 根据 2017 年第 50 号法案第 117 条第（3）款予以修订。
❷ 自 2017 年 5 月 26 日起生效。
❸ 根据 2018 年第 67 号法案第 82 条予以修订。
❹ 根据 2021 年第 36 号法案第 3 条予以设立。根据 2022 年第 66 号法案第 40 条 g）项予以废除。

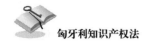

第 120D 条❶

（1）对于根据《里斯本协定》注册的原产于匈牙利的国际原产地名称，根据欧盟关于农产品和食品第 1151/2012/EU 号条例、欧盟关于葡萄酒产品第 1308/2013/EU 号条例、欧盟关于芳香葡萄酒产品第 251/2014/EU 号条例和（欧盟）关于烈性酒饮料第 2019/787/EU 号条例，农业部部长可根据其本人的提议或原产地名称持有人的倡议以及第 5 条的规定，依第 5 条第（2）款 ii）项所指的自然人或法人的要求，在 2022 年 11 月 14 日之前：

a）根据《日内瓦文本》批准原产地名称注册；或

b）注销该原产地名称在国际注册簿上的注册。

（2）在第（1）款 a）项提及的情况下，农业部部长应确定根据共同实施细则第 7 条第（4）款可能需要进行的任何修订，并将其通知国际局。

（3）对于根据《里斯本协定》注册的原产于匈牙利的国际原产地名称，如果其涉及的产品属于第（1）款所列之一，但未受到任何一项条例的保护，则农业部部长可主动或应原产地名称持有人或第 5 条第（2）款 ii）项所述自然人或法人之要求，在 2022 年 11 月 14 日前申请：

a）根据相关条例的该原产地名称注册；或

b）在国际注册簿中注销该原产地名称的注册。

（4）在第 3 条 a）项所述情况下，农业部部长应在原产地名称根据有关条例在联盟登记之日起 1 年内，根据《日内瓦文本》申请原产地名称国际注册。

第 120E 条❷

（1）在 2020 年 2 月 26 日之前，国际局根据《里斯本协定》注册的所有原产地名称应继续受本法保护，直至第 2019/1753/EU 号条例第 12 条第（2）款 a）项或 b）项规定的日期以前。

（2）自第（1）款所述之日起，匈牙利知识产权局应停止根据《里斯本协定》第 5 条第（3）款给予的原产地名称保护，并应根据欧盟第 2019/1753 号条例第 12 条第（6）款向国际局发送一份说明停止保护理由的声明。

---

❶❷ 根据 2021 年第 36 号法案第 3 条予以修订。

授　权

第 121 条

（1）已废除。❶

（2）司法部部长在征求匈牙利知识产权局局长的意见后，经与对匈牙利知识产权局行使监督权的部长商定，以法令形式确定商标申请和地理标志保护申请的详细形式要求。❷

遵守欧盟法律❸

第 122 条❹

（1）本法旨在遵守下列指令：

a）欧洲议会和欧洲理事会关于知识产权执行的指令（2004 年 4 月 29 日，第 2004/48/EK 号条例）；和

b）欧洲议会和欧洲理事会关于协调统一成员国商标法律的指令（2015 年 12 月 16 日，第 2015/2436/EU 号条例）。

（2）本法载有实施下列欧盟法律的必要规定：

a）欧洲议会和欧洲理事会关于欧盟商标的条例（2017 年 6 月 14 日，第 2017/1001/EU 号条例）；

b）至 f）已废除；❺

g）欧洲议会和欧洲理事会关于欧盟加入《日内法文本》应采取的行动（2019 年 10 月 23 日，第 2019/1753 号条例）；❻

h）至 i）已废除。❼

---

❶　根据 2022 年第 66 号法案第 40 条 h）项予以废除。

❷　根据 2009 年第 27 号法案第 32 条第（2）款予以设立。根据 2010 年第 148 号法案第 131 条第（24）款予以修订。参见 2004 年 4 月 27 日第 16 号 IM 条例。

❸　根据 2005 年第 165 号法案第 17 条第（1）款予以设立。

❹　根据 2018 年第 67 号法案第 83 条予以设立。

❺　根据 2022 年第 66 号法案第 40 条 i）项予以废除。

❻　根据 2021 年第 36 号法案第 5 条第（2）款予以修订。

❼　根据 2021 年第 36 号法案第 5 条第（2）款予以设立。根据 2022 年第 66 号法案第 40 条 j）项予以废除。